欧洲文艺复兴时代
名家名作丛书

刘明翰 主编

文艺复兴时代
著名美术家及其名作

王素色 著

中国青年出版社

"欧洲文艺复兴时代名家名作丛书"
总序

刘明翰

恩格斯以高屋建瓴的视野,曾对欧洲文艺复兴运动做出过精辟的评价。他指出:"这是人类以往从来没有经历过的一次最伟大的、进步的变革,是一个需要巨人并且产生了巨人的时代,那是一些在思维能力、激情和性格方面,在多才多艺和学识渊博方面的巨人。给资产阶级的现代统治打下基础的人物,决没有市民局限性。相反,这些人物都不同程度地体现了那种勇于冒险的时代特征。那时,几乎没有一个著名人物不曾作过长途的旅行,不会说四五种语言,不在好几个专业上放射出光芒。"[1]

我国人文社会科学界一部分中老年历史学工作者,在中国特色社会主义道路的旗帜指引下,从2001年起,根据国家社科规划办公室的计划和要求,通过与各国学术界广泛交流,辛勤笔耕,以十年的时间(2001—2010)完成了囊括意大利及整个欧洲范围的文艺复兴史大型丛书《欧洲文艺复兴史》(12卷,包括:总论卷、经济卷、政治卷、哲学卷、科学技术卷、

---

[1]　恩格斯.自然辩证法 // 马克思恩格斯选集:第三卷.北京:人民出版社,2012:847.

文学卷、艺术卷、教育卷、法学卷、宗教卷、史学卷以及城市与社会生活卷，约 500 万字）。这一成果走在了世界前列。这套丛书因各卷以综合阐析某一领域的历史发展为主，加之字数的限制，因而对欧洲文艺复兴时代各个领域的巨人、名人的生平及其代表作（典籍或艺术作品）未能分别加以详介。近几年来，一些读者，特别是高校的青年学生，很盼望多了解一下欧洲文艺复兴时代各界巨人的水平、奋斗史实和贡献，以及他们的代表作品。为满足读者需求，现根据中国青年出版社的计划和要求，原参加过《欧洲文艺复兴史》的部分作者，分别执笔撰写"欧洲文艺复兴时代名家名作丛书"的各卷。这套丛书共计 6 卷，各有侧重和特点，分别为：《文艺复兴时代著名政治思想家及其代表作》《文艺复兴时代著名历史学家及其代表作》《文艺复兴时代杰出哲学家及其代表作》《文艺复兴时代文学巨匠及其经典作品》《文艺复兴时代著名美术家及其名作》《文艺复兴时代科学巨匠及其贡献》。

一

习近平主席在中共中央政治局第十八次集体学习时强调，要"牢记历史经验、历史教训、历史警示"[1]。2015 年伊始，中共中央纪委监察部网站推荐介绍了"新年第一书"——《历史的教训》，这部书是美国著名历史学家威尔·杜兰夫妇的著作。杜兰夫妇用了 50 年时间写出《世界文明史》11 卷，其中包括《欧洲文艺复兴》的专卷。[2]《历史的教训》这部专著"浓缩了《世界文明史》的精华，通过提纲挈领的线条，总结了历史留给人们的丰富精神遗产"。

---

[1]　光明日报, 2014-10-14 (1).
[2]　威尔·杜兰.世界文明史: 11 卷.幼狮文化公司, 译.北京: 东方出版社, 1999.

　　欧洲文艺复兴时代是历史上极其伟大的时代。在这个时代，欧洲各国的社会、经济、政治、文化等诸多方面都发生了全面的转折和变化。文艺复兴是一场反对封建主义、弘扬以人为本新观念的文化运动。人们解放思想，反对禁欲主义，以一种崭新的精神创建自己的幸福家园。人们"不再集中他们的思想与他们的才力于来世天堂上的存在了。他们竭力想建设他们的天堂在这一个地球上，并且老实说，他们的成功是很多的"[1]。

　　关于欧洲文艺复兴，长期以来，国内外学术界对文艺复兴的地域范围以及时间范围和分期等问题，一直有着明显的分歧。

　　（一）西方国家有些书刊说文艺复兴局限于西欧各国，显然不够准确。史实证明，文艺复兴在东欧亦得到传播与发展。

　　16世纪初，波兰国王西吉斯孟德一世（1506—1548年在位）与意大利米兰公爵之女波娜·斯莫莎结婚时，斯莫莎先后从意大利带来了许多朝臣、文化人作为随员，这些人成为16世纪波兰文艺复兴运动的栋梁。波兰的人文主义活动的中心，主要在宫廷的上层范围，与法国很相似。波兰哥白尼的"日心—地动论"的伟大成就和巨著《天体运行论》的问世，是波兰文艺复兴在科学领域深入发展的体现。

　　在捷克，布拉格的著名学者提霍·布拉伊是16世纪欧洲文艺复兴运动中有影响的代表人物。捷克杰出的教育思想家、《大教学论》的作者夸美纽斯（1592—1670），曾被世人誉为"近代教育科学之父"，是欧洲文艺复兴时代教育史上里程碑式的杰出代表。

　　在东南欧亚得里亚海岸达尔马提亚的杜布罗克城中，塞尔维亚的盖克托洛维奇（1487—1572）、巩都利奇（1588—1638）都是著名的人文

---

[1]　房龙.西洋史大纲.张闻天，译.上海：上海辞书出版社，2003：415—416.

主义作家。

显然文艺复兴运动并非仅局限于西欧。

（二）关于欧洲文艺复兴运动的时间范围（上、下限），这是一个长期有分歧、待研讨的问题。过去，国内外的通说是：欧洲文艺复兴运动发生在 14—16 世纪。[1] 我们认为与史实不符，是不确切的。因为塞万提斯的《堂吉诃德》、莎士比亚的"四大悲剧"等世界文学名著，都是在 17 世纪初才面世的。欧洲文艺复兴时代的弗朗西斯·培根和笛卡儿等人的名著、伽利略物理学上的三项重大定律、哈维生理学的诞生以及伦勃朗等艺术大家的名画——这些文艺复兴晚期的杰作在 16 世纪末以前并未出现。

根据国家课题的任务，我们在撰著《欧洲文艺复兴史》（12 卷）的过程中，进行了 6 次全国性的研讨，对欧洲文艺复兴时代的时间范围（上、下限）问题，取得了下述基本认识。

我们认为，欧洲文艺复兴的上限，应以但丁发表《神曲》（1307—1321）为标志。但丁的思想恰好是中世纪末期一系列基本观点的反映和表现，就这一特点而言，他的代表作《神曲》较之彼特拉克、薄伽丘的有关作品，显得更为明显。

关于欧洲文艺复兴运动的下限，迄今一直是众说纷纭。国内外有些书刊笼统地讲，文艺复兴运动是在 16 世纪末结束；国外有的著作称，欧洲文艺复兴运动迄 1517 年德国的路德宗教改革开始时，已告结束；或称 1527 年德皇查理五世攻陷罗马，出现"罗马浩劫"，是文艺复兴衰落的表现。我国国内有的著作称，"欧洲文艺复兴是 15 世纪中叶起至 16 世纪趋于

---

[1]　见《不列颠百科全书》第 15 版"文艺复兴"条。我国高级中学课本《世界历史》上册，人民教育出版社，1981：135。此后续印时一直沿用此说。国内最早有朱龙华编的《意大利文艺复兴》，商务印书馆，1964：3。国外有些书刊迄今仍沿用通说，将欧洲文艺复兴运动的时间定为 14—16 世纪。

衰落"[1]，或认为"欧洲文艺复兴结束于 1642 年意大利天文学家伽利略的逝世"[2]，等等。

通过历年来的研讨，我们认为：欧洲文艺复兴时代的下限时间，应以英国弗朗西斯·培根发表的《新工具》（1620 年）和法国笛卡儿写出的著名代表作《方法论》（1637 年）为标志，即 17 世纪 30 年代为时间下限。因为培根曾被马克思、恩格斯评价为"英国唯物主义和整个现代实验科学的真正始祖"[3]。笛卡儿被黑格尔称为"现代哲学的倡导者"。在 17 世纪二三十年代，培根和笛卡儿的名著问世后，意识形态才逐渐转型进入近代时期。

（三）关于欧洲文艺复兴时代的历史分期问题，根据欧洲各国的史实和特点，我们认为应划分为三个时期。

从但丁的《神曲》问世（1321 年）起至 15 世纪中叶是早期。这段时期，文艺复兴的活动主要在意大利境内。从佛罗伦萨逐渐扩大到罗马、米兰、威尼斯及那不勒斯等城，首先是文学（文学三杰：但丁、彼特拉克和薄伽丘及其代表作），同时扩大到历史学（如布鲁尼的《佛罗伦萨人民史》和比昂多的《罗马衰亡以来的历史》等）。文艺复兴早期主要在文史领域中，人文主义观点和现实主义的创作方法开始结合，这是突出的特点。

中期：从 15 世纪中叶至 16 世纪中叶。由于中国的四大发明在欧洲的传播，尤其是德国古登堡印刷术的推广，加速了文艺复兴运动在欧洲向纵深扩大。这一时期的特点是：文学艺术高度繁荣，史学和政治学名著大量涌现，新文化运动从意大利传播到欧洲各国。在文艺复兴运动的推动下，哲学、教育、经济等领域的研究、交流和发展，特别是欧洲的

---

[1] 缪朗山.西方文艺理论史纲.北京：中国人民大学出版社，1985：257—258.

[2] 陈小川等.文艺复兴史纲.北京：中国人民大学出版社，1986：53.

[3] 马克思，恩格斯.神圣家族//马克思恩格斯全集：第 2 卷.北京：人民出版社，2012：163.

宗教改革自 1517 年从德国爆发后，迅速扩及欧洲各地（包括东欧和北欧）。

晚期：从 16 世纪中叶至 17 世纪 30 年代。这是文艺复兴运动取得空前成就的时期。文学、艺术、政治、法学、史学、哲学、经济学等继续发展和繁荣的同时，波兰哥白尼的《天体运行论》（1543 年）和尼德兰维萨里的《人体构造论》（1543 年）——人类历史中空前卓越的两部论著（"两论"）的诞生[1]，标志着近代自然科学的产生与科学革命的新纪元。这一时期里，自然科学和人文社会科学开始从神学中解放出来。科学中的许多定理定律和新学科开始出现，近代自然科学和新的人文社会科学相继诞生并取得了划时代的伟大成就。"科学的发展从此便大踏步地前进。"[2]

二

欧洲文艺复兴时代"以人为本"，反对"以神为本"，其主要方向是把人当作主体，强调人的主体性，人有其独立的个性和人格。"文艺复兴"时期表现出前所未有的对人的注意：描写人、歌颂人，把人放在宇宙的中心。"以人为本"的基本含义是：1. 肯定人在社会发展中的主体地位和作用。2. 这是一种价值取向，强调应尊重人和塑造人。尊重人就是尊重人的价值（社会价值和能力价值）；塑造人，就是既要描述人的秀美和刚毅、丰富内心或精神，又要把人塑造为权利的主体和责任的主体。3. 这是一种思维方式，要求处理一切问题都要关注人的生活世界和发展命运，关注人的共性和个性，树立人的自主意识。4. 否定封建文化和神学的主导地位。

---

[1] 刘明翰，等. 欧洲文艺复兴史：总论卷. 北京：人民出版社，2010：349—412.

[2] 恩格斯. 自然辩证法 // 马克思恩格斯选集：第4卷，1995：263.

人文主义和"以人为本"的提出，有过积极的贡献，起过进步的历史作用。但他们在思想上反映的多属新兴资产阶级的诸多观念。"著名的人文主义者大部分都是管理过国家事务的人或积极的社会活动家。"[1]他们虽然反对封建社会，绝大多数并非无神论者，并不反对宗教与上帝；也从未否认过基督教的基本教义，未脱离教会组织，并且履行了教会规定的职责和义务。

欧洲文艺复兴文化的主要载体是欧洲的城市社会和一些大学。

欧洲各国文艺复兴有一些不同的特点，概括说来：

意大利是文艺复兴的摇篮。文艺复兴运动最先从意大利开始，在众多领域很繁荣，成就亦突出。14—15世纪意大利是拜占庭等各国学者、欧洲大量留学生的集中地，蕴藏和吸收了古代希腊、罗马、中世纪欧洲及阿拉伯的先进文化。巨人辈出，著名教堂、学校逐渐发展。文学有但丁、彼特拉克和薄伽丘等；历史学有维兰尼、布鲁尼、瓦拉、比昂多和瓦萨里；艺术上达·芬奇、米开朗琪罗、拉斐尔之外，乔托、多纳泰罗、乔尔乔内和提香等齐名秀出；政治学中马基雅维里和康帕内拉甚为突出；哲学有彭波那齐、特勒肖和布鲁诺等。许多巨人被引聘至欧洲各国成为传播文艺复兴的火种。

德国是意大利的近邻，文艺复兴传播早，主要活动中心不在贵族和宫廷等狭窄的范围内，而是在一些著名大学之中。德国文艺复兴的主要内容不是文学艺术作品，而是对宗教、哲学、道德以及反对德国分裂、要求德国统一、摆脱罗马教廷的奴役等问题最为敏感。文艺复兴活动与宗教改革密切结合，勒克林、胡登及库萨和尼古拉等人是主要代表。人文主义的活动中心南部在纽伦堡，西部是科隆等城，北部则与尼德兰联

---

[1]　加林.意大利人文主义.李玉成，译.北京：生活·读书·新知三联书店，1999：15.

系密切。

　　法国是意大利的又一近邻，在 15 世纪中叶，文艺复兴活动亦传播开来。活动多以宫廷为中心，主要在王室和一部分贵族之间流行。法国封建君主专制形成早，王权较强大，民族观念强烈。人文主义文学成就显著，以贵族龙沙和杜贝莱为首的"七星诗社"同以拉伯雷（杰作《巨人传》著者）、蒙田等人民民主派有明显的分歧和斗争。博丹的名著《主权论》（亦译为《国家论》），主张国家权力至上，影响遍及全欧。法国文艺复兴运动期间各类作品均提倡用法兰西语言创作，反对用拉丁文和外国语写作，增强了法兰西民族的凝聚力，法国民族历史学的成就明显扩大。

　　英国文艺复兴开始的时间比德、法两国都晚，是在 16 世纪末和 17 世纪初，文艺复兴运动最初主要在伦敦市和牛津大学进入高潮。人文主义的应用性明显，重视办教育，提倡积极的基督教生活。某些活动受到英王亨利八世的保护。托马斯·莫尔抨击了圈地运动中的"羊吃人"现象；"戏剧艺术奠基人"莎士比亚的戏剧驰名世界，剧团与剧院在英首创；弗朗西斯·培根的新哲学和威廉·哈维生理科学的确立等是 17 世纪初文艺复兴成果辉煌的标志。英国的国家统一、经济活跃、人文科学同自然科学的交融与互动，是英国文艺复兴后来居上的重要条件。

　　西班牙是早期殖民主义国家，其文艺复兴运动兴晚衰早。修道士中人文主义者拉斯·卡萨斯揭露殖民侵略的论著意义突出。宗教文学以及骑士文学《堂吉诃德》等影响广泛。因长期在阿拉伯人统治之下，西班牙曾将中华文明和东方文化向西欧传播。西班牙的流浪汉文学独具独色，自然科学和大学教育较发达。专制王室对人文主义的一部分活动曾予以支持。西班牙的北部受法、德和尼德兰的影响大，西南部和中部则大量融入阿拉伯文化的影响。至 17 世纪中叶，西班牙文艺复兴活动衰落。

　　尼德兰（荷兰）文艺复兴活动的特点同尼德兰革命前后的历史背景

紧密相关，综合成就突出，成为早期资本主义文化的传播中心。尼德兰北部资本主义较发达，是中世纪晚期西欧经济和文化最先进的地区。代表人物有：画家鹿特丹的伊拉斯谟、格雷科等，"庄稼汉"画家勃鲁盖尔和油画家伦勃朗，近代国际法奠基人格劳秀斯和《神学政治论》的作者斯宾诺莎。欧洲新思想和文化书刊17世纪时多在荷兰出版发行。

欧洲文艺复兴在东欧的波兰、捷克、塞尔维亚，北欧的瑞典等国均有传播与发展。在多数国家，文艺复兴与宗教改革是同时展开的。

通过对欧洲各国文艺复兴特点的归纳，再对各国情况加以对比评析，则可得出许多重要启示。以英国为例，虽地处西欧边缘，国土小，人口少，文艺复兴开始时间晚，但都铎王朝国家统一后，政权稳固，民族和谐，文艺复兴过程中破除迷信、生产发展、工商业活跃，促进了文化联系的扩大。在英国，莎士比亚誉满欧洲的"四大悲剧"（1601—1608）问世时，同样是培根的新哲学和哈维的生理学产生之时，也是人文科学同自然科学之间的交融与互动之时，这促进了英国文艺复兴的繁荣。而当时，意大利和德国国内长期分裂，西班牙自16世纪末霸权衰落，法国文艺复兴范围的狭窄及长期的胡格诺战争，以致17世纪初时制约了文艺复兴成果的扩大，从而较英国的辉煌大为逊色。

三

自2013年春《欧洲文艺复兴史》（12卷）荣获教育部的鼓励[1]之后，为满足广大读者的要求，《欧洲文艺复兴史》的一部分著者开始策划"欧洲文艺复兴时代名家名作丛书"。2013年7月上旬，在北京西山国林山

---

[1] 教育部曾于2013年3月公布，刘明翰主编的《欧洲文艺复兴史》（12卷）为全国第六届高等学校科学研究优秀成果（人文社会科学）一等奖第一名，以资奖励。

庄宾馆举办的"欧洲文艺复兴史研究"学术座谈会上，学者们对这套丛书的框架进行了初步的酝酿和研讨。三年来，各卷著作的作者通过辛勤努力，不断加工和修改，迄今已完成了各卷的书稿。

这套丛书有哪些重点和特点呢？它同 2010 年面世的《欧洲文艺复兴史》（12 卷本）有哪些异同处呢？

本丛书 6 卷是分别独立的著作，计有：著名政治思想家、史学家、哲学家、文学家、美术家及其代表作，以及著名科学家及其贡献。因早在 2006 年《欧洲文艺复兴史》（12 卷）的主编和有关著者已应山东教育出版社之约，出版了《文艺复兴时代的教育思想家》一书，其中介绍了21 位教育家分别在初等教育、中等教育或教育心理学等方面的教育理念和贡献，故本丛书未包括教育家的生平和著作。

本丛书的 6 卷同《欧洲文艺复兴史》（12 卷）的互异之处主要是：1. 本丛书各卷以介绍各领域的名人的生平及其代表作为主；2. 本丛书各卷对各位名人的代表作进行详细的介绍；3. 本丛书各卷中所评介的名人的代表著作，以该书近年最新版本的中文译著为主，原书中的重要注释避免遗漏。[1]

欧洲文艺复兴时代众多的文化巨人——先进知识精英，在史无前例的新文化运动中，为人类做出了辉煌的里程碑式的贡献。他们中的先进人士为了理想和真理矢志不渝，甚至在罗马教廷的强权高压和宗教裁判所的残酷迫害下，牺牲了宝贵的生命。

大量史实充分证明，恩格斯所指出的许多巨人"在几个专业上都放射出光芒"，即在多个专业领域都有过杰出的成就和不朽的名著。

---

[1] 如：托马斯·莫尔著《乌托邦》，戴镏龄译，原通用的是 1959 年新 1 版，现参照的是商务印书馆 1997 年第 2 版第 9 次印刷本。再如：伊拉斯谟著《论基督君主的教育》，现采用李康译，上海人民出版社 2003 年版。

但丁既是人文主义文学的先驱、文艺复兴的"文学三杰之首",又是杰出的政治思想家,著有《论世界帝国》等杰作。

马基雅维里多才多艺、兼通多科。他在历史学、政治学方面的成果尤为辉煌,而他的意大利语散文著述,无论戏剧、政论、史书皆称典范。而在社会实践中,他又集政治家、军事家、外交家于一身,其不朽巨著《君主论》《佛罗伦萨史》《论李维〈罗马史〉》等皆作于此时。[1]

达·芬奇既是文艺复兴"盛期艺术三杰之首",又是早期自然科学的杰出理论家,他还是大数学家、力学家和工程师,他在物理学的各种不同分支中都有重要的发现。[2]他的《最后的晚餐》《蒙娜丽莎》等绘画,曾被世人誉为世界名画之冠。他提出的飞行器、降落伞等设想揭开了人类飞行史启蒙的第一页;他提出了人能认识自然、研究和利用自然,高举出"实验乃为精确性之母"的旗帜,指引并推动了欧洲各国自然科学研究的发展。他的科学思想和理论具有划时代的历史意义。[3]

法国"唯理论"哲学的开拓者勒奈·笛卡儿发表了《方法论》《哲学原理》等名作,他还创立了"解析几何学",使数学的分支门类进一步扩大。[4]

鹿特丹的伊拉斯谟被誉为人文主义思想家的泰斗,也是古希腊语、拉丁文的语言学权威。他的名著《愚人颂》曾有过 12 种译本,他本人在世时翻印再版达 40 次之多。他还是著名的政治思想家,当马基雅维里在 1513 年写出《君主论》后,伊拉斯谟在 1516 年发表的《论基督君主的教育》一书中阐发不同于马基雅维里的君主论,提出君主在统治上应加强

[1] 刘明翰,等.欧洲文艺复兴史:总论卷.北京:人民出版社,2010:186.

[2] 恩格斯在《自然辩证法》的《历史导论》的《导言》中盛赞过他,载于《马克思恩格斯选集》(北京:人民出版社,2012:847)。

[3] 刘明翰,等.欧洲文艺复兴史:总论卷.北京:人民出版社,2010:180—182.

[4] 刘明翰,等.欧洲文艺复兴史:总论卷.北京:人民出版社,2010:393—394,378—379.

德治的观点。

本丛书的《文艺复兴时代著名政治思想家及其代表作》一书，特别提出了托马斯·莫尔与《乌托邦》、康帕内拉与《太阳城》以及安德里亚与《基督城》这三位空想社会主义先驱者类似的政治观，将他们作为政治家的另一类型，这是本书与其他同类书不同的特点，说明文艺复兴时代不仅有反映新兴的正在形成中的资产阶级的政治观点，也有提倡公有制、空想社会主义的先驱思想的著作涌现。此外，《文艺复兴时代著名政治思想家及其代表作》一书，将天主教会多米尼克派僧侣的传教士拉斯·卡萨斯揭露西班牙对拉丁美洲殖民侵略的《西印度毁灭述略》列入其中，更属难能可贵的创新，选择并评介这本名著是本卷的精华。

欧洲文艺复兴运动中的一些精英，穷数年之功前往文艺复兴蓬勃兴起的意大利学习深造。比如，哥白尼在意大利结识了达·芬奇等人，为他日后创建的"日心—地动论"打下了坚实的基础。再如，瑞士的化学家和医学家帕拉西尔索斯、英国著名心理学家哈维（血液循环理论的创立者）等人意大利的访学为他们后来的贡献打下了科学理论基础。[1]

本丛书中《文艺复兴时代科学巨匠及其贡献》这部著作，以大量史实充分说明科学是第一生产力的真理；哥白尼、布鲁诺、伽利略等科学巨人长期被压抑、受迫害，仍矢志不渝地奋斗，这种精神对今天的读者仍有启示意义。

尼古拉·哥白尼从青年时代起为保卫祖国，积极投入了反对德国条顿骑士团侵略波兰的斗争。他还经常靠自学的医术治病救人。他用自制的粗陋仪器在教堂的塔楼上坚持不懈地观测和研究天象，近 30 年之久。哥白尼的《天体运行论》中选用的 27 个观测实例，其中有 25 个都是由

---

[1] 刘明翰，等.欧洲文艺复兴史：总论卷.北京：人民出版社，2010：182.

他本人亲自观测、记录和研究后整理的。哥白尼毕生刻苦勤奋，对科研极其热衷和审慎，直到去世前弥留之际才同意出版《天体运行论》这部宏著。

坚决维护并发展了哥白尼的"日心—地动论"学说的布鲁诺写过多部关于科学和哲学的名著名篇，欧洲至少有 130 处宗教裁判所都指控布鲁诺为"异端"，罗马教廷把他开除教籍，但布鲁诺在祖国意大利以及瑞士、英、法、德和捷克等地长达 16 年受迫害的流浪生活中始终宣传真理。1593 年，罗马教皇用卑鄙手段将他骗回意大利投入监狱，布鲁诺受尽酷刑，被囚禁 8 年后，于 1600 年被宗教裁判所判处烧死在罗马百花广场的火刑柱上。

物理学中动力学的落体、抛物体和振摆三大定律的发现者伽利略受迫害的史实更令人发指。在罗马教廷的指挥下，有些宗教裁判所的反动分子竟诬蔑伽利略试制出的望远镜是"魔鬼的发明"，甚至宣扬伽利略是"骗子"，是"大逆不道、亵渎神灵"的罪人。宗教裁判所于 1616 年公开宣布哥白尼的著作为禁书，并警告伽利略必须放弃对哥白尼学说的信仰和宣传。然而伽利略坚持斗争，他在 1632 年公开出版了《关于托勒密和哥白尼两个世界的对话》，进一步支持和宣传哥白尼的"日心—地动论"。1633 年，宗教裁判所再次下令把伽利略召回罗马，用严刑和囚禁对伽利略进行迫害。最后甚至强迫已经 70 岁高龄的他跪下宣誓和签字放弃哥白尼的学说。伽利略被迫签字，但同时他充满信心地说："但是，地球仍然在转着啊！"这句话成为名言，长期鼓舞着为真理而奋战的人们。

与哥白尼的《天体运行论》同时发表的《人体构造论》（1543 年），乃是划时代医学革命的宏著，促成了科学革命的新纪元。《人体构造论》的作者是近代解剖学的奠基人尼德兰的安德烈·维萨里。由于天主教会的保守和一些医生的反对，1564 年教会下令让维萨里忏悔，迫使他去耶路撒冷"朝圣"。维萨里因远途的劳累和饥饿而不幸英年病逝。

另一位西班牙名医米·尔·塞尔维特也因其主张同天主教的"三位一体"相违背，受迫害逃到加尔文教控制下的日内瓦，但加尔文仍以"异端"罪将其逮捕并处以火刑。

欧洲文艺复兴时代的文学杰作充满了精神高度。《堂吉诃德》等将骑士文学逐渐推向坟墓，封建时代的禁欲帷幔进一步揭开，热爱民族国家的情怀在众多作品中溢于言表，经典文学深入人心；当人们感觉迷茫、低落和情绪晦暗之际，《巨人传》在大境界下给人民大智慧，文以载道，给予了心灵指引；"诗歌之父"乔叟的《坎特伯雷故事集》乃市民形象的缩影；斯宾塞的长诗《仙后》是盛世诗坛的代表；莎士比亚戏剧不仅探索了人生的谷底，而且闪耀了人性的光辉，使人们会感到像被维吉尔引导但丁环游三界一样，增添了光明、自信和勇气。文艺复兴文学开始构建美学和各国民族语言的体系。

《文艺复兴时代著名美术家及其名作》充分展示了古代的"巨人"创造者米开朗琪罗毕生从事雕刻艺术的空前贡献；对达·芬奇生命与创作历程的艰辛和坎坷，尽量全面、具体详尽地加以介绍，使他能以"伟大"兼"普通"的形象站立在读者面前。达·芬奇的《绘画论》，反映了他本人对自然科学研究的功力和成果。尼德兰的勃鲁盖尔倡导自由思想，是文艺复兴时代草根画家的杰出代表。鲁本斯具有卓越外交家的赞誉，又获著名画家的殊荣，他的画作永远彪炳史册。众多艺术作品中突出了人文主义的"神人合一"思潮。

文艺复兴时代的历史学从来是学术史、思想史和文化史研究的重要领域，这一时期产生了具有重大历史意义的史学革命。其主要特征是：历史意识的觉醒、崇古之风的兴盛、时代误置观念的纠正、语文学方法的应用以及民族历史编纂传统的创建等。史学革命始自14世纪的意大利，

15世纪达到高潮，16—17世纪新史学在西欧繁荣。洛伦佐·瓦拉作为人文主义历史考证方法的开创者具有重要的历史地位；圭查迪尼及博杜安等人强调民族文化传统。德国新教史学和天主教史学呈现不同特点，英国文艺复兴时期史学的实证主义和实用主义的方法也各有不同。

长期以来学者对文艺复兴时期的哲学及其哲学家传记多从哲学研究的视角入手，仅根据传主的哲学著作分析各人的经历及其思想发展路径，因而缺乏对传主本人历史全貌的概括。本丛书的《文艺复兴时代杰出哲学家及其代表作》，既突出了历史性、知识性和文学性的结合，更加强了对不同哲学观的阐析与比较。如对人文主义人生哲学的全面评析、诠释，阐述其启蒙的历史价值和重大影响及其局限性；对欧洲宗教改革运动中各类新教哲学同天主教哲学，以及对人文主义社会政治哲学中各类空想社会主义的思想作了比较。评析中运用史学研究方法，强调史料的考释，避免史实硬伤。文艺复兴后期自然哲学的勃兴亦列为重点加以评研。

众多事实充分说明，历史上文化巨人在科学上的重大成就和对人类的贡献，是通过艰辛努力奋斗，甚至牺牲宝贵生命才取得的。欧洲文艺复兴是伟大的历史时代，世界人民应铭记历史，继承并发扬巨人们毕生拼搏不屈的精神。

综上所述，在世界中世纪历史晚期的欧洲文艺复兴时代，许多巨人和知识精英为了破除迷信，解放思想，争取人类的文明、科学和新文化，在罗马教廷专制强权的迫害下，依然舍身奋斗，他们的伟大贡献和历史经验是值得铭记、继承和发扬的。

人无完人，不可能十全十美。任何巨人由于出身、环境、经历和见识及人生观、世界观和价值观等因素的制约，有过不同的缺点、局限和错误，这是任何时代的伟人都不会完全超脱的。

　　文艺复兴时代的政治思想家、历史学家、哲学家、文学家、美术家、科学家，为人类文明发展留下了辉煌的遗产，我们应当吸取并借鉴其精华为中华文明的伟大复兴服务。

　　这六卷书通过众多巨人的生平和贡献，如能给读者以有益的启示，这是我们作者们的夙愿。限于我们的学力和资料，各卷不可避免地会有许多缺欠，期待得到专家、学界同仁和读者们的指正。

目录

前言

14—16世纪欧洲的文艺复兴时代，是欧洲历史由中世纪向近代转型的时期。期间，欧洲社会发生了全面的新旧转变。美术也随着这一全面的转变，发生了巨大的变化。意大利的一大批艺术家最先冲破了中世纪艺术的藩篱，开启了文艺复兴美术的新时代，并将它推向了最高峰。一般来说，西方美术史学界将这一发展分为三个阶段：第一个阶段，"前文艺复兴时期"，即"酝酿期"，时间为13—14世纪；第二个阶段，早期，即发展期，时间为15世纪；第三个阶段，盛期，时间为16世纪。针对这一分期，有的学者认为，盛期文艺复兴之后，文艺复兴所开创的精神和美术风格的发展并未中断，而是转向了巴洛克风格，从而提出了"后文艺复兴时期"的观点，并认为这一时期的时间为17世纪。由此，文艺复兴美术史的发展，与特指的14—16世纪欧洲由中世纪向近代转型的文艺复兴时代便有所不同，它延长到了17世纪。本书认为"后文艺复兴时期"观点的提出，不仅使文艺复兴美术发展史的分期更加完整，而且也指明了文艺复兴美术与近代美术的直接联系。正如范梦教授在谈到17—18世纪的美术和美术家们时所言：

当然，艺术的长河也在流淌造型，艺术之树仍在成长，美术的脉搏仍在正常的跳动……文艺复兴大师的作品仍对他们有着魔术般的吸引力，但同时他们又不满足于这些披着宗教衣衫的画面和一本正经的面孔。文艺复兴后期的样式主义演化出的巴洛克建筑，尤其是花园式宫廷建筑，成为各国权力人物的热门货。具有同样风格的绘画与雕刻同时流行于欧洲。17世纪的欧洲，从艺术上讲，常被人称为"巴洛克时代"。[1]

众所周知，文艺复兴时期，欧洲出现了一大批著名的艺术家和他们的传世之作。特别是意大利文艺复兴美术发展的盛期，出现了更多几乎家喻户晓的人物及其作品，如达·芬奇和他的《最后晚餐》、《蒙娜丽莎》，米开朗琪罗和他的雕塑《大卫像》、祭坛画《最后的审判》，拉斐尔的众多《圣母像》，等等。同时，文艺复兴美术也随着文艺复兴运动的传播，在欧洲各国得到了充分的发展，并具有了自身的特点。在这些国家中，也出现了众多的美术大师和传世名作，如尼德兰（荷兰）的勃鲁盖尔、鲁本斯、伦勃朗，德国的丢勒、荷尔拜因，法国的让·古戎，西班牙的格列柯、委拉斯开兹等，以及他们的著名作品。虽然各国和各个艺术大师的作品各有特点，但作为文艺复兴时代的美术家，他们都有共同的创作思想：以古典为师，体现人本主义、理想主义和现实主义。他们在批判继承中世纪美术成果的基础上，以大胆创新的技法，创作出了一件又一件摆脱中世纪美术旧风格、反对封建旧文化的文艺复兴美术的新作品。于是，美术家成了反封建的斗士，美术作品则成了他们反封建的有力武器。

文艺复兴时代出现了如此之多著名的美术大家和他们的名作，应该说是时代的产物，是时势造英雄的结果。正如张椿年先生所指出的："佛

---

[1]　范梦.世界美术通史：上册.北京：中国青年出版社，2001：583.

罗伦萨成为文艺复兴的中心不是偶然的，这与资本主义的生产是分不开的，资本主义为文艺复兴奠定了深厚的物质基础。"[1]

在11—12世纪的意大利，其北方的城市已经有了长足的发展。许多城市，如米兰、佛罗伦萨、比萨、锡耶纳、威尼斯、皮亚琴察等，都是巨大的商业中心，城市居民以手工业者为主。14世纪，随着经济的发展，这些城市出现了资本主义简单协作的手工工场，城市市民的力量不断壮大，城市中充满了封建领主与市民的斗争。斗争的结果是，很多城市获得独立，建立了城市共和国。例如，米兰、佛罗伦萨、威尼斯等，都成了由大工场主、大商人、银行家等早期新兴资产阶级掌握政权的，具有近代性质的国家。这些国家，不仅在政治和经济上推动了资本主义的发展，而且大力提倡适合新兴资产阶级的新文化，为新美术的产生和新美术家的出现营造了有利的社会经济、政治和文化环境。

新美术由中世纪的旧美术脱胎而来。

欧洲的中世纪是一个基督教统一天下的时代，是基督教神学普及西方的时代，当然也就是一个不折不扣的基督教美术的时代。一切美术形式无不披起基督教的袈裟，以基督教的面孔出现于世。[2]

基督教美术主要有三种形式，一是手抄本《圣经》的插图，二是教堂建造，三是教堂中以《圣经》为内容的壁画和镶嵌画。基督教美术很少有具体情节，主要采用寓意象征的手法，如以牧羊人象征基督，以羔羊象征信众，以葡萄藤象征基督教，以船象征教会，以鸠鸟象征圣灵，

---

[1] 张椿年.从信仰到理性——意大利人文主义研究.北京：方志出版社，2007：12.
[2] 范梦.世界美术通史：上册.北京：中国青年出版社，2001：453.

等等；并且，画面中造型姿态单调划一，很少有古希腊雕刻造型的丰富生动。

　　教会要求宗教画家们严格按照一定的程式及规定的符号来描绘圣经的内容，强调观画者的视线往画面中心的耶稣形象上集中，注重说教，忽视人物表情与动态，这些使画面变得愈来愈古板严肃：动态全为正面律，布局全按对称法则，构图强调平面化，背景多为金色……[1]

这样的画面上的人物必然呆滞而缺乏感染力。由教堂高高天窗射进的微弱光线与烛光交相辉映，又形成了一种远离尘世的神圣感和神秘感。在这样的环境下，美术家们自然也就没有了创造性。

到了中世纪的末期，特别是13—14世纪，欧洲流行起了带有新因素气息的艺术，即哥特式美术和拜占庭美术。哥特式美术以建筑，主要是教堂建筑，为主。"哥特式教堂建筑既有理性与神性的双重因素，又有宗教与世俗的双重精神。"[2]这双重要素和双重精神体现在其教堂建筑的三要素，即光、高和数。这三要素代表不同的内涵，体现着基督教的教义思想。光，意指来自天堂的生灵之光。因为基督教所信仰的天堂是光明的，教堂要接纳来自天堂的生灵之光，所以哥特式建筑的窗户愈建愈大，几乎占用了整个墙面。为了突出高大，教堂不仅建有塔楼，而且塔楼上还加有塔尖，其主体大厅也建成了通廊式，还采用了新的、以减轻对墙面压力的拱顶肋架。教堂的门、窗、柱式、祭坛等的数目，与"一"（代表上帝）、"三"（代表三位一体）、"七"（代表七德、七罪等）

---

[1]　范梦.世界美术通史：上册.北京：中国青年出版社，2001：459.
[2]　范梦.世界美术通史：上册.北京：中国青年出版社，2001：2471.

等代表基督教教义的数字相吻合。综合三要素的哥特式教堂建筑不仅突出了神圣感，而且显得崇高而华丽。在哥特式艺术时代，教堂的世俗性大大增加，这是因为它不仅是宗教活动的场所，而且是民众聚会、家庭婚丧，甚至是国家庆典的场所。

除哥特式建筑外，哥特式艺术还体现于哥特式绘画和雕刻艺术。因教堂建筑的大窗、多窗的特征，壁画被彩色玻璃窗画所代替。彩色玻璃窗画色彩艳丽，"画面的人物造型或长或宽，随窗框及框架而定，变形夸张者多，还有许多植物纹样"[1]。这种画，因工艺处理的局限，全部为平面构图，没有空间的处理。哥特式艺术时期，还发展起了一种插图细密画，其内容不仅有圣经，还有大量的关于生产、打猎、比武、谈情说爱等世俗生活的场面。由此，哥特式绘画有了一定的现实主义的因素，从而影响了文艺复兴时期的美术。

拜占庭美术是5—15世纪东罗马帝国（拜占庭帝国）的美术。拜占庭帝国包括以希腊语地区为主的东欧及亚非原罗马占有地的东正教传播地区，因而拜占庭艺术处处体现东正教的特征。同时又因拜占庭区域内的两河流域和埃及都是古文明区，拜占庭区域又与波斯、印度古国相邻，所以其美术又具有东方艺术的因素。拜占庭美术发展的后期，其教堂建筑创造了希腊十字架平面形式，并以它为特征。它呈现为四划相等的形状，并且四划又都进入一个正方体之内，中心的空间为四划的交点，一座穹顶驾驭着它。"教堂内部和外部极其统一，作为拜占庭精神特征的极为强烈的象征主义与实际需要相结合。"[2]拜占庭美术中的壁画不多见，最流行的是马赛克镶嵌画。早期的镶嵌画不追求写实效果，只寻求将身

---

[1] 范梦.世界美术通史：上册.北京：中国青年出版社，2001：480.

[2] 雅克•德比奇，让•弗兰索娃•法弗尔，等.西方艺术史.徐庆平，译.海口：海南出版社，2002：82.

体的物质现实融进具有某种神圣感的整体之中。画面的背景多金色，以表现天神的世界。画面中人物的表情呆滞，人的表现均不带阴影，人没有体积感，好似在空中浮动。但13—14世纪拜占庭的美术显示出了新特点，即摆脱宗教束缚的倾向和较注重吸取传统艺术中的现实主义因素，注重塑造带有生活气息的艺术形象，自然对文艺复兴美术也形成了影响。

中世纪后期，由于西方社会的发展和拜占庭的动乱，拜占庭的建筑师、画师、镶嵌画技师等很多人来到西方，特别是意大利。他们把已带有新因素的拜占庭美术带到了西方，带到了意大利，进而影响了西方，影响了意大利。因为镶嵌画十分昂贵，所以吸收镶嵌画新因素且无镶嵌画技术上和空间上制约的壁画，成为文艺复兴时期的重要画种。

中世纪美术，作为基督教美术，必然随着教会的发展和演变而不断发生变化。11—13世纪，欧洲出现了反对正统教会的异端运动。他们谴责正统教会的腐化堕落，反对教会拥有财产，反对教阶制度，主张赤贫，认为人人有权传道。其中，最初就被视为异端的是自称"小兄弟"的方济各会。方济各会也称法兰西斯会，其创始人为方济各（法兰西斯）。据传，他出生在意大利中部城市阿西西，是一个富商的儿子。他壮年弃家，放弃财产，献身于传教事业。"他主张：以清贫为福音，以助人为乐事，以谦逊为美德，赤足粗衣，托钵乞食，游行传道。"[1]虽然其教派不反对罗马教廷，被教皇宣布为合法，变成教廷的一支"突击机动队"；但方济各的主张却受到了广大信众的认可，他自身的行为也得到了广大信众的尊敬。显然，这种认可和尊敬，并非来自《圣经》传说。方济各对信众来说就是身边的、现实的、真实的圣徒。圣徒不是被神化，而是被具体化和形象化，这一点无疑影响了基督教的造型艺术。

---

[1]　陈钦庄.基督教简史.北京：人民出版社，2004：171.

此外，宗教崇拜方式的变化也影响着造型艺术的种类，推动了基督教造型艺术的发展。13世纪，普通教徒的地位得到了提高。在教堂做弥撒时，神父、主教由站在祭台后和站在祭台前的信众面对面，改为与信众一起站在祭台前共同面对祭台，这使祭台上和祭台后的装饰变得重要，十字架式单幅的祭台画由此产生。还有，专门供奉某一圣徒教堂的出现，使教堂中有了供奉对象的祭台画。意大利有对圣母崇拜的传统。到了13世纪，随着方济各会对圣母的赞颂，圣母玛利亚在虔诚的教徒心目中几乎占据了与基督同样的地位，圣母单幅画成了祭台画的重要内容。祭台画的盛行，带动了壁画的东山再起，于是，教堂的墙壁上被画满了基督教的宗教画。

综上所述，资本主义经济的产生，政治的发展，中世纪末期带有一定新因素的哥特式美术、拜占庭美术的流行，基督教异端，圣徒方济各的思想和行动，宗教仪式的变化和对圣母崇拜的提高等，所形成的社会环境和创作空间，无疑为具有新因素美术的产生创造了条件。

正是在这样的社会环境和创作空间中，欧洲，主要是意大利，城市中出现了一大批具有创新精神的美术家和他们具有新因素的作品。由于每个城市的美术，特别是绘画，都呈现出自身的一些特点，所以人们一般都按城市把绘画分成派别，这些派别主要有佛罗伦萨派、锡耶纳派、威尼斯派等。佛罗伦萨画派形成于13世纪，其特点为：学习古典，将希腊罗马的雕刻手法运用到绘画中；科学技法，运用集中透视（焦点透视）、明暗效果表现三度空间；神话题材，把抽象的神像变成了理想的人像，成功地创造了人物画的新风格。锡耶纳画派基本与佛罗伦萨画派同时形成，其特点是：用色精细，线条优美；人物形象秀丽多姿，以服饰色调的相映和线条的明暗造成空间感。威尼斯画派形成于16世纪，该画派的特点：色彩鲜明，厚重，变化多样，画面生动明快；人物背景多为自然风光；

创作注意感觉效果。

从 13 世纪初开始，佛罗伦萨就出现了一批知名的美术家和他们的作品，主要有尼古拉·比萨诺（Niccolo Pisano，约 1205—1278）和他设计建造的比萨礼拜堂的讲经坛，乔凡尼·比萨诺（Giovanni Pisano，活动期 1265—1314）和他设计建造的锡耶纳大教堂，阿诺尔浮·迪·坎比奥（Arnolfo di Cambio，1232—1310）和他设计建造的佛罗伦萨政府大楼，波纳凡图拉·柏灵吉艾力（Bonaventura Berlinghieri，活跃于 1228—1235）和他的画作《圣方济各》，契马布埃和他的绘画作品等。除此之外，还有不少佚名之作，如描绘圣方济各女弟子的《圣克雷尔》，等等。此时艺术家们的创新，主要表现在，放大了哥特式和拜占庭式美术中的现实主义因素，并将它们与古典现实主义相结合；将自身对宗教的感悟，对自然感触和对社会现实的思考一起融入自己的作品中，使作品散发出一股与传统基督教艺术不同的现实主义的清新的气息。可以说，正是这些艺术家和他们的作品预示了文艺复兴运动的到来，也正是他们托起了文艺复兴初期的第一位美术名人——乔托。

图1 乔托《金门相会》（1305—1309）

图2 乔托《犹大之吻》（1305—1309）

图3　乔托《哀悼耶稣》（1305—1309）

图4　乔托《宝座中的圣母》（约1310）

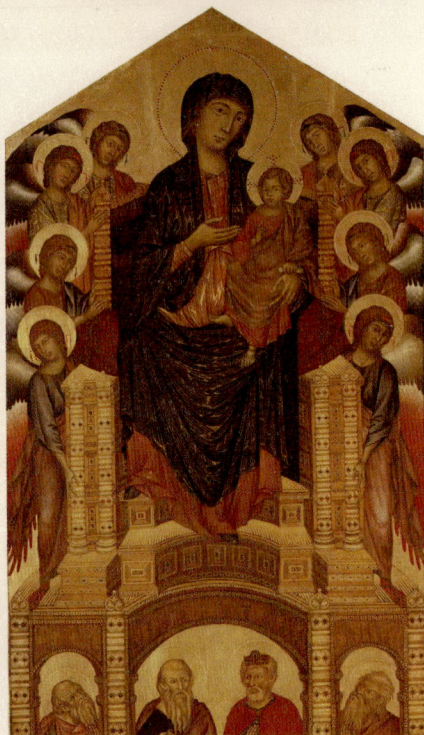

图5　契马布埃《宝座中的圣母》（1285—1286）

图6　乔托《向小鸟说教》（1330—1333）

图7　乔托《圣法兰西斯之死》（1318—1320）

图 8　乔托《但丁像》

图 9　杜乔《圣母与圣婴》（1280）

图 10　杜乔《鲁切拉的圣母》（1285—1286）

图 11　杜乔《圣母荣登宝座图》（1308—1311）

图 12　杜乔《加利利山上》（1308-1311）

图 13　杜乔《进入耶路撒冷》（1308-1311）

图 14　杜乔《圣墓前的圣女们》（1308-1311）

图 15　马萨乔《圣母、圣婴与天使》（1426）

图 16　马萨乔《逐出乐园》（1427）　　　图 17　马萨乔《圣三位一体》（1428）

图 18　马萨乔《纳税钱》（1426—1427）

图 19　吉贝尔蒂《亚伯拉罕献祭》（1401）

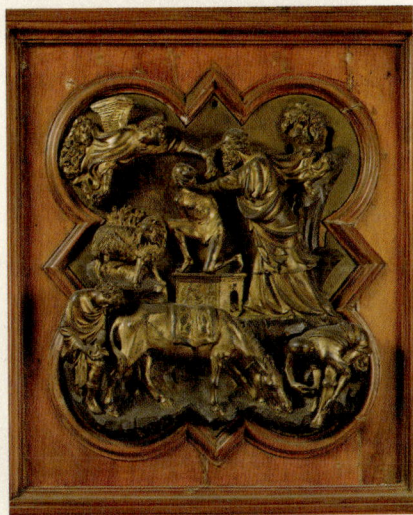

图 19　布鲁内莱斯基《亚伯拉罕献祭》（1401）

图 20　布鲁内莱斯基《佛罗伦萨大教堂全景》

图 21　布鲁内莱斯基《育婴堂临街的正面》（1419-1421）

图 22　布鲁内莱斯基《圣洛伦索教堂大主殿》

图 23　布鲁内莱斯基《圣洛伦索堂圣器室内部》

图 24　布鲁内莱斯基《帕奇礼拜堂正面》（1429—1444）

图 25　布鲁内莱斯奇《帕奇礼拜堂内部》

图 26　吉贝尔蒂《天堂之门》（1424）

图 27　吉贝尔蒂《亚当与夏娃》（1424）

图28 多那太罗 大理石雕《大卫》
（1408—1409）

图29 多那太罗 青铜雕《大卫》
（1432）

图30 多那太罗《圣乔治像》（1415）

图 31　多那太罗《加塔梅拉达骑马像》（1445—1450）

图 32　多那太罗《希律王的宴会》（1427）

图 33　多那太罗《玛格达琳》

图 34　韦罗基奥《多比亚司与天使拉斐尔》（1470—1475）

图 35　韦罗基奥《基督受洗》（1470—1475）

图36 韦罗基奥《大卫像》（1476）

图37 韦罗基奥《克列奥尼骑马像》（1481）

图 38 达·芬奇《坦克车》

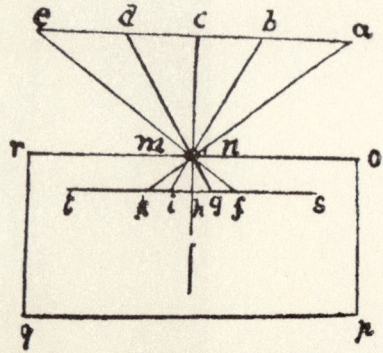

图 39 达·芬奇《物体流射成像实验图》

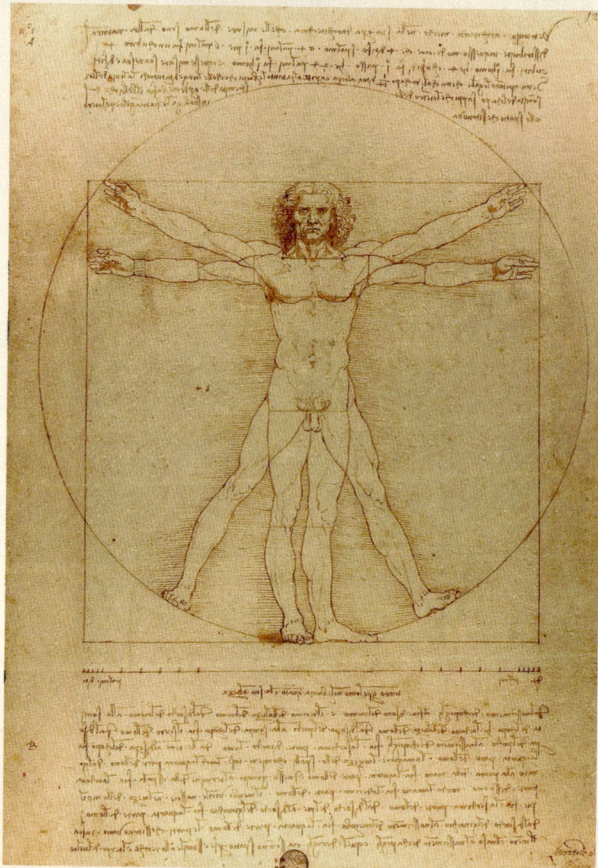

图 40 达·芬奇《人体比例图》

图41　达·芬奇《安加利之战素描》

图42　达·芬奇《鼻形素描》

图 43　达·芬奇《岩间圣母》（1483—1485）　　　图 44　达·芬奇《岩间圣母》（1495—1508）

图45　达·芬奇《最后的晚餐》（1495—1497）

图46　达·芬奇《最后晚餐》（素描）

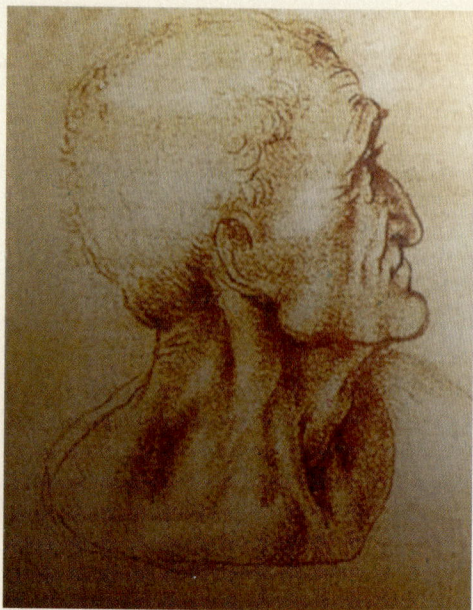

图47　达·芬奇《犹大的头像》

图48　达·芬奇《蒙娜丽莎》（1503—1505）

图49　达·芬奇《女性头像素描》

图50　达·芬奇《女性头像素描》

图 51　米开朗琪罗《酒神巴库斯》（1496—1497）

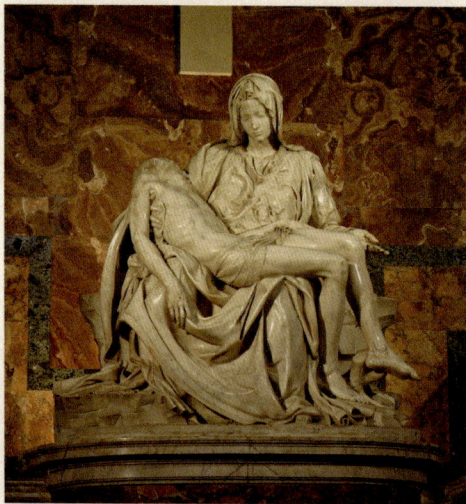

图 52　米开朗琪罗《哀悼基督》

图 53　米开朗琪罗《圣家族与圣约翰》（1504—1505）

图 54　米开朗琪罗《摩西》

图 55 米开朗琪罗《垂死的奴隶》　　　图 56 米开朗琪罗《被缚的奴隶》

图 57　米开朗琪罗《末日审判》（1536—1541）

图 58　米开朗琪罗《大卫像》（1501）

图 59　米开朗琪罗《晨》与《昏》（1526-1531）　　图 59—1　米开朗琪罗《夜》与《昼》（1526—1531）

图 60 米开朗琪罗《创造亚当》（1508—1521）

图 61 米开朗琪罗《创造水和陆地》（1508—1521）

图 62 米开朗基琪罗《创造日月》（1508—1521）

图 63　米开朗琪罗《大洪水》（1508—1521）

图 64　米开朗琪罗《德尔菲的女预言家》（1507—1512）

图 65　米开朗琪罗《彼得大教堂鸟瞰图》（1546—1564）

图 66　拉斐尔《钉刑图》（1502—1503）

图 67　拉斐尔《圣母的婚礼》（1504）

图68 拉斐尔《卡西利翁肖像》（1516）

图69 拉斐尔《椅中圣母》（1514）

图 70　拉斐尔《西斯廷圣母》（1513—1514）

图 71　拉斐尔《雅典学派》（1510—1511）

图 72 拉斐尔《利奥十世和二主教像》（1513—1521）

图 73 提香《神圣与世俗之爱》（1514）

图 74　提香《圣母升天》（1516—1518）

图 75　提香《巴库斯和阿里阿德涅》（1523）

图76　提香《英格兰青年》

图77　提香《查理五世骑马像》（1548）

图78 扬·凡·艾克 关闭时《根特祭坛画》（1415—1432）

图79 扬·凡·艾克 打开时《根特祭坛画》（1415—1432）

图 80　扬·凡·艾克《阿尔诺芬尼夫妇的婚礼》（1434）

图 81 吉罗姆·博斯《七项大罪》（1575—1585）

图 82 吉罗姆·博斯《干草车》（1500—1502）

图 83　吉罗姆・博斯《浪子回头》（1510–1516）

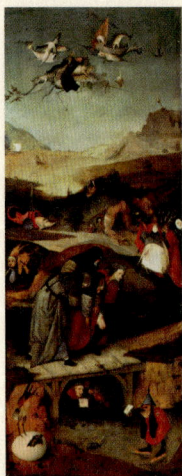

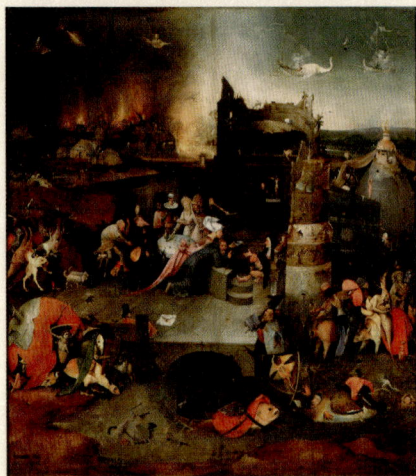

图 84　吉罗姆・博斯《圣安东尼的诱惑》（1500—1505）

图 85　吉罗姆·博斯《世上欢乐之园》（1510）

图86　彼得·勃鲁盖尔《那不勒斯风光》（1558）

图87　彼得·勃鲁盖尔《播种者》（1558）

图 88　彼得·勃鲁盖尔《冬猎》（《一月月令》）（1565）

图 89　彼得·勃鲁盖尔《收割者》（《八月月令》）（1565）

图90 彼得·勃鲁盖尔《灰暗的日子》（《二月月令》）（1556）

图91 彼得·勃鲁盖尔《干草的收获》（《七月月令》）（1565）

图 92　彼得·勃鲁盖尔《懒人国》（《懒惰者的乐土》）（1567）

图 93　彼得·勃鲁盖尔《盲人引路》（《盲人的寓言》）（1568）

图 94　彼得·勃鲁盖尔《施洗者约翰布道》（1565）

图 95　彼得·勃鲁盖尔《尼德兰谚语》（1559）

图96 彼得·勃鲁盖尔《农民的婚礼》(1567)

图97 彼得·勃鲁盖尔《农民的舞蹈》(1565—1566)

图 98　彼得·勃鲁盖尔《伯利恒屠杀婴儿》(《屠杀无辜》)(1566)

图 99　彼得·勃鲁盖尔《绞刑架下的舞蹈》(《绞刑台上的惊恐之鹊》)(1568)

图 100　鲁本斯《劫持留西普斯的女儿》（1616—1618）

图 101　鲁本斯《亨利四世观看玛丽肖像》（1622—1625）

图 102　鲁本斯《玛丽在马赛登岸》（1622—1625）

图103 鲁本斯《爱之园》（1632——1634）

图104 鲁本斯《城堡庭院》（1636）

图 105　哈尔斯《村野女巫》（1633）

图 106　哈尔斯《圣乔治射击连队军官们的宴会》（1627）

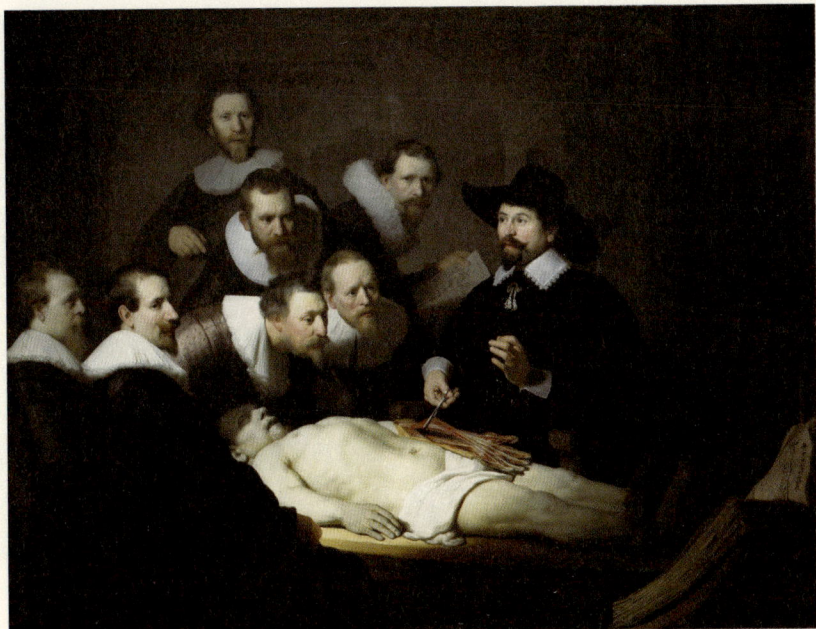

图 107　伦勃朗《杜尔普博士的解剖课》（1632）

图 108　伦勃朗《科克队长与其国民卫队开拔出巡》（1642）

图 109　伦勃朗《自画像》（1629）

图 110　伦勃朗《自画像》（1669）

图 111　伦勃朗《自画像》（1658）

图 112　格吕内瓦尔德《基督受刑》（1513—1515）

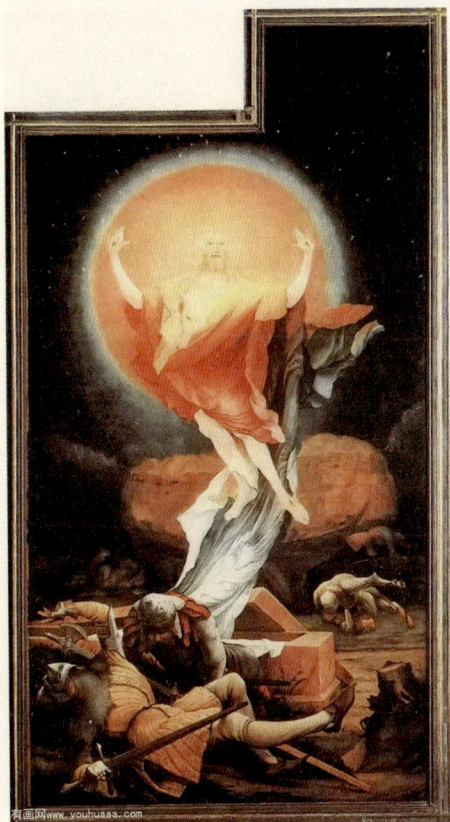

图 113　格吕内瓦尔德《基督复活》（1513—1515）

图 114　丢勒《启示录·四骑士》（1498）

图 115　丢勒《忧郁》（1513—1514）

图 116　丢勒《亚当与夏娃》（1504）

图 117　丢勒《亚当与夏娃》（1507）

图 118　汉斯·荷尔拜因《死神的舞蹈》（1523）

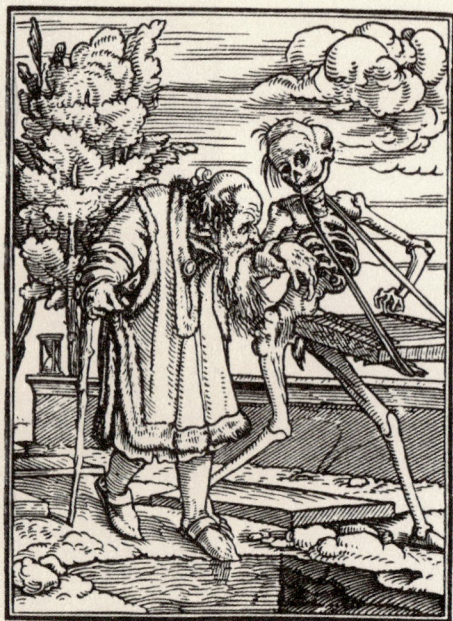

图 118　汉斯·荷尔拜因《死神的舞蹈》（1523）

图 118　汉斯·荷尔拜因《死神的舞蹈》（1523）

图 119　汉斯·荷尔拜因《托马斯·莫尔爵士像》（1526）

图 120　让·古戎《纯洁之泉》（1548—1549）

图 121 让·古戎《女像柱》（1550—1551）

图 122 《女像柱》（雅典卫城·伊瑞克提翁神庙，前 421—前 405）

图 123　尼古拉·桑普《海神尼普顿的凯旋》（1634）

图 124　尼古拉·普桑《阿卡迪亚的牧人》（1638—1639）

图 125 格列柯《圣莫里茨的殉教》
（1581—1584）

图 126 格列柯《奥尔加斯伯爵下葬》（1586）

图 127　迭戈·委拉斯开兹《塞维利亚的卖水者》（1620）

图 128　迭戈·委拉斯开兹《宫女》（1656）

意大利篇

一

文艺复兴初期和发展期美术名人及其名作

1

近代现实主义美术拓荒者——乔托

（1）走向艺术及艺术生涯

乔托·迪·邦多纳（Giotto di Bondone，1267—1337），文艺复兴美术的开创者，文艺复兴初期杰出的画家、雕刻家和建筑家，还是一名有成就的企业家。他在西方绘画史上被誉为"欧洲绘画之父"。

乔托是佛罗伦萨画派的第一人。他出生在佛罗伦萨北郊，距佛罗伦萨 22.4 公里，一个叫维斯宾亚诺小村庄。他的教名为安吉奥洛托或安姆勃罗乔托，乔托是其绰号。他的父亲是个贫苦的农民（一说是铁匠），小乔托是父亲的助手，帮着放牧家中的一群山羊。据文艺复兴时期的美术史学家瓦萨里的记载，小乔托性格开朗、聪明活泼、机智幽默，而且喜欢画画，也善于观察。牧羊时，他经常"利用羊群吃草的时间，把自然景物和突然萌发的奇思妙想画在岩石和沙地上，显然，他生来就有这方面的天赋"[1]。终于有一天，伯乐出现了，他就是契马布埃。乔托 10 岁（一说 13 岁）时的一天，契马布埃有事从佛罗伦萨前往维斯宾亚

---

[1] 乔尔乔·瓦萨里.意大利艺苑名人传：中世纪的反叛.刘耀春，译.武汉：湖北美术出版社，长江文艺出版社，2003：86.

诺，正好与小乔托相遇。当时，小乔托正在用一块尖石在平整的岩石上认真地画他的小山羊。看着这只画得栩栩如生的小羊，契马布埃非常惊讶这个孩童的天赋。于是，他停住脚步，问小乔托是否愿意跟他去学画画。小乔托高兴地点头答应。当下，契马布埃找到乔托的父亲，得到应允后，便收小乔托当学徒，将他带到了佛罗伦萨。小乔托就这样在契马布埃的画坊中开始了学习（当时的艺术家都是在师父的画坊中完成学业的，这一制度一直持续到文艺复兴的末期），就此走上了艺术之路，开始了其艺术生涯。

乔托来到佛罗伦萨，有两方面对他影响最大。一方面，佛罗伦萨沸腾的城市生活为乔托发展艺术才华提供了良好的环境。乔托来到佛罗伦萨学徒之时，正值佛罗伦萨文艺复兴艺术萌芽期。此时的佛罗伦萨"像喝了一杯烈酒那样突然振奋起来"[1]，经济迅速起飞。我们引用乔凡尼·威兰尼《年代记》中的一组数字，便知当时佛罗伦萨经济发展的状况：

> 毛纺织业行会的作坊约有 200 座或更多，它们生产 700,000—800,000 匹呢绒，价值约 1,200,000 金佛罗琳以上。（这笔钱）有三分之一多留在本城作为劳工的报酬，业主的利润还不计算在内。有 30,000 人靠这行业生活……舶来毛呢加工业行会的货栈（亦即加工作坊）约有 20 座，专门贩运法国和阿尔卑斯山以北地区的粗呢以进行加工。他们每年进口 10,000 匹以上的粗呢，加工后在佛罗伦萨出售的呢绒约值 300,000 佛罗琳，尚不包括由佛罗伦萨重新出口的加工毛呢……银钱兑换商的银行约有 80 座。佛罗伦萨每年铸成的金币总数达 350,000 佛罗琳，有时可达 400,000 佛罗琳……律师联合会

[1]　朱龙华.意大利文艺复兴的起源与模式.北京：人民出版社，2004：8.

（亦即律师业行会）有 80 多名会员，公证人约有 600 名。医生和外科医生约有 60 人，经营香料的商店约有 100 座……商人和呢绒商贩数目众多；鞋铺，包括制作睡鞋和木鞋的商铺，多得难以统计……这时期在佛罗伦萨共有 146 间面包店。从磨粉税款总数和面包店主提供的消息来看，城内每天约需 140 大包（每包合 16.59 蒲式耳）谷物……根据各城门税收统计我们知道，每年运进佛罗伦萨的酒类约有 55,000 桶，在丰收年头还可多增 10,000 桶……每年城市需用 4,000 头牛和牛犊，60,000 只肉羊和绵羊，20,000 头公山羊和母山羊，以及 30,000 头猪……在每年 7 月，经圣·弗律阿诺城门运入的西瓜约有 4,000 个，全部在城内销售。[1]

佛罗伦萨政治的发展与经济的起飞有着唇齿相依的密切关系。它们彼此推动，共同形成了文艺复兴文化的社会基础。13 世纪，佛罗伦萨在经济方面一跃而居全意大利甚至全欧之首；在政治方面，已建立起了人民集团当政的独立自主共和国，而且七大行会直接掌握政府，使共和国成为西欧历史上第一个具有资产阶级性质的近代政权。正如布克哈特所言："最高尚的政治思想和人类变化最多的发展形势在佛罗伦萨的历史上结合在一起了，而在这个意义上，它称得起是世界上第一个近代国家。"[2]马基雅维里也赞扬这个国家说：

佛罗伦萨人在民政、军政等方面作了这些安排之后，取得自主。它在很短的时期内就取得想象不到的伟大力量和极高威望。它不但变成托斯卡纳地区的首领，而且成了全意大利第一流的大城市

[1]　转引自朱龙华.意大利文艺复兴的起源与模式.北京：人民出版社，2004: 79—80.
[2]　雅各布·布克哈特.意大利文艺复兴时期的文化.何新，译.北京：商务印书馆，1979: 72.

之一。^[1]

正是在这个国家里，公民获得了应有的自由。当时的人文主义者布鲁尼是这样评价佛罗伦萨政权的：

> 对一切公民都存在同等的自由；在所有人的面前都同样存在着获得公职和升任的希望，只要他们具有勤勉和自然的禀赋，过着严肃认真而令人尊敬的生活；因为我们的政府要求它的公民既有德又有才……当担任公职之路向自由的人民敞开之时，它会多么有力地唤起公民的各种才能。因为人民一旦拥有在政治上享受荣誉的希望，他们便会意气风发，把自己提到更高的水平。^[2]
>
> 行会直接掌握的新政府却极有利于新经济的发展，佛罗伦萨的舶来毛呢加工业和银行业之跃居全欧首位便发生于新政府建立以后的 20 年间，而 1289 年之取消农奴制，也是新政府的一大功绩。^[3]

随着新兴资产阶级掌握城市政权，13—14 世纪，佛罗伦萨终于孕育出足以摆脱中世纪思想桎梏的新文化——人文主义。促进新文化诞生的因素有两方面。一方面是在经济发展中积累起巨额财富的市民上层，乃至掌权者对新文化的支持。他们修建公共建筑，如教堂、修道院、育婴堂、医院、政府官邸、街道广场等；他们更资助学者和艺术家；他们还开办学校，资助教育；甚至立下了"佛罗伦萨将通过自己的大学及其科学研究在世界上大增其声誉和财富"的宏愿。另一方面是广大市民对文化知识的渴

---

[1] 马基雅维里.佛罗伦萨史.李活，译.北京：商务印书馆，1982：60.

[2] 转引自巴隆.意大利早期文艺复兴的危机.1966 年·英文版：419.

[3] 朱龙华.意大利文艺复兴的起源与模式.北京：人民出版社，2004：102.

望和追求。在乔凡尼·威兰尼的《年代记》中有这样一组数字，可以反映当时市民受教育的情况：

1336—1338 年，佛罗伦萨读书上学的男女儿童约有 8,000—10,000 名，学习珠算和算术的儿童约有 1,000—1,200 名，而在 4 所较大学堂学习文法和逻辑的约有 500—600 名。据统计，全城儿童共三万人，入学率已达 50%—60%。市民识字率至少在 1/4—1/3。[1]

无论市民的上层还是中层基本全都识字，而且有中等以上的文化水平。市民阶级的下层识字者也占多数，只有在像梳毛工人这样干苦活、卖力气的劳苦大众中才有较多的文盲。但是，他们中间也有不少力求摆脱文盲困境、刻苦自学之人。正是

在佛罗伦萨这种开放宽容、雅俗共赏的文化气氛中，佛罗伦萨的文化生活也更加活泼和多样。不同层次、不同传统的文化在新文化的熔炉中兼收并蓄且相得益彰。[2]

乔托从农村来到大都市。佛罗伦萨繁荣的经济、沸腾的政治生活、朝气蓬勃的文化气氛，不仅使他大开眼界，而且也深深吸引着他，影响着他。正处在新文化起点上的佛罗伦萨城，也正需要像乔托这样未受中世纪旧传统艺术影响的来自基层的有纯正艺术禀赋的青年。或者说，佛罗伦萨向这个牧羊少年敞开了艺术大门，为他在乡间田野磨炼出来的写实、摹生的本领提供了更为广阔、更为深厚的发展空间。

---

[1] 转引自朱龙华. 意大利文艺复兴的起源与模式. 北京：人民出版社，2004：126.
[2] 朱龙华. 意大利文艺复兴的起源与模式. 北京：人民出版社，2004：132.

另一方面，老师契马布埃对乔托艺术的发展提供了具体的指导，或者说，是他艺术发展的引路人。

契马布埃"是西欧新旧绘画传统的一条分水岭，是活动于意大利拜占庭艺术风格由繁盛期转向衰落时期的最重要的人物"[1]。据说，契马布埃是他的诨名，意大利语之意为"牛头形"，后被人误以为是他的正规姓氏而流传下来。契马布埃于1240年生于佛罗伦萨，自幼聪明过人，很早就被其父送到圣玛利亚·诺威拉教堂读书识字。学习期间，他最喜欢的就是在书本和小纸片上画人、马、房子等自己看到又感兴趣的东西。当时有不少拜占庭的画师在教堂作画，契马布埃经常逃学到教堂看他们作画。其父顺其自然，让他跟着这些画师学画。虽然契马布埃模仿希腊画师的绘画方法，但他不墨守成规，对绘画技术进行不少改进，并在很大程度上摆脱了拜占庭绘画中那种呆滞、僵化的艺术风格。瓦萨里在《名人传》中提到了他不少具有创新的绘画作品。例如，他为圣十字教堂绘制的木版画《圣法兰西斯》，该画由20幅小画面组成，逼真地再现了圣徒法兰西斯的一生。"契马布埃在这幅画上倾注了不少心血，画面中的人物栩栩如生，活灵活现，这在当时实属创举。"[2]他为圣三一教堂绘制的《圣母子》，画面上圣母怀抱着圣婴，身旁还围着许多可爱的天使。瓦萨里在谈到这幅画的时候说："契马布埃在创作过程中一丝不苟，终于绘出了一幅让人赞叹的圣母，展示了他的卓越创造力。"[3]在谈到圣三一教堂中契马布埃的《圣母领报》，瓦萨里评价道：

[1] 刘人岛.意大利美术史话.北京：人民美术出版社，2000：23.
[2] 乔尔乔·瓦萨里.意大利艺苑名人传：中世纪的反叛.刘耀春，译.武汉：湖北美术出版社，长江文艺出版社，2003：39.
[3] 乔尔乔·瓦萨里.意大利艺苑名人传：中世纪的反叛.刘耀春，译.武汉：湖北美术出版社，长江文艺出版社，2003：39.

画中人物都有真人一般大。从这一作品看，契马布埃彻底抛弃了旧风格，原来希腊风格（这里指的是拜占庭风格——引者）的镶嵌画和绘画中常见的粗线条和轮廓都消失了，他画中人物的衣褶、服饰等显得更细腻、自然、柔软和富有动感。[1]

瓦萨里还较详细地介绍了契马布埃的在阿西西圣法兰西斯教堂表现圣母生平的画作。该画取材于《旧约》，表现的是圣母和基督的事迹。在对这些画的评价中，瓦萨里多次使用了"尽心竭力"、"巧夺天工"、"精美绝伦"、"令人惊叹"、"耳目一新"等赞美之词。有的画作在介绍完毕后，瓦萨里还着重描述了该画所引起的轰动。例如，他对契马布埃在圣玛利亚·诺威拉教堂创作的木版画《圣母》是这样描写的：

画中人物的尺寸要比以往所有绘画中的人像大，虽然画中的天使仍旧是拜占庭风格的，但从一些方面来看，契马布埃已开始尝试现代的艺术技巧和方法。当时的人因为很少看到如此优美的作品，所以对这幅画非常推崇。他们把这幅画从契马布埃的寓所送往教堂，一路上，吹号打鼓，举行盛大的游行仪式。契马布埃本人自然也赢得了崇高的声望和丰富的报酬。[2]

在提到契马布埃的崇高声望和他著名的画作时，瓦萨里还讲述了一件事。有一次安茹的老查理国王正好路过佛罗伦萨。为了款待老国王，佛罗伦萨人准备了很多活动，其中一项便是带他去参观契马布埃的一幅画。

---

[1]　乔尔乔·瓦萨里.意大利艺苑名人传：中世纪的反叛.刘耀春，译.武汉：湖北美术出版社，长江文艺出版社，2003：39—40.

[2]　乔尔乔·瓦萨里.意大利艺苑名人传：中世纪的反叛.刘耀春，译.武汉：湖北美术出版社，长江文艺出版社，2003：41—42.

因为谁也没有见过这幅画的庐山真面目，所以，佛罗伦萨人也成群结队地前往参观，一路上欢歌笑语，好不热闹。由此，我们也看到了当时人们对契马布埃画作的推崇和对他本人的热爱。在提到契马布埃的创新精神时，瓦萨里举了两个例子：一个是契马布埃在阿西西圣法兰西斯教堂对湿壁画[1]的勇敢尝试；另一个是在比萨圣法兰西斯教堂的蛋彩木版画《基督受难十字架》中加以文字说明的创新。后者画面的内容是：众天使围在基督的身边哭泣；他们的手中还有一些文字，这些文字就写在基督头部四周，并朝向圣母的耳部；基督右侧是哭泣的圣母，左侧是悲痛欲绝的施洗者约翰；写给圣母的文字是"圣母，这是你的儿子"；写给约翰的文字是"这是你的母亲"；离画面中心较远的一个天使手中的字是"从这时起，这个门徒接受了她"。瓦萨里认为，

> 从这里，我们可以看出，契马布埃已经开始探索新的艺术道路。他在画上添加文字，帮助观者领会画中的含义——这显然是一种别出心裁的奇妙创举。[2]

这些创新和绘画技法使"淹没很久的绘画艺术又一次焕发了青春"[3]，这样一个伟大的艺术家就是乔托的老师。

乔托是幸运的。因为据说契马布埃是个极为高傲和自信的人。如果

---

[1] 湿壁画（fresco）的原意是"新鲜"，是一种十分耐久的壁饰绘画。其技法是在要做画的墙壁上抹上粗糙的灰泥，然后，就在这"粗灰泥层"上画草图，渗入墙壁里。再后，再在其上抹一层细灰泥，并在其上再描一遍草图。最后，画家就在这潮湿的泥灰层上，用以水调和的颜料作画。这一阶段，颜色和墙壁就会永久地融合在一起。这种绘画法要求画家用笔要果断且准确，因为一旦颜料被灰泥吸收，就难以修改。所以并非所有的画家都能胜任这一艰苦而又繁复的工作。

[2] 乔尔乔·瓦萨里. 意大利艺苑名人传：中世纪的反叛. 刘耀春，译. 武汉：湖北美术出版社，长江文艺出版社，2003：42.

[3] 乔尔乔·瓦萨里. 意大利艺苑名人传：中世纪的反叛. 刘耀春，译. 武汉：湖北美术出版社，长江文艺出版社，2003：42.

他对自己的作品不满意，或者说其作品受到别人的质疑，他便会疯了一般，立即将作品毁掉。他收乔托做徒弟，正是看中了乔托的天赋。乔托是幸运的。因为当时的学徒，一般都会做一些杂活，有些帮助老师研磨颜料，还有一些学业不错的学生可以在老师大致画好的图画上画一些局部。而乔托不仅仅在老师——契马布埃的绘画作坊中接受指导，感受老师的画风，学习老师的画技，也经常帮老师作画。老师外出作画，也常把他带在身边。有一次他跟随老师到阿西西圣方济各教堂作画。据记载，该教堂的一幅《圣法兰西斯接受基督受难记号》就出自乔托之手。乔托在实践中的学习和创作对乔托的迅速成长无疑起了至关重要的作用。

1290年，乔托离开契马布埃的绘画作坊，结束了他的学徒生活，前往罗马。如果把在此以前的时期称为乔托艺术生涯的初期阶段，那么，1290年以后，乔托的创作就进入了发展期。

罗马城是古代欧洲的艺术中心，其艺术的特点可以说是集罗马和希腊艺术于一身。中世纪时期，作为基督教的中心，罗马又发展起了基督教艺术，并成为拜占庭艺术在西方的中心。中世纪末期，罗马又融入了哥特艺术的因素，成了多种艺术融合之地。另外，此时的教皇和教廷为了使罗马在与其他意大利城市的竞争中获得威望，也积极加入了文化竞争之中。他们倡导学术，资助教育，鼓励文学艺术，建筑教堂。有的教皇甚至有了"人文主义教皇"的声誉。于是，罗马也成了艺术家们的向往之地，聚集了众多的艺术家。乔托到罗马，首先是饱览罗马的古典艺术，其次就是向各位艺术家学习，以获众彩之长。在众多的师长中，乔托最钟情于彼特罗·卡瓦里尼。

卡瓦里尼"是一个不平凡的画家，他不仅摆脱了拜占庭旧框框的束缚，而且是第一个转向希腊罗马雕塑，并从中寻求借鉴的画家"。卡瓦里尼的画作"……衣服上不再有那些经过精心安排的、对称的、描金的褶裥。

人物和他们的衣服是立体的，很有质感……"[1]从斯佩泽尔对卡瓦里尼的评价中可以看出，卡瓦里尼是一个极富创新精神的画家。这种敢于对拜占庭艺术推陈出新，突破拜占庭绘画长期因袭的程式化路数的创新，赋予了画中人物体积感和重量感，从而使画中人物真实了起来。画技方面的创新体现在采用了明暗对比而突出了空间感。卡瓦里尼的创新精神无疑感染了乔托，他的新技法也使乔托受益匪浅。有人曾把卡瓦里尼和乔托的作品作过对照，认为它们确有某些亲缘关系。可见，即使乔托没有直接拜卡瓦里尼为师，肯定也受过他的教导和熏陶。

乔托在罗马生活了近10年（1290—1300）。罗马成了他事业的起点。在罗马期间，他为圣玛丽亚大教堂工作。但他留在罗马比较有名的是他为圣彼得教堂柱廊大厅做的《纳韦切拉》（船名）的镶嵌画，内容是基督和载有圣徒的大船。该画因后来大厅被毁，只保留了一些局部。另外，1300年，他还为纪念卜尼法斯八世主持罗马大庆典创作了一组壁画，现今这幅画也只保留了一个不完整的片段。

在罗马期间，乔托已小有名气，拥有了自己的绘画作坊，招收了徒弟；有不少顾客上门求画，作坊订单日增。他也因此财源不断，还购置了家产。他不仅事业有成，还喜结良缘，娶丘塔·迪·拉波·德尔·佩拉为妻。他们有四男、四女共八个孩子。其中一个叫法兰西斯的儿子继承父业，成了小有名气的画家。大女儿嘉德丽娜的丈夫也是一名画家。乔托的外孙，嘉德丽娜的儿子，也成了一名颇有名气的画家，绰号"小乔托"。

此后，乔托回到了佛罗伦萨，买房安家，和妻子生活在一起。再之后，乔托的事业轨迹大概是这样的：在佛罗伦萨完成了木版画《站在维尔尼亚巨石上的圣法兰西斯》，后来这幅画被送到比萨（现在在罗浮

[1] 斯佩泽尔，福斯卡.欧洲绘画史.路曦，等，译.桂林：广西师范大学出版社，2002：21.

宫）。在比萨公墓园内墙壁上完成了 6 幅湿壁画《耐心的约伯》。其中一幅"生动、逼真地描绘了一些村民正把丢失了牛的坏消息告诉约伯的情景，并把约伯因丢失牛和遭受其他不幸时所表现出的失魂落魄和悲哀神情刻画得无以复加。此外，画中还有一个很漂亮的仆人，站在众叛亲离、痛苦不堪的主任约伯的身边，一手拿着一根扇形树枝驱赶主人身上的苍蝇，另一只手捏着鼻子躲避着主人身上散发出的臭味。每一个细节都完美无缺，对人物神态的刻画也让人拍案叫绝"[1]。可惜这些画都没有保存下来。

据瓦萨里记载，这幅湿壁画的成功，使乔托的声名大振，从而引出了教皇卜尼法斯八世（1295—1303）邀请乔托到教廷画画的故事。当时卜尼法斯八世教皇正想请人作圣彼得大教堂的装饰湿壁画，听说乔托画技高超，便派使臣前去邀请。使臣听说还有其他一些壁画大师，便顺路拜访，还接受了他们的一些交教皇审查的样板画作。随后，使臣来到佛罗伦萨乔托的绘画作坊，见到主人，说明来意，并特意强调：教皇希望亲眼看见他的绘画风格。最后，使臣硬要乔托向其他画家一样，交一幅样板画，好回去向教皇交差。一向有礼貌的乔托什么话也没有说，顺手拿来纸张和画笔，将笔蘸满红颜料，只见他将胳膊紧靠身体，手腕一翻，纸上便出现了一个完美的圆圈。他将纸交给教皇的使臣，笑着说："这就是你要的样板画，拿去请教皇审查吧！"使臣非常生气地说："难道这就是你的样板画，我可要回去向教皇复命的！"乔托耸耸肩，再也没说什么。使臣感到受了愚弄，悻悻而去。教皇看到这个圆圈，听到使臣说乔托画这个圈的过程，便意识到乔托的画技远远超出了其他的画家。据说，这个故事传开后，便形成了讽刺蠢人的一句谚语："你比乔托的圆还圆"。之后，乔托受邀来到罗马，为圣彼得大教堂唱诗室绘制

---

[1] 乔尔乔·瓦萨里.意大利艺苑名人传：中世纪的反叛.刘耀春，译.武汉：湖北美术出版社，长江文艺出版社，2003：90.

了5幅湿壁画，还为藏器室绘制了大型湿壁画。教皇对他的工作非常满意，付给他600个金杜卡特。接着，乔托又完成了圣彼得大教堂四壁的湿壁画，其中最优美的一幅是约4.2米高的巨幅天使像。他还接受红衣主教斯特发内斯基的订单，完成了镶嵌画《暴风雨中的小舟》，此画被不少风雅人士称为"绝世奇作"[1]。随后，他又在圣多米尼克修会的米涅瓦教堂绘制了一幅备受称颂的蛋彩画[2]《基督受难十字架》。

1303—1306年，乔托来到帕多瓦。在这里，他为阿雷纳小礼拜堂绘制了38幅反映圣母玛利亚和基督生平的连环壁画。之后，乔托回到佛罗伦萨，但不久就应邀又回到帕多瓦，为圣安东尼大教堂绘制精美的湿壁画。之后，乔托应卡内先生之邀，来到威罗纳，为卡内先生宫邸制作了壁画，并为卡内先生画了肖像画。接着，他又来到费拉拉，为该城的艾斯特家族宫邸和圣阿格斯蒂诺教堂绘制壁画。正在流放中的但丁听说乔托在费拉拉的消息，便赶往前去。乔托热情地接待了但丁。两相仰慕之人结成了深厚的友谊，他们共同来到但丁的放逐城市拉文那。乔托应但丁之请为费拉拉圣法兰西斯教堂制作了精美的湿壁画。

之后，乔托又到了乌尔比诺、阿雷佐，均留下了作品。在阿雷佐的作品有湿壁画《圣马丁》，大幅蛋彩画《基督受难十字架》。大约在1307年，乔托回到了佛罗伦萨，但还不时外出作画。大约在1326年，乔托应邀来到那不勒斯，为王家教堂做了不少装饰画。这里也留下了关于乔托很有意思的故事。据说，那不勒斯王经常在乔托工作的时候去找他谈话，看他作画。乔托的精妙绘画和幽默有趣都给国王带来了极大的乐趣。

---

[1] 乔尔乔·瓦萨里.意大利艺苑名人传：中世纪的反叛.刘耀春，译.武汉：湖北美术出版社，长江文艺出版社，2003：92.

[2] 蛋彩画：绘画技法，用蛋黄或蛋清调和颜料，在涂有石膏的画板和墙壁上作画。蛋彩壁画有不易剥落和龟裂、色彩鲜艳、保持长久的特点。该技法盛行于14—16世纪的欧洲文艺复兴时期。之后被油画所代替。

有一天，国王说，要使乔托成为那不勒斯第一人（国王），对此，乔托机智地回答："正是为了成为那不勒斯的第一人，我才寄寓王宫篱下"。还有一天，国王看到乔托大热天还在作画，就说"如果我是你，我会停下来歇一会儿"。乔托幽默地答道："如果我是你，我当然会的。"

离开那不勒斯之后，乔托又在加埃塔的伦齐亚塔教堂，里米尼的法兰西斯教堂、圣卡塔尔多教堂，拉文那的圣乔万尼教堂留下了他的画作。

之后，乔托又回到佛罗伦萨，这期间的画作有巴尔吉小教堂的以圣法兰西斯事迹为内容的壁画，佩鲁茨比小教堂的关于施洗者约翰和神学家约翰的生平事迹的画作。1310 年，他为全体圣徒教堂绘制了祭坛画《庄严的圣母子》，即《宝座上的圣母》、《荣登宝座的圣母》。1317 年，他又为圣十字教堂中的 4 座礼拜堂绘制了多幅壁画，内容主要是反映圣徒法兰西斯生平事迹的、表现施洗者约翰生平的、赞扬使徒们殉道事迹的和描绘圣母升天的。在圣十字教堂，乔托完成的作品有蛋彩画《圣母加冕》，壁画《基督受难十字架》、《圣母领报》、《十字架树》、《圣路易的故事》、《最后的晚餐》。除上述作品之外，还有为佛罗伦萨圭尔夫党宫绘制的以基督教发展史为内容的壁画和教皇克莱芒四世肖像画。

在完成了佛罗伦萨的工作后，乔托又到阿雷佐，为那里的教区教堂圣法兰西斯礼拜堂绘制了装饰湿壁画，还在一个圆柱上绘制了圣法兰西斯和圣多米尼克的肖像。他还在阿雷佐城外的阿雷佐大教堂中的小礼拜堂绘制了《遭受乱石袭击的圣斯蒂芬》。接着，他又赶到阿西西，用了近 3 年的时间完成了老师契马布埃曾在 1296 年绘制但未完成的圣法兰西斯组画。该组画被认为"代表了意大利 13 世纪艺术的最高成就"。[1]

除了绘画，乔托在建筑方面也颇有造诣，最主要的成就是佛罗伦萨

---

[1] 刘人岛.意大利美术史话.北京：人民美术出版社，2000：9.

大教堂的钟楼。1314 年,佛罗伦萨大教堂钟楼即将开工建设,市政府任命乔托为该项工程的总负责人,并授予其"大师"的称号。乔托主持设计了这座美丽的钟楼。该钟楼高为 89 米,共五层,乔托只完成了第一层和第二层便去世了。这两层为无窗闭合式结构,四面均是由乔托设计的浮雕。浮雕的内容是关于人类起源和人类生活的,如亚当和夏娃的故事、狩猎、农耕、纺织、航行、天文、医学、绘画、辩论等。

1337 年 1 月 8 日,乔托在佛罗伦萨去世。在一生 40 年的艺术生涯中,他勤奋创作,勇于创新,将哥特、罗马因素融于自己对宗教和自然的感悟中,并以探索空间的新技法将画面的二度空间变为三度空间,使自己的作品冲破了中世纪传统艺术的束缚,呈现出近代新艺术的萌芽。正像刘人岛所评价的:"乔托的绘画中至少糅合了三种因素,契马布埃绘画中的空间意识和雕塑特征,哥特式美术的特点及古罗马艺术的体量感和力度。以上三种因素为乔托的艺术风格的形成提供了重要的借鉴。然而,乔托的艺术不是以上三种因素的简单叠加,而是他出神入化地将三种因素融会贯通之后,再加上自己的艺术灵感和对大自然的潜心感悟,在艺术上大胆革新,努力寻找新的艺术之路,最后所形成的真正意义上的乔托的'新风格'。"[1] 他的这种新风格,把欧洲艺术从中世纪引入了文艺复兴时代。因此,乔托备受当时人文主义学者的赞扬。但丁在神曲中说:

> 人类力量空虚的光荣啊!他的绿色即便不被粗暴的后代超过,也在那枝头驻得多么短促啊。契马布埃想在绘画上立于不败之地,可是现在得到采声的却是乔托,因此,那另一个的名声默默无闻了。[2]

---

[1] 刘人岛.意大利美术史话.北京:人民美术出版社,2000:21.

[2] 但丁.神曲:炼狱篇.朱维基,译.上海:上海译文出版社,1984:86.

薄伽丘在《十日谈》中称赞他为"卓越的天才"，"把埋没了许多世纪的美术带进了人间"。现代美术史学家贡布里希在他的《艺术发展史》中说"意大利艺术中出现了这样一个天才，那就是佛罗伦萨画家乔托·迪·邦多纳"，"从他那个时代以后，首先是在意大利，后来又在别的国家，艺术史成了伟大艺术家的历史"[1]。

（2）作品介赏

要了解乔托的天才，了解他在西方美术史上的地位，了解他的绘画风格，就要了解它的绘画作品。

宗教、人与现实主义创新——阿雷纳礼拜堂壁画　　1305—1309 年，乔托在帕多瓦的阿雷纳小教堂创作了一组壁画。据说该教堂是当地的一个富商为其放高利贷的父亲赎罪、谢神而建。该教堂虽然形制简单，规模也不大，但其厅堂的结构与壁画布局配合得恰到好处。厅堂呈长方形，入口在西，祭台在东，与入口相对。教堂南北两面墙面完全用于壁画的绘制。祭台和入口处的东西墙面的上方也画满了壁画。按当时的习惯，拱形屋顶画成了蓝天星斗的图样，这满厅的壁画，只有这部分非乔托之作。从教堂的入口到祭台的南北墙面上分别横列成连环画形式的壁画总共 36 幅，加上入口处墙面和祭台、墙底部等部分壁画，总计在 60 幅以上。你站在厅堂里，就如同置身于气魄宏伟、场面丰富、气氛热烈的壁画世界；面对这满屋满墙的壁画，却没有眼花缭乱之感，特别是南北墙面的 36 幅画整齐划一，无处不给人一种强烈的整体印象。这是因为：首先，全部壁

---

[1]　贡布里希.艺术发展史.范景中，译.天津：天津人民美术出版社，1998：10，112.

画内容取材于圣母和基督的生平故事，画面按故事情节排列，主题连贯有序，且相邻的画面以构图连接，如《哀悼基督》和《不要碰触我》就是以画面中的山坡相连；其次，每一幅画都以蓝天为背景，如此便和屋顶的蓝天星斗融为一个整体；再次，每幅画都用仿造的紫红斑岩、玻璃和宝石镶嵌外框，内部空间依照罗马的传统宽角透视绘制。记得曾有一位观众对此有过这样的描述："这种印象似乎只有现代电影才能和它相比，而它却是在 700 多年前中世纪艺术刚被突破时由乔托单枪匹马一手创作出来的。"[1]这样的整体性，不能不说是乔托的一种创新。

在这组绘画中，我们首先感到的是乔托绘画精神或者绘画意识的创新，主要体现为人，即画家本人，对宗教的感悟或理解；其次就是技法的创新，可以说他以现实主义的创新技法绘制出了他心目中的圣母和基督，这样的圣母和基督不再是中世纪传统画匠意识中高不可攀的、基督教神学下的"神"。我们可以通过赏析一下组画中最精彩的几幅：《金门相会》、《逃往埃及》、《犹大之吻》和《哀悼基督》，以具体了解乔托的创新精神和创新之处。

《金门相会》（图1）的画面故事取材于圣经。年老无后的约清，为求子决心离家出走，到荒野里去隐修。于是，上帝派遣天使加百利告知约清的妻子安娜，到耶路撒冷的金门去，与久未见面的丈夫相会；见面后相拥相吻，便可有后。据说，金门相会后，年事已高的安娜真的怀孕有后了。

乔托画笔下的《金门相会》画面简单但特征明显。一是画面的立体感。首先，无论是城门垛还是城门的穹洞，都已有了明显的立体感。尤其城门洞后面的那座亭子式的建筑，表示出了画面的深远。城门垛所立的石

---

[1]　欧洲文艺复兴史：艺术卷.刘明翰，主编.北京：人民出版社：2008：64.

基凸凹不平，更加凸显了立体感。其次，这种立体感还表现在随人物动作、姿势而形成的衣褶上。它们有的竖直下垂，相互折叠；有的形成了弯折的曲线。特别是拥抱安娜时约清的衣褶宽窄、弯曲的变化，不仅给人以强烈的动感，而且衬托出了人物的体积和重量感。

二是画面给人的动态感。首先，这种动态感表现在画面上的主人翁相拥、相吻的动作上。约清身体前倾，伸臂扶住了安娜的肩，安娜右手紧紧抱住约清的头，左手紧紧贴在约清的脸上。这些动作使观者感到他们相见的急切心情。其次，动感明显的还有两个人：画面左边的牧羊人，他正在走进画面；那个穿黑衣的妇女，她的动作非常有戏剧性，好像是看到两个老人的亲昵后，不好意思地用头巾遮住自己的脸，从他们身边匆匆走过。

三是画面中人物的情感。画面上的两个老人，为了求后，一个在家祈祷，一个在荒野里受难。他们相思相念，终于盼来了相见的时刻和有后的喜讯。然而，在两个老人的脸上却看不到相见的喜悦。从约清的表情看，他似乎是在安慰安娜："一切都过去了，一切都会好的。"而从安娜紧贴约清的脸的手和紧盯约清的目光看，她好像在说："老头子，让你受苦了。"画面也没让观者失望，喜悦之情表现在城门边四个女性的脸上。看到两位老人相见，得知他们即将有后的喜讯，这四个女性微笑地祝福他们。

通过解读《金门相会》的画面，我们看到了乔托对表现三维空间的努力；看到了他突破中世纪绘画静止、僵化的传统，力图制作动态画面的创新；看到了他揭示人物情感的精细用笔。他的努力、创新和用笔，使我们似乎探索到了他的宗教意识：对上帝之爱的赞扬。在他的画笔下，这种爱已转化为世俗的内容：两位老人的相挂、相念和相爱，不仅使他们度过了孤独和苦难，而且给他们带来了幸福和希望。这种把天上的爱变成人间的爱，把宗教之爱变成世俗之爱的意识，在阿雷纳教堂壁画的其他画面中，如《逃亡埃及》、《约瑟与亚拿相会》等，也可以看到。以世俗之爱表示神之爱，以世俗情感表示神的情感，神人之间的距离被缩小了。神人平等、神人合一或许正是乔托理想宗教观的反映。

《犹大之吻》（图 2）取自圣经犹大卖主的故事。犹大是耶稣的十二门徒之一，为了区区 30 个银币出卖了耶稣。逾越节[1]的晚上，耶稣与他的 12 个门徒共进晚餐时，对门徒们说："你们中间有人出卖了我"。犹大得知事情败露，惊慌地提前离席，跑去报信。他带来了犹太教的祭司长和法利赛人（犹太人中的文士与律师）的差役及一队士兵。犹大按他与犹太人的约定，跑上前去吻耶稣，而士兵们则上前逮捕。乔托画的正是这一紧张的时刻。《犹大之吻》的整个画面看上去人很多，场面混乱。其实，混乱正是画家的有意安排，因为它是那一紧张、混乱时刻的真实写照。但是，当我们细观画面时会发现，乔托以色彩、光亮、人物的动作，以及近大远小的透视原则，把主要人物、次要人物、敌我双方分得很清楚。画面正中色彩最亮，光线也最强，耶稣和犹大被放在了这个位置上。犹大身向前倾，张臂抱住耶稣，他的这一动作和身形被宽窄不同的衣褶展示无余。他仰头噘嘴，试图吻耶稣报信的企图被暴露无遗。再看耶稣，他镇静的站姿，即使被犹大的长袍遮挡也能被感觉到。在强光的映照下，观者可看清他沉着、冷静的面孔上，那双深邃且因愤怒几乎冒火而直刺于犹大的目光。光明、伟大、坚韧、正义和阴暗、猥琐、贪婪、邪恶是乔托对耶稣和犹大的定位。

光明与阴暗、正义与邪恶的斗争在这两个人物周围扩展开来。画面上，敌指挥官发出了逮捕的命令，带刀的军士涌向耶稣，号手吹起号角，火

---

[1] 逾越节：犹太教的主要节日。时间在犹太历新年第一天，约在公历 3—4 月间，为纪念犹太人摆脱埃及人的奴役而立。据《圣经·出埃及》记载，上帝令犹太人杀羊，将其血涂在门楣上，以便在天使击杀埃及人长子时，见血便越门而过，故称逾越，这就是逾越节的来源。

把手举起火把……千钧一发之时，基督的门徒们尽管人少势单，却勇敢反击，一个门徒情急之下，举刀去割要逮捕耶稣士兵的耳朵……于是以基督和犹大为首形成了正义与邪恶的两大阵营。在这里，乔托把宗教故事变成了人间善与恶的斗争，颂扬了正义，鞭挞了邪恶。这也由此反映出了乱世之下乔托的道德观。

在这幅画中我们再次看到了乔托以宗教思索人生、以人生看待宗教的绘画观，以及力图表现三维空间的画技创新。

据搜狗网搜搜问问 2008 年 8 月 19 日记载：2006 年 4 月 6 日，美国国家地理杂志正式宣布，一份失去了约 1700 年的《犹大福音》手稿内容的英文翻译公布于世。这本基督教的福音书是 20 世纪 70 年代埃及出土的。《福音》中说，曾被无数人憎恨、咒骂了两千年的犹大，实际上是耶稣最喜爱的门徒，只有他和主的心灵最为契合。他为耶稣完成伟大的救赎而充当了叛徒。书中说，有一天，基督对他的门徒们说："我实实在在地告诉你们，你们这时代没有人认识我。"门徒们感到很疑惑和气愤。但他们在耶稣面前很软弱，只有犹大坚定地走到主的面前，说："我知道你是谁，也知道你从何而来。"主看到他的勇敢和真诚，就将天国的秘密告诉了他。还说："你可能进天堂，但你将会极其伤心，别人会取代你的使徒职分；而且，你会痛苦，被世人咒骂。"犹大理解了这其中的意义，认为进入天堂的人要经受磨难和考验。于是，他作了最后的选择。这也成了耶稣之门的一个秘密。按此书之说，犹大的叛变，是一种崇高的自我牺牲，他对基督教的发展做出了巨大的贡献。如按此说，画家笔下的犹大形象就具有更为复杂的含义。

《哀悼基督》（图 3）是阿雷纳小教堂组画中最悲壮的一幅。这幅画，无论是人物形体的造型、人物个体情感的描画还是立体空间的表现，无一不体现出乔托的现实主义精神和对现实主义绘画技巧的探索与创新。

　　该画的画面内容是被钉死的基督从十字架放下来后，圣母和圣徒抚尸痛哭的情景。哀悼基督的主题在拜占庭的镶嵌画中屡见不鲜，出场人物和基本动作也已成定局，乔托想做大的改动已不可能。于是，乔托根据画面情节的需要，采用多角度地表现三维空间的构图。一是变中世纪绘画一字排列的构图为多层一字排列构图，画面中前景上的人物排成了三排：以躺着的基督为中心的一组为第二排，两个背向观者、面向基督遗体而坐的信徒为第一排，直身站立在基督遗体另一侧的人物为第三排。这样的处理，不仅使画面前景有了前景和后景之分，暗示了画面前景的深远度，而且为安排基督周围人物的不同姿态打下了基础。二是画面的中间画了一条岩石斜坡，这斜坡即是区别画面前后景以产生空间效果的界限；同时，山坡的一头直指基督的头，集中了观画者的视线；另一头伸向天空，引出了背景上深蓝色的天空。一石三鸟，这是乔托出色的一笔。三是对天空中飞行的天使使用透视缩形法和多层一字排列构图，展示了空中的辽阔。这种多角度表示三维空间的技法，使整个画面产生了一种真实的空间感。

　　真实的空间里有真实的人物。乔托以人物的不同姿态，背身坐、侧身坐、俯身、直立，以及不同姿态下细化的服饰褶皱，衬托出了人物的体积和重量，甚至可以使观者根据他们的体形来判定他们的性别。人物形体的真实性被刻画了出来。

　　真实的人物再加上真实的情感，画面上的人物便鲜活了起来。乔托给予画面人物的情感令人感动。在乔托的笔下，圣母、圣徒和信众面对基督的死亡悲痛至极：圣母一只手臂托起基督的头，一只手抚在基督胸前，已是欲哭无泪，我们似乎听到她在轻轻地呼唤着基督的名字，希望他醒来；一圣徒拉起基督的双臂，双手抖动，应着圣母的呼唤，已是泣不成声；一圣徒托起基督的双脚，泪眼注视着双脚上的伤痕，悲伤中带着怜悯；

有的圣徒悲伤中似乎充满了疑问；有的圣徒展开双臂似乎要扑到基督身上，与他同去；有的圣徒，则把悲痛深深地埋在心里……为了渲染这悲痛的气氛，乔托以那出色的一笔——斜着的山坡的一头将观众的目光引向悲痛浓缩的中心，圣母，另一头则缓缓向上延伸，通过因悲痛枯萎了的树木，引出了深蓝色的天空，引出了天空中翻飞号啕、悲痛欲绝的天使们。细看这些天使，乔托大胆采用透视缩形法，使他们像鸟一样轻飘而无拘束。他们悲痛的表情极端而无章法，似乎向天、向地、向全世界宣布着噩耗。面对画面，你似乎感到了悲痛感情的传导，从圣母，浓缩的中心扩散到圣徒，到信众，到树木，到天使，到观众；你也似乎听到了那轻轻的呼唤声、哭泣声、叹息声、哀号声……这悲痛的气氛甚至会使你的眼泪情不自禁地流下来。这便是乔托画笔创造的真实空间、真实人物、真实情感、真实场景所产生的感染力。无怪许多评论家都说，乔托的作品是早期西方绘画在不知科学透视法和人体解剖学的条件下达到的写实求真的极致，而且他的探索已到触及叩开这些科学技法大门的地步。所以，15世纪的文艺复兴艺术就是沿这个方向破门而入，占领了整个科学技术的殿堂。

圣母、神、世俗女性——《宝座中的圣母》（图4）（亦称《庄严的圣母》、《圣母与圣婴》、《圣母与众天使》）　该画作于1310年，是乔托为佛罗伦萨"全体圣徒"教堂绘制的与其老师契马布埃为佛罗伦萨瓦隆布罗萨修会绘制的同名、同内容的一幅祭台画。从这两幅画的比较中，我们既可以看到契马布埃在绘画技法上的推陈出新，又可以看到乔托对老师新技法的继承、发展和突破。两幅画的内容都是表现圣母玛利亚的。画面上，玛利亚怀抱着婴孩耶稣，面对信众正襟危坐。

在契马布埃的画（图5）（约1280年）中，画家根据祭台的大小，以推陈出新的画风，大胆地创作出了高达3米的巨幅祭台画，其宏伟的气魄给人耳目一新之感。首先，圣母微微低头，表情庄重中略带温馨，显示出了一种母爱；其次，小耶稣稚气的脸上也微显活泼；最后，画中其他人物的表情与姿态也略有不同，右下角的那位老人的表情最为精彩，给人很多的想象。但总观整个画面，契马布埃仍没有走出中世纪宗教画的传统，他的新技法仍显笨拙。例如，在人物造型上，虽然画家试图用衣褶和线条表现人物的体量感，但效果并不明显。坐在圣母腿上的小耶稣，其上身与下肢似乎错位，不成比例。再如，画家力图在构图上表现深远感，在圣母的宝座下画了三座拱门，左右两拱基本真实，但中间的大拱却显得模棱两可：从以圆弧连接两侧拱门来看，它似乎是中央的大拱；但从与圣母放脚凹台的关系看，它似乎又是凹台的延伸。这样一来，不仅建筑物的关系不明确，而且就连它们中间画的 4 个人物也失去了落脚之处。再如，画面仍采用对称布局，圣母两边的人物表情呆滞且千篇一律。整个画面给人一种传统与创新混合的感觉。它说明契马布埃已是从中世纪风格向新风格过渡阶段的新艺术家。正因为如此，瓦萨里认为，契马布埃"为新绘画投下了一线新的曙光"。

正是这一"新曙光"，为乔托照亮了迈进新绘画的大门。乔托的《宝座中的圣母》无论从绘画观念还是从绘画技法上，都超过了他的老师，成了新绘画的第一人。画面上的圣母，宽大的衣服裹着她丰满的身躯，挺直的腰板，高高隆起的前胸，这些年轻待乳母亲的特征给我们留下了深深的印象。评论家们甚至认为：这是西方艺术从中世纪以来第一次在圣母像中表现真实的女性形象。更重要的是，我们还从这一形象上看到了一种中世纪圣母像中从未有过的气质。她注视前方的目光闪烁着一种智慧，笔直的鼻梁、微闭的嘴唇更显示出平静内心中的坚定信心和坚强性格。可以说，在乔托的笔下，圣母成了真实的、有高贵气质和心灵的、世俗的母亲。显然，乔托的圣母超过了他老师笔下的圣母。

两幅画的布局并无大的差别，但乔托的画在追求真实空间的努力上超过了他的老师。首先，乔托在宝座上方画了一个具有明显深度感的椅冠；其次，宝座下方的阶梯，尽管透视缩形还不够准确，但所显示出的足以使人感到它的实在性。从整体上看，宝座又给人一种向后的延伸感。更有意思的是，画家在宝座两边加上了镂空的挡板，观者可通过挡板上的圆框看到站在椅子背后的圣徒。真是妙笔生辉，一个真实的宝座出现在观者面前。再看宝座两边的圣徒，也不再是千篇一律的侧身：根据位置他们有的全侧，有的半侧，有的大半侧；且表情、姿态各不相同。于是，"真实"的圣母子、"真实"的圣徒、"真实"的宝座、"真实"的空间构成了非常真实的场面。尽管画面的对称布局和人物的大小比例（众天使的体形比圣母的小许多）仍没有跳出宗教画神圣的传统，但在"真实"人物和"真实"空间的塑造上，乔托都胜出契马布埃一筹。所以，如果要把契马布埃看作新绘画序幕的揭幕人，那么，乔托便是现实主义新绘画道路的开拓者。

在乔托的画作中有不少关于圣法兰西斯事迹的。在这些画作中我们看到了画家对圣方济各会教义主张的认同，以及对法兰西斯本人的尊敬与敬仰。正是怀着这样的认同、尊敬和敬仰，他于1330—1333年在阿西西圣法兰西斯教堂制作了一组28幅圣法兰西斯生平事迹的壁画。其组画的成功，除了体现在他对画技的整体思考、布局的整体设计外，还体现于他对组画主题的深刻感悟。其中的《向小鸟说教》最能反映他的这种感悟。

圣徒、感恩、敬仰——《向小鸟说教》（图6）　该画作于1330—1333年，描绘了圣法兰西斯向鸟传教的故事。在一本介绍圣法兰西斯关怀大自然的书——《小花》——中，有不少圣法兰西斯与鸟的故事。他把鸟看作自己的同类，视它们为自己的兄弟和姊妹。书中说，有一天，圣法兰西斯与同伴在传教的旅途中，看到路边有一群可爱的小鸟，便对同伴说：

"等我一会儿，我去对我的鸟传教。"于是，他来到鸟群前，教育启导它们说："我的兄弟姊妹们，你们受惠于天主太多了，所以，你们一定要随时随地地感谢上帝。是上帝创造了天空，赐予你们翅膀，让你们在天空中自由自在地飞翔；赐予你们羽毛，温暖你们的身体；为你们准备了吃食，你们无需耕收；创造了树木，让你们栖息；创造了河流、泉水，为你们止渴；创造了山谷，为你们遮阴。上帝恩惠你们一切，你们要感恩上帝，永远赞颂上帝。"乔托的《向小鸟说教》正描绘了这一内容。

画面上，法兰西斯微微弯身俯首，面容慈祥，右臂抬起，左臂自然下垂，给人以很多想象。他似乎在向小鸟们问候，似乎想抚摸它们的羽毛。他的亲切和关爱，使小鸟们聚拢到了他的身边。小鸟们有的伸脖抬头，有的伸头竖耳，有的静静站立，有的迈步向前，动态中又是那样有序和安静。它们似乎很认真并且听懂了法兰西斯的教诲，它们敬仰这位圣者，它们要感恩给予它们一切的上帝。特别有意思的是，细看这群鸟，有鸽、小燕、大雁、鹌鹑、公鸡……种类杂乱。在这里，或许乔托把它们看成了所有鸟类的代表，所有动物的代表，从而预示了法兰西斯与鸟类，与动物，与大自然的关系。虽然画中的鸟和树木还有失真之处，但乔托对法兰西斯的敬仰却已渗入了画面中。

圣徒、敬仰、纪念——《圣法兰西斯之死》（图7） 该画是乔托晚年得心应手的一幅画，于1318—1320年绘制于佛罗伦萨圣十字（圣塔克罗什）教堂，是画家留在佛罗伦萨城最好的纪念性壁画。法兰西斯于1226年去世，享年44岁。他出身于富有的布商之家，去世时却是无立锥之地，他将自己的一生全部献给了他的教会。据说，他去世时，遗体就躺卧在他最初修复的波提温克拉教堂的石头上。无论是为突显画面前后与深度而采用多层一字排列法，还是表现人物内心的动作，该图画面都与《哀悼基督》相似。但细观人物的表情，该图却又没有《哀悼基督》

中的那种激情，更多的是严肃和平静。这一方面是为了显示人物的身份与地位，另一方面，也带有乔托对圣法兰西斯献身信仰、完成使命而无悔精神的评价。从整个构图气势上看，该图没有《哀悼基督》那样集中，却更有一种规范的约束力，这种规范的约束力使画面整体显得更为稳定。这种稳定设计，一方面是圣徒丧事仪式程式的需要，另一方面也反映了大师晚年的创作风格。

世俗的人生——肖像画《但丁像》（图8）在乔托众多的画作中，《但丁像》也是他出色的一笔。这幅画是乔托冲破传统，与时俱进，勇于创新的精神反映。在中世纪，只有圣像画，没有凡人的肖像画。即使帝王、显贵的画像，也只是在一般图像上套上名字，并非真实的面容。至于文人墨客、社会名人，连这样的待遇都没有。时代不同了，佛罗伦萨成为新文化的中心。追求文化、享受文化的新风尚，使佛罗伦萨市民把但丁、乔托这样的文化名人视为本城的骄傲。授予他们桂冠，写他们的传记，为他们画肖像，成了时髦。同时，尊重个人，尊重才能，每个人都想流芳百世等观念也促使了肖像画的产生。百姓的肖像画甚至也逐渐流行起来。这就是乔托的《但丁像》产生的社会环境。

这幅画的成功，在于乔托大胆的创新精神和写实技巧的运用。乔托首先抓住了人物的面貌特征，即消瘦、鼻梁笔直、"地包天"的嘴唇；其次，采用了易于突出这些特征的侧身像；最后，也是最难的一点，栩栩如生地刻画了人的心灵之窗——眼睛。乔托在这里借用了古典艺术中把侧面眼睛画成三角形的传统。在希腊艺术中，这种三角眼的画法，可以说是走向彻底写实的一大标志。但这种技法在中世纪绘画中已基本失传。乔托很可能是从古典钱币的侧面人物头像或陶瓷绘画中得到启发的，当然，也可能是他自己在绘画实践中摸索出来的。无论哪种可能，这一技法的运用，都向人们揭示了新艺术走向现实主义的努力。这种努力，使但丁有了一只炯炯发光的三角眼。消瘦的面容，笔直的鼻梁，紧抿的嘴唇和发光的眼神，惟妙惟肖地将诗人的气质表现在了画面之上。

在对上述画作的介赏中，我们具体地看到了乔托执着的创新精神，以及他在画技上对表现三维空间的大胆革新。可以说，这些是他能够突破中世纪绘画传统的不可或缺的原因。也正是站在这一基点上，他赢得了"近代绘画第一人"的称号。

2
锡耶纳画派的奠基者——杜乔

（1）锡耶纳画派的创始人——杜乔

杜乔·第·博尼塞纳（Duccio di Buoninsegna，1255—1319），锡耶纳画派的创始人。他将富丽高雅的色彩、优美的线条揉进了拜占庭式样，形成了锡耶纳画派的独立风格，影响了众多的后世画家，"是与乔托齐名的西方欧洲文艺复兴绘画的主要奠基人"。

杜乔 1255 年生于锡耶纳城。他所生活的时代的一个明显特征就是新城市的竞争。无论是政治、经济、文化方面还是社会生活方面都充满了竞争。并且，此时传统的故乡情的影响和民族感的觉醒使各集团、各个人、各城市无一不在争强、争利、争发展，争着维护自身的利益和本城的荣誉与地位。杜乔的故乡——锡耶纳城——位于意大利中部的托斯卡纳，距该地区的城市代表佛罗伦萨城只有 50 公里。临近佛罗伦萨的还有比萨、卢卡、奥尔维托等，它们都是佛罗伦萨城的竞争对手。它们之间的关系，正如雅各布·布克哈特所说，佛罗伦萨"从一开始就和比萨、卢卡、锡耶纳成为死敌"[1]，尤其锡耶纳，当时不仅是一个布料贸易中心，而且有发达的银行业，是佛罗伦萨的有力竞争者。锡耶纳处处和佛罗伦萨争高低。但两者相比，无论是在工业基础方面，还是在城市的经济和政治实力方面，锡耶纳都逊佛罗伦萨一筹。它虽也是一个城市共和国，但由于贵族势力比较强大，民主运动也不及佛罗伦萨那样占上风。在竞争中，"锡耶纳苦于本身弊端重重"[2]却不甘落后，往往另辟蹊径，力图自立门户，走出自己的发展道路。尤其在艺术方面，形成了它的有独立特点的画派——锡耶纳画派。锡耶纳画派形成于13世纪中叶。该派发展起来以后，虽在风格倾向方面总的说来也被纳入新艺术的大道；但在追求自立门户的竞争意识之下，始终具有和佛罗伦萨大不相同的特征。如果说佛罗伦萨新艺术讲究宏伟大方、端正稳重的气派，那么，锡耶纳画派则强调纤细秀丽、精细灵活的风格；如果说佛罗伦萨画派重视形体的凸显和构图的深远，那么，锡耶纳画派则偏重于色彩的明亮和装饰的丰富……总之，锡耶纳画派处处要显示出自己与佛罗伦萨画派的不同，甚至到如果佛罗伦萨画派主张激进，锡耶纳画派就偏向保守的程度。其实，这些竞争正是意大利各城市坚持自身独立，争名利，争地位，争发展在绘画方面的具体表现。从长远看，这种竞争非但没有阻碍反而促进了意大利艺术的多元化发展。或者说，正是这种竞争，带给了意大利艺术发展的多元化。也就是说，14世纪意大利艺术的丰富多彩是和这种竞争分不开的。

锡耶纳城作为托斯卡纳的一个工商业较发达的城市，其新文化的萌芽也出现得较早。新艺术方面的萌芽要归功于一对父子，即雕塑家和建筑师尼古拉·比萨诺和乔凡尼·比萨诺。尼古拉·比萨诺（1205—

---

[1]　雅各布·布克哈特.意大利文艺复兴时期的文化.何新，译.北京：商务印书馆，1979：85.
[2]　雅各布·布克哈特.意大利文艺复兴时期的文化.何新，译.北京：商务印书馆，1979：85.

1278）生于意大利南部的阿普利亚，卒于比萨。据说，在家乡时，他曾在一个寺院的库房里发现了一些古代希腊的雕塑作品。作品形象的优美生动和洋溢出的自由精神，深深吸引了尼古拉，使他深深地爱上了雕塑艺术。后来，他移居比萨。据瓦萨里记载，在比萨，他最初跟随一些在比萨大教堂和圣乔万尼教堂制作浮雕装饰的拜占庭雕塑家学习。他在比萨洗礼堂制作的讲经坛的浮雕有非常突出的新成就。讲经坛由大理石雕刻而成，成六边形，其中5面为雕刻栏板，内容为《圣经》故事。尼古拉·比萨诺在自己的作品中，大胆地摆脱了中世纪的模式，直接以古典为师，仿照古罗马精美石棺和其他文物浮雕，把圣经中的人物刻画成富有情感的血肉之躯。浮雕整体形象厚重而端庄，同时融入古典艺术的单纯和静穆。正像威尔·杜兰所说，尼古拉刻刀下的圣母像是罗马女监护官的模样[1]。后来，他又在锡耶纳大教堂制作了一座更为精美的讲经坛，其中一幅浮雕为《最后的审判》。保罗·约翰逊评价说，他的

> 制作手法隐约地应和古典希腊：无论是得救或受罚的灵魂，都以具体的个体形象而非类别出现；他们的容貌你可以在锡耶纳的街上看到，他们的身体你可以想象得到走路或奔跑的样子——他们有真实的、会活动的身体。[2]

尼古拉·比萨诺的作品虽然还保留了较多的中世纪的模式，无论是比萨讲经坛还是锡耶纳讲经坛的雕刻，其结构仍有一些哥特式色彩，但已被人们认为体现出了新艺术的最初萌芽。也就是说，尼古拉已经开始

---

[1]　威尔·杜兰.世界文明史:信仰时代 下册.台北:幼狮文化公司，译.北京:东方出版社，1999:
1199.

[2]　保罗·约翰逊.时代的印记:文艺复兴三百年.谭钟瑜，译.合肥:安徽人民出版社，2013:73.

将古典因素融入哥特式艺术，这种融入手法使作品有了写实的倾向。

乔凡尼·比萨诺（1265—1314）是尼古拉之子，生于比萨，卒于锡耶纳。他常伴随在父亲身边。

> 在尼古拉的精心指导下，乔凡尼开始接受雕刻和建筑技能的训练。几年以后，他的技艺不仅赶上了其父尼古拉，甚至在某些方面还胜过了他。[1]

据瓦萨里记载，乔凡尼在意大利众多城市留下了自己的雕刻和建筑作品，最重要的有两件。一件是比萨大教堂的布道台（讲经坛）。该布道台的浮雕描绘的是基督的生平。相比其父，乔凡尼浮雕中的人物更显松弛与自在。

> 人物的身体处于起伏和扭动状态，似乎为某种激动人心的力量所左右……可以说，乔凡尼的浮雕强调的是运动和激情。[2]

瓦萨里在提到该作品的时候说，乔凡尼为布道台

> 倾注了大量心血，整个工作历时 4 年才结束。乔凡尼认为自己完成了一件伟大而美丽的作品（就当时的艺术水平而言，也的确如此），于是就在布道台的柱顶过梁上刻下这样一些诗句："此乃雕塑家乔凡尼所作。他是一位成就卓著的艺匠，尼古拉的儿子……善

---

[1] 乔尔乔·瓦萨里.意大利艺苑名人传：中世纪的反叛.刘耀春，译.武汉：湖北美术出版社，长江文艺出版社，2003：63.

[2] 刘人岛.意大利美术史话.北京：人民美术出版社，2000：16.

于创作更美好的作品。他是比萨人，博学多才，无所不精。"[1]

如果说尼古拉比萨洗礼堂的讲经坛浮雕中的人物，在仿古典基础上，有了现实人物之感的话，那么，根据瓦萨里的评价，在学习古典上，乔凡尼大大超过了他的父亲。乔凡尼在锡耶纳留下的最重要作品是大教堂的新修工程。该工程虽然无论在结构上还是在很多细节上，仍采用了哥特式，但就整体而言，尤其教堂的门面、顶塔，更沁润着古罗马式建筑的厚重。因而，有人称它为"混合式"建筑。从比萨诺父子"混合式"的作品中，我们可以看到，佛罗伦萨周边城市的艺术也都已具有了学习古典、改造传统的新倾向；但又与佛罗伦萨艺术有所不同，周边城市的艺术，尤其是乔凡尼·比萨诺的作品，更多地显示出对哥特式传统的改造，努力表现出写实的新因素并将古典因素融入其中。这种艺术自然也就与乔托主要以古典因素改造传统所显示出的风格不同。

这种不同应该与尼古拉·比萨诺的经历有关。尼古拉从出生地阿普利亚到比萨，从意大利落后的南方来到中部先进的托斯卡纳，就像是从中世纪后期的环境来到具有近代萌芽意义的新社会，因此，他的艺术倾向也就受到了以古典为师、写实主义新艺术的感染和影响。除此之外，锡耶纳与佛罗伦萨之间的激烈竞争，也有助于这种发扬哥特式传统中已有的写实主义因素，并将古典写实融入其中的锡耶纳的风格的出现。

最终把这一风格运用到绘画上，并在锡耶纳立足而成为独立于佛罗伦萨画派的人是杜乔。杜乔早期从事插图绘画。由于艺术的相通性，比萨诺父子融古典于传统的创新精神深深地影响了他。同时，他的成功，还来自他在竞争意识之下的坚持精神，以及他兼收并蓄的胸怀。杜乔曾

---

[1] 乔尔乔·瓦萨里.意大利艺苑名人传：中世纪的反叛.刘耀春，译.武汉：湖北美术出版社，长江文艺出版社，2003：67.

于1275—1285年在佛罗伦萨的契马布埃的画坊中学习，应是乔托的同窗。契马布埃的绘画意识和画技自然对他很有影响，并为他日后的创作打下了坚实的基础。但在他的早年时期，比萨诺父子风格就已深深印在了他的脑海中。因而，当他再回到锡耶纳，这个城市的政治和文化气氛，最终使他的绘画与佛罗伦萨画派别具一格，形成了自己独立的风格，创立了锡耶纳画派。杜乔留下了众多的作品，其风格明显：线条曲折、色彩艳丽、服装奢华，装饰复杂，场面也往往很宏伟。

（2）作品介赏

圣母、神、上帝之母——《圣母像》 杜乔留给我们很多的圣母像，如作于1280年的《圣母与圣婴》、作于1283—1284年的《圣母与两天使》、作于1285—1286年的《鲁切拉的圣母》、作于1285年的《伽利诺的圣母》、作于1288年多连屏画中的《圣母》、作于1295年的《圣母与圣婴》，作于1300—1305年的三联屏画中的《圣母子》，作于1308—1311年的《圣母荣登宝座图》和无法确定制作年代的《克莱沃勒圣母》，等等。杜乔的圣母像风格明显，甚至只要看到这类风格的圣母像，就能辨别出其作者肯定就是杜乔。为了更好地识别杜乔笔下的圣母，我们来欣赏他的几幅圣母图。

《圣母与圣婴》（图9）作于1280年，应属于杜乔较早的作品。整个画面构图简单，画面上只有圣母和小基督两个人。画面背景为金色，黑色服饰的圣母和红色与粉色服饰的小基督一下子就跃入了人的眼帘。这无疑是简单构图、明暗对比和色彩对比所起的作用。

细看画面的人物。圣母的服饰褶皱多层且极富规律性，还配有金色的曲线，一看就不是由于体形、姿态和动作而形成的，而是人为刻意画出来的。这种规律性的衣褶自然也就没有乔托那自然衣褶下人物的体量感。圣母的头饰为服饰连带的帽子，其褶皱虽然也配以金线装饰、刻意画出的规律性，没有自然衣褶下人物的体量感，但杜乔以浅色和红色不同层次的略有宽度的镶边，衬出了人物的立体感。笔法之巧妙，令人赞叹。于是，通过以服饰的帽子为连体的形式，整个人物的真实性便呈现在了观者面前。圣母的面容，为淡淡的红粉色，衬出了圣母肤质的细腻和水嫩；直直的鼻梁，微闭的嘴唇，略略突起的极带质感的下颌肌肉，再加上那双极富特色的目光和那微微低垂的头，给人一种严肃而不失温柔，庄重而不失和蔼之感。人物便在这严肃而温柔、庄重而和谐的气氛中活了起来。这里需要指出的是，圣母的面容，特别是那笔直的鼻梁，以及鼻梁根部与内眼角连接处，极像古罗马雕塑中的人物形象，也与尼古拉讲经坛上的圣母像极为相似，这体现出了杜乔学习古典的写实主义倾向。另外，杜乔曾长期在佛罗伦萨学习和工作，其绘画也在一定程度上吸收了乔托的现实主义的因素。眼睛是人心灵的窗口，画家杜乔给了圣母一双特别的，闪烁着不可思议目光的眼睛：如只观右眼，其目光似乎很专注；单观左眼，目光中似乎带有一丝忧虑；双目同观，思索中又带有一点游离……多么神秘的目光啊，或许这正是圣母神性的体现。于是，画家杜乔画出了自己心目中所敬仰的上帝之母。

再看圣母怀中的小基督，粉袍裹着红衣，红色成了其服饰的基调。这一基调，加上圣母对其又托又抱的姿势，似乎向人们显示出一种爱，一种母亲对儿子的疼爱。小基督的服饰没有了那种刻意画出的皱褶，而出现了依身体姿态形成的褶纹。这样无论是小基督被裹在红衣之下的身体，还是外露的小胳膊、小手、小脚、小短脖儿和圆乎乎的小脸，都直观地给人一种婴儿所特有的胖乎乎的肉质感。小基督显得十分可爱，他坐在母亲的怀中，仰头看着母亲的脸，一只小手还抓着她的衣服。一种幸福中的成长之感在观者心中油然而生，这应该说是写实技法所显示出的结果。但是，当观者的目光落到小基督的脸上时，小基督那充满疑问而不是好奇的目光，似乎又与他那胖乎乎的婴儿体征协调不起来；抬起的右臂和伸出的食指和中指，似乎也有特指的意义，或许这又是画家心目中对基督神性的敬仰所致。总之，我们在这幅作品中看到了一种实虚结合，神人混合的绘画风格和绘画意识。

这样的风格和意识在《克莱沃勒的圣母》一画中也十分明显。画面上圣母的服饰的颜色、规律性的褶皱，圣母微微低头的动作和那神秘的目光都与《圣母与圣婴》如出一辙。不同的是，那只本来托着小基督的右手抬到了胸前。小基督的服饰变成了有浅淡层次之别的粉色，发型和动作也有不同，胖胖乎乎的身体似乎也变得瘦了一些，但被裹在服饰下的小鼓肚又有了婴孩的体征。他左手举起，去抓母亲的头饰，抬起的头和目光，这些又和《圣母与圣婴》中的极为相似。基于以上的对比，我们似乎更有理由认为，杜乔笔下圣母服饰的富有规律性的褶纹、圣母神秘的目光，小基督的眼神和体形的不和谐，正体现神与人的区别。杜乔对神的深深敬仰体现于他的虚实结合、神人混合的绘画风格上。

《鲁切拉的圣母》（图10）完成于1285年，其构图比较复杂。整个画面分为3个部分：圣母与圣婴、圣座的围板（木围）和围板两边的天使。围板两边的6个天使，虽对称排列，但他们手的动作已有了细微的不同；面部表情也有了细微的变化。再看他们服饰的颜色，里面贴身内衣的颜色和外衣的颜色有强烈的对比性，如黑色和红色、粉色与蓝色、浅粉与浅蓝、浅绿与浅蓝等。颜色的对比使服饰内外区别明显，人物的体形也因此而显露。再看服饰的褶纹，随着人体的姿势与动作的不同，有着明显的宽窄和疏密的区别，从而使所画人物有了体量感，进而真实起来。

圣座的围板，特别是全视角下的右围板，画得极有看点。首先，围板的立体感很强。从画面上看，围板的前面和侧面构成了 90° 的夹角，从而突出了围板"围"的作用；其次，支撑围板框架的三根柱式被一个个圆柱节装饰着，这一装饰不仅增加了柱式的美感，而且强化了柱式的立体感。最后，就是围板的面，无论是前边的面，还是一侧的面，画家都以虚实结合的手法，以实板和镂空将整个面横隔成了几段，围板的前面共为 12 段，侧面为 13 段；每一个横面的宽度又以圆柱节的数量为限，或 1 或 3，形成了宽窄不同的横面；无论是前面还是侧面，最下和最上的横面皆为弧形；侧面高出前面 3 个柱节，并用刻有花纹的镶板实体装饰；前面和侧面圆柱的顶端都以圆锥形柱头结束。这样，通过横面虚实的不同、宽窄的差别、前面和侧面高度的不同，围板的实体感突显了出来。这里，我们还可以看到侧围板后面延长出来的两根起支杆作用、用来支起帷幔的圆柱，由此想象到宝座的后围挡板。杜乔把一个华丽而真实的宝座围板呈现在了观者面前。细观前挡板，其最上端横面的弧形又使观者感到该部分与围板的其他部分似乎不在同一个视角上。再看左围板，画家注意了视角因素，左围板侧面基本被圣母的身体挡住，但其上端的弧形部分与右围板上端一样，出现了视角的失误。这样的失误，似乎很难理解：为什么一个努力要求准确刻画出三维空间的画家，竟有如此失误？其实这也很容易理解。因为在杜乔生活的时代，虽然艺术家们尽其所能、努力探索使两度空间变为三度空间的表现方法，而且这一努力无论是在乔托的画作中，还是在杜乔的作品中也都获得了巨大的成功，但他们当时并没有掌握科学的透视方法，所以出现"失误"也就不足为怪了。因为在杜乔的很多画作中都可以找到这种"准确"与"失误"的混合，所以这也就成了杜乔独具的画风。

画面中间是圣母子，也是画的中心。圣母以黑色、加有一定宽度的金色镶边服饰凸显在以金色打底的背景上。上半身的服饰没有任何褶皱，在这样的服饰下，圣母的肩窄且下滑，身材纤细，呈现出一种现代版的"骨感美"。下身的服饰，金色镶边，呈现多层重叠褶纹。多层褶皱的红色内衣的下摆边，给人一种服饰下摆的宽大感和质地的垂感。这种上窄下宽的服饰似乎也与一种现代女性服装的流行趋势相符合。当然，画家也没有忘记，通过多褶加光线的方式突出人物的体量感。再看圣母的面部表情。其鼻子、眼睛和嘴的刻画基本与《圣母与圣婴》相同，但双眼凝聚的目光、轻抿的嘴唇、人中处的小窝和杜乔画笔下特有的质感下颌肌肉，给圣母增添了一种极富魅力的含在内心的微笑。还有那一看就是特意加在衣帽上和肩头上的两颗闪光的小金星，使圣母的庄重中更增加了一种女性的温馨。不难看出，这种庄重而温馨正是杜乔心目中圣母的形象。于是，我们再次看到了杜乔神人混合画风下的神之母的形象。画中圣婴的服饰仍然是浅色与深色，对比明显；小胳膊、小腿儿、小脚和小手的婴儿体征也与《圣母与圣婴》中无大差别。圣婴的发型已由《圣母与圣婴》中天然的自来卷变成了经过特意修饰的卷发。小基督虽然仍坐在圣母怀中，但其动作和目光却有了很大的不同。如果说《圣母与圣婴》、《克莱沃勒圣母》中母子双方的互动体现在，小基督抓着圣母的衣服，其眼光也仍在看着母亲的面容的话，那么，《鲁切拉的圣母》画则似乎以一种不同的方式呈现了母子双方的互动。小基督抬起右臂，伸出食指和中指（这种手势在杜乔的圣母与圣婴题材的画中只出现在这幅画和上文介绍的《圣母与圣婴》中），尤其那双目光似乎都离开了母亲，但似乎又带有一种"指示感"。在这里，杜乔似乎又以一种不同的目光和动作明示了基督的神性。神性可以说是杜乔绘画的意识和目的，所以，他笔下的圣母自然是神之母，小基督则是神之子。

《圣母荣登宝座图》（图 11）创作于 1308—1311 年，为杜乔成熟期的重要作品，是杜乔应锡耶纳大教堂之邀而作的正面和背面都有图画的祭坛画。正面画的内容是圣母荣登宝座图，背面画的内容为耶稣的圣迹。据说，该画完成后，整个锡耶纳城万人空巷，店铺歇业，教堂钟声齐鸣。在市民们簇拥下，画作一直被护送到大教堂。可见该画在当时所引起的轰动，以及人们对画家的尊重。与契马布埃的《圣母》完成时的盛况作比较，这种盛况除了体现人们对该画和画家的喜爱外，似乎又还体现了小城锡耶纳在与佛罗伦萨竞争中的那种心态：你有我也有，你好我更好。他们为自己的画家骄傲。

《圣母荣登宝座图》，其内容表现的是圣母作为天后荣登宝座的庆典。因而，这幅画的画面与前两幅画面不同，宝座两边有一群来庆贺的天使及圣徒。画面的场面无论是与契马布埃的还是与乔托的圣母像场面相比，还是与杜乔自己圣母题材画作的场面相比，都要宏大而热烈。这种热烈的氛围，首先来源于画面的亮丽而多彩。整个画面以金黄色打底，配以人物服饰的各种颜色：黑、红、浅黄、紫、浅绿、紫色、烟色……仅红色，深的、浅的就有6、7种之多。鲜亮而富彩，烘托出红火的气氛，显示了热烈的场面。众多的人物，各安其位的秩序，更加明示了场面的宏大和隆重。为了突出这种隆重，画家对画面布局作了精细的安排。

整个画面由三部分组成。上面是以圣母晚年生活为内容的装饰画，下面是基督童年事迹的装饰画（但现在已不知去向），这些装饰画就像场面"外围"的宣传画，传递着这一场面的内容和主题。从外围到场面的中心是天使与圣徒的队伍，他们分置于宝座两边，对称布局：每边各有三排，每排人数相等，人物服饰、动作、表情略有变动，但差别不大，他们无疑是场面主题的参与者和见证者。

画面的中心，也是整个画面的主体部分，是宝座上的圣母与圣婴。黑色镶着金边的衣着，无褶的上身，窄而下滑的肩膀都显示出圣母那"骨感美"的秀丽身姿。通过金边曲线勾勒成的多层重叠褶皱以显示服饰下摆宽大的手法，都似曾相识于《鲁切拉的圣母》的画作中。圣母肤质的细腻、滑润，鼻梁的挺直，微闭的嘴唇还有那微微低垂着头的姿态，也都与上文介绍的几幅圣母画中的形象极为相似。和《鲁切拉的圣母》相比，这幅画中圣母的表情和目光似乎更为严肃，这种严肃与杜乔心中圣母的身份和隆重的场面相契合。再看小耶稣。其服饰和服饰下的身体，以及小胳膊、小腿、小脚和小手等婴儿体征明显，但坐在圣母左膝上的整个身躯却有一种"外离"感，靠近圣母一侧的右手完全放在了自己胸前，与圣母失去了互动；在杜乔其他圣母像题材的作品中，小基督不是手抓圣母的衣服，就是抬头仰望圣母，与母亲形成互动，没有该画中的这种"独立"。小基督的目光也随着这一"独立"而望向远方。在这幅画中，鲜亮富丽的色彩所造成的热烈红火的气氛，众天使和圣徒们对称排列的传统范式，与氛围相左的圣母的严肃，更不可思议的小基督的"独立"姿态，实际上都是杜乔的有意为之。因为这些才是他传统观念中的神场和神的形象。但杜乔并未因传统而放弃对现实主义的追求。

画中的宝座，无论是坐台、脚踏，还是座椅的扶手，从整体看都极有三维空间的立体感；另外，整个座椅的精细花纹、镂空的装饰及座椅的颜色，也使整个座椅与画面的气场十分协调。但也不难发现，座椅扶手与椅背相交的上端与座椅立体的角度不符，这看上去十分别扭。这一"瑕疵"和《鲁切拉的圣母》中的"混合"画法如出一辙。出现这样的画风，有研究者认为是由于当时表现三维空间处理手段水平有限。也有研究者认为，根据杜乔的画技水平，这一问题完全可以解决；"瑕疵"，其实是具有与佛罗伦萨画派相左的竞争意识的杜乔故意为之的结果。

比较杜乔的圣母像，我们可以看出，在杜乔笔下，圣母已形成了一种"神之母"的固定模式。圣母服饰为黑色并有或宽或窄的金色镶边和曲折镶边所形成的褶皱。衣服的褶皱在杜乔的画中基本有两种。一种是刻意追求的十分有规律的褶纹，这种规律性的褶纹也出现在杜乔画笔下的基督身上，如作于1308—1311年的《加利利山上》（图12）和《站在上锁的门后》中的基督服饰。特别有意思的是，这些画中的其他人物的服饰褶皱，都随着身体的站姿、动作或宽或窄或稀或疏，极具真实感；人物的体量感也在衣褶的宽窄之中体现明显。因此，我们更有理由认为，规律性极强的衣褶是杜乔心中的圣衣，只有圣母和基督才配着身。画面上其他人物的"真实"，物件的"实在"，如座椅，都说明杜乔追求三维空间的努力是成功的，可杜乔却偏偏要表现出其另类性，使衣服的纹褶和一部分实物失真，这种另类性在某种程度上可以说是他与佛罗伦萨画派竞争的一种"偏执"体现。杜乔画笔下圣母服饰的另一种褶皱，为上身平缓、无褶，下身褶线曲折、重叠。第二种褶线服饰显示出了服饰下摆的宽大，形成了圣母窄肩下滑的秀丽身姿。这一特点被后来的锡耶纳画派的马丁尼和佛罗伦萨画派的安日利科等继承和发展。杜乔画面上圣母的坐姿多为大半侧身，头略低，面目表情庄重中带着温柔、严肃中又显和蔼和亲切。黑色的服饰、独特的衣褶、固定的坐姿、极富特征的表情，都成了我们判断杜乔圣母像作品的标志。

　　偏执之作——《基督进入耶路撒冷》和《圣墓前的圣女们》 为了对杜乔的"失误"、"偏执"和"故意"有更具体的了解，我们再来看看他的另外两幅画《基督进入耶路撒冷》（图13）和《圣墓前的圣女们》（图14）。它们是前述《圣母荣登宝座图》背面的26幅较小图画中的两幅。

　　《基督进入耶路撒冷》作于1308—1311年，其内容选自《圣经》，画面表现的是基督最后一次进入耶路撒冷。因为当时他的布道已为人们所接受、所认可，所以耶路撒冷市民把他看作圣贤，热烈欢迎。画面上，基督骑驴进城。为了表示欢迎的隆重，少年们爬树为他折下橄榄枝，妇女们脱下衣袍为他铺路，群众聚集在城门口和路边，夹道热烈欢迎。这一内容的作品在乔托的阿西西的壁画中也有一幅。两者相比，内容相同，时间上也相差不到两三年。虽然如此，但人们一看便知它们是很不相同的作品。乔托的作品为横幅，画面简单，共由三部分人组成：以基督为首的进城人群，城门口迎接的众市民和远景上上树折枝的少年。市民的表情和动作都以圣经的描写进行设计，市民个个都呈现欢迎姿态，以表现对基督一行人的尊敬、敬仰和欢迎。基督骑在驴上，表情沉稳，举手致谢；众使徒虔诚地紧随基督身后，其表情似乎为欢迎的场面所震撼，严肃而不知所措。该画也同样表现出了乔托对深远度的探索，无论是人群的纵向多层一字排列，还是横向多层一字排列，无论是前景还是后景，都遵循了近大远小的透视原则。城门建筑虽然很简单，但很有立体感。杜乔的作品则取长轴形式。画面虽也安排了3组人群，人物动作也与乔托的作品相似，单个人物也画得很细致、很精彩，但显得人太多；虽呈现了一个热烈的场面，却给人一种纷乱之感。整个画面的视角安排也很是蹊跷：以基督为首的人群，采取的是从高处向下的俯视角度；而城门前的观看人群，却采取从下向上的仰视角度。一个空间两个视角，画面左边的人群与右边的城门无法统一。该画的建筑与乔托的画相比，显得多而复杂。单看每一个建筑都有很强的写实感。但细看整个画面的建筑，前景中园苑的大门不仅无法与围墙相配，而且与墙后的人众朝向相违背。近景和远景的人物描绘，也没遵循远小近大的透视原则。远景上折枝的人物，甚至比近景上的人物还大。或许是为了强调基督一行人的神性，杜乔将他们的体形画得也略大于众人。这些画中的"不合理"，评论家认为，并不在于杜乔的画技水平，而是杜乔故意而为之。这种故意而为除了体现于其绘画意识中的突出神性，更多的体现于他风格上对守拙好奇的偏爱。

这样的偏爱在作于1308—1311年《圣墓前的圣女们》一图中也很突

出。该画的色彩很鲜亮，圣女们服饰的颜色尤其艳丽。并且，杜乔对她们服饰的褶纹刻画得极为细致，以凸显人物的体积和重量。尤其坐在棺盖上的白衣圣女，其坐姿使衣服的褶纹集中在了身体的一侧，这一下子就显示出了她既丰满又带有曲线美的身姿。她们悲伤和痛苦的面容，以及空空的石棺，一下子就把观者带入了对基督尸体失踪的担心之中。可以说，无论是人物体量的描画，还是人物表情的赋予，杜乔追求现实主义的画技都给观者留下了深刻的印象。杜乔的妙笔并不比乔托差。但纵观整个画面，大片的金色背景，仍遵循了拜占庭宗教画的程式；棺盖和棺身比例失真，棺盖平放在棺身口的角度不可思议。这一切又给人一种不真实之感。真实与非真实的混搭或许又是出于杜乔对守拙好奇的"偏爱"，这种"偏爱"谁又能说不是竞争心态下的一种"偏执"呢？

由上述赏析可知，鲜亮富丽的色彩，虚实混搭的笔法，明暗对比的巧妙运用，线条的曲折优美，构成了杜乔作品的独特风格。在神人区别的绘画意识下，杜乔赋予"神"，特别是圣母，一种程式化的模式，这使我们看到了杜乔在拜占庭艺术中融入古典写实因素的努力。无疑，他的努力是成功的。同时，我们也看到了杜乔画风与佛罗伦萨画派的具体区别。但杜乔画风又很难完全从佛罗伦萨画派求实写真的画风中抽出来，这何尝不是一种我中有你的独特呢？细想起来，无论是杜乔守拙好奇的"偏爱"还是竞争意识下的"偏执"，何尝不是一种创新，一种立足于自身特点的创新呢？不也正是因为有了这样的创新，才形成了文艺复兴时代多元化的艺术风格吗？

3
现实主义画技的推进者——马萨乔

（1）占据三个第一的名画家

马萨乔（Masaccio，1401—1428）是文艺复兴现实主义画技的推动者，15 世纪初具有新思想的代表画家，新古典绘画的奠基人，与雕刻家多那太罗、建筑家布鲁内莱斯基一起被称为意大利文艺复兴美术的三大奠基者，并有"艺术三小杰"之称。

马萨乔的真名为托马索·迪·圣乔万尼，马萨乔是他的绰号（意为"不拘小节的人"，或是"不高明的画家"，或是"傻瓜"）。这样一个绰号与马萨乔的身世和性格不无关系。1401 年 12 月 21 日，马萨乔出生在距佛罗伦萨不远的小镇圣瓦乔尼迪瓦利达尔诺。他祖父是个木匠，他父亲瓦尼蒙卡塞是个年轻的公证人（一说为旅店的老板）。很不幸的是，在马萨乔 5 岁时，瓦尼蒙卡塞便撒手人寰，其妻改嫁，嫁给一位上了年纪的、家境殷实的德国药剂商。马萨乔及兄弟乔瓦尼未随母去，而是坚持住在自己家里，独立生活（一说马萨乔随母改嫁，受到了良好的教育。1417 年，其继父离开人世，马萨乔全家搬到了佛罗伦萨）。从以上情况可以看出，马萨乔很早就失去了家庭的温暖，其生活环境可想而知。

马萨乔儿时的生活环境，使他"我行我素，不拘小节……他很少想到自己，更难得留意别人。他从不为世俗事物烦扰，甚至不注意自己的衣着"。可以说，生活中，他除了艺术之外，什么也不关心。同时，儿时的生活还使他体会了艰难的无奈，使他充满了同情心，"若非急需，他从不向借他钱的人讨债。所以人们不叫他的真名托马索，而只叫他'马萨乔'（意思是'傻瓜托马索'）"。对这个绰号，瓦萨里有这样的评价："这并非因为他的品行不端，其实他性情善良，乐善好施。"[1]他因为为人随和，平易近人，很受同行的器重。同行称他"马萨乔"，即"不高明的画家"，表明了他们对他的亲近。据说，文艺复兴时期，给自己亲近的人起绰号是一种习俗。马萨乔对艺术的研究、思考和专注，使他走出了属于自己的成功的艺术之路。马萨乔来到佛罗伦萨，经人介绍，到当时已有名气的马佐利诺（1384—1435）的画坊学画。马佐利诺是雕刻名家吉贝尔蒂的学生。据说那时他的雕刻作品已有了独立的优美风格。他能娴熟地运用刻刀在人物四肢和衣服上雕刻出许多生动、逼真的皱褶。19岁时，马佐利诺转而从事绘画。据说，马佐利诺是个工作狂，对他的作品倾注了大量的心血。他的画风和谐而流畅。他画笔下的人物表情凝重，在人物面容的描绘上已远远超过了以前的画家。他画笔下的服饰皱褶轻柔、飘逸。瓦萨里说，马佐利诺由于有从事雕塑的经验，所以对光线和阴影的理解更为深刻。他笔下的妇女面容更妩媚，青年人的服饰也更绚丽多彩。壁画的色彩都完美和谐地融为一体，人体肤色之柔美令人叹服。[2]马佐利诺的画风无疑影响了马萨乔。大约20岁的时候，马萨乔以画家的身份加入了"医药行会"（该行会是由医生、包装药品商和需要颜料的画家

---

[1]　乔尔乔·瓦萨里.意大利艺苑名人传：辉煌的复兴.徐波，等，译.武汉：湖北美术出版社，长江文艺出版社，2003：62.

[2]　乔尔乔·瓦萨里.意大利艺苑名人传：辉煌的复兴.徐波，等，译.武汉：湖北美术出版社，长江文艺出版社，2003：52.

组成。当时的颜料由药品商店经营。药品商店不仅营销药品，而且加工颜料。该行会还垄断着画家们的订单）。两年后，马萨乔加入圣路加公会，即正统画家公会。马萨乔一直留在老师的身边，没有建立自己独立的作坊。他和马佐利诺共同完成了不少画作。例如，佛罗伦萨卡尔米内修会教堂的布兰卡齐礼拜堂的前后两组壁画，前期的由马佐利诺完成，后期的由马萨乔绘制。再如，比萨卡敏教堂大型祭台画也是由师徒共同完成的。虽马萨乔与马佐利诺共同作画，但他的画风与马佐利诺的画风很是不同。马萨乔对乔托的画技情有独钟。马萨乔来到佛罗伦萨时，乔托已去世半个多世纪。乔托的追随者们在乔托光环的照耀下，失去了大师的创造精神，墨守成规，从而使佛罗伦萨画派沉入了低谷，乔托创造的新绘画艺术也陷入了沉寂。马萨乔打破了这种沉寂，使乔托思考和探索的表示真实空间和真实人体的现实主义绘画艺术技法，开始迈上近代科学技法的台阶。马萨乔在 15 世纪的意大利画家中是占据三个第一的人：第一个在绘画艺术中运用透视法的人；第一个掌握了人体结构的人；第一个广泛运用对比技法的人。马萨乔的这三个第一是当时艺术发展的需要。进入 15 世纪，佛罗伦萨人文主义思潮进一步发展，文艺复兴运动也走向深入，佛罗伦萨的建筑也呈现出一派新的景象：新建筑不断涌现，公共建筑、教堂、礼拜堂、贵族的官邸、富豪的住宅等大量修建。这为作为建筑装饰的雕塑艺术和绘画艺术提供了巨大的发展空间，也促进了艺术家们更深层次地改革与创新。布鲁内莱斯基的建筑风格和他发明的透视法，多那太罗的《圣马可像》等作品中显示出的透彻的古典精神和高超的写实技巧，以及凝聚在强烈个性表现力中的时代感和艺术风格，都使马萨乔受益匪浅。保罗·约翰在提到这些影响的时候说：

　　他通晓有关绘画的古典文献，知道许多重新出土的文学作品，他受到古代文化精神的鼓舞，而这些在 14 世纪初期是不可能的。更重要的是，他从布鲁内莱斯基的透视法作品和多那太罗的人物描绘中获益良多。[1]

也正是在这些因素的影响下，马萨乔形成了自己独特的绘画风格。这种独特的绘画风格是区别马萨乔和马佐利诺画作的标志。从区别中可以看到马萨乔对画技的思考和对绘画理论的探讨。正如瓦萨里所言，马萨乔认为

> 绘画只不过是对自然界所有事物的模仿，即运用和自然事物相同的构图和色彩尽可能地真实地再现他们，因此，谁能更逼真地模仿自然，谁就能接近艺术的完美境界。[2]

正是在这一理论的指导下，马萨乔把真实生动的人物、真实的自然景致呈现给了观者。据研究者认为，马萨乔的主要代表作品有作于 1422 年的《卡西亚圣坛三联屏画》，作于 1423 年的《圣母与圣婴》，作于 1426 年的《圣母、圣婴和天使》，作于 1427 年的《亚当与夏娃》，作于 1428 年的《圣三位一体》，作于 1426—1427 年的《纳税钱》，作于 1427 年的《献金》，等等。可以说，马萨乔的每一幅画作都带有对乔托那种宁静而稳重的纪念碑式画风的继承，以及将其推向更科学的思考与实践。对此保罗·约翰这样评价说："马萨乔'恢复'了他（乔托——引者）的画风且持续改进，因此被视为文艺复兴时期的首位大画家。"

---

[1]　保罗·约翰逊.时代的印记：文艺复兴三百年.谭钟瑜，译.合肥：安徽人民出版社，2013：56.

[2]　乔尔乔·瓦萨里.意大利艺苑名人传：辉煌的复兴.徐波，等，译.武汉：湖北美术出版社，长江文艺出版社，2003：62.

保罗·约翰还认为，马萨乔做了两件乔托做不到的事。第一件事是他的透视法的背景看起来相当自然，第二件事是对人物四分之三侧脸肖像的描绘。保罗·约翰列举其画作进行说明：

在比萨祭坛画中的美丽作品《圣保罗》中，马萨乔绘出了圣保罗四分之三的侧脸肖像。他的笔法轻松流利，圣者的脸和手显现出优雅、敏感和自信。[1]

这两件事都使我们看到了马萨乔现实主义绘画创新的巨大成功：

他在形体塑造、透视、色彩、运动和装饰感的探索方面，以及对人体和人的内心感情的刻画方面较以前的画家更先进、更深入了。[2]

这种巨大的成功，使他的画作之地——佛罗伦萨的布兰卡齐礼拜堂——成了意大利许多代画家的学校。瓦萨里列出了一大串来此求学的画家，其中包括众人耳熟能详的文艺复兴盛期佛罗伦萨的艺术三杰列奥纳多·达·芬奇、米开朗琪罗·博那罗蒂和拉斐尔·桑西。

有人把马萨乔称之为 15 世纪初佛罗伦萨画坛的一道闪电，瞬间即逝，却极为耀眼。马萨乔只有短短的 27 年的生命，被人称为"短命画家"。1428 年，他去罗马，不久便离开了人世。由于他的死过于突然，所以有人怀疑他是被人毒死的。噩耗传来，他的好友布鲁内莱斯基万分痛惜地说："马萨乔的死对我们来说是多么大的损失呀！"据瓦萨里记载，马萨乔被安葬在卡尔米内修会教堂。人们惋惜这位天才画家的离世，颂扬他的

---

[1] 保罗·约翰逊.时代的印记：文艺复兴三百年.谭钟瑜，译.合肥：安徽人民出版社，2013：56.
[2] 刘人岛.意大利美术史话.北京：人民美术出版社，2000：39.

作品和他对新绘画的贡献。瓦萨里选了两首诗，寄托其对马萨乔的哀思和怀念。第一首：

> 我的绘画活灵活现；
>
> 我赋予画中人动作、情感、灵魂；
>
> 使他们仿佛具有生命的气息。
>
> 博那罗蒂所有弟子的绘画也是如此；
>
> 但他的知识却是从我这里获取。

第二首：

> 啊，善嫉的命运之神，
>
> 你为何在青春年华风采初露之时
>
> 突然将其无情掐断？
>
> 多少阿佩利斯都像此人一样被扼杀；
>
> 此人一死，绘画之魅力也随之湮灭。
>
> 这颗太阳失去光芒，所有星辰都黯然失色；
>
> 啊，与他一起陨落的，是世间所有美好的事物。[1]

　　这两首诗有痛惜，有赞扬，有歌颂，有认可，可以说准确地反映了文艺复兴时期人们痛失这位伟大画家的心情。

---

[1]　乔尔乔·瓦萨里.意大利艺苑名人传：辉煌的复兴.徐波，等.译.武汉：湖北美术出版社，长江文艺出版社，2003：67—68.

（2）作品介赏

光与影的探索——《圣母、圣婴与天使》（1426）（图15）。 马萨乔的每一幅画都有其鲜明的特点。这些特点显示出他对模仿自然、创作最完美作品理论的思考和实践，也显示着他对画技的创新和科学绘画的探索。《圣母、圣婴与天使》是一幅马萨乔运用光影对比的成功画作。圣母坐在宝座中，怀中的小基督坐在她的膝盖之上，这样的画面布局虽仍是程式化的，与契马布埃、乔托和杜乔的没有多大区别，却让我们感觉更为真实与自然。这和画家成功地运用光和影不无关系。

面对画面，我们很容易发现圣母右上方的光源。这一光源使画面上出现了圣母右侧的光亮区域和左侧的阴影区域；阴影区域因圣母身体的遮挡成斜线趋势；且阴影区域的斜度与光源和圣母之间的角度基本吻合。也就是说，光源、圣母和阴影之间的关系，具有数学和几何学关系的科学性。

再来看看光亮区。画面上的光亮区可分为两部分。一部分是因斜度和高度的关系跳出阴影区而形成的阴影区中的明亮部分。首先是圣母的衣服头帽的右上侧和大半侧的面容，因与光源成斜角而显露在光源之下。光源之下圣母的右侧额头、右眼睛和鼻子的右侧形成了最亮的区域；而面部的其他部分和颈部略暗于最亮的部分，构成了阴影部分和最亮部分之间的中等亮度部分。这样，马萨乔就把圣母的面容，以不同层次的光亮度清楚地呈现在了观者的面前。其次看小基督，他坐在圣母的膝盖上，由于他的高度超出了因圣母身体的遮挡而形成的阴影斜度区而处在了光亮之下。同圣母脸部所构成的不同光亮层次一样，小基督头部和脸部的右侧、右臂的右侧、左臂的右侧、小左腿的右侧为最亮的光区点；身体的其他部分则为中等亮度。特别有意思的是，光线通过小基督因抬起而弯曲的小胳膊所形成的空隙,使他的小胸脯也处在了最强的光亮区内。仔细观察,亮度从圣母的头部到小基督再到圣母左膝支起的服饰上形成一个亮度斜角,这个亮度斜角与阴影的斜度基本平行。这使我们再次看到了马萨乔画技中对数学和几何学的科学思考。光亮区主要是光源直照下圣母的右侧身,因光的作用这部分圣母衣饰的褶纹如同沟壑一般深深浅浅,明明暗暗,亮中带暗,暗中有亮。褶纹的宽大让人感觉到了乔托的画风;圣母外衣的蓝色和内衣的红色,又使我们看到了杜乔的色彩搭配。

另一部分是因色彩明暗的关系而形成的阴影区中的明亮部分。这种技巧的成功运用,主要表现在他对宝座的刻画上。在光亮的照耀下,座椅左上角的柱式、柱头、柱座、镂空部分和拐角处清晰可见,精致,华美;而且,拐角处的色彩浅于底色和圣母脸部的颜色,其明亮度也超过中等亮度,立体感极佳。座椅的右侧也以较明和较暗的对比区分开了正面和背面。这里需要指出的是,画中的阴影部分有着与亮度同样的层次感。完全被圣母身体遮挡的部分和小基督所坐的部分最深,而其他部分较浅。通过阴影区域的阴阴亮亮和光亮区域的明明暗暗的不同光亮的层次绘制,一个 "真实"的自然光照的场景便呈现在了我们面前。由此我们也感到了马萨乔对光亮度的细心观察和用心模仿,以及对绘画中光线学的科学思考。

再来看看马萨乔笔下的人物。无论是圣母那屈腿立膝的坐姿,还是两只手的动作,手掌与手指的比例,都使我们感受到了画家对人体比例的正确掌握,这是乔托和杜乔所不能比的。对人体比例正确掌握的这点在小基督的身上表现尤其明显。马萨乔笔下的小基督,其婴孩的四肢与身体的比例很精准。相比之下,乔托和杜乔笔下的婴孩的身体与四肢都显得过长。再看圣母的面部塑造。马萨乔笔下的圣母的鼻子和嘴都不像乔托和杜乔笔下的那样有棱角。马萨乔笔下圣母的眼睛既没有乔托笔下的坚定，也没有杜乔笔下的奇妙，是一个小小的豆眼。于是，一个真实、普通但又健康的母亲形象跃然纸上。看着她，就像看着我们身边的某个人一样。最有意思的还是小基督。他一只小手往嘴里塞着食物（葡萄），另一只放在母亲手掌中的手还紧紧地抓了一大把食物；加之那双瞪着的小眼睛，被满嘴吃食顶起的小嘴巴和因此翘起的小鼻头：一副贪吃之相，被刻画得惟妙惟肖。再看看4个天使的刻画。宝座前的两个天使在演奏乐器：一个边演奏，边仰头歌唱；另一个则低着头，专心致志地弹奏。在宝座右侧的天使，略略抬头，双手合十，似乎在随着音乐祈祷；左侧的天使似乎隔着座椅柱式的镂空处，张望着座椅中的圣母和基督。四个天使的安排虽没有脱离"程式化"，但其个性已被展示出来。

马萨乔的这幅画，留给我们印象深刻的是他对光的运用、明暗的比较。可以说他对运用光的科学思考是这幅画成功的首要原因。这幅画成功的另一个重要原因是画家对人物个性的描绘，体现了画家对塑造真实人物的追求。无论是对绘画的科学思考，还是对描绘真实人物的追求，都使马萨乔成为15世纪初新绘画和新文化的领头人。

当然，该画也不无遗憾之处。观看整个画面，4个天使都不在光影之中，特别是圣母左边和椅座左前方的两个天使，从光影关系的角度来看，本应处在画面中阴影的深处，可是画家却没有作如此的处理，光和影似乎在他们这里突然隐去了。这一画法使这两个天使从整体画面中脱离了出来，这自然也就影响了光影运用的整体效果。画家采用这一画法，或许是为了突出画面的主体——圣母和圣婴；或许出于宗教画程式的需要。但这一遗憾并没有影响我们对这幅画的赞扬，以及对画家那种大胆探索科学绘画的精神和实践的钦佩。

最美的裸体——《逐出乐园》（图16）该画又称《亚当和夏娃》，

完成于 1427 年，内容取材于圣经故事。上帝在东方创造了伊甸园，并把他所创造的亚当和夏娃放到了园中，让他们过着无忧无虑的幸福生活。上帝嘱咐他们，园中树上的果实可以随意食用，只有园中央那棵树上的果实不可食。于是，这棵树上的果实就成了"禁果"。有一天，夏娃站在这棵树下，看着满树的果实，却不能吃。此时，蛇看到了夏娃，猜着她的心事，便问："为什么不吃树上的果实呢？"夏娃回答说："那是禁果，吃了会死的。"蛇说："不会的，这是智慧果，吃了会心明眼亮，能像上帝一样辨别善恶，所以上帝才禁止你们吃它。"听了蛇的话，夏娃偷偷摘了一个禁果，还未忘给亚当也摘了一个。果实下肚，他们果然心明眼亮起来。他们看到自己赤裸的身体，很是害羞，急忙摘下无花果树的叶子遮挡起自己的下身。上帝知道了此事，生气地将他们赶出了伊甸园，让他们受耕作之劳，分娩之苦。本来有双翅可以在空中飞翔的蛇也因此失去了翅膀，只能在地上爬行，腹部受磨蹭地皮的痛苦。该故事是基督教最主要的神学信条之一，更是"原罪说"最有力的论据。因此，中世纪时期也有类似内容的画。根据圣经的描述，画面中的亚当和夏娃都为裸体。禁欲主义的约束和画技上的局限，使画面上的人物裸体都被画得极为草率，甚至不堪入目。

马萨乔的《逐出乐园》突出刻画了亚当和夏娃被赶出伊甸园的那一刻。画面上，三分之二部分突出了两位主人翁的裸体。马萨乔笔下的主人翁，无论是亚当还是夏娃，其身体各部分的比例都具有了解剖学上的准确度，而且性别差异明显。亚当背部、肩部、胳膊、前胸、腹部、臀部和腿部的肌肉发达，成块状；与亚当相比，夏娃全身肌肤细腻而圆滑，尤其肩部、腹部、臀部和小腿的肌肉，圆而平，女性特征更为明显。细看两人的膝部，亚当的膝盖突出而有棱角，夏娃的则圆而平滑。可见画家对人体观察得多么细致。由于画家的细致观察和用心描绘，一对"真实"而美丽的人的裸体呈现在了观者面前。

而裸体的"真实"与美丽通过光影的运用更为突出。画家把光源放在了画面右上角，并为人物作了前后和步伐的安排。于是，夏娃前身的大部分就暴露在光亮之下；而由于亚当侧身，所以光线只在他的右肩部、小腹部、两腿的前方形成了几个亮区。同时，两个人的背部和右侧部形成了与光亮区相应的阴影部，这就更衬托出了两个裸体的"真实"、优美及体量感。为了强化这一"真实"感，马萨乔还描绘出了亚当和夏娃投在地上的身影。由于两人姿势的不同和受光角度的差异，所以亚当投下的是左腿的影子，夏娃投下的则是双腿交叉后的影像。人影在画面上的出现，更体现出了马萨乔对光和影关系的细致观察和模仿自然的成功。这一成功使得他笔下的人物更有了落地生根的"真实"。这幅画中的天使没有像《圣母、圣婴与天使》中那样，被排除在光线之外。我们可以清晰地看到，画面上从右侧射来的光线使那个奉命驱赶的天使处在了光亮和阴影之中。无论从画意方面，还是从画技方面，这样的处理都使天使成了整体画面上不可分割的一部分。为了展示天使从天界领命赶来的形象，马萨乔成功地采用了透视缩形法。这种方法使天使具有了一种居高临下之感，加之其伸开的双臂、飘起的衣裳和张开的翅膀，从天边飞赶而来、动感极强的天使形象跃然纸上。

该画的成功还在于，画家赋予了动感人物强烈的情感。画面上，有一个立体感很强的伊甸园的大门，在天使的驱赶下，亚当和夏娃正从那里被赶出。为了强调被赶出的这一时刻，画家所设计的亚当的动作极富内涵：他的前脚已迈出伊甸园的大门，后脚的前脚掌也已踏在门槛上，而后脚掌却仍在大门之内。多么细心的画家呀！这个微小的细节，不但包涵了画面故事发生的精确时间；而且包涵了此时此刻被赶出乐园的亚当和夏娃的心态。画面上，亚当、夏娃的悔恨、痛苦达到了极致。夏娃仰头号哭，任痛苦之情宣泄。内心的极痛甚至使她的面孔都发生了扭曲，变得丑陋：两只外眼角向下，内眼角上挑，形成了八点二十状。但就在这一心情下，夏娃仍没有忘记用一只手臂挡住自己的前胸，另一只手臂遮住下身。这一动作，自然使我们想到了偷吃禁果后人类祖先所产生的羞耻感，从而引发我们的思考：羞耻感在人类社会发展中的作用是什么。亚当低着头，双手掩面，极力压制着感情的外露，给人一种男儿有泪不轻弹的坚强印象。这里低头和仰头、宣泄和压制的不同比较，将男女性格的强烈差异表现得淋漓尽致，使人不得不佩服画家的妙笔。画家的妙笔还体现在正确人体比例之下，亚当和夏娃那略略拉长的双腿和他们迈开的大步伐。然而，这一步伐看起来与亚当低头掩面、夏娃仰头闭眼痛哭的动作是那样得不协调，甚至矛盾。可这种不协调和矛盾，也使我们感到了画家的人文主义的思考：痛苦中的人类始祖，并未失去生活的信心和勇气；这一信心和勇气使他们在对过失承担的痛苦中坚强且义无反顾。这就是人，人的力量，人的性格，人本身。因此，与其说《逐出乐园》是幅宗教画，不如说它是一首歌颂人体、人的精神和力量的赞歌。

　　透视法的成功之作——《圣三位一体》（图17）　该画创作于1428年。圣三位一体是基督教的基本教义，其主要意思是上帝有统一的神性却可分为三身，即圣灵、圣父和圣子。《圣经》中多处提到了三位一体的思想，而表达得最清楚、最通俗易懂的应属《马太福音》第三章16—17节中的描述：耶稣受了洗，随即从水里上来。天忽然为他打开了，他看见神的圣灵仿佛鸽子降下，落到了他身上。从天上有声音说："这是我的爱子，我所喜悦的。"画作《圣三位一体》，是马萨乔为佛罗伦萨诺维拉圣母大教堂创作的湿壁画。由于没有同时代的任何记载，所以，研究者们对该画的作者是谁存在争议。通过与马萨乔同期的布兰卡齐礼拜堂的画作《基督受难》的比较，研究者们认为该画应属于马萨乔。据说，此画最早的记载时间为1510年，后被瓦萨里的画覆盖，直到1861年才被重新发现，被淹没了竟三个多世纪。[1]

面对此画，感到最强烈的是画家对透视法的成功把握。首先，该画的透视妙笔体现在马萨乔对教堂的构思上。马萨乔把画面构思成一座放有一组圣三位一体意义的雕像的古典式教堂。教堂的大门两边是两根古典科林斯式方形柱，方形柱和其架起的额枋共同构成了大门的外框。方柱的内侧是一对爱奥尼亚式圆柱及其撑起的拱形的桠口，教堂宏伟壮观、外方内圆的大门由此形成。而且，科林斯式方柱的柱头雕有不同动作的人物像，爱奥尼亚式圆柱的柱头为圆形、卷形和方形三层叠加式，这些更增加了整个大门的古典的华丽感。还有，那两个放在门框上方内加角处的圆盘，既起到了支撑作用，又带有装饰的美感。这样的构思使我们有理由认为，马萨乔的建筑学知识也很丰富。由此我们也可以想象，被门前两个捐助人挡住的柱基坚如磐石。教堂由外及里，首先映入我们眼帘的是门内拱形屋顶的天花板。古典式方格玫瑰花纹由大渐小，由近及远，体现了画家对焦点透视的精准把握。这种精确的焦点透视，甚至可使人感到它的透视消失点。在通往这一消失点的途中，画家画出了教堂内部的第二道拱门。该拱门的建制与大门基本相同，同样的柱式，同样的柱头，同样的屋顶拱券。门后的深色背景、教堂建筑的进深将"错觉图画"的原理显现得淋漓尽致。

其次，该画的透视妙笔还表现在"圣三位一体雕像"的安置上。根据该组雕像的顶天立地的高大感，我们可判断出，它处在透视线段的网络中心。于是，处在透视线不同点上的建筑大门、屋顶、二道门、雕像就把观者带入了一个真实的教堂建筑和景物之中。

---

[1]　刘丛星，张亚力．西洋美术家画廊：马萨乔．长春：吉林人民美术出版社，2002：6.

最后该画透视法运用的成功，还在于画家把透视的消失点放得很低。画家将透视的消失点落在画面底部的水平台面上，这种处理使观众产生了仰视赏画的错觉，由此整座教堂建筑，特别是三位一体的雕像更显高大，画面主题得以突出。

总之，该画透视法的成功运用，主要在于画家根据需要，把整个画面的各个部分放在了同一透视焦点的不同线段上。这种处理方法使画面具有了同一视角下清晰的层次感和深远度，画面各个部分也成了不可分割的整体。建筑物和建筑物中放置的物体呈现出真实感，观者如同身在其中，亲眼所见。

对人物的构思，该画也极具人文主义的特点。画家以一道很强的从左侧投下的光线把画面中央十字架上钉着的基督，圣三位一体中的"圣子"，被钉吊的身体的下垂，受刑的疼痛及两腿不自觉地上抬所引起的腹部肌肉的收缩，以及胸部的肋骨都清晰地展示了出来。在这一为拯救人类而牺牲的形象面前，一种敬仰之情油然而生。在基督的上方是三位一体中的"圣父"，即上帝。他手擎十字架，头微微上抬，再加上一副略弯腰弓背、手臂用力的姿态，严肃的面孔和深邃的目光，一个严厉中带着柔情，痛苦中带着骄傲的感人父亲形象跃然纸上。图中教堂内左下角的人物是圣母玛利亚。她的动作很是矛盾：她的头微微抬起，脸部微仰，一只手臂抬起，掌心向上，好像要托起被钉吊的基督；眼睛却向下看。这种上下矛盾的动作，似乎正向人们展示着，面对儿子受难时，母亲对内心痛苦的压抑和对儿子伟大牺牲的赞扬。与圣母相对的是圣约翰。他看着受难的基督，双手合十，怀着敬仰之情为老师祈祷。父母之爱，师徒之情，或许正是画家想要表达的人情世故。而那只在上帝头下欲落到基督头顶的、象征着"圣灵"的鸽子，使人想起圣经中那句"圣灵仿佛鸽子降下，落到了他身上"的话语，从而回到宗教画的场景中。

在此画中，我们还看到了画家运用色彩对比的成功。画家以白色和红色的对比，强化了建筑物的立体感；突出了圣父与圣子之间的关系。画家安排的红与黑的对比也极有意思：教堂外的两个捐赠者，左边的着红衣，和圣母的黑衣成鲜明的对比；右边的穿黑衣，与圣约翰的红衣成鲜明对比。这种呈几何图形对角线下的黑红对比，不仅突显了画面的三维空间，而且还在谨慎的对称宗教画构图中起到了活跃的作用。这里还要多说一句的是，在中世纪，赞助人入画是一种惯例，他们体形要比圣人小。然而，这幅画却采用了近大远小的透视原理，赞助人的体形大于圣人，从而体现出画家对科学绘画的大胆探索和成功实践。

社会场面的展示——《纳税钱》（图 18）　该画创作于 1426—1427 年。《圣经》中有多处提到交粮纳税之事。多数研究者认为：马萨乔的《纳税钱》取材于《马太福音》第十七章 24—27 节。故事说，耶稣一行人布道，途中路过一关卡，税吏拦路收税。耶稣问彼得："我是谁？"彼得回答："你是基督（上帝之子）。"耶稣说："既然我是上帝之子，就不能交丁税。"但是不交税又过不了关卡，于是，耶稣便命彼得到湖边逮鱼，并说"鱼嘴中有一枚银币可纳税"。

根据故事内容，马萨乔将画设计成了三个连环的画面：索税（中图）——取钱（左图）——交税（右图）。从画技方面来说，画面更为复杂，光亮与阴影运用得更为科学和细腻。与《逐出乐园》比较，该画画面要复杂得多：人物就有单人、人群和双人之别，景物有建筑物、山峦、树木等。画面的光源来自画面的右上角。光亮照射在建筑物上，形成了支柱和门廊的明与暗、墙与窗的明与暗。这里需要指出的是光亮度的差异。例如，门廊的第二根支柱因第一根支柱的遮挡，其亮度较暗；而右图中税吏所站方位的科林斯式柱子、台阶因不在光线的直射之下，其亮度也较暗。关于人影的描绘，画家已注意到了人与光源距离的关系。例如，右图税吏的影子就在他的脚下，而且很小；站在税吏对面的彼得比他离光源略远，其身影较长。中图上群人的身影透过人群之间的空隙投在地上，长长短短。正如修·昂纳和约翰·弗莱明所说：

> 不仅地上有人的投影，而且诸形体也交相掩映，有些被光影锐利地刻画出来，有些则被融入阴影中。[1]

更为巧妙的是，该壁画的右角上方有一窗户，而画家把画面的光源也放在了右上角，二者合一，画面上的光亮与阴影更显自然。该画人影的描绘显然比《逐出乐园》更高明和科学。在人物的刻画方面，首先体现为人物体形刻画更为精准。画家以衣袍的厚重和衣褶的变化展示的人体。胖与瘦、健壮与赢弱，在人群中最左边的人物和最右边的人物对比体现得极为明显。画家还刻画了一双最美的裸腿，即税吏的腿，大腿和小腿的比例精确。从中图的画面上，可看到税吏那后面结实的小腿肚肌肉和匀称的腿形，在右图中又看到腿前面的骨感与匀称。最美的裸腿再加上古典式动态的站姿，甚至给人一种英俊之气。其次，人物的形体动作与心情、性格的结合更相得益彰。这点在彼得的刻画上表现得尤其明显。画中共刻画了三个彼得。首先是中图中的彼得。这个彼得，左手抬起，右臂伸出，眉头紧锁，怒目圆睁，正在与税吏争论着什么。其次是左图中的彼得。他正以半蹲半坐的姿态，认认真真完成耶稣交给他的取钱任务。最后是右图上的彼得，他站姿笔直，虽瞪着眼睛，却不屑税吏，直楚楚地把钱塞到了税吏手中。看着他的塞钱动作，你仿佛可以听到从他鼻中发出的哼声。三个动作，三种表情，把当时当刻彼得的心理状态刻画得

---

[1]　修·昂纳，约翰·弗莱明.世界艺术史.范迪安，主编.海口：南方出版社，2002：427.

惟妙惟肖。马萨乔笔下的人物可以说个个都有"脚踏实地,稳固站在地上"[1] 般的真实。画家利用透视法将建筑门廊、远近的山峦、树木都精准地描绘了出来。画家还特别把右图彼得取钱的画面,安排到了透视线段的远景上,从而突显了取钱地点与关卡的距离。真实的自然环境,真实的人物,造就了真实事件发生的场景。

以收税和纳税的场景作为画面内容,表现了画家对这幅画作主题的深层次思考。为了在画面上突出收税和纳税这对矛盾,画家采用了多样性与统一性的绘画原则[2]。在中图画面上,税吏伸开双臂挡住众人,索税;耶稣伸出右臂阻止彼得争论,命其取钱,引出左图。彼得取钱纳税再引出右图。围绕同一主题展开不同场面,故事完整。面对画面,可以看到,收税纳税主题下税吏的蛮横、难缠,彼得的愤怒、力争,耶稣的严厉制止;还可以看到后排的人物,有的很气愤,有的在询问,有的在等待,还有的漠不关心……可以说,马萨乔绘制了一幅人生百态图。说来也巧,在马萨乔画这幅画时,教堂中基督教徒正在做礼拜。在画面的人群中,我们可以看到布鲁内莱斯基、多那太罗、乔凡尼·美第奇、礼拜堂的负责人等面孔。马萨乔还照着镜子把自己画进了画中(税吏的旁边),这更增加了画面的现实性。

总观此画,人体的精准刻画,人物内心的准确表达,光影对比和透视法所描绘的"真实"的自然环境在多样性与统一性原则下对主题的突显,这些使一幅取材于《圣经》的画面变成了对真实社会场面的展示。特别是在该画完成的 1427 年,佛罗伦萨正在推行一种按财产征税的新税制。画中耶稣让彼得纳税,正反映了画家对新税制的拥护,其社会意义更加明显。

---

[1]　转引自朱伯雄.世界美术史:第六卷.济南:山东美术出版社,1990:125.

[2]　该原则是意大利雕塑家南尼(1386——1421 年)在其作品《四使徒》中首先使用的。

欣赏着马萨乔的这些画卷，心中充满了对他的敬佩，也不由得想起了文艺复兴时代瓦萨里代表意大利的新艺术界对他做出的评价：

我们绘画中的优秀风格首先是由马萨乔建立的。他认为，绘画就是以形体和色彩模仿自然；因此，画家能愈紧密地追随着自然，就愈接近于艺术上的完善。马萨乔的这个思想，使他经过穷年累月的探索而掌握了极为丰富的知识，使他成为那些能够摆脱艺术上的僵硬、呆滞而把运动、精神和生气赋予人物形象的大师中的第一人。[1]

[1]　转引自朱龙华.文艺复兴时期的美术.北京：人民美术出版社，1960：5.

4

文艺复兴时代的建筑奇才——布鲁内莱斯基

（1）多才多艺的天才、文艺复兴建筑的奠基人

布鲁内莱斯基（Filipo Brunelleschi，1377—1446）是近代建筑天才的革新家，文艺复兴建筑的奠基人，第一个人文主义的巨匠，佛罗伦萨科技界的领袖，"多才多艺的天才中的第一人"[1]，与绘画家马萨乔、雕刻家多那太罗一起被称为意大利文艺复兴美术的奠基人、开创新艺术的三杰。

1377 年，布鲁内莱斯基出生于佛罗伦萨城，其家世渊源较久远。他的曾祖父是个名医，他的祖父学识渊博，他的父亲是一个公证人。可以说，布鲁内莱斯基出身名门。自幼，其父教他读书识字，希望他和自己一样，做个公证人，或是继承祖业，成为一名医生。小布鲁内莱斯基天资聪明，思维敏捷，但并不喜欢父亲为他安排的道路，而对实用艺术和机械特别感兴趣。小布鲁内莱斯基的父亲教育有方，根据他的爱好，把他送到一个金匠家学习。他很快就掌握了宝石镶嵌技艺，制作了许多优秀的

---

[1]　热拉尔·勒格朗.文艺复兴时期的艺术.董强，等，译.长春：吉林美术出版社，2002：10.

乌银镶嵌作品。他兴趣广泛，并不满足当一名金匠。为此，他还学习了木工、钟表、机械、铸造，甚至水利方面的知识，成为一名优秀的工程师。他还向当时的数学家保罗·德拉·波佐·托斯卡内利学习数学和几何学。同时，他对文学也兴趣浓厚，他"认真研究了但丁的著作，准确掌握了书中所描述的每一个地方和这个地方的尺寸，还经常在辩论中引用但丁的话"[1]。好学与钻研的精神，使他在艺术各个领域中的科学探索都取得了令人瞩目的成就。他的科学透视技法对艺术的贡献巨大。据瓦萨里记载，为研究透视法，他花费了大量的时间。透视法，又叫几何透视法、焦点透视法或线段透视法。它产生于数学原理，是把科学与艺术相结合的技法。这一技法主要是借助于近大远小的透视现象来表现物体的立体感。据说，1418 年，布鲁内莱斯基进行了透视绘画实验。他先按透视法绘制了一幅站在佛罗伦萨大教堂门口直视门前的洗礼堂的图画，然后把一面大镜子放在这幅图前，让观者在画的背面通过画中央的一个小孔观看镜中所反映的画面。观者们亲眼看到，镜中反映的景象和站在教堂大门口所见到的一模一样——它不是实物而是画家笔下的透视法妙作。这一试验的意义在于，人们信服透视法的科学性，并亲切地把此试验称为"布鲁内莱斯基之匣"[2]。后来，布鲁内莱斯基的朋友阿尔伯蒂将他的方法进行了整编，并做了详细的论述。透视法发明的意义在于，它所

代表的科学与艺术的联盟，不仅给新艺术巨大的推动力，而且也影响了广大群众的世界观的转变，即它要求用科学的眼光观察世界，构建一种基于客观、科学和按数量统计决定其精确度的观察世界的

[1] 乔尔乔·瓦萨里.意大利艺苑名人传：辉煌的复兴.徐波，等，译.武汉：湖北美术出版社，长江文艺出版社，2003：72.

[2] 热拉尔·勒格朗.文艺复兴时期的艺术.董强，等，译.长春：吉林美术出版社，2002：38.

方法，我们也可以说这是一种观察世界的新途径。[1]

在创新绘画新技法的同时，布鲁内莱斯基还深深地热爱着雕塑艺术。据说，有一次，多那太罗告诉布鲁内莱斯基，他发现在考托纳有一个大理石的古代石棺，石棺打磨精致，做工完美卓绝，而且上面还刻有精美的浅浮雕装饰，是一件古代的杰作。听了多那太罗的赞美和敬佩，布鲁内莱斯基萌发了前往一观的强烈欲望。于是，他一辞别多那太罗就急切地披上斗篷，踏着木屐，戴着风帽，迅疾前往考托纳。他见到了那副石棺，十分仰慕，便把它画了下来，并且把画带回了佛罗伦萨。多那太罗看到布鲁内莱斯基精心画好的素描时，不禁为他对艺术的热爱而感到震惊。布鲁内莱斯基热爱雕塑。在雕塑实践中，他把艺术与科学结合起来进行思考和探索，这最终使他成了雕刻领域的佼佼者。他的雕刻作品令人惊叹。如瓦萨里记载说，他的好友多那太罗在看到他作于1410年的一件雕塑《基督受难十字架》时，

　　一下子惊呆了，以至把原本为两人准备的一包食物洒落在地上。多那太罗从人像的腿、躯体、胳膊和整件作品的优美、和谐中领略到菲利普精湛的技艺。[2]

从这件成功的作品中，我们看到了布鲁内莱斯基对人体各部比例的把握，已达到了人体解剖学的精确程度。在追求科学技法的同时，他还有更深层次的人文主义思考。比如，他的骄傲之作《亚伯拉罕献祭》（图

[1] 欧洲文艺复兴史：艺术卷.刘明翰，主编.北京：人民出版社：2008：45.

[2] 乔尔乔·瓦萨里.意大利艺苑名人传：辉煌的复兴.徐波，等，译.武汉：湖北美术出版社，长江文艺出版社，2003：73.

19，左图为吉贝尔蒂所作、右图为布鲁内莱斯基所作）就是明显的例子。说到这件作品，就必然会提到 1401 年佛罗伦萨的一次雕塑比赛。这一年，佛罗伦萨毛织品商业公会计划为佛罗伦萨洗礼堂北侧修建第二道铜门。为此，公会决定举行以阿伯拉罕献祭作题的雕塑比赛。竞赛的题目出自《圣经》。上帝命亚伯拉罕杀死自己的独生子以撒为上帝献祭，以试亚伯拉罕的忠诚。亚伯拉罕清晨起来便备好毛驴，带着两个仆人，来到上帝所指定的地点，设好祭台。正当他下定决心，准备举刀杀以撒以祭献的千钧一发之时，上帝看到亚伯拉罕的忠诚，便派天使送来一只羊，代替了以撒的牺牲。参加竞赛的共有 7 位雕刻家。最终吉贝尔蒂胜出，但同时评委们也认为，与吉贝尔蒂的作品相比，布鲁内莱斯基的作品也为上乘之作。正如瓦萨里所言：吉贝尔蒂的作品"构思巧妙，创意新颖，画家以高超的技艺精心创作而成，人像也非常漂亮"。但布鲁内莱斯基的作品

也毫不逊色。他在上面表现了亚伯拉罕将以撒献祭给上帝的情景。其中，有个仆人刻画得尤其生动传神：他一边等待亚伯拉罕，一边将一根刺从脚掌里拔出来。此外，图中还有一头正在吃草的驴子也被刻画得惟妙惟肖。[1]

从瓦萨里的描述中，我们可以看出，布鲁内莱斯基对作品的思考和刻画更带有一种人文主义精神。先看整个画面，亚伯拉罕祭杀以撒在画面上方，约占整个画面的三分之二，主题突出。再看以撒，他单腿跪地，右脚跟用力抬起，给人一种挣扎感；全身的肌肉因身体的奋力扭动而收

---

[1]　乔尔乔·瓦萨里.意大利艺苑名人传：辉煌的复兴.徐波，等，译.武汉：湖北美术出版社，长江文艺出版社，2003：74.

紧；一副扭曲的身姿，令人感到了少年的不屈和反抗。亚伯拉罕向前倾身，左手按住企图立起反抗的以撒，并强行扭动他的头，右手的刀已刺向以撒的脖颈；飞来的天使，一下子抓住了亚伯拉罕那拿刀的手。面对画面，从以撒瘦小却顽强反抗的奋力，到亚伯拉罕那已刺向以撒的刀，再到天使那只握住亚伯拉罕手臂的手，观者一直紧张悬着的心才算落地。有意思的是，画面的下半部，约占整个画面三分之一，是瓦萨里描写的仆人和驴子。这部分气氛平静、安逸，与上面主题画面的紧张气氛形成了鲜明的对照。这一对照，似乎预示了事情的结果，也使我们看到了世俗中仆人与主人的关系，从而使这个画面故事具有了世俗性。或许正是这一世俗性导致了布鲁内莱斯基竞赛的失败。虽然评委会提出要他与吉贝尔蒂共同完成铜门的雕塑工作，但强烈的自尊心和永不服输的精神使他拒绝了。从此，布鲁内莱斯基把所有的经历投入了另一个领域——建筑。

可以说，布鲁内莱斯基是怀着时代的敏感和巨大的志向转向建筑的。15世纪前30年，佛罗伦萨的文艺复兴艺术出现了前所未有的高涨与兴旺。新艺术诞生的标志就是建筑，正如热拉尔·勒格朗所说："大写的人字在某种程度上统治着时间和空间，甚至主宰着建筑。"[1]保罗·约翰逊也说，对佛罗伦萨和意大利的一般市民来说，"建筑的视觉美感远比其他艺术形式更重要"。朱龙华先生认为，在当时意大利城市激烈竞争的背景下，"街道上的新雕刻、教堂中的新壁画，以及空前宏伟的圆顶建筑等，无不具有强烈的政治意义"[2]。保罗·约翰逊也认为："建筑与市民的自尊有关，甚至比公共雕像更重要。"他还分析了意大利建筑的历史厚重感对市民的重大影响：

---

[1]　热拉尔·勒格朗.文艺复兴时期的艺术.董强，等，译.长春：吉林美术出版社，2002：10.

[2]　欧洲文艺复兴史：艺术卷.刘明翰，主编.北京：人民出版社，2008：80.

意大利各城市的市民也知道古代建筑物，因为这些建筑物的废墟依然散落在许多地方，尚未完全遭到掠夺、整理或清除。就某方面来说，中世纪时期的意大利，大部分地方仍是广大的建筑废墟，提醒着罗马帝国的宏伟与荣耀。当渐增的财富带动主要城市装扮自己时，这一大片废墟便成了艺术家留心观察的对象，民众则会比较古今建筑的差异。[1]

因此，他得出了这样的观点："在建筑史上，文艺复兴是一件自然而然的事，它随着国家的进步而发展。"[2] 也就是说，新建筑已成为政治和经济实力的象征，成为民族自尊的象征，成为最能体现佛罗伦萨市民那种大城市人雄视当代的豪情和新时代人文主义精神的市政建设。正是在这样的背景下，胸怀大志的布鲁内莱斯基勇敢、坚定且满怀信心地走上了为新建筑建功立业的大道。

多才多艺的布鲁内莱斯基很早就热爱建筑设计和研究装饰艺术，并将这种热爱和研究付诸实践。据瓦萨里记载，布鲁内莱斯基曾为他的亲戚阿波罗尼奥·拉皮的住所作过内外装饰，为佛罗伦萨城外的卡斯特罗的彼特拉亚宫和塔楼作过内外装饰，还对长老宫的信贷行的建筑进行了改造。改造信贷行时，布鲁内莱斯基考虑到该建筑的功能，将该建筑分割成立许多独立的单元，以便利交易的进行；同时把窗户改建成古典的风格。仅此两点变动，就已显示出了他对建筑形制应与其功能相结合的思考和对古典建筑风格的喜爱与追求。在建筑艺术的实践中，布鲁内莱斯基认识到，在建筑上开天辟地的关键是，在继承的基础上抛弃哥特式的建筑传统，加强对古典遗产的学习和对古典风格的掌握。为此，他毅

---

[1]　保罗·约翰逊.时代的印记：文艺复兴三百年.谭钟瑜，译.合肥：安徽人民出版社，2013：105.

[2]　保罗·约翰逊.时代的印记：文艺复兴三百年.谭钟瑜，译.合肥：安徽人民出版社，2013：105.

然卖掉了自己的家产,踏上了到罗马探访和学习的道路。他的好友雕刻家多那太罗同他一起前往。据瓦萨里记载,当第一次看到那些雄伟的建筑和美丽的教堂后,"他长久驻足凝视,不禁为之惊愕、震颤和痴迷",以至于立即动手"绘制这些建筑的平面图,并测量其檐口"。[1]据记载,布鲁内莱斯基曾三次到罗马进行考察,时间分别为 1402 年、1417 年和 1430 年。他同时代的传记作者曾这样描述他在罗马的工作:

> 他几乎将罗马及附近农村所有的建筑都画了下来,测量它们的高度、长度、宽度,尽量准确地对它们进行评价。在许多地方,他和多那太罗一起,挖掘建筑遗迹……从发掘中他们可以猜测出建筑的高度,所采用的底角、地基、突出部以及屋顶。他们用直角尺画在羊皮纸上的建筑,有许多只有布鲁内莱斯基自己才懂得的注释……[2]

瓦萨里也说:他和多那太罗

> 只要发现埋在地下的柱头、石柱、檐口和建筑的基座,就会将其全部挖掘出来,以便进行细致的观察。这使他们在罗马城闻名遐迩。每当他们衣衫不整地从路上经过,人们都唤他们'寻宝人'。[3]

考察工作的忙碌和辛苦可想而知,但他们苦中寻乐,乐此不疲。有

---

[1] 乔尔乔·瓦萨里.意大利艺苑名人传:辉煌的复兴.徐波,等,译.武汉:湖北美术出版社,长江文艺出版社,2003: 4.

[2] 转引自朱伯雄.世界美术史:第六卷.济南:山东美术出版社,1990: 107.

[3] 乔尔乔·瓦萨里.意大利艺苑名人传:辉煌的复兴.徐波,等,译.武汉:湖北美术出版社,长江文艺出版社,2003: 75.

时他们的生活也会成问题。为此，布鲁内莱斯基就不得不放下手中的考察工作，重操旧业，为他的许多金匠界的朋友做些镶嵌珠宝的活，以维持生计。为了深入了解古罗马各类建筑的特征，他细致地绘制了罗马所有不同类型的建筑草图，其中包括圆形的、正方形的和八角形的神庙草图，巴西利卡式教堂的草图，还有高架引水渠、公共浴池、拱门、圆形大剧场、露天竞技场的草图，以及所有的砖砌圣殿的草图。他还"逐一研究了各种柱式，即多里克式、爱奥尼亚式和科林斯式"[1]。对此瓦萨里怀着佩服和敬意评价说："他的研究如此透彻，以至他在脑海中仿佛能看到罗马城毁灭前的原貌。"[2]通过对各类古罗马风格建筑的考察，布鲁内莱斯基不仅掌握了古典建筑的各种知识，而且了解了罗马建筑的特征和风格，这使他成为文艺复兴时期对古典建筑了解最多的人。作为文艺复兴时代的人，他更体会到了这些特征和风格所体现出的古典建筑的精髓——艺术性与科学性的结合；古罗马建筑的雄浑凝重，构图的统一和谐，也更使作为意大利人的他为罗马的强大和繁荣而骄傲；他更为罗马共和国制度下，建筑形制与功能结合所显示出的国家人性化的一面所深深吸引。由此，他形成了自己的建筑思想。通过对罗马建筑的考察，布鲁内莱斯基已经信心满满，决心在佛罗伦萨建成一座标志性的建筑。这建筑便是佛罗伦萨大教堂的圆顶建筑。

---

[1]　乔尔乔·瓦萨里.意大利艺苑名人传：辉煌的复兴.徐波，等，译.武汉：湖北美术出版社，长江文艺出版社，2003：75.

[2]　乔尔乔·瓦萨里.意大利艺苑名人传：辉煌的复兴.徐波，等，译.武汉：湖北美术出版社，长江文艺出版社，2003：75.

（2）作品介赏

伟大的建筑——"世纪工程"佛罗伦萨大教堂的大圆顶　佛罗伦萨大教堂，全称为佛罗伦萨圣玛利亚·德尔·菲奥内大教堂，原是 5 世纪甚至是 4 世纪的建筑物，其风格为仿罗马式。该建筑在中世纪曾两度修缮，并于 1059 年再次改建。1294 年，随着佛罗伦萨政治和经济的发展，佛罗伦萨人决定摧毁老旧的大教堂，重建一座更大的新教堂。1296 年，大教堂的建筑工程开工。从工程开工到 14 世纪末，先后有 3 任建筑大师主持过该工程的建设。第一位是阿诺福·迪·康比尔。他是设计者，也是主持人。他死后工程曾一度中断。第二位是安德烈·比萨诺。他接手续建，工程仍未完成。第三位是弗朗西斯科·塔伦提，1357 年他接任工程主持人，但工程也未能完成。可以说，从 13 世纪末到 14 世纪末，大教堂工程已成为萦回于佛罗伦萨市民心中的"世纪工程"。

该工程最大的难题就是大圆屋顶的建造。按设计，大教堂的圆屋顶是一个包括主厅和两个侧厅的八角形圆顶，它的宽度为 44.5 米。中世纪教堂加在主厅与横厅连接的十字交叉部分的圆顶或八角顶，最大直径只能以主厅的宽度为限。也就是说，在这种结构上建造的圆顶最宽处也只能有 20 米左右。然而，现在要建的大圆顶的直径超过了中世纪最大圆屋顶直径的两倍还多，甚至也超过了被称为古罗马建筑奇迹的万神祠的直径。这个大胆的设计，已表明了佛罗伦萨人建造超一流城市的巨大决心和信心；同时它也标志着国家的科技文化水平与经济和政治实力。因此，它成为佛罗伦萨市民心目中的顶尖工程和"世纪工程"；有的艺术家甚至直接把它画入壁画的幻想背景中。但这个空前巨大的圆屋顶却难住了试图解决它的每一个建筑师。直到 15 世纪，文艺复兴运动的深入和新艺术的发展，造就了能够解决这个难题的建筑大师，布鲁内莱斯基。

佛罗伦萨的新文化，带给了布鲁内莱斯基渊博的知识；新艺术造就了他的多才多艺；竞争的环境，培养了他坚强自信的性格；佛罗伦萨蒸蒸日上的形势、各行各业成功人士的涌现，更使他充满了理想和自信心。同时，布鲁内莱斯基的从艺生涯，也使他深深感到，要实现自己的理想就必须做好充分的准备，因为成功和机遇永远属于有准备的人。因此，自他挂起雕刻刀、决心从事建筑那一刻起，他就瞄准了佛罗伦萨大教堂的圆屋顶。这也是他到罗马考察的目的之一。正如瓦萨里所说：

> 他满脑子只有两个伟大的想法：一是使真正的建筑艺术重见天日，并坚信，他借此可以获得同乔托和契马布埃一样的崇高声望；二是如果可能，要发现一种建造佛罗伦萨圣玛利亚·德尔·菲奥内大教堂大圆顶的新方法。[1]

怀着这个宏伟志向，在罗马，"他认真细致地观察了建造万神祠拱顶的所有难点。他对所有的古代拱顶都做了记录，画了草图，并仔细琢磨其构造"。在考察过程中，他特意观察了"各种建造拱顶的不同方法，记录了将石料牢固捆束在一起，使之重量保持平衡，以及以鸠尾榫结合石料等各种方法"[2]。同时，他还注意到，在所有的巨石中间和反面都有一个洞。经过研究他发现：这个洞是以前人们安放某种铁制器具的地方，这种器具应该是一种可将巨石拉起来的起重工具。这一发现使布鲁内莱斯基深受启发。在后来的施工中，他就创建、制造并运用了此类起重工具。

---

[1] 乔尔乔·瓦萨里.意大利艺苑名人传：辉煌的复兴.徐波，等，译.武汉：湖北美术出版社，长江文艺出版社，2003：75.

[2] 乔尔乔·瓦萨里.意大利艺苑名人传：辉煌的复兴.徐波，等，译.武汉：湖北美术出版社，长江文艺出版社，2003：75.

　　考察的收获，更增强了布鲁内莱斯基完成大圆屋顶建设的决心和信心。1407年，他回到佛罗伦萨。他刚一回来，就对佛罗伦萨的建筑提出了许多方案和建议。同年，佛罗伦萨大教堂的监理和羊毛行会理事会提议召开大圆屋顶建造方法的讨论会。布鲁内莱斯基参加了会议，并提出：放弃阿诺福的设计方案，将圆屋顶基座（鼓座）的墙壁加高9米，并在每一面墙的中央开一个大圆窗。他认为这样既可减轻扶壁承受的重压，又便于大圆屋顶的建造。而此时，他已经按自己的设想建造了大圆屋顶的模型。会议之后，他表面上平静，实际上已经悄悄地为大圆屋顶制作了许多模型和机械装置。当他听说大圆屋顶即将交由一些工程师建造时，为了能得到邀请，他便回罗马去了。因为他认为，"躲到远处等待别人前来邀请比留在佛罗伦萨更能抬高自己的身价"[1]。他的目的达到了。他在罗马期间，虽然人们也对大圆屋顶的建设问题进行过讨论，但没有任何人能够解决横跨如此大的空间和承受如此大的重量的大圆屋顶的横梁问题。此时，人们想起了布鲁内莱斯基的敏锐判断和他在建议里所表现出的信心和勇敢。于是，监理们写信给远在罗马的布鲁内莱斯基，真诚地邀请他回来解决这一难题。布鲁内莱斯基一回佛罗伦萨，工程监理们和羊毛行会理事会便立刻召开会议，并向布鲁内莱斯基讲述了艺术家们所提出的各种难题。布鲁内莱斯基讲了下面一大段话。他说：

　　　　先生们，毫无疑问，伟大的工程总会向人们提出种种难题，然而这项工程提出的难题或许比你们想象的还要多，因为我不知道古人是否曾建造过如此大的拱顶。我经常在想拱顶的内外支架问题，因为只有牢固的支架才能安全稳固地将拱顶建立起来。我也从来没

---

[1]　乔尔乔·瓦萨里.意大利艺苑名人传：辉煌的复兴.徐波，等，译.武汉：湖北美术出版社，长江文艺出版社，2003：76.

有下定决心，因为这座建筑的跨度如同其高度一样困扰着我……我就确信，既然这是为纪念圣母而作，那么，她一定会赐给我们所需要的知识，并赋予它的建设者力量、智慧和勇气。我能为你们做些什么呢？这工作又不是由我负责。但我可以肯定的是，如果把工作交给我，那么，我一定会绕过这些难题，把大圆顶建造起来。现在，我从未认真考虑过这件事，而你们却希望我解释用什么方法！先生们，如果你们决心将这项工程继续下去，你们可以再向其他艺术家请教，因为我认为，对一项如此重大的工程我自己也提不出什么建议。你们还应当邀请托斯卡纳、佛罗伦萨、法国、德国及其他地方的众多建筑家……经过这么多艺术家的讨论，问题必定会解决，之后就可以动工了。然后就把这项工作交给一位有确切证据证明是最能干、办法最高明和最有判断力的建筑家。这就是我给你们的最好建议。[1]

以上这一大段讲话向人们提供了这样的信息：第一，虽然大圆屋顶的建造的确是个空前巨大的难题，但人类有知识、力量、智慧和勇气来完成它。第二，布鲁内莱斯基能绕过难题，把大圆屋顶建造起来。第三，召开国际艺术家们讨论会，以解决难题。第四，大圆屋顶建设工作要交给一个能证明自己最有能力，办法最高明和最有判断力的建筑家。其实，这4条信息传达出的意思已很明确，那就是在众多的包括外国在内的建筑家中，只有布鲁内莱斯基才是那位最有能力、最有智慧、办法最高明、最有判断力，可以完成大圆顶的建设任务的建筑家。正如瓦萨里所言："他建议听取其他建筑家的设想，主要是想证明他比这些人都高明得多，并

---

[1] 乔尔乔·瓦萨里.意大利艺苑名人传：辉煌的复兴.徐波，等，译.武汉：湖北美术出版社，长江文艺出版社，2003：77.

非以为他们能建造大圆顶。"[1]

布鲁内莱斯基的建议使监理们和理事们十分高兴，他们决定召开国际建筑家讨论会。可是此时，布鲁内莱斯基怀着只有他自己最明白的心理，又借故离开佛罗伦萨去罗马了。监理们与理事们虽然真诚挽留，甚至决定授予一笔归他支配的津贴，但都无济于事。布鲁内莱斯基去意已决。在罗马期间，布鲁内莱斯基把所有的时间都用于研究如何建造大圆顶。随着研究的深入，他越来越坚信只有自己才能胜任这项工作。1420年，国际讨论会召开，参加会议的有来自西班牙、英国、法国、德国的建筑家，还有阿尔卑斯山以北和托斯卡纳的建筑家，以及佛罗伦萨本地的著名艺术家和市民的代表。布鲁内莱斯基也赶回佛罗伦萨，参加了会议。会上，艺术家们对建造大圆顶各抒己见。他们有的主张建造一些方柱，在方柱上造拱顶；有的提出用浮石建造拱顶，可减轻重量；有的认为，可像伞那样，在中央建造一根方柱；甚至还有人建议，用混合有金币的土把空间填起来，然后允许人们随意取土，把土移走。只有布鲁内莱斯基说他可以在不需要大量支架、方柱和泥土的情况下把大圆顶建造起来，而且所用资金也最少。听了他的话，全场哗然。他们都认为布鲁内莱斯基是痴人说梦。甚至有人讥讽说，他的构思如同他的人一样疯狂。这些讥讽并未终止布鲁内莱斯基的发言。他接着简述了自己的设想：

只需建造两个椭圆形拱顶，里面一个，外面一个；它们之间要保持足以使人们直立行走的距离。在其8个角上打上鸠尾榫，再穿绳索将鸠尾榫捆牢，把两个拱顶连为一体。此外，还要考虑光线、楼梯及疏导雨水的引水槽等……在里面准备一个鹰架，以便在拱顶

[1] 乔尔乔·瓦萨里.意大利艺苑名人传：辉煌的复兴.徐波，等，译.武汉：湖北美术出版社，长江文艺出版社，2003：8.

上制作镶嵌装饰……

最后他还满怀信心地说：

> 我已经在头脑中构想了建成后大圆顶的样子，而且，我知道，
> 只有我的办法才行得通。[1]

他的解释让人们感觉到他的确疯了，他的设想根本不可能实现。人们几次想把他轰出会场，都被他拒绝。最后，人们竟强行把这个"愚蠢而狂妄的人"抬了出去。这之后，无论他走到哪儿，都有人对他大喊大叫，说"那个疯子"来了，以致他都不敢上街了。但布鲁内莱斯基并没有放弃，他改变了策略，逐一找理事和监理，向他们解释的自己设想；同时，他还找了许多公民，向他们做了说明，并把一部分设计方案给他们看。功夫不负有心人。理事和监理们同意再召开一次讨论会。会上建筑家们都详细解释了自己的设计方案，并展示了自己制作的模型。他们要求布鲁内莱斯基也这样做，但遭到了拒绝。布鲁内莱斯基也提出一个建议。他拿了一个鸡蛋，说谁能把这颗鸡蛋竖立在平滑的大理石上，谁就能建造大圆屋顶。建筑家们挨个试手，企图把鸡蛋在大理石板上竖起来，但都败下阵来。他们不服气，要求布鲁内莱斯基也试试。布鲁内莱斯基拿起鸡蛋，轻轻地在大理石上磕了一下，鸡蛋稳稳地立住了。会场一片喧哗，抱怨声不断。有人说："像你这样，谁不会呢？"布鲁内莱斯基回答说："是呀，如果我解释了我的方案，展示了我的模型，你不是也会这样说吗？"经过一番辩论，理事和监理们最后决定把建造大圆顶的工作交给

---

[1] 乔尔乔·瓦萨里.意大利艺苑名人传：辉煌的复兴.徐波，等，译.武汉：湖北美术出版社，长江文艺出版社，2003：79.

布鲁内莱斯基，同时要求他做详细的解说。他除了对把尖拱的比例和弧度，大圆顶的内层和外层的相应部分，顶塔的重量，拱顶基座部分的厚度及其与顶塔的衔接，拱顶肋拱的固定、数量、高度、逐步增高时的弧度、所采用的石材，还有其他相关的部分，如高挡墙的通道廊台，大理石的水槽等，做了详尽的解释外，还说了一段发自肺腑、令人感动和钦佩的话："敬爱的先生们，我考虑过这个结构所提出的许多难点，并发现把它建成完美的圆形是不可能的，因为顶塔跨度太大，稍微再加一点重量，它就会全部垮塌。依我看，如果一个建筑师不努力确保他建造的大厦的牢固性，那他就根本不在乎大厦是否会流芳万世，也就不是一个称职的建筑师"[1]。读完这段话，我们今天那些极不负责、制造豆腐渣工程的建筑师们会做何感想？良心是否受到谴责？据瓦萨里记载，理事和监理们认真研究了布鲁内莱斯基所写的内容。"他们从中看到了菲利普的自信——口气之大，仿佛他已建造了 10 个这样的大圆顶一样，这是其他艺术家所未有的。"[2]监理和理事们还考察了布鲁内莱斯基已建造的两座建筑的圆屋顶，即圣雅科波教堂礼拜堂的拱顶和圣费利奇塔教堂礼拜堂的圆屋顶。后一个圆顶就是在没有支架的情况下建造的。布鲁内莱斯基的理论、设计及实践终于使监理和理事们坚信，布鲁内莱斯基是建造大圆屋顶的最好人选。但在前进的道路上仍有许多障碍。一些建筑师和佛罗伦萨市民，仍然怀疑布鲁内莱斯基的能力，认为理事和监理们的决定过于草率，认为把如此重大的责任只交给一个人，根本没有考虑到给人民带来的损失和耻辱。同时，一些艺术家，如雕刻家洛伦佐·吉贝尔蒂，千方百计地想加入建造大圆屋顶的行列，以期在这一工作中获得荣誉和

---

[1]　乔尔乔·瓦萨里.意大利艺苑名人传：辉煌的复兴.徐波，等，译.武汉：湖北美术出版社，长江文艺出版社，2003：80.

[2]　乔尔乔·瓦萨里.意大利艺苑名人传：辉煌的复兴.徐波，等，译.武汉：湖北美术出版社，长江文艺出版社，2003：81—82.

报酬。布鲁内莱斯基克服重重困难，排除各种障碍，最后终于获得了独立负责建造大圆屋顶的工作。

1420 年，在经过了激烈而艰难的竞争和紧张的准备之后，布鲁内莱斯基终于开始了建造大圆屋顶的工作。但工作刚一开始就有人大泼冷水，认为按布鲁内莱斯基的设计，大圆屋顶 100 年也建不成。还有人不甘心失败，千方百计地说服监理和理事们，让他加入工程建设，以分一杯羹，期望降低布鲁内莱斯基的影响。布鲁内莱斯基采取的策略是装病，分一份工作给干扰的人，让其独立完成任务。布鲁内莱斯基深信他们没有这样的能力，他们不能完成任务，就会自动退出。布鲁内莱斯基的策略见效了，他最终成了独立指挥大圆屋顶建设的领导者。工作中，布鲁内莱斯基发挥自己的聪明才智，不断创新，大圆屋顶的建造也多快好省地进行着。例如，根据布鲁内莱斯基的设计，圆顶起拱后，前 1/5 高度的砖石的倾角不得大于 30 度，这部分在灰泥未干前可以靠摩擦力固定，直接砌筑即可；而这以上的 4/5 部分，他创造了一种新的骨架体系，球面三角形交叉和拱骨架。这一体系是以 8 个球面三角交叉，和拱构成一个完整的矢状半圆形圆顶骨架。骨架以 8 条拱肋为主肋；每 2 条主肋中间还有 2 条辅肋；各拱肋间以水平方向的拱券连接；这样的骨架体系结实实。同时，依布鲁内莱斯基设计的构筑方法，砌拱肋所需的砖石构件可凭自身的力量（地球的引力）形成一种内聚力，从而使泥料和灰浆凝结得更紧。圆屋顶一层一层往上砌，屋顶的每一层都可凭自身的内聚力靠牢，这也就实现了布鲁内莱斯基不必依托任何预应支架建造大圆屋顶的创新设想。再如，大圆屋顶直径为 44.5 米，从鼓座到顶端高为 30 多米（据瓦萨里记载），如此高大的设计，使原先设计的八角鼓座显得矮小，而与大圆顶的宏伟不相协调。布鲁内莱斯基一个很简单的创新就解决这个问题：在原鼓座的高度上加高 12 米；同时，在鼓座与大圆顶的连接处设计一圈精美的柱廊，实现大圆顶与鼓座的完美结合。在施工中，当大圆屋顶建造到 14.4 米以上的部分时，屋顶所用材料的重量尤显重要。考虑到必须用更轻的砖块代替砂岩，布鲁内莱斯基设计了各种形状的制砖木模，长方形的、三角形的、鸠尾形的、凸缘的，以及配合八角形结构而造的特殊的砖块形状。砖块的尺寸、形状复杂，设计木模的数量众多，据说用来绘制木模的羊皮纸都耗尽了。布鲁内莱斯基还亲自设计和搭建了既省工又省料的精巧脚手架。当大圆屋顶建造到一定高度时，为了节省工人们上下脚手架的时间，他竟在脚手架上面设了供工人们酒食的小吃部；同时还设计了一套起重设备，据说这套设备是尺寸、动力和设计都相当复杂的牛力吊车，由大小齿轮、缆绳、垂直轴杆和水平轴杆、木制机架和拉动舵柄组成。齿轮以榆木为料，其中最大齿轮的直径为 1.5 米；一条主缆绳，长 183 米，重 450 多公斤；机架高 5 米，上面附接着数条 90 度的轴杆。设备的设计原理是，将牛套在舵柄上，拉动轴杆，带动上下的大小齿轮。当主轴逆时针转动时，水平轴心齿轮与上齿轮咬合，可提起重物；与下齿轮咬合则可放下吊篮。这种可逆转的设计避免了升降变换时卸下牛轭、调转牛头的麻烦，大大提高了工作效率。同时，用一头牛代替六头牛拉起的重量，节省了劳力。据说，这台牛力吊车每天升降 50 多次，总重量 32,000 吨的砖石、泥灰等建筑材料都是通过它运到空中的。除了牛力吊车，布鲁内莱斯基还设计了一台类似现代起重机的名为"城堡"的设备。该设备由城堡顶端的操作平台、水平吊臂、平衡锤、水平旋臂等部分组成。起重机开动时，一名吊车手站在平台上操作水平吊臂，使重物在吊臂的下方移动；另一名吊车手则操纵吊臂另一端的平衡锤，以保持吊车的平衡；同时，吊臂下方的水平旋臂可防止载重物绳索的晃动。当重物到达安放点的正上方时，工人可调节绳索上的松紧螺旋扣，将重物卸下。布鲁内莱斯基的这些发明和创新，无疑大大加快了工程建设的速度。在瓦萨里写的传记中，还提到了布鲁内莱斯基在施工中如何做工人们的工作，化解他们之间的矛盾，使工程得以顺利进行。这无疑显示出了他的智慧和管理才能。由于合理的设计、创造性的施工及合理的管理，这个曾被人认为 100 年也建不起来的工程，其主体部分的完成仅仅用了 16 年的时间（从 1420 年 8 月到 1436 年）。在事实面前，过去人们的一切怀疑都烟消云散。正如瓦萨里所描述的：

> 怨言平息了，当人们看到工程的顺利进展时，菲利普的才华得到了公认。看到菲利普制造的模型，凡是没有心存成见的人都认为，它显示了菲利普非凡的胆识和气魄，就这一点而言，从古至今，没有一位建筑家能与他媲美。[1]

1436 年的 3 月 25 日是天使报喜节，也是布鲁内莱斯基最兴奋、最荣耀的日子。这一天，佛罗伦萨万民空巷。兴奋的市民们聚集在高大而宏伟的大圆屋顶下，举行盛大的献祭仪式。参加仪式的有教皇尤金尼四世、7 位红衣主教、37 位主教、科西莫·美第奇及佛罗伦萨市政府官员。他们是文艺复兴时期这一伟大工程的见证者，更是布鲁内莱斯基伟大创造的见证人。

此后，大圆屋顶工程就只剩下遮盖大圆屋顶顶部高 15 米的圆形窗亭了。布鲁内莱斯基设计了一个具有古典风格的八角形的采光塔柱亭，亭顶亦为圆锥形，全部由大理石建构。亭顶尖上有一个直径为 2.3 米的空心大铜球，球上还有一个 4.6 米高的十字架，柱亭总高为 23 米，精美异常。有人将其形容为大惊叹号，它一方面感叹着、赞美着这个跨世纪工程的

---

[1] 乔尔乔·瓦萨里.意大利艺苑名人传：辉煌的复兴.徐波，等，译.武汉：湖北美术出版社，长江文艺出版社，2003：87.

建成，另一方面歌颂着它的建设者布鲁内莱斯基的功绩。这个采光亭最终建成于 1450 年，而此时布鲁内莱斯基已经离世 4 年。但在这之前，采光亭不但已被设计好，而且所用的一切石材也都已备齐。采光亭用了 14 年的时间才建成，恐怕与布鲁内莱斯基的离世不无关系。因此，也有人将其称为"纪念亭"，它怀念着、铭记着布鲁内莱斯基这个 15 世纪的伟大的天才建筑家。

图 20 是佛罗伦萨大教堂全景。佛罗伦萨大教堂也称花之圣母大教堂，圣母百花大教堂，其意大利语语意为花都。它是世界上最美的大教堂，是世界第四大教堂、世界第三座圆顶式大教堂、意大利第二大教堂。该教堂其实是一组建筑群，由大教堂、钟塔、洗礼堂组成。钟塔由乔托设计建造。教堂宏伟的大圆屋顶正是布鲁内莱斯基的杰作，有着文艺复兴报春花之美誉，是文艺复兴第一个标志性建筑。它宏伟高大，总高 112.8 米，耸立于佛罗伦萨市中心，统领着佛罗伦萨市的建筑群。它和远方的山峦遥相呼应，更显壮观无比。

它美丽的外观，显示着设计者的独特构思和技巧。整个建筑物的颜色红白相间，大圆屋顶曲线优美，白色的石砌拱肋成为有力的框条，把圆而略尖的拱壁紧紧护卫起来，顶阁小亭又像冠冕上的珍珠，使圆顶华美倍增。在大圆屋顶的外围，从南、北、东各伸出一个半八角形的巨室，与大圆屋顶上下呼应。外墙是由黑色、绿色和粉色的大理石砌成的几何图案，上面加有精美的雕刻、马赛克和石刻的花窗，更显华丽。大教堂的总体外观，虽没有飞拱、小尖塔之类的装饰，但有着展示整座建筑稳重和比例和谐的明显的水平线条。

大教堂内部为拉丁十字形，长 135 米，宽 38 米，宽敞的大厅可同时容纳 1 万人做弥撒。站在大圆顶的下面，仰头观望，高达百米的穹窿形大圆屋顶高耸明亮。因为没有任何支撑，所以教堂的空间更显宏大，给人一种心旷神怡之感。大教堂内有 463 个台阶的梯道，沿其上攀，通过圆顶内环廊可以到达大圆屋顶的顶部，这里将佛罗伦萨全城的风光尽收眼底。大教堂还是一座文艺复兴艺术珍品博物馆。它东大门上的青铜浮雕"天堂之门"由吉贝尔蒂制作。教堂的侧门有雕刻家狄·盘果的作品《圣母升天图》。大教堂内收藏有雕刻家多那太罗的《先知者》，雕刻家戴拉·罗比亚的作品《唱歌的天使》，还有一幅大约作于 1465 年的《但丁像》……据说，后来的大艺术家们大多都来这里观摩和学习过。他们之中有达·芬奇、米开朗琪罗等。

佛罗伦萨大教堂的大圆屋顶之所以被称为"跨世纪"的建筑，文艺复兴第一个标志性建筑，文艺复兴时代的报春花，是因为它是文艺复兴时代精神在建筑领域的结晶。第一，大教堂的建设本身就是对天主教神学思想的挑战。众所周知，古典的集中式平面和穹顶被天主教会视为异教的庙宇形制而被严加排斥。因此，大圆屋顶的建设和建成，无疑冲破了天主教会的戒律，同时也显示出了佛罗伦萨市民的时代感和建设者们的自由、勇敢的精神。第二，大教堂的大圆屋顶是古典建筑风格与新建筑风格结合的典范。一方面，它把中世纪的建筑技术，尤其哥特式的尖顶、拱肋、拱顶等技术，发挥到了极致，使大圆屋顶按前人原有设计基本保持了中世纪的建筑模式；另一方面，大屋顶的顶阁小亭、圆顶鼓座下半圆扶壁上的科林斯式柱子、古典式半圆形的拱门和涡卷、贝壳纹壁龛顶饰、大教堂主厅的高侧窗和圆顶鼓座外壁简明、爽朗、和谐的装饰图案等都显示着新建筑与古典风格的完美结合的新建筑的创新。第三，大圆屋顶的建成是文艺复兴时期科学技术普遍进步的标志。无论是大圆屋顶的结构设计的科学性、施工的创新性，还是大圆屋顶方圆结合所显示出的数学比例和科学规律带给人的艺术性的美感，无一不显示着新建筑艺术所体现的人文主义新水平，而这一新水平是文艺复兴时期科学技术普遍进步的结果，也是这一进步的最好证明。当然，人们也永远不会忘记把它呈现给世界的巨匠——布鲁内莱斯基，天才的建筑师。

除了佛罗伦萨大教堂的大圆顶外，作为天才的建筑师，布鲁内莱斯基还建造了佛罗伦萨育婴堂、圣洛伦索教堂，佛罗伦萨圣十字教堂的帕齐礼拜堂、圣玛丽教堂、圣斯皮里托教堂等，这些也都是文艺复兴时期建筑的经典。

显示着世俗精神的建筑——育婴堂（图 21） 育婴堂比大教堂的大圆屋顶建设早一年（1419 年）开工，1424 年竣工。它是公认的"第一座文艺复兴的建筑"[1]，是由丝绸商与金饰工行会出资修建的公共建筑，是欧洲第一所弃婴医院。该建筑的设计特别注意了公共建筑的功能。

首先，该建筑参照了中世纪居民四合院的式样，因而少了些高耸入天的宗教神秘感和奢侈的贵族式的盛气凌人，多了些简洁、明朗、质朴和平易近人的亲切感。这来源于布鲁内莱斯基的设计理念。图 21 为育婴堂院子临街的正面，我们可以看到由一横排立柱构成的拱门式敞廊。敞廊宽达 83 米。敞廊面对着天使报喜广场，通过 9 级台阶和广场相连。广场和敞廊共同组成了市民们的活动空间。广场的公开和敞廊的相对隐蔽，广场的明亮和敞廊的阴凉，使这里成了居民聚会、做生意、聊天和休息的场所。

其次，建筑本身采取层层后缩的形制，下层的敞廊最突出，上层墙面的小窗最内缩。这种形制使建筑具有了隐蔽性的内部空间。这种公开与隐蔽正是育婴堂所需要的。被弃的孩子们本来就是社会上最弱势的群体，是需要社会保护和关爱的群体。隐蔽的内部空间，便于对孩子们的保护；而外部的开放性，使整个育婴堂处在了公众的关爱下。这种公共建筑与

---

[1]　修·昂纳，约翰·弗莱明. 世界艺术史. 范迪安，主编. 海口：南方出版社，2002：424.

广场连为一体的设计，既把广场的公共效能发挥到了极致，又使公共建筑的功能得到了完美体现。育婴堂的设计和建造无疑体现出了设计者所代表的，文艺复兴时代不断加强起来的世俗精神。更难能可贵的是，布鲁内莱斯基把这种精神建立在古典加创新的基础之上。

古典的美加上现代的美，又使育婴堂的整座建筑具有了强烈的艺术美感。那长长的一排科林斯式的敞廊立柱，优美细挺，秀丽中透着气派；由它们构架的半圆形连续拱券给人以波连船曳之感。敞廊的拱顶采用古希腊式结构，由9个相同的双曲交叉拱顶组成。为了不使各拱券之间的、在每根柱子上方的三角形拱壁因空洞而影响连续拱券产生的美感，设计者在三角形拱壁上绘制了圆盘式的装饰。这种装饰不仅把两个相连的拱券连成了一体，而且看上去它本身似乎也是一个支撑点，与拱顶共同支撑起了那条长长的拱楣。简洁而笔直的柱楣，更使整个敞廊成为一个不可分割的整体。它稳固着整个建筑，看上去有很强的安全感。一个小小的装饰，一个简单的结构，成为建筑物不可或缺的因素；安全感，对建筑物来说，也是非常重要的。敞廊的牢固使其上第二层的修建有了坚实的基础。第二层立面简洁，长方形的窗户开在一层每一个拱顶的上方，并带有一个三角形的窗楣山花。第一层敞廊与第二层既有强烈对比又有相互配合。强烈的对比体现于圆形、弧形和长方形、三角形的对比，相互配合体现于窗户的长方形与廊柱间的长方形的相配。对比突出了敞廊与第二层的不同功用，相配突出了整个建筑风格的统一和谐。这种和谐，使整个建筑给人一种明快舒展之感。

细观整个建筑，你又会发现布鲁内莱斯基在借用古典上的创新。首先，敞廊上拱顶的跨度倾向被加强，圆柱间的距离也随之扩大；其次，圆柱的粗度被压缩。这种在古典比例基础上的创新，使建筑产生了一种新的构造之美。而这种美与布鲁内莱斯基透视法的设计理念密切相关。据说，你如果站在广场的一端观看整个育婴堂，就会感到那一个个拱廊的门洞不断向后延伸。之所以会有这种感觉，是因为整个建筑采用一层层向后收缩的形制，整个广场是建筑的向外延伸。你所站的位置，就在这一延伸线上。在建筑上运用的透视法，加上拱廊、列柱、拱顶穹窿、承重墙及窗户的多样性，构成了这座建筑物艺术的特征。世俗的功能和艺术性的结合，使这座建筑成了文艺复兴"新建筑的典范"。有人称它"如同一首轻快的乐曲在奏鸣，其优美的旋律在15—16世纪的欧洲久久回响"[1]。

新型的教堂——佛罗伦萨圣洛伦索教堂　圣洛伦索教堂始建于1419年，是乔凡尼·美第奇应佛罗伦萨市民的要求建造的。它最初的建筑指挥者是一位修道院的院长。据说，因为这位院长精通罗马式教堂建筑，所以教堂建筑的地基是以传统方案设计的。1421年，当工程进入砌砖柱阶段时，乔凡尼征求了布鲁内莱斯基对该教堂建造的意见。此时，布鲁内莱斯基的大圆屋顶的设计已为人们所接受，工程的进行更提高了布鲁内莱斯基的声望。布鲁内莱斯基提出了对原设计方案的改造意见，并向乔凡尼建议"建造一座雄伟的教堂，使它与整个教区相称"；教堂从一开始就要给人"留下深刻的印象"；最后他还很有感触地说："要知道，能让几百年甚至几千年后的人们记起我们的东西，也只有这些建筑的墙壁而已。"[2]乔凡尼按布鲁内莱斯基的新方案，改造了教堂的圣器室，并把原设计中并不壮观的教堂本部改造成了大主殿。改造工程于1425年开工，1460年竣工。新改造的大主殿（图22）体现出了布鲁内莱斯基强调统一节奏的建筑设计理念：一座建筑的各个部分都要按照设计中的统

---

[1]　引自赵江海.文艺复兴时期的艺术大师.北京：中国人民大学出版社，1992：39.

[2]　乔尔乔·瓦萨里.意大利艺苑名人传：辉煌的复兴.徐波，等，译.武汉：湖北美术出版社，长江文艺出版社，2003：91.

一数模相互连接在一起。从图上可以看出，大主殿的布局为古罗马巴西利卡式的长方形三厅结构，给人最突出的印象就是各个部位在宽敞中显示出的对称、均衡和规整。这种印象来自于大殿中随处可见的各建筑构建之间的2：1的比例：一层柱廊的高度和二层的高度之比、大殿的高度与宽度之比、主厅与侧厅宽度之比、侧厅墙面的划分等。并且，这种严格的数学比例与天花板和地面的装饰相配合谐。主厅平顶天花板的装饰为5列方格玫瑰花纹，地面按列柱与主厅中轴线装饰成白底黑线结构花纹。地面的装饰和天花板的装饰相互呼应，而且这种呼应中也存在着一种严格的数学比例。你如果站在整个大殿的一段中轴线上观看整个大殿，会发现所有的线段都带有强烈的透视线段感。除了这对称、均衡和规整感之外，整个大殿还给人一种享受的美感，特别是主厅两边那两排科林斯式圆柱。其不仅柱头美丽，而且拱券给人一种"飞翔"的感觉。这种感觉源于柱子和两柱撑架的拱券高度的2：1的比例。可以说，严格的数学比例使整个大殿建筑呈现出了一种清新和华丽的美感。这一美感正是圣洛伦索教堂作为新型教堂的一个重要方面。圣洛伦索教堂作为新型教堂的另一个重要方面，在于它的建制突破了拉丁十字柱式的传统。大殿两侧的侧廊为相连修建的8家富贵大家族的私人礼拜堂（小教堂）。每个礼拜堂都标有家族的徽章，这就形成了规模类似的、连接不断的殿堂行列。而且，殿堂的行列除了西立面外，其他周边都围绕着小教堂。各家族的礼拜堂、侧厅、大殿完全连在了一起，大殿和侧廊变成了礼拜堂的前厅和门厅。于是，教堂的建筑便脱离了与社会隔绝的性质，其功能也变得更为复杂，具有了一种世俗的情调和社交场所的味道。1435年，布鲁内莱斯基又以此教堂的结构为样板，动工修建了圣斯皮里托教堂。之后，它便成了意大利乃至整个欧洲这类新教堂的建筑结构模板。

布鲁内莱斯基还主持修建了圣洛伦索教堂的老圣器室（由米开朗琪

罗改造修建的该教堂的圣器室称为新圣器室）。老圣器室的风格属于15世纪文艺复兴时期新古典主义风格。图23为圣器室内部。从图上可以看出，它摒弃了多余的装饰，以严格的数学比例统归建筑的各个部分，配有和谐的方圆几何图形，这使整个建筑既有简洁、整齐的严肃，又不失生动、活泼。进入其中，你会在宁静、舒适和清新中产生出某种庄严和肃穆之情。这种感觉也正契合了建筑家的设计目的，从而彰显出该建筑的功能。

完美的新建筑典范——帕齐礼拜堂　帕齐礼拜堂是布鲁内莱斯基应帕齐家族的委托而建造的家族祈祷室，是佛罗伦萨圣十字架教堂修道院的一部分，于1429年开工，1444年竣工。帕齐礼拜堂成为新建筑完美典范的原因在于设计者完美的数模与多种几何图形相配的设计理念。与圣洛伦索教堂相比，这一设计理念没有体现于教堂部分改造，而是表现在整个礼拜堂的内外设计上。图24为该礼拜堂的正立面。从图上我们可以感觉到整个建筑强烈的方圆相配的几何图形感和规整的数学比例感。整个建筑的立面共有4层。第一层为门廊，门廊中央为向上延伸到第二层的半圆形拱门；门的两边各有3根科林斯式圆柱，由圆柱构成的两个相对称的开间，护卫着中央的半圆形拱门；中央的拱门与两边的开间的宽度比例为2：1。第二层为两个半圆形拱券两边的横向长方形，它们分别被小方双柱分隔成两个正方形，其长宽比例为2：1；每个正方形又用十字棱隔成四个小正方形，大正方形与小正方形的边长比为2：1；第三层为檐廊，7根圆柱构成了6个正方形的开间，并支撑着材料较轻的屋檐；7根圆柱与一层的圆柱和二层的小双柱层层相接，而正中的一根则被安置在了拱券之上。整个立面，从一层到三层，其柱长的比例为2：1：1。第四层为一个明显后缩的由圆筒形鼓座架起的圆锥形的屋顶；鼓座上开有圆形的窗户。规整的数学比例与长长、方方、圆圆的几何图形搭配得甚是和谐，从而使整座建筑看上去简洁中透着质朴，秀雅中显着大气，宁静中带着灵气。这样的灵气还来自建筑形制本身所带有的动感：从地面到屋顶再到拱顶的顶点，整座建筑呈现出一种逐渐减轻、分化和不断增高的过程，这个过程又伴随着方圆的结合、虚实相配的变化。在这里，设计者的灵感也就变成了建筑物的灵气。热拉尔·勒格朗认为这一灵气来源于布鲁内莱斯基的"建筑所依据的不再是纯粹技术的方法或者抽象的原则，而是一种建立在对以往建筑的研究及数学思考基础上的具体理论"[1]。

帕齐礼拜堂设计的高度为 26.2 米，长 23 米，宽 18.5 米。布鲁内莱斯基这样设计的目的在于追求礼拜堂与周围建筑的和谐。礼拜堂建在圣十字修道院的院子里，正对着修道院的大门，略高于周围的建筑。你从大门进入，会发现它很别致、秀雅、有吸引力，但又不很突出，很好地融合在了修道院的建筑中。你站在院子的大门口向里望，会发现院子两边的建筑延伸至礼拜堂，呈现出一种强烈的透视效果；而当你眯起眼睛看院子里的景象时，你便会产生一种礼拜堂向后移动的感觉。

礼拜堂的内部，空间处理复杂而精致。礼拜堂的中央位置是个正方形的正厅堂，厅堂的顶部为一个直径 10.9 米的半球形的拱顶；从正厅向左右两边延伸，正方形变为长方形，长 18.2 米，宽 10.9 米；正厅左右两边的屋顶各为一个圆筒状拱顶，同中央的大穹顶共同盖起长方形的大厅；从中央正厅向后，有一个作为圣器室的小开间，被一个小穹顶覆盖着；前门廊拱门的中央为一个正方形开间的歌坛，歌坛上方也被一个小穹顶覆盖着，廊子进深为 5.3 米。这样，一个长方形的平面一分为三，三个厅堂，加上后面的圣器室和前面门廊开间，三又变成了五，这 5 个部分组成拱顶座架，最后撑起了 12 个花瓣形的中央拱顶。整个形制给人

[1]　热拉尔·勒格朗.文艺复兴时期的艺术.董强，等，译.长春：吉林美术出版社，2002：6.

一种轻灵上升的感觉。图 25 为礼拜堂的内部。从图上看，它的一个最大特点就是壁柱的使用。首先，壁柱将墙垣分化成了承重部分和被承重部分，这样就突出了墙垣对穹窿圆顶的强烈影响。其次，设计者以壁柱巧妙地将墙垣分割成对称的部分，使墙面产生了极为规整的数学比例。贡布里希称"壁柱表示的是一种古典'柱式'的思想"。同时，整个建筑白墙灰柱，颜色单一，更加凸显了数学比例的规整。正如贡布里希所言："那没有窗户的白色墙壁被灰色的壁柱分隔开来……然而它们在那座建筑的结构方面没有实际功用，布鲁内莱斯基把壁柱放在那里仅仅是为了明显地表示出内部的形状和比例。"[1]无论是从外部的立面还是从内部的形制，无论是从多样性的柱式设计还是从穹顶的变化，无论是规整的数学比例还是多样性的几何图形的和谐相配，帕齐礼拜堂都体现出古罗马建筑未尝有的创新，充分体现出布鲁内莱斯基新的建筑艺术思想。无怪保罗·约翰逊认为，布鲁内莱斯基的建筑方式"与古罗马无关，它是一种新风格、新美学"[2]。

成熟的古典风格——圣斯皮里托教堂 该教堂属于布鲁内莱斯基晚期的成熟之作，设计于 1434 年，两年后开工建设。对该教堂的设计布鲁内莱斯基没有采用圣洛伦索教堂和帕齐礼拜堂完善的风格，构思很独特。首先，该教堂为长方形，其东端为集中式布置，周围分布着半圆形的祈祷室，祈祷室的开间面向有拱顶的正厅、耳堂和侧堂。教堂的外墙依祈祷室的半圆形而建，形成了连续的曲线，形制独特。可惜，布鲁内莱斯基去世后，教堂的外墙被改为了直线平面的传统形制。其次，教堂设计的第二个独特之处是讲坛的形制。它共有 4 个类似于佛罗伦萨大教堂圣器室的半圆形讲坛。每个讲坛的墙壁上都有深深凹进的壁龛，壁龛顶部有一个蚌壳

[1] 贡布里希.艺术发展史.范景中，译.天津：天津人民美术出版社，1998：124.
[2] 保罗·约翰逊.时代的印记：文艺复兴三百年.谭钟瑜，译.合肥：安徽人民出版社，2013：110.

式的装饰，而且各壁龛用厚墙分割开。墙上采用突出的柱顶线盘的科林斯式半圆柱。整个讲坛无论是在形式上，还是在基调上都更具有古代建筑的艺术风格。正如保罗·约翰逊所说：布鲁内莱斯基

> 利用古典风格发明了一种新构造组件——柱顶线盘曲如拱般地置于圆柱之上，柱子、壁柱与涡券形扶壁交错并列，压平的弧线和三角形交互出现，涡式和弯隅如标点符号——它们在很大程度上组成了极富本国特色的建筑新语汇，并受到其他建筑师的欢迎。[1]

古风与现代的结合——佛罗伦萨圣玛利亚天使祈祷堂 布鲁内莱斯基于 1434—1437 年还设计了佛罗伦萨圣玛利亚天使祈祷堂。祈祷堂的平面中央为八角形，其内部沿八角形的 8 个边各开一个祈祷室，祈祷室的端部为深深凹入的半圆形。祈祷堂的整个结构规划为双层梯形全檐柱式，祈祷堂的体积随高度上升逐渐分化且向中央收拢。8 个壁龛开在外墙较小的小平面上，外围为 16 个边。祈祷堂围绕着由弧形墙与交叉墙构成的祈祷堂中央的八角形空间，起着承担圆顶横压力的柱壁作用。八角形的支柱和两根壁柱支撑着很高的八角形鼓座。鼓座有 8 个面，每个面都有一个圆形的窗户。半圆形的屋顶就建造在八角形的鼓座上。从这样的结构中可看出教堂的设计特点：以立体几何的三维空间思维代替了平面几何的二维空间思维，给人以强烈的立体感和空间感。祈祷堂的立面，采用壁柱柱式，壁柱具有第二层墙垣的高度，第二层上的大厅的窗墙和房间角隅也用壁柱进行分割。整个祈祷室的双层全檐柱式超越了古典，"是植根于人文主义土壤的第一个彻底的柱式思想的卓越成果，显示出兼具

---

[1] 保罗·约翰逊.时代的印记：文艺复兴三百年.谭钟瑜，译.合肥：安徽人民出版社，2013：111.

古风和新时代感的典雅朴素、明净完整的风貌"[1]。同时，布鲁内莱斯基还把自己在雕塑方面的独特见解融进了设计之中，从而加强了它的古今兼蓄的综合性。该建筑成为布鲁内莱斯基毕生艺术探索的一个卓越的艺术总结。

除了以上这些建筑外，布鲁内莱斯基的建筑作品还有美第奇府邸，该府邸因造价昂贵和过分奢侈而未施工；还有斯科拉瑞家族的安琪儿神庙，据说，这个神庙工程很大，直到瓦萨里时代还在建设；还有富丽堂皇的路加·皮蒂府邸，以及巴尔迪·布西尼府邸和佛罗伦萨圣灵教堂的模型等。一个又一个的委托和订单，一件又一件的设计，一个接一个的模型制造，布鲁内莱斯基已忙得不亦乐乎。同时，这个"文艺复兴多才多艺的第一人"还建造了许多城市工程和军事设施。例如，1430 年，他曾参与了把卢卡变成岛屿的计划；1445 年，他为孟都亚城设计了波河的防护工程，为比萨城设计了坚固的防御工事……他"总是以其卓越的判断力、审慎的态度、非凡的天赋和精湛的技艺，使所做的一切都尽善尽美"。[2]天才、勤奋、责任感或许正是布鲁内莱斯基成功的原因。

在劳累和忙碌中，布鲁内莱斯基创造了一个又一个的建筑奇迹。1445 年，他亲眼看到自己设计的帕齐府邸修建完工。1466 年 4 月 16 日，忙碌了一生的天才建筑家，布鲁内莱斯基与世长辞。佛罗伦萨"举国哀悼，同胞们比他生前更理解他和珍视他"，他们把他葬在了佛罗伦萨圣玛利亚·德尔·菲奥内大教堂的大圆屋顶下，以纪念他的功绩。艺术家们更是悲痛万分，因为"自古希腊和古罗马时代直到今天，还没有出现比他更能干、更杰出的艺术家"，因为他们"从无数的建筑中发现，在他的

[1]　赵江海.文艺复兴时期的艺术大师.北京:中国人民大学出版社,1992:42.
[2]　乔尔乔·瓦萨里.意大利艺苑名人传:辉煌的复兴.徐波,等,译.武汉:湖北美术出版社,长江文艺出版社,2003:99.

那个时代，被老一辈的意大利艺术家普遍尊崇的和实践的仍然是哥特式风格，而他重新引入了古代的檐口，并恢复了古代的托斯卡纳式、科林斯式、多里克式和爱奥尼亚式柱子的最初形式"[1]。他的学生为他雕塑的头像被安放在佛罗伦萨圣玛利亚·德尔·菲奥内教堂大门的左侧；公众在这里立碑，纪念和歌颂他为祖国赢得的巨大荣誉。下面摘录几段碑文，让我们也来纪念这位意大利 15 世纪的建筑奇才、伟大艺术家——布鲁内莱斯基。

> 天才建筑师菲利普·布鲁内莱斯基设计了这座著名教堂的宏伟大圆顶。大圆顶及其他许多建筑，都证明了他卓越的技艺。为纪念他的丰功伟绩和表达对他的感激之情，他的同胞将他那令人充满无限回忆的遗体安葬在这里。

后来还有人在碑文上加上了话：

"菲利普·布鲁内莱斯基复活了古代的建筑风格"；"跨过一块块石头，穿过一条条道路，我不断升高，一步一步向上走，我回到了天堂"。[2]他的生前好友，还为他作了一首诗：

> 厥功至伟，
> 阒然长睡，
> 逝者安详，
> 重建天堂。

[1] 乔尔乔·瓦萨里. 意大利艺苑名人传：辉煌的复兴. 徐波，等，译. 武汉：湖北美术出版社，长江文艺出版社，2003: 100.

[2] 转引自赵江海. 文艺复兴时期的艺术大师. 北京：中国人民大学出版社，1992: 43.

5

"天堂之门"的创作者——浮雕大师吉贝尔蒂

（1）走向"天堂之门"的雕刻家

洛伦佐·吉贝尔蒂（Lorenzo Ghiberti，约1378—1455），是意大利文艺复兴早期最负盛名的，为意大利和文艺复兴新风格的雕塑奠定了基础的新生代的雕刻家。

大约1378年，吉贝尔蒂出生于佩拉戈。瓦萨里的《洛伦佐·吉贝尔蒂传》提到了吉贝尔蒂的另外两个名字：洛伦佐·迪·奇奥内·吉贝尔蒂和洛伦佐·迪·巴托鲁乔·吉贝尔蒂。这是因为他的生父奇奥内·迪·塞尔·波纳科尔索去世较早，其母改嫁给了他的继父巴托鲁乔。巴托鲁乔是个杰出的金饰工，从幼年起，吉贝尔蒂就随他学习金匠手艺。父亲教得尽心尽力，儿子学得努力认真，他的技艺很快超过巴托鲁乔。成功之后的吉贝尔蒂在回忆自己的学艺生涯时，非常感慨地说："我永远衷心感激我的父母，他们慎重地为我选择了艺术这一行……自幼我就一直受到严格的训练，坚持刻苦学习。"[1]吉贝尔蒂对雕刻和构图也甚感兴趣，

---

[1]　西方美术理论文选：古希腊到20世纪 上册．迟轲，主编．南京：江苏教育出版社，2005：61.

除了和父亲一起制作金饰外，他也经常绘画和铸造一些小青铜像。由于吉贝尔蒂通常把铜像精细打磨到非常精美、让自己满意才停止，所以保罗·约翰逊认为他"是偏执的完美主义者"[1]。1400 年，佛罗伦萨发生了大瘟疫和社会动乱。吉贝尔蒂和他的一个画家朋友离开佛罗伦萨前往罗马涅亚地区，开始了他的艺术创作生涯。据说，在里米尼，吉贝尔蒂受该城统治者潘多尔佛·马拉泰斯达之邀，为他的一个房间绘制了装饰画及其他一些润色完美的作品。由于吉贝尔蒂努力、认真和精细地工作，潘多尔佛·马拉泰斯达对其甚是满意。在里米尼，吉贝尔蒂还抓紧时间，进行用灰泥和腊等材料制作浮雕的研究。他把这一研究看作雕刻家的素描方法和基本训练；并认为如果没有它，雕刻家就无法达到这门艺术的完美境界。也就是说，雕刻家如果不掌握这一方法，就不会成为一个优秀的雕刻家。

佛罗伦萨的局势很快好转。1401 年，佛罗伦萨市政议会和商人行会决定为佛罗伦萨洗礼堂的第二道大门（北门）制作青铜浮雕装饰。该洗礼堂的大门共有三道。第一道大门（南门）的青铜浮雕装饰已由雕刻家安德烈·皮萨诺完成。为了使第二道大门的青铜浮雕装饰比第一道大门的更秀美，礼拜堂决定以竞赛的方式，选出最优秀的雕刻家。并由 34 位评委组成了评委会。竞赛的消息很快传遍了整个意大利，艺术家们纷纷来到佛罗伦萨参赛。吉贝尔蒂更是放弃了优厚的报酬和待遇，辞别了诚心挽留的潘多尔佛，启程赶回了佛罗伦萨。最终参加决赛的共有 7 人，包括 3 位佛罗伦萨人，布鲁内莱斯基和他的好友多那太罗，以及吉贝尔蒂；还有 4 位托斯坎尼人。评委会发给每个决赛者一个铜块，按要求，他们必须按安德烈·皮萨诺为第一道大门制作的浮雕尺寸，制作一件以"亚

---

[1]　保罗·约翰逊.时代的印记：文艺复兴三百年.谭钟瑜，译.合肥：安徽人民出版社，2013：77.

伯拉罕献祭"为题的浮雕样品，一年后参赛、评选。之所以选这样一个题材，是因为评委们认为，这个题材包含了各种艺术难题，最能测验参赛者的水平。按评委会的要求，浮雕的画面很复杂，要有风景，要有人物，人物要有穿衣与裸体的区别，还要有动物。从技术来讲，前景的人物必须用圆雕，中间的用半浮雕，远景的用浅浮雕。这确实是对参赛者考评的一个好题目。据瓦萨里记载，参赛者都怀着满腔热情，全身心投入工作。每个人都尽最大的努力，穷毕生所学，以期超过对手。同时，为了防止自己的构想被别人剽窃，大多数人的工作都是秘密进行的。吉贝尔蒂却反其道而行之，他一直让许多佛罗伦萨公民和一些对雕塑有所了解的过路陌生人观看自己的工作，并征询他们的意见。这些人的批评、建议给吉贝尔蒂很大启发，使他终于制作出一个完美无瑕的模型。

初步铸造完成的青铜浮雕，已是一件精美绝伦的作品，但精益求精的吉贝尔蒂又对其进行了精心的打磨，"终于使它成为一件无与伦比的作品"[1]（见图19）。

参评的一天终于到来了。34位评委，个个都是本行业的佼佼者。其他几位选手的作品，或不够精致细腻，或布局杂乱，或构思平淡无奇，或人物显得古怪可笑。经评定，这些作品被淘汰。评委们一致认为，只有吉贝尔蒂的作品

从各方面来看都是完美无缺的：整个场景构思精妙，布局合理；人物修长、优美，姿态优雅、动人，个性鲜明，不像是铸造和打磨出来的，倒像是被一口气吹到上面的。[2]

---

[1] 乔尔乔·瓦萨里.意大利艺苑名人传：辉煌的复兴.徐波，等，译.武汉：湖北美术出版社，长江文艺出版社，2003：36—37.

[2] 乔尔乔·瓦萨里.意大利艺苑名人传：辉煌的复兴.徐波，等，译.武汉：湖北美术出版社，长江文艺出版社，2003：37.

吉贝尔蒂自己在其《述评》中也说：

> 最后，专家们和参加竞选的对手们一致认为，胜利的桂冠应该由我获得。这项荣誉非同一般……来自佛罗伦萨和附近地区的34名法官，共同签署了同意我获胜的鉴定书。城市执政官，以及负责建造圣约翰洗礼堂的商人行会，也毫无异议地赞成由我建造洗礼堂北青铜门。[1]

竞赛结束了，吉贝尔蒂获得了制造佛罗伦萨洗礼堂北门青铜浮雕装饰的权利，这也为他日后制造"天堂之门"打下了基础。

竞赛的胜利，更激发了吉贝尔蒂的创作热情。他决心刻制出一流的作品。1403年，他开始制作洗礼堂北门的青铜浮雕。青铜浮雕直到1424年才完成，耗费了他21年的时间。在这期间，他一边研究南门安德烈·皮萨诺的青铜浮雕，一边设计自己的作品。几经设计，征求各方的意见和建议，修改、易稿，多那太罗、布鲁内莱斯基等众多艺术家们的帮助，青铜浮雕最终铸造成型。再经精细打磨，一件被认为是数一数二的艺术工程诞生了。建造委员会非常满意。在自己的《述评》中，吉贝尔蒂如释重负，怀着感激之情写道：

> 我怀着对上帝的热爱，付出了全部心血，终于完成了这个铜门……协助建造铜门的，都是些训练有素、很有才干的人。[2]

这件作品的成功和吉贝尔蒂的精湛技艺，使商业行会的理事们决定，佛罗伦萨礼拜堂第三道门（东门）的青铜浮雕制造还由吉贝尔蒂来完成。

---

[1] 西方美术理论文选：古希腊到20世纪 上册.迟轲,主编.南京：江苏教育出版社,2005: 62.
[2] 西方美术理论文选：古希腊到20世纪 上册.迟轲,主编.南京：江苏教育出版社,2005: 62.

该项工程于 1425 年开始，1452 年完工，又耗费了吉贝尔蒂 27 年的时间。可以说，吉贝尔蒂把生命的大部分时间都贡献给了佛罗伦萨洗礼堂铜门浮雕的创作。吉贝尔蒂决心再制作一件更精美的作品。在《述评》中他说：

> 我又接受了建造佛罗伦萨洗礼堂第三个铜门浮雕的委托。为了做出最完美、最华丽、最精致的作品，我得到允许按自己的想法去创造。[1]

正因为获得了创作的自由，所以这一作品无论是在技术上还是在艺术上，都已达到了很高的程度。同时，这一作品所蕴含的思想，即以人文主义对事物的理解，更为深刻。所以，当米开朗琪罗看到这扇门时，感慨地称其为"天堂之门"。

除了制作这两道铜门之外，吉贝尔蒂还精心创作了大量的雕塑作品。其中包括：应商人行会之邀，为奥尔圣米伽勒教堂外面的壁龛铸造铜像《施洗者圣约翰》，像高 2.7 米，雕像的"头部、臂膀、双手和表情都极为逼真、自然，如同血肉之躯，显示了优美的现代风格倾向"[2]；应锡耶纳长老的委托，为装饰圣为乔万尼教堂的洗礼盆铸造了两幅浮雕，《圣约翰为基督施洗》和《圣约翰在希律王面前》，"这两件作品超过了在那里工作的任何一位艺术家，令他们心悦诚服，也赢得了锡耶纳人的高度赞扬，此外，所有见过这两件作品的人也无不叹服"[3]；应羊毛行会的委派，铸造了该行会的保护神圣斯蒂芬的青铜像；其他的作品还有青

---

[1] 西方美术理论文选：古希腊到 20 世纪 上册. 迟轲，主编. 南京：江苏教育出版社，2005：63.

[2] 乔尔乔·瓦萨里. 意大利艺苑名人传：辉煌的复兴. 徐波，等，译. 武汉：湖北美术出版社，长江文艺出版社，2003：40.

[3] 乔尔乔·瓦萨里. 意大利艺苑名人传：辉煌的复兴. 徐波，等，译. 武汉：湖北美术出版社，长江文艺出版社，2003：40.

铜墓、青铜圣体盒、金属棺等。对待任何一件作品，无论大小，吉贝尔蒂都做得极为认真和精细。因此，他的每一件作品都可称为精品。

吉贝尔蒂不但是一个艺术实践家，还是一位有造诣的艺术理论家。他的《述评》共分为三篇。第一篇为古代艺术史论，第二篇记载了当代的艺术及个人的经历。第三篇的内容为视觉科学论。虽然《述评》内容来自中世纪的著作，但重要的是，他在记述自己的艺术实践时，提到了自己的创作经验和感想。在《述评》中有这样的话语：

> 运气可以给人带来财富，同样也可以轻易地夺走人们手中的一切，而铭刻在脑中的训导则永不消失，直到生命的最后一刻……缺乏严格的训练和对导师训言的坚信，是学不好艺术的。要在父母的培养下，按照一定的学习规律用功，并不断地用知识充实自己。

他还说，他

> 喜欢写述评，最终得出了这样的结论：不要钱不要财，更不能有任何贪婪的欲望……啊，亲爱的读者，我不是金钱的奴隶，只为艺术而努力，自幼我就一直受到严格训练，坚持刻苦学习。从受训的第一天开始，我就试着去探讨这些问题：自然界内部是怎样循环前进的，我如何才能更加接近自然，事物是怎样映入眼睛的，人的视力是如何产生作用的，视觉的功能是怎样的，可见物体是怎样运动的，应该如何研究雕塑和绘画的理论。[1]

从这些话语中，我们既看到了艺术家敞亮的胸襟，又看到了他对艺

---

[1] 西方美术理论文选：古希腊到20世纪 上册. 迟轲，主编. 南京：江苏教育出版社，2005：61.

术深刻的科学思考，令人感动的同时，也看到了艺术家成功的原因所在。

就在完成"天堂之门"的第三年，77岁的吉贝尔蒂突然生病，高烧不退，最终永远地离开了他所热爱的艺术，遗体被隆重安葬在圣十字教堂。他的作品和"他的名字将永远铭刻在人们的心中"[1]。不同时期的人们写了大量的诗歌颂扬这位艺术大师和他的艺术功绩。其中一首是这样写的：

当米开朗琪罗目睹这些闪闪发光的镀金青铜浮雕时，

他站在那里惊得目瞪口呆，

沉默良久，开口说道：

"啊，神圣的艺术品！

啊，天国之门！"[2]

（2）作品介赏

夺魁之作——《亚伯拉罕献祭》（图19左图）　这是1401年与布鲁内莱斯基竞争而获胜的作品。从构图上看，吉贝尔蒂的作品布局更为紧凑、合理。其主体部分占据了画面约四分之三的空间，而辅助部分只占四分之一，且主体部分与辅助部分用一道石坡隔开。这样的布局，一下就把观者的目光集中到了主题画面上，从而达到了突出主题的目的。辅画部分虽只占画面的一角，却是不可或缺的，这是因为仆人和驴子起着帮助注解主题画面的作用。而那道石坡的出现，正体现着吉贝尔蒂对统一整个画面的思考。

---

[1]　乔尔乔·瓦萨里.意大利艺苑名人传：辉煌的复兴.徐波，等，译.武汉：湖北美术出版社，长江文艺出版社，2003：48.

[2]　乔尔乔·瓦萨里.意大利艺苑名人传：辉煌的复兴.徐波，等，译.武汉：湖北美术出版社，长江文艺出版社，2003：49.

画面上，亚伯拉罕的整个身躯因略略弯曲和手臂抬起所形成的衣褶曲线而显得修长；双腿的立姿和只有抬起而无前刺力度的拿刀的手臂，以及亚伯拉罕左肩下那条垂直而静止的围巾；这一切都给人一种下肢用力、上身慢转而轻柔的感觉，使亚伯拉罕的身躯呈现出犹如中国太极拳式的美态。在这样一种姿态下，亚伯拉罕的目光似乎带有一种犹豫，似乎在向以撒询问和商量。刘人岛形容亚伯拉罕的动作说："更像古典戏剧演出中的'亮相'，而不太像真要杀人。"[1] 以撒身体结实而健壮，身材匀称。双膝前后跪地的姿态和微扭的身躯，斜肩和昂头的动作，以及那头曲卷和整齐的美发，使整个身形呈现出一种舞蹈语言的美。而他仰望天使的目光，似乎已预示了事情的结果，所以他既无恐惧，也无反抗。面对画面，无论是亚伯拉罕还是以撒，给人印象最深的还是他们那优雅而匀称的体态。而这正是吉贝尔蒂追求古希腊雕塑风格的具体体现。正如威廉·弗莱明和玛丽·马里安所谈到的：在吉贝尔蒂的《述评》中曾记述过在佛罗伦萨附近发现的一尊古代雕像，以撒的身体就模仿了古典时期雕像的躯干[2]。

这一风格同样出现在前景中那个仆人的身上。他身材修长，腰身匀称；双腿笔直，配着古典平衡式的站姿；两只臂膀交叉放在自然挺起的前胸之上；这种休闲的姿态甚至可以让人想象得出他与同伴聊天时的表情。难怪，瓦萨里说，画面中的人物"像是被一口气吹到上面的真人"。

整个画面上，两只动物刻画得也很有意思。那只驴子刻画得最有戏剧性。或因路途的遥远，它已饥渴难耐，到达目的地后便不管不顾地大口吃起草来。而那只将要作为祭品牺牲的山羊，则趴窝在那里，乖巧而安详，对前途茫然不知。由于透视缩形绘画技法的运用，画面上的那个

[1] 刘人岛.意大利美术史话.北京：人民美术出版社，2000：27.
[2] 威廉·弗莱明，玛丽·马里安.艺术与观念.宋协立，译.北京：北京大学出版社，2008：271.

天使，就像从遥远的天际飞来一样。飞来的天使和那只挥起的手臂，使整个画面动感极强。

纵观整个画面，吉贝尔蒂在人体塑造上成功地继承了古希腊的雕塑风格，同时，他还创造性地将透视法运用到了雕塑艺术中。这样的结合既体现了吉贝尔蒂对艺术统一性的认识，体现了科技与艺术的结合，也体现了15世纪雕塑艺术的发展。当然这样的结合也使我们找到了吉贝尔蒂成功的原因。刘人岛分析认为，吉贝尔蒂的成功

> 得意于他自幼就学习金器首饰和绘画。此外，他出色的绘画技巧也为他设计浮雕的夺魁立下了汗马功劳。他在浮雕中制造出绘画性的空间感，这一点直到今天还被人们津津乐道。[1]

而威廉·弗莱明则分析了吉贝尔蒂作品夺魁的社会原因，吉贝尔蒂的作品符合"1401年刮起的新的审美之风的趋势"。也就是说，进入15世纪，以古典为师已成为一种社会思想，一种艺术品成功的标志。当然，如果从现代欣赏的角度，把吉贝尔蒂和布鲁内莱斯基的作品作比较，它们各自的特征也极为明显。

> 布鲁内莱斯基的兴趣在于这一主题固有的戏剧情景上，吉贝尔蒂却牺牲了强烈的戏剧性而追求装饰之美。布鲁内莱斯基对空间的兴趣比较淡薄而注重他的浮雕人物的立体感，吉贝尔蒂追求的是画面形象的统一。[2]

---

[1] 刘人岛.意大利美术史话.北京：人民美术出版社，2000：27.

[2] 威廉·弗莱明，玛丽·马里安.艺术与观念.宋协立，译.北京：北京大学出版社，2008：270—271.

但从思想性上来看，布鲁内莱斯基的作品——戏剧性的画面展示了人的内心世界和人与人之间的关系，应该说更给人以震撼，更具欣赏性。

27年磨一剑——"天堂之门"（图26） 1424年，吉贝尔蒂以21年的青春岁月完成了洗礼堂北门的青铜浮雕。该门浮雕的定制基本以南门安德烈·皮萨诺的浮雕为准：两扇门，每扇门各有两排浮雕，每排7幅，共14幅，两扇门共28幅。其中，20幅浮雕的内容是《新约》的故事，4幅为福音布道者，4幅为教会的四大博士。浮雕画面中的人物姿态优美，神情各异，神态逼真而传神。并且，每个画面都由浮雕花纹带隔开，浮雕花纹带上缀着小的人头像。整个浮雕非常漂亮，深受佛罗伦萨市民的欢迎。吉贝尔蒂也因此获得了接着制造洗礼堂东大门青铜浮雕的委托。吉贝尔蒂总结北门雕塑制作的经验，认为受每幅浮雕小的格位空间的限制，自己很难创造性地发挥技术特长。因此，在接受制造东大门浮雕的委托时，"为了做出最完美、最华丽、最精致的作品"，他要求"按自己的想法去创造"。[1]他将每扇大门纵向分为5格，每格一幅浮雕，两扇门共10幅浮雕。与北门的28个格相比较，东大门每个格位的空间被大大扩充，这无疑使吉贝尔蒂的创作有了充分发挥的可能。1425—1452年，整整27年，吉贝尔蒂"怀着虔诚的爱心"，"勤奋地工作"，"实验了多种技法"，以求达到"多人物的构图既丰富又概括"和"尽可能忠实于自然"；[2]同时，吉贝尔蒂的工作还得到了众多名家的帮助。10幅浮雕，可以说，每一幅都是精美至极之作。按照建造委员会的要求，这个青铜门浮雕的题材为《旧约》中的人类发展史。吉贝尔蒂的10幅浮雕表现了10个主题：创造亚当、夏娃和逐出乐园；亚当、夏娃的劳作与该隐被杀；诺亚醉酒；亚伯拉罕献祭；雅各和以扫的故事；约翰生平；摩西受诫；

---

[1] 西方美术理论文选：古希腊到20世纪 上册 . 迟轲，主编 . 南京：江苏教育出版社，2005：3.
[2] 西方美术理论文选：古希腊到20世纪 上册 . 迟轲，主编 . 南京：江苏教育出版社，2005：64.

约书亚的故事；大卫杀死歌利亚；所罗门的故事（它们的次序依次为左、右、左、右）。

纵观整幅作品，我们可以发现其特征极为明显。第一，每幅浮雕的人物众多，"有些故事里包括了一百个人物，另一些也在一百人以上"[1]。第二，场面丰富，每幅浮雕都包括几个连环故事。第三，浮雕画面有着极强的透视效果，且人物和自然景致比例和谐。人物的刻画"严格地按照人物的前后大小比例关系，近处的人物大于远处的"，人物造型优美，体形比例准确。浮雕背景建筑物"比例和谐"，"很有立体感"[2]。

下面我们就来具体欣赏浮雕的第一幅画面——《亚当与夏娃》（图27）。该故事的画面在左扇门最上面，共包括了4个连续的场面，即上帝创造亚当，在画面前景的左下角；上帝创造夏娃，在画面的中间；偷吃禁果，在上帝创造亚当的上方，靠近最左边的画框；逐出乐园，在画面的右下角，靠近画框。从创造亚当开始到逐出乐园结束，整个画面的故事情节完整而清晰。画面中的人物，既与所处的场面相和谐，又与整个场面相统一，如上帝。在上帝创造亚当的场景中，上帝微微地弯下腰，伸出左手，紧紧地握住亚当的手，同时扬起右手，略略低着头，好像在向眼前的青年人询问和叮嘱着什么，样子和姿态如同一位慈祥的老人，目光中充满了关怀、希望和信任。尤其他那只左臂，给人一种往上拉拽的力度感，这进一步诠释了慈祥老人对晚辈的关怀和希望之情。再看画面中间的上帝，其姿态与前述的上帝正好相反。他站得笔直，左手紧紧握住夏娃的右手。由于夏娃的身体在天使们的辅助下飞飘移动，所以，上帝上身略略后仰，头微微前伸，腿部也用力支撑。同时，上帝扬起右臂，似乎在向夏娃告别，因为夏娃就要离开他而被送到亚当的身边。他目光

---

[1]　西方美术理论文选：古希腊到20世纪 上册．迟轲，主编．南京：江苏教育出版社，2005：64.
[2]　西方美术理论文选：古希腊到20世纪 上册．迟轲，主编．南京：江苏教育出版社，2005：64.

中充满着疼爱，显示出了对女儿离去的不舍。希望和信任，疼爱和不舍，把不同情景下的情感统一于上帝对人类始祖的情感之中，统一于父辈对晚辈的情感之中。

再看整个浮雕中的亚当。画面上共有4个亚当，即被创造的亚当、沉睡的亚当、吃禁果的亚当和保护着夏娃出逃的亚当。被创造的亚当虽身体强壮，但因为还是泥土之躯，所以皮肤粗糙、黑且无光泽，这由其与上帝牵在一起的手为一黑一白可知。亚当那身躯半躺的姿态、手臂撑地、脚蹬岩石的动作所表现出的奋力站起和上帝手臂的拉拽动作形成了两者间的和谐互动。正是在这鲜明的对比及和谐的互动中，画家把亚当从无生命到有生命的创造过程凸显在了画面之上。沉睡的亚当，睡姿舒展，这显示出其身材的修长；肤色明显地比被创造的亚当细白、有光泽。即将降落到亚当身边、处在飘飞状态的夏娃，构成了沉睡亚当的梦境。巧妙而富于想象力的构思甚是令人赞叹。偷吃禁果的亚当，以笔直的站姿出现在画面上，修长的身材透露出青春的健美。他面对着夏娃，两人似乎在商讨"禁果"能否可食的问题。亚当虽然面色和悦，但其注视着禁果的目光似乎带有一种犹豫，伸出的左手也有一种摇摆的动感。这些都突出了食禁果过程中亚当的矛盾心情。逐出乐园中的亚当，身体被夏娃挡住，露出的弓箭步式的双腿和张开双臂护着夏娃的动作，给人一种要保护自己妻子的决心。4幅画面，4个亚当，4个姿态和4种不同场景下的不同心态，呈现了一个活灵活现的亚当。

画面中有3个夏娃，她们的共同特点就是身体修长而匀称，四肢略被拉长，亭亭玉立，姿态优美，给人一种天生丽质的美感。被创造的夏娃，其身体不断飘飞降落。面对着送别的上帝，她的目光中似有一听话的乖乖女对父亲的留恋。偷吃禁果的夏娃，站姿优美。其拽着树枝的左手还没有来得及放下，摘果实的右手已将果实递到亚当面前的动作，显示了对丈夫的关怀，以及与之同甘共苦之情。此时她的目光却没有落到亚当的脸上，而直直地落在了那条教唆的蛇的蛇头。这里，画家似乎想告诉人们蛇才是人类始祖犯罪的罪魁祸首。被逐出乐园的夏娃，略略回身，抬头仰望，抬起右臂。她那古典平衡式的动态站姿，似乎使人看到了她的一步一回头、对乐园的留恋和心中的慌乱、恐惧。这不但与亚当的动作相匹配，更与从天空中飞来驱赶他们的天使的动作相得益彰。使用了透视技法的天使，似乎凌空而下，上半身已飞出伊甸园的大门，下半身还飘在大门之内，动感强烈。而这一动感无疑起到了强化亚当和夏娃出逃情节的作用。整块浮雕就像一个舞台，正在演出一场喜剧。情节起伏，演技精彩，令人难忘。

　　除此之外，吉贝尔蒂在透视法方面的运用还体现于，画面中近大远小的人物，近清晰远模糊的景物，最明显的是每块浮雕的画面背景。在"天堂之门"的浮雕中，画面背景有两种，即自然风光和建筑物。自然风光以第二幅（右扇门第一幅）《亚当与夏娃的劳作和该隐被杀》最具特色。画面的前景为耕田劳作的场面，后景则是一大片宽阔的田野。田野中有一块被规划的很齐整的地段，沿着整齐的画线通向远方。场景深远，透视效果极佳。带有建筑背景的有第5幅（左扇门第3幅）浮雕，背景为多层拱门和多个套间的建筑；第6幅（右扇门第3幅）浮雕，其背景是由多个拱门柱式组成的环形廊亭建筑；第10幅（右扇门第5幅）浮雕的建筑背景为多层拱形套门和门廊的宫殿建筑。透视技法的运用，使浮雕中的每一座建筑高大、宏伟、豪华；层层的套门和套间又给人一种深宫藏迷之感。纵观10幅浮雕，在这近两尺见方的画面中，如此之多的人物和场面，不显混乱和堆砌；近景的土地、山石，中景的树林、云层，远景的天空，层次清楚：应该说，这都得力于艺术家透视法的成功运用。

　　"天堂之门"是吉贝尔蒂以 27 年的生命和心血凝结而成的，获得了高度的赞扬和评价。米开朗琪罗称赞它"好得足已装饰天堂之门"；瓦萨里给予的高度评价是"雕刻的每一个细节都很完美，无论在古人或今人之中，它都是世界上最好的杰作"[1]。在谈到吉贝尔蒂一生的雕刻生涯和不朽作品时，当代的一位艺术评论家既赞叹又感慨："虽然我们今天有刻它之技术能力，但是我们却失掉了那种精雕细刻的耐心与和谐优美的精神！"[2]

[1]　转引自威尔·杜兰.世界文明史：文艺复兴 上册.台北：幼狮文化公司，译.北京：东方出版社，1999：115.
[2]　朱龙华.世界艺术历程.杭州：浙江摄影出版社，1999：201.

6

雕刻天才——多那太罗

（1）走不断创新之路的雕刻家

多那太罗（Donatello，约 1386—1466）是意大利 15 世纪上半叶具有原创性的最伟大的雕刻家和铸像家，近代现实主义雕刻的奠基人，15 世纪初期文艺复兴艺术三杰之一。

多那太罗的本名为多那托·迪·尼科洛·迪·贝托·巴尔迪。多那太罗是他的绰号，即小多那托之意。关于多那太罗早期的生平资料甚少。他出生于佛罗伦萨。据说，他的家族是一个经营银行业的大族，他的家庭却是该家族中最贫穷的一支。他的父亲是一个毛纺织手工业者（一说为木雕师），且很早就辞别了人世。他很小时就被送到金饰工匠鲁贝尔托·马泰利家当学徒，学习铜雕。由于乖巧聪明，他深得鲁贝尔托全家及亲戚的喜爱。大约在 1403 年，他进入吉贝尔蒂的工作室，在此接受了严格的艺术训练。他学习刻苦，工作勤奋，为人友善，又团结助人，被大家亲切地称为"小多纳托"。后来他以此为艺名，签在作品上。多那太罗 80 岁逝世。在 60 多年的从艺生涯中，多那太罗走了一条不断研究和创新的艺术之路。

在吉贝尔蒂工作室，他既是学生又是助手，其艺术人生也由此开始。在工作中，他肯钻研。比如，在研究雕塑材料方面，保罗·约翰逊说："他可以使用任何东西创作，这些东西包括泥灰、蜡、加工的青铜、黏土、大理石、各种软硬不同的石头、玻璃和木头。"[1]他也研究建筑学，大家一定还记得上文提到的他与布鲁内莱斯基在罗马考察古建筑的情景；他还研究人体结构学，据说他是最早进行尸体解剖的艺术家之一。研究是他创新的基础，他把透视学引入了雕刻艺术之中；把雕刻与建筑学结合起来；他研究古典艺术，将其艺术元素引入雕刻艺术。在提到多那太罗的创新时，保罗·约翰逊说"他会按自己的想法来使用颜料和金箔。他不遵循什么特别的技法，而是即兴创作，利用手边的东西来使作品达到新的效果"。[2]他还总结了多那太罗的多项创新，其中包括：他最早以故意歪曲的比例制造雕像，这一创新，使站在雕像下观看的人感到雕像极为结实有力；他以古代造型赋予雕像重量感和权威感，使雕像"更有真正的文艺复兴风格"；他赋予雕像以生命，石雕像犹如"石头里迸发出了生命美好的意味"；他发明的分段制造雕像的技法，使"雕刻技巧已发挥至极致"；他还利用中世纪的做法，把头印在容器上以得到脸的痕迹，使"头像看来就像活人"；他还根据死者的面模制作头像，制作出了"欧洲艺术史上最早的一件真实人像"；他创造性地制作了第一个人文主义的陵墓——教皇约翰十三世之墓，并使其墓主人的肖像成为整座陵墓建筑的一部分；他采用空间透视法，制作出后缩的平面；他还"运用建筑来弥补浅浮雕的不足"，同时"用浅浮雕衬托建筑"：总之，他"不断发现艺术的新形态，并以新的工艺技巧将之发扬光大"。[3]瓦萨里认

[1]　保罗·约翰逊.时代的印记：文艺复兴三百年.谭钟瑜，译.合肥：安徽人民出版社，2013：81.
[2]　保罗·约翰逊.时代的印记：文艺复兴三百年.谭钟瑜，译.合肥：安徽人民出版社，2013：81.
[3]　保罗·约翰逊.时代的印记：文艺复兴三百年.谭钟瑜，译.合肥：安徽人民出版社，2013：82—84.

为多那太罗的多项创新使"他的作品显示了优雅的风格和完美的构思……更接近古希腊和古罗马时代的艺术",并高度评价了他的浅浮雕作品:

> 他完全有理由被看作最早揭示浅浮雕之美的雕塑家。他的浅浮雕构思精妙,风格优美,技艺娴熟,这充分说明他对这门艺术有深邃的理解。他在这个领域独领风骚,不仅胜过了他的同辈,即使我们时代的艺术家也难望其项背。[1]

研究者将多那太罗的创作分为 4 个时期进行研究。第一个时期(1403—1432),多那太罗主要在佛罗伦萨创作,因而也可称之为佛罗伦萨时期,或早期创作时期。这一时期他完成的作品主要有:1408 年完成的为佛罗伦萨大教堂创作的《预言家》,1408—1409 年完成的大理石雕像《大卫像》,1411—1412 年完成的《圣马可像》,1412 年完成的《先知但以理》、《圣母加冕》、《圣彼得》,1415 年完成的《传播者圣约翰》,1416 年完成的《圣乔治像》,1425 年完成的浮雕《希律的宴会》,还有为基尔特协会制作的《马库斯·奥里路骑马像》、胸带纹章手持盾牌的《纹章狮子》,为圣十字教堂刻制的木雕《基督受难像》和被视为文艺复兴时期第一批肖像雕塑之一的著名社会活动家乌察诺的肖像,等等。其中,最著名的就是《圣乔治像》和《圣马可像》。这一时期,虽然多那太罗的艺术风格还没有完全脱离哥特式,但创新因素已非常明显。这些创新因素表现为直接研究以人与自然为基础的写实手法,借鉴古典表现形式,创造理想美的形象,并将自身强烈的个性融入作品之中。第二个时期(1432—1442),以多那太罗出访罗马为开端。对罗马古迹的研

---

[1] 乔尔乔·瓦萨里.意大利艺苑名人传:辉煌的复兴.徐波,等,译.武汉:湖北美术出版社,长江文艺出版社,2003:101.

究，使他更了解和理解古典艺术的精髓。在这之后的 10 年间，创造古典美的理想形象成了他追求的目标。期间创作的主要作品有 1432 年制作的青铜雕像《大卫像》、大理石雕像《施洗者约翰》，1435 年为圣十字教堂刻制的《受胎告知》和为圣洛伦佐教堂制作的《下十字架》，1428—1438 年为普拉托大教堂制作的《舞蹈小天使》等。第三个时期（1443—1454），多那太罗的创作活动主要在帕多瓦和锡耶纳。其作品主要有《加塔梅拉达骑马像》和表现圣安东尼生活的帕多瓦小兄弟会教堂大祭坛底部装饰带上的青铜浅浮雕《基督磔型》，为锡耶纳圣乔万尼教堂制作的青铜门的木模和蜡模，为锡耶纳大教堂制作的《施洗者圣约翰》。这个时期是多那太罗创作的鼎盛时期，其代表作就是《加塔梅拉达骑马像》，它被誉为预示着文艺复兴雕刻技术中一个巅峰时刻到来的作品。第四个时期（1454—1466）是多那太罗创作的晚期，也被称为晚期佛罗伦萨时期。这个时期虽然多那太罗的创作手法较以前更加精炼，但其创作特色却明显地表现出追求形式上的夸张和变形，有点缺乏古典雕像的理想之美和华丽庄严的气氛，强调激情、丑陋和痛苦的内涵。他晚期的作品主要是维琪奥王宫前的青铜雕像《朱迪思与霍洛芬斯》和佛罗伦萨大教堂的木雕《抹大拉的玛利亚》。

1466 年 12 月 13 日，多那太罗与世长辞，终年整 80 岁。在 60 多年的艺术生涯中，他创作了 60 多件雕刻作品。他是文艺复兴时期长寿的艺术家，也是最多产的艺术家。他为我们留下了众多的雕刻精品。正如瓦萨里所言：

　　他喜欢自然万物，并努力创造各种作品……多那太罗创造出的各种浮雕作品——圆雕像、半浮雕和浅浮雕——对雕刻艺术来说都是至关重要且必不可少的。[1]

多那太罗对世界艺术的贡献还在于他培养了不少知名的雕刻家，如他的徒弟雕刻家贝托尔多、南尼·迪·安东尼奥·迪·班科（先于多那太罗去世）、罗塞利诺、德塞德里奥、维拉诺·达·帕多瓦等。瓦萨里甚至说："在多那太罗去世后，任何力图在浮雕艺术上有所成就的人都是他的徒弟。"[2]与多那太罗的伟大艺术相得益彰的是他值得赞叹的伟大品格。瓦萨里是这样评价他的：

　　多那太罗慷慨大度，和蔼可亲，彬彬有礼，珍视友情。他视钱财如粪土，他把自己所有的钱都装在一个篮子里，并将其吊在屋梁上，朋友们需要时就从里面取，无须告诉他。[3]

多那太罗甚至把美第奇家族赠给他养老的农场也留给了辛勤经营农场的农民，而没有留给他的亲戚。伟大的作品，优良的品德，使多那太罗赢得了人们的尊敬和爱戴。

　　佛罗伦萨的公民、艺术家和所有认识多那太罗的人无不为他的死而悲痛。人们比他在世时更加尊敬他，他们把多那太罗隆重地安葬在圣洛伦佐教堂。所有的画家、雕塑家、建筑家、金匠和几乎所有的佛罗伦萨市民都加入庄严肃穆的送葬行列中。之后他们又用各

---

[1] 乔尔乔·瓦萨里.意大利艺苑名人传：辉煌的复兴.徐波，等，译.武汉：湖北美术出版社，长江文艺出版社，2003：113.

[2] 乔尔乔·瓦萨里.意大利艺苑名人传：辉煌的复兴.徐波，等，译.武汉：湖北美术出版社，长江文艺出版社，2003：113.

[3] 乔尔乔·瓦萨里.意大利艺苑名人传：辉煌的复兴.徐波，等，译.武汉：湖北美术出版社，长江文艺出版社，2003：111.

种语言创作了大量赞美多那太罗的诗篇……[1]

下面是画家保罗·乌切罗为多那太罗写的碑文：

雕塑女神希望多那太罗能赢得佛罗伦萨人的最高敬仰，因为多那太罗以其毕生的无数雕刻杰作恢复了她昔日的光荣和声望，这是老一辈艺术家以几个世纪的不懈努力为她赢得的，但随着岁月的流逝而遭到损坏；而且，复兴雕刻艺术也为他最伟大的祖国赢得了荣耀。

没有人曾经造过更精美、更栩栩如生的青铜像；

我的话并非虚言，你会看到大理石像开口讲话。

古希腊的辉煌时代不要再夸口无与伦比，

罗德岛的雕像也需用铁链锁起；

那些束缚这位后来艺术家奇妙作品的桎梏得到了更好的利用。

以前由无数卓越大师所从事的雕刻作品，如今都由多那太罗独自完成了。他赋予大理石生命、情感和动作。除语言外，大自然还能赋予其他的东西吗？[2]

（2）作品介赏

不断创新精神的体现——两尊《大卫像》　多那太罗一生创作了两尊《大卫像》。大卫的故事出自《圣经·撒母耳记上》第17章。大卫是古代以色列王国的国王。据说，在他还是个牧童的时候，他的祖国遭到

[1] 乔尔乔·瓦萨里．意大利艺苑名人传：辉煌的复兴．徐波，等，译．武汉：湖北美术出版社，长江文艺出版社，2003：112.

[2] 乔尔乔·瓦萨里．意大利艺苑名人传：辉煌的复兴．徐波，等，译．武汉：湖北美术出版社，长江文艺出版社，2003：113.

菲利士人的进攻。菲利士军中的巨人哥利亚英勇无比，力大无穷。狂妄的哥利亚在阵前叫阵，已40日有余。以色列将士无人敢敌，只好高挂免战牌，等待援军。正在此时，大卫来军中看望他的哥哥，见到此状，十分气愤，决心上战场与哥利亚进行较量。可当他向国王提出请战时，国王却因他年幼而不同意他的请求。于是，他大声地说，他在放羊的时候，曾同狮子和狗熊搏斗过，他把它们杀死，救出了羊群，因此，他也一定能打败哥利亚，拯救国家。国王深为大卫的勇敢精神和救国决心所感动，欣然同意了大卫的请战要求。大卫出战，既无佩刀，也无挂剑，只带着他牧羊时使用的甩石头的布带。哥利亚看到出战的他还是个娃娃，手中连一件武器都没有，便没把他放在眼中，轻蔑地大笑，笑以色列无勇士。正在此时聪明的大卫利用了哥利亚的轻敌，猛然用布带甩出一块大圆石，击中哥利亚的头部，将其打晕。大卫立即上前，割下了哥利亚的首级。

这样一个英勇无畏的少年英雄，在多那太罗的刻刀下是个什么样子呢？创作于1408—1409年的大理石雕像《大卫》（图28），雕刻精致，手法细腻。我们来看大卫的服饰，其上衣肩部和身体一侧的接缝整齐、清晰可见；披风在颈下的结扣自然而具装饰性，且随着大卫左手叉腰、左肩高右肩低的姿势而大部分滑向右侧，盖住了右肩和右上臂，而只挂了很少的一部分于左肩之上；大卫的上衣为紧身，其形成的褶皱为或凸或凹的块状，在右臂上的尤为明显；下身服饰宽松，其褶皱长而下垂，与上身明显不同。这样的服饰，衬托出了大卫身材的壮实与匀称，加上他那古典平衡式的站姿，配上一头曲卷的美发，额头上的装饰和挺而直的鼻梁，自然抿起而略略上噘的嘴唇，一个美少年便出现在了多那太罗的刻刀下。这个美少年虽然脚下放着哥利亚的头，但很难与英雄的大卫联系起来，因为他缺少英雄大卫的勇敢精神和英雄气概。在今天人看来，这个大卫就是一个在T字台上摆姿势的俊美的男模。尽管如此，但这尊《大卫像》已经摆脱了哥特式雕像的"平静"和"庄重"。多那太罗将雕像从刻板的形式中解放出来，以圆雕的形式突出了单个人物；同时，将古典因素融入了作品之中，这明显地表现在大卫的头饰、服饰、身体的姿势上。由此我们看到了多那太罗早期作品中的创新精神。

多那太罗的第二个《大卫》（图29）为青铜制品，创作于1432年（一说为1438—1443年）。该塑像是为科西莫·美第奇的宫邸制作的装饰品。这是自古罗马时代结束以来的第一件圆雕裸体雕像。无论是四肢肌肉的圆润还是不发达的胸肌，无论是身体各部分的比例还是那张未脱稚气的脸，都彰显了多那太罗对儿童体形特征的细致观察和精确把握；再加上他赋予雕像的古典平衡式的站姿，整个雕像给人一种带有"古希腊雕塑家普拉克西特列斯的优美雕塑之风"[1]的理想之美。瓦萨里称赞此雕像"真切自然、细腻柔和，就像活人一样"[2]；现代英国美术史学家保罗·约翰逊则赞扬说"栩栩如生、赏心悦目"[3]。大卫头戴牧童的毡帽，帽檐还装饰着桂树的枝叶，这更证明着大卫的身份和年龄。他右手持剑，剑是他的战利品；左手叉腰，手里还拿着一块圆石头，圆石头是他的武器；脚下哥利亚的头则是他胜利的战果。毋庸置疑，多那太罗刻刀下的这个大卫是刚刚割下哥利亚的头，获得巨大胜利的大卫。他略略低下地看着敌酋的首级的头、微微上翘的嘴角呈现出的"神秘"的微笑，更激发了观者的无限想象：有人认为，大卫的笑是一种刚刚获得胜利后的喜悦的笑；有人认为它是蔑视强敌的一种冷笑；还有人根据大卫的眼睛看着自己的身体，好像在全神贯注于自身的美和力量而想象这种笑是一种内心自赏的笑。无限想象，突出了大卫微笑的复杂性和神秘性，而这不也正是雕

---

[1]　刘人岛. 意大利美术史话. 北京：人民美术出版社，2000：30.

[2]　乔尔乔·瓦萨里. 意大利艺苑名人传：辉煌的复兴. 徐波，等，译. 武汉：湖北美术出版社，长江文艺出版社，2003：105.

[3]　保罗·约翰逊. 艺术的历史. 黄中宪，等，译. 上海：上海人民出版社，2008：203.

刻家所要达到的艺术效果吗？可以说，多那太罗把一个少年英雄的大卫活灵活现地呈现给了观者。

两个大卫相比，既有相同之点，又有明显的区别，多那太罗在这一题材上的不断创新精神已不言自明。还要说的一点就是，谁又能断言大卫的神秘微笑没有影响后来的达·芬奇创作《蒙娜丽莎》呢？

凝聚着勃勃生命力的雕像——《圣乔治像》（图30）　《圣乔治像》是多那太罗应兵器制造匠行会之邀，于1415年为奥尔·圣米克尔教堂壁龛制作的该行会保护神的大理石雕像。圣乔治是基督教传说中的英雄人物。关于圣乔治的传说源远流长，最早的记载出现在322年以色列地方的一个主教厄乌斯比乌斯的书中。书中说乔治是戴克里先皇帝时代古罗马骑兵的军官，其父母都是基督教徒，他本人也是基督教的虔诚信仰者。他因为试图阻止戴克里先对基督教徒的迫害，303年被杀，到494年被教宗格拉修一世封圣。圣乔治的传说以屠龙记最为著名。传说，乔治旅行来到小亚细亚，听说在利比亚的西内里有一条恶龙，它在该地的唯一水源边筑巢。市民们若要取水，就要每天向它献祭绵羊。后来，绵羊献完了，它就要市民献祭少女。献祭少女由市民们抽签决定。所以，每次献祭都是一场悲痛欲绝的生离死别。这一次抽到了国王的女儿，眼看一场生离死别又要发生，乔治气愤万分，他决心要杀死恶龙，拯救当地的人民。经过一场恶战，他杀死了恶龙，自己因有十字架的保护而免受伤害。当地的市民为感谢乔治的恩德，改信了基督教。

多那太罗对《圣乔治像》的设计很独特。他没有刻画圣乔治与恶龙厮杀的场面，而是以圆雕的形式刻画了一个充满自信、刚毅英武的青年英雄形象。你看他，身穿铠甲，体格健壮而挺拔；左手扶住置于身前而立在地上的剑；右臂垂在身旁，拳头紧握；双腿叉开，显得威武而稳健；脖子挺直，面向前方：一种不可战胜的姿态给人留下了深深的印象。他那斜披的斗篷，在靠近右肩的位置打了一个活结。斗篷在左肩和前胸形成的褶皱和左肘部形成的褶纹，给人一种动态感。人们似乎看到了他猛挥手臂戳立利剑的豪放动作，这个动作把斗篷的大部分带卷到了身体的左侧，包住了左肩和左上臂。面部的刻画则更突出了人物的个性。他目光锐利，神情机智，更加透露出他那不可战胜的精神和意志。正如瓦萨里所言："这个雕像的头部以极端的写实手法再现了圣徒的俊美、勇气和神态，他使一块顽石具有了生命。"[1] 贡布里希认为，这尊雕像的成功，说明多那太罗已跟传统的哥特式彻底决裂，他具体和全面地描述了这一伟大的作品：

多那太罗的圣乔治稳稳站在地面上，双脚坚定地踏着土地，仿佛已经下定决心寸土不让。他的脸毫无中世纪圣徒那种漠然、安详之美，而是生气勃勃、全神贯注的。他好像在注视着敌人的接近，估量着对手的实力，他的手放在盾牌上，整个姿态很紧张、显示着挑战的决心。作为对青春的锐气和胆量的无可比拟的描绘，这个雕像一直享有盛名。[2]

战将烈马——《加塔梅拉达骑马像》（图 31）　《加塔梅拉达骑马像》，是多那太罗创作盛期的一件代表作，也是文艺复兴时期第一座骑马纪念像。加塔梅拉达是威尼斯的雇佣兵队长伊拉斯莫·德·纳尔尼的绰号，意为五颜六色的四爪猫。由于他为共和国立下了功勋，且刚刚去世，所以威尼斯的长老会决定为他制作一尊纪念雕像。当时多那太罗正在帕多瓦，威尼斯人已久闻他的名气，便派人找到他，请他来制作这座纪念

---

[1]　转引自赵海江. 文艺复兴时期的艺术大师. 北京：中国人民大学出版社，1992：59.
[2]　贡布里希. 艺术发展史. 范景中，译. 天津：天津人民美术出版社，1998：126.

雕像。纪念性雕像，在罗马帝国时代只有皇帝才可以有。此时威尼斯的要求已反映了文艺复兴时期人们观念的变化，艺术已向大众化发展。同时，无论是用意大利的冶金铸造技术，还是用脱蜡技术，铸造一座4米高的人马一体的青铜雕像都已无大困难。同时，多那太罗还可参考保存下来的唯一的古罗马皇帝马莱克·奥利略的骑马像和威尼斯圣马可教堂正面的青铜马雕像。虽然这些都是多那太罗成功的前提，但铸造出一流的艺术品，还必须解决一个非常重要的问题，人马合一，即骑士要威武，马匹要雄健，而且骑士的姿态和马的动作又必须和谐统一。多那太罗成功地解决了这一问题，并使之成为这尊雕像设计的最大特点。他的刻刀既赋予了骑士罗马统帅般的威武，又赋予了他当代军人的气质。他身着当代服装，腰佩着长剑，脚戴着护甲且踩着当代的马镫，却又配着罗马式的护胸甲。这样的混搭，特别是马镫的出现，一下子拉近了古典与当代的距离，使古代罗马元帅的威严渗透到了当代骑士的身上。马镫的出现，也使骑士与坐骑成了一个不可分割的整体。一个小小的不起眼的物件，在多那太罗的刻刀下竟起到了如此的作用。在整个形象上，马的形体被有意做了夸大处理，它矫健非凡，十分高大，颈粗肚圆，蹄粗足健。骑士的面孔棱角分明，嘴唇紧抿，双目圆睁，目光直视前方，神情刚毅、坚强而自信；他力踩马镫，紧勒缰绳驾驭着战马，而战马则耿颈抬蹄，目光中透着耿耿忠心。踩马镫、拉缰绳的动作和多那太罗赋予勇士与战马的精神，便把战马、勇士融为了一体，形成了他们共进杀敌、英勇顽强、驰骋疆场、勇往直前的画面。这种互动、共进的一体形象和整座雕像所显示的那种英雄气概不正是得力于多那太罗严谨的构图及整个作品透露出的稳重和均衡吗？多那太罗的这一作品创作于1445-1450年，作品完成时，又一次真惊了意大利艺术界。正如瓦萨里所言："这件大青铜像比例匀称，风格优美，证明多那太罗在表现动作、设计、技艺、比例和细致等方面，丝毫不逊于古代的艺术家。当时所有亲眼看见过它的人都为之震惊不已，即使在今天，所有看到这件作品的人也依然赞不绝口。"[1]

透视与叙事的经典之作——浮雕《希律王的宴会》（图32）　该作品是多那太罗为锡耶纳圣乔万尼洗礼堂的洗礼盆制作的浮雕，完成于1427年。浮雕的画面故事取材于《圣经·马太福音》第14章。内容为以色列的国王希律爱上了他兄弟腓力的妻子希罗底，并将其娶为王后，为此遭到先知约翰的指责。约翰也因此被希律王关入了监狱。希罗底是个爱慕虚荣和心狠手辣的女人，也为此事怀恨约翰。于是，她借助希律王生日宴会的机会，唆使她的女儿，美丽绝伦的莎乐美，为希律王跳舞，在接受赏赐时，提出杀掉约翰的要求。希律王惮于约翰在人民中的威望，不敢下手，但因当众答应了莎乐美的要求，只得下令砍下了约翰的头，献给了莎乐美。

浮雕的画面反映的正是"宴会献头"的可怕时刻。这幅作品的成功之处在于，运用透视法对希律王宫廷进行刻画。宽敞高大的宴会大厅，带有拱门、拱窗及方柱和圆柱装饰的多层厅廊、楼梯，透显着宫廷建筑进深的幽远。宫廷建筑的这一设计，不仅点明了画面前景故事发生的地点——宽敞的宴会厅，而且为安排与前景故事有关的人物预留了背景空间。提到该作品透视法运用的效果时，罗萨·玛利亚·莱茨说道：

　　　　平面透视使每一个平面都清楚可见，并且因艺术家把每一个人都准确地放在他自己的空间位置上而被巧妙地运用着，但这些人又几乎毫无差别地混杂在一起。此外，很浅的浮雕还把每个平面变成

---

[1]　乔尔乔·瓦萨里.意大利艺苑名人传：辉煌的复兴.徐波，等，译.武汉：湖北美术出版社，长江文艺出版社，2003：107.

一张几乎透明的幔，好像一朵含苞待放的花蕾上的花瓣。[1]

我们可以看看两位专家对这幅作品的介绍，从中体会这一作品的特色。罗萨·玛丽亚·莱茨是这样描述的：

用来表现故事情节的场面选择得再精彩不过了。希律王的宴会和莎乐美的舞蹈被一个突然到来的士兵打断，士兵手中的大盘子里盛着圣约翰被砍下的头。这个士兵跪在地上，两脚仍在突发的动作中颤动，他身上弯弯曲曲的线条处在一条竖线的终端，这条线通过希律王左边客人的身体和他头边的柱子，一直伸向大厅的天花板。大厅又高又大，至少有画面前部较高人物的两倍高。四周围着开放的拱门，从中可见一连串的内景。柱子右边的两个拱门的内景包含着故事中的其他因素：一个小乐队在演奏音乐，因不知道前面发生的事而未受干扰——这对前面精心布置的戏剧性场面来说是一种必要的超脱；在乐队后面的右边有三个人，他们亲眼看见了这万恶的罪行，其中两个抬眼望着，好像惊呆了；中间的那个女人在转头，好像假装在看别处，视线刚好避过圣人的头。这难道就是希罗底，那个唆使莎乐美提出要求的人？穿过另一道拱门，可以看见圣约翰的头被士兵举起，这和前面的情景互相呼应，这样就越过乐师把我们带回到希律王这个恐怖的人物身上。成群的客人和莎乐美本人身上线条粗重的服饰和着意强调的细节，正和希律王这伙人强烈的情绪相映照。[2]

---

[1]　罗萨·玛利亚·莱茨.剑桥艺术史：文艺复兴艺术.钱乘旦，译.南京：译林出版社，2009：41.

[2]　罗萨·玛利亚·莱茨.剑桥艺术史：文艺复兴艺术.钱乘旦，译.南京：译林出版社，2009：39—40.

贡布里希也很详细地介绍了画面的内容:

> 我们向王室的宴会厅里面看去,越过它一直看到乐工坐廊和后面一部分房屋及阶梯。刽子手刚走进来,跪倒在国王面前,手里端着一个大盘子,里面放着圣约翰的头。国王向后退缩,恐怖地抬起双手;孩子们哭着跑开;莎乐美的母亲怂恿了这一罪行,我们看到此刻她正在向国王说话,试图解释这一行为。宾客们都在向后撤身,她周围就空出了很大一块地方。一位客人用手遮住双眼,其他人挤在莎乐美周围,莎乐美好像刚刚停止跳舞。[1]

两位专家的描述,无论哪一种,都使我们感到了画家在刻画中对透视法的成功运用,感到了恐怖事件所引起的不寒而栗的效果。对人物的介绍,笔者以为贡布里希的更合理,这是因为生日宴会是国王的,作为王后的希罗底应该在国王的身边。介绍完故事情节,贡布里希转向了对该作品的评价:

> 无须详细讲述多那太罗的这件作品中到底有哪些新颖的特点,它们全都是新颖的。对习惯于哥特式艺术清楚而优雅的叙事方式的人们而言,多那太罗这种叙事方式的出现一定引起震动。他根本无意形成一个整齐、怡人的图案,而是要表现出骤然间乱成一团的效果……多那太罗的人物的动作也是粗糙的、生硬的,他们的姿势很凶猛。多那太罗根本无意减少故事的恐怖性。在他同时代的人看来,这个场面必定具有不可思议的活力。[2]

---

[1]　贡布里希.艺术发展史.范景中,译.天津:天津人民美术出版社,1998: 127.
[2]　贡布里希.艺术发展史.范景中,译.天津:天津人民美术出版社,1998: 127.

对丑陋的思考——木雕《抹大拉的圣玛利亚》（也称《马格达琳》）

（图33） 抹大拉的玛利亚，在基督教的传说中，很久以来一直被认为是耶稣拯救的一个妓女。为了感谢耶稣的救赎，她用忏悔的眼泪为耶稣洗脚，用她那柔软的头发将耶稣的脚擦干。在耶稣被钉在十字架上的日日夜夜里，她为其哀悼、祈祷，给他喂水。耶稣死后，她又在停尸的墓穴里预备亲自为耶稣涂油脂净身，却意外发现了耶稣的死而复生。耶稣生时赦免了她的罪过，使她成了一个纯洁的妇女。从此，她一直侍奉耶稣，成了一名女圣徒。但1896年在开罗发现的《玛利亚福音书》和1943年发现的《拿哈马地文献》证实了玛利亚并不是妓女，而是耶稣在世间最亲密的信仰伴侣，是最受耶稣教诲的、最得耶稣精髓的门徒。

当然，多那太罗刻刀下的她无疑还是一个正在忏悔的妓女形象。她丑，因为她瘦，瘦得两腮内缩，眼窝深陷；瘦得脖颈缩向颈窝，锁骨凸显；瘦得肌肉萎缩，腿骨嶙峋，膝盖鼓胀，两条小腿瘦得犹如两根木棍戳在那里；甚至可以想象出因瘦而撑不起的衣服之下那皮包骨的身形。她丑，因为她老，老得满口只剩下一颗门牙，老得双眸已发灰，目光呆滞；她的生命已到尽头，双手已无力合十，嘴巴也已合不拢。那一头肮脏蓬乱的头发，更加深了这丑而老的形象。面对这样一个形象，人们在同情与怜悯中不禁要问，她到底经历了怎样的苦难？是什么把她的身心摧残到了如此程度？或许画家需要的也正是这样的效果。但在丑陋的外表下，无神和痛苦的目光中却带着忏悔，合不拢的双手也表达着一种感恩。这种忏悔和感恩所带给人的思考不是更深刻吗？作为一个基督徒，多那太罗不正是想通过这样一个形象提醒人们"要洗掉自己的原罪，在活着的人中，随时随地都会出现死亡"[1]？有人说，多那太罗晚年已不再追求美的形象，

---

[1] 威廉·弗莱明，玛丽·马里安.艺术与观念：古典时期—文艺复兴 下册.宋协立，译.北京：北京大学出版社，2008：4.

丑成了他作品的风格。我们却觉得，这正是艺术家在耄耋之年的深刻思考。因为世界上不仅有美也有丑，不仅有生也有死，所以人们在感受美和享受生的同时更应该不断抛弃"丑"。唯有如此，才能获得"美"，实现"美"。抹大拉的玛利亚的人生经历不正是如此吗？

在 80 年的生命中，多那太罗创作了 60 多件作品。谈到他对文艺复兴乃至对世界雕刻艺术的贡献时，苏联艺术评论家这样说道：

> 雕塑的各种主要体裁，正是从多那太罗的美术作品中得到了初次的基本表达：不附属于建筑的纪念性立像、与建筑物相结合的雕像、复杂的祭坛构图、骑马纪念像、各种形式的浮雕、祭坛、说教坛、铜门、陵墓，大概，他对雕刻中的任何一个部门都做出了卓越的贡献。[1]

---

[1] 苏联艺术科学院美术理论与美术史研究所.文艺复兴欧洲艺术：上册.北京：人民美术出版社，1985：106.

7

多才多艺的著名雕刻家——韦罗基奥

（1）多才的艺术家、著名的雕刻家和成功的艺术教育家

安德烈亚·韦罗基奥（Andrea Verrocchio，1435—1488），是 15 世纪后期意大利一流的雕刻家，同时也是在绘画、建筑、音乐等方面都有着很深造诣的多才艺术家，还是一位培养了多名在艺术界卓有成就的大师级的学生的艺术教育家。

韦罗基奥 1435 年出生于佛罗伦萨，其早年生平不详。据说，他的父亲是一名制砖匠，后来成了税收官。儿时的韦罗基奥命运乖蹇。他 13 岁的时候，曾和小朋友打架，结果失手用一大块石头砸死了一个 14 岁的少年，受到杀人罪的指控而遭受了几个星期的监禁。出狱不久，他的父亲突然过世，并留下了一大堆债务。韦罗基奥为长子，照顾母亲和手足就成了他义不容辞的义务。为此，他不得不从事各种各样报酬微薄的工作。后来，他进入了金匠这一行。据记载，他的金匠师傅是丘利奥·韦罗基奥。老师以制作金银首饰和仿古的大理石花瓶为职业。后来，他便借用了师傅的名字——韦罗基奥，这个名字也就成了他的艺名。当时，徒弟沿用师傅的名字是很平常的事，是行业的一种潜规则。这一做法表示学

徒成了师傅的"儿子",是加入行会仪式的一种象征。所以,在师傅的作坊里,他被称为"小韦罗基奥"。韦罗基奥并不满足只做一个首饰匠,他很快转向对绘画和雕塑的学习。年轻时,他还曾进入多那太罗的作坊学艺。根据瓦萨里的记载,韦罗基奥是一个面相很丑的人,他面颊宽大,长着双下巴,甚至还带点女人气;而且,他的天资也并不聪明,但他是一个勤学苦练者。他刻苦钻研,多方面地学习。数学、解剖学、透视学、光学等都成了他涉猎的对象。他要以知识弥补自己的不足。由于他"比其他的艺术家更刻苦、更勤勉,所以仍跻身于罕见而杰出的艺术大师之列"[1]。

韦罗基奥在学徒期结束后,开立了一个工作室。这个工作室既是出售金银首饰、绘画、雕塑、釉陶等艺术制品的商店,也是韦罗基奥带领徒弟们进行设计和创作的工作间。作为商店,它生意兴隆,是"当时最有名"的"除了批发与定做业务也零售"的艺术店铺。尤其它的釉陶生意,"虽比不上现代的大量生产,但产量极高且行销全欧。较大的产品还有一项特点,即可以轻易拆解,运抵目的地组装,因此运送便利又安全"。就此方面来看,韦罗基奥可以说是个"生意人","是个资本家,他接下几件大案子,然后借钱筹措工作资金,再出钱雇佣专家"。用现在的话说,韦罗基奥就是一个卓有成就的文化商人,他的工作室就是一家生产艺术品的文化企业。作为艺术设计和创作的工作间,韦罗基奥带领他的助手们在这以各种媒材和材料进行创作,"从珠宝到大型青铜与大理石作品,再到巨幅画作,几乎什么都有"[2]。作为一个多才多艺的艺术家,韦罗基奥的绘画作品不少,可惜留下来的不多。留下来的主要有:

[1] 乔尔乔·瓦萨里.意大利艺苑名人传:辉煌的复兴.徐波,等,译.武汉:湖北美术出版社,长江文艺出版社,2003:289.
[2] 保罗·约翰逊.艺术的历史.黄中宪,等,译.上海:上海人民出版社,2008:205.

作于 1460 年的《圣母与圣婴》，作于 1468—1470 年的《多比亚司与天使》，作于 1470—1475 年的《圣母与圣婴》和《基督受洗》。

两幅《圣母与圣婴》各有特点。1460 年的《圣母与圣婴》是他访问罗马时创作的，也是他唯一签名的作品。画中的圣婴刻画得尤为可爱，婴儿的体态特征极为突出。胖乎乎的四肢圆润而有肉质感；腕处、肘处、膝盖、大腿和小腿上胖出的横纹及小手背上的四个小肉坑更有一种可触感；两个鼓鼓的小腮、小双下巴、小翘鼻子，更是将婴儿的可爱描绘到了极致。小基督抬起双臂，伸向母亲，两眼殷切地望着母亲，似乎是想让妈妈把他抱在怀里。看着这个可爱的小宝贝，你会产生一种捏捏他的肉肉，亲亲他的小脸和抱抱他的强烈欲望。韦罗基奥笔下的母亲，虽然脸庞、身形、服饰都刻画得很美，但和孩子的动作及那殷切的目光完全没有互动，显得非常程式化，这使整个画面失去了应有的和谐。

在 1470—1475 年的《圣母与圣婴》中，胖乎乎的小基督站在桌子上，举臂屈肘，似乎是在给客人表演舞蹈，显得天真而可爱。但圣母的形象同前面提到的那幅画中的一样，过于程式化。只有圣母的沉静和严肃，却无母亲特有的母爱及亲切感。其中的原因或许是韦罗基奥作为基督徒对圣母的敬畏吧。

《多比亚司与天使拉斐尔》（图 34）是当时流行的绘画题材，描述了一个童话故事。该故事出自圣经外传《托比特书》，内容是：好心的犹太人多比因埋葬了被判处死刑的同胞而获罪，其家产也被没收充公；多比只得带着妻子和儿子多比亚司出逃，从此踏上了流亡之路；在途中又遭受不幸，多比的眼睛被大雁啄瞎，为治好父亲的眼睛，多比亚司决心去冒险；上帝为了帮助这好心的一家人，派大天使拉斐尔帮助多比亚司。画面中的两个人物便是冒险途中的天使拉斐尔和多比亚司。该画的特点明显，一是细致，二是动态感强。先看两个人物的服饰，其外衣的衣褶宽大而带有风动感，如天使衣服的下摆和多比亚司的披风及腰带；内衣衣褶的褶纹窄小且有层次性，花纹精细而清晰。再看两个人的动作，极带角色性。天使拉斐尔迈的步伐宽大而稳定，带有很强的引导性；多比亚司迈的步伐给人一种紧跟的感觉；多比亚司右手轻挽着天使拉斐尔胳膊的动作，便两人引导和紧跟的角色更加自然地被凸显出来。再看两人的表情。天使面向多比亚司，眼睑低垂，好像边思考边向多比亚司叮嘱着什么；而多比亚司微抬着头，眼睛认真盯看着拉斐尔，步伐紧跟，给人一种天真、可爱之感。正是在天使的引导和帮助下，天真可爱的多比亚司的救父行动有了好的结果：他们来到底格里斯河，从中捕获了一条大鱼，大鱼的心脏、肝和胆汁使多比的眼睛重见了光明。另外，这两个人物都画得很漂亮，如曲卷的金发、靓丽的面容、正确比例的手指和手掌等。画面背景中的城堡、绿地、河流、湖泊、远处天边的白云可能都影响了他的爱徒达·芬奇。说到爱徒达·芬奇，画中那只卷毛小狮子狗和多比亚司手提的那条大鱼便是他的手笔。尤其那只可爱的毛茸茸的小狗，使这一童话故事增加了一种生活气息，从而突出了该故事的家庭价值观的意义。

《基督受洗》（图35）是韦罗基奥绘画的代表作。无论布局、结构，人物的刻画还是透视法运用下所形成的三维空间，该画都应属上乘之作。画面上共有4个人物。前景上的两个人是受洗的基督和施洗者约翰，是画面上最凸显的部分。基督和约翰的身形有着解剖学的精确。尤其基督，从身体各部分的比例到骨骼、肌肉的刻画都显示出了画家对人体结构的了解。从人物的神态中也看得出画家深厚的绘画功底。基督长发曲卷，略低着头，微闭着双眼，心情沉静，双手合十，放在胸前，默默地祈祷，透视出他的虔诚。基督的那双脚在水纹的波动下，若隐若现，甚至使人感到了基督脚下溪水的流动。为他施洗的约翰虽身着宽大的服装，但其突起的胸肌、四肢骨骼和肌肉，深陷的脸颊，棱角分明的下巴，消瘦的身体，尤其他那只瘦骨嶙峋、青筋暴露、血管和骨骼都清晰可见的手，给人留下了深刻的印象，同时，也使人联想到布道者的艰辛。他那高高举起右手为基督洗圣水的认真动作和专注的眼神，把其坚定的信念传导给了信众。中景上的那两个捧衣天使更是画得活灵活现，他们惊喜地望着基督受洗的场面。但这对捧衣天使不是出自韦罗基奥的画笔，而是由他的学生达·芬奇完成的。所以瓦萨里认为，正是这两个出色的天使，使韦罗基奥看到了达·芬奇的才华，并预测到他在绘画上必将不及达·芬奇。因此，他再一次坚定地做出了放弃的选择，挂起了画笔，专一从事雕刻。这一次的选择再一次成就了他，使他走上了杰出雕刻家之路。无论瓦萨里对韦罗基奥放弃绘画原因的推论正确与否，都不能否定韦罗基奥的绘画功底和他在这方面的才能。当然，他对学生教育的成功更不可否认。

根据瓦萨里的记载，韦罗基奥的雕刻作品多种多样，包括：小巧而带有花纹和人物装饰的杯子，银制浮雕，青铜雕像，大理石雕像，石膏雕像，陵墓，壁龛等。瓦萨里说："安德烈亚工作从不停息，总是在创作某种作品。"[1]他60年代的代表作主要有《耶稣与圣托马斯》（1466）、《大烛台》（1468）等。这些作品，一方面显示出了他对佛罗伦萨艺术写实主义优秀传统的继承，另一方面也形成了他自身冷静纤细的理想主义风格，展示了他在雕塑艺术上的天赋。他被视为"才华与勤勉兼备的人"，成为制作布鲁内莱斯基留下的佛罗伦萨大教堂顶部采光塔上的大铜球的最佳人选。他不负众望，于1471年完美地完成了这一任务。他的才华还使他在15世纪60年代就得到了美第奇家族的青睐，成了美第奇宫廷的主要供货人。他为该家族完成的作品主要有：1469—1472年，为

[1]　乔尔乔·瓦萨里.意大利艺苑名人传: 辉煌的复兴.徐波，等，译.武汉: 湖北美术出版社，长江文艺出版社，2003: 292.

乔凡尼·培洛·美第奇制作了棺木雕刻和洛伦佐·美第奇雕像；1476年（一说为1475年）为洛伦佐雕塑了《大卫像》；1477年，完成了《天使与海豚》。另外，他的主要作品还有《亚历山大马其顿胸像》、《大主教福特盖里墓碑》、《手持花束的贵妇人》、《克列奥尼骑马像》等。

韦罗基奥的工作室还是一所培养艺术家的学校。这里培养的艺术大师都是顶尖级的人物，如列奥纳多·达·芬奇、波提切利、佩鲁吉诺、洛伦佐·迪·克雷迪等。韦罗基奥有着自己的教育方式。

首先，他特别注重对学生基本功的培养。他教达·芬奇画鸡蛋的故事就是最好的例证。据说，韦罗基奥给达·芬奇上的第一堂课就是教他画鸡蛋。达·芬奇画得很认真，时间一天天过去了，他已画得不耐烦了，便问老师，为什么总是让他画鸡蛋。韦罗基奥耐心地向他解释说："别小看这鸡蛋，在一千个鸡蛋里，从来没有两只形状完全相同的鸡蛋。即使同一个鸡蛋，观看的角度不同、照射的光线不同，它的形状也不会一样。鸡蛋画得多，也就训练了你的观察能力和把握事物形象的能力，再画其他的事物自然便可随心所欲了，画也就画好了。"

其次，他以实物作教材，对学生严格训练。保罗·约翰逊描述了他的教学过程：在韦罗基奥的工作室里挂着许多用石膏制作的"各式各样的设备，包括头、手臂、手、脚和膝盖"的模型，"韦罗基奥和助手们将这些模型用以雕刻和绘画"；制作成品的整个过程包括，"先画素描，再用蜡和黏土做出模子，并进一步加工出赤土陶模型……覆上浸过灰泥的破布（用来雕刻和绘画衣着），这样的方式也被他门下的达·芬奇等人所采用"。[1]保罗·约翰逊在提到这一创作过程时说："当时高标准的艺术表现是奠基于严格的训练、仔细的准备，以及极力运用各种人类

---

[1] 保罗·约翰逊.时代的印记：文艺复兴三百年.谭钟瑜，译.合肥：安徽人民出版社，2013：88—89.

发明的机械。"[1]

最后，就是老师带学生一起进行创作实践。韦罗基奥的《基督受洗》和《多比亚司与天使拉斐尔》的画作就是这一方面的最好例证。

综上所述，韦罗基奥的教育方式为：注重基本功的培养，严格的训练和师生共同的创作实践。如果这种教育方式能认真贯彻到我们当代的教育中，其结果之佳也是可想而知的。

另外，值得一提的还有，韦罗基奥的工作室还是一个学术活动中心，具有人文主义思想的科学家、哲学家、艺术家们经常在这里聚会，讨论科学、哲学等方面的各种问题，还一起演奏音乐。据瓦萨里记载，韦罗基奥是个音乐家，他演奏里拉琴特别出色。韦罗基奥的作坊俨如一个艺术沙龙，吸引着佛罗伦萨的学者和艺术家们。

1481 年，韦罗基奥前往威尼斯，对自己已制造好的《克列奥尼骑马像》的蜡模进行青铜的浇铸工作。浇铸的高温使他受热过度，感染了风寒。他几天之后便辞别了人世，终年 53 岁。韦罗基奥就这样在艺术的创作中走完了自己的生命之路。后来，他的遗体被运回佛罗伦萨，葬在教区教堂他父亲的墓旁。

（2）作品介赏

真实而自然——《大卫像》（图 36）　　韦罗基奥的《大卫像》作于1476 年，为青铜雕像，像高 126 厘米。这座雕像本来是为洛伦佐·美第奇装饰卡雷吉别墅喷泉所做的装饰。铜雕的形象因与喷泉的景致不相和谐，便被放置在了宫中。与老师多纳太罗的《大卫像》相比，韦罗基奥制作

---

[1]　保罗·约翰逊.时代的印记：文艺复兴三百年.谭钟瑜，译.合肥：安徽人民出版社，2013：89.

的这尊铜雕应该说是经过了深思熟虑的。

第一，他并没有追求多那太罗那种古希腊式的裸体美，而是给大卫穿上了皮制无袖的紧身上衣和短裙。这样的着装体现出了韦罗基奥的独特构思。紧身上衣可以凸显大卫正在发育成长的上身特征；而短袖和短裙又将人物的手臂和腿部暴露出来，而手臂骨骼和肌肉未发育成熟的特点和上身的发育体征相得益彰，呈现了一个正在发育成长的少年大卫形象。同时，这种着装也似乎无意中形成了上肢和下肢的比较，即瘦弱的上肢和肌肉结实有力的腿部的对比，加之少年身体各部特有的比例精确，这就更加深了对少年大卫身体正在发育成长特征的注释。着衣和暴露相结合的设计，上肢与下肢的比较，各部分精确的比例，使得韦罗基奥刻刀下的大卫的少年体征更加真实和自然。

第二，韦罗基奥赋予大卫的动作和多那太罗赋予大卫的动作形成了鲜明的对比。多那太罗的大卫，无论是手握的向内倾斜的长剑还是向内弯曲并朝向长剑方向的左膝，无论是略低的头还是向下看的目光，无论是胸部还是呈现出内收的腹部肌肉，都与他胜利后的喜悦和稍事休息的心态相得益彰。而韦罗基奥的大卫，左手叉腰，右手紧握短剑；短剑的剑尖向外，和叉腰的手臂形成了一道斜线；身体虽朝向右方，却随着面部的略向左转和目光的前视，以及左腿膝部的前曲而呈现出一种明显的外张力。这种外张力配上他那紧抿的嘴唇和前视的坚定的目光，使人看到了这个大卫并没有止步于眼前的胜利。誓死保卫祖国，将战斗进行到底，是他的决心，也是他最终的目标。如果说多那太罗的大卫给人更多的是艺术的美感和想象，那么，韦罗基奥的大卫给人的则是少年英雄的实在和真实。

第三，韦罗基奥巧妙地运用对比的手法，使英雄少年的形象更加突出和可信。在身体正在发育成长或者说尚未发育成熟的少年大卫的脚下是那颗立放的哥利亚的头颅，它的硕大和大卫那尚未发育成熟的身材，形成了"大"和"小"的鲜明对比；而哥利亚那已闭上的眼睛、痛苦和抽搐的面部肌肉与大卫那炯炯的目光、胜利者的姿态形成了鲜明的对比；哥利亚已失去生命的头颅和充满活力的大卫的身姿形成了鲜明对比。这些比较无疑会把观者引向那场双方力量悬殊的战斗。大卫的机智、勇敢和坚强的意志，使他战胜了强者，成了少年英雄。于是，韦罗基奥把一个神话传说中的少年英雄变成了一个现实中英勇无比、机智果敢、敢于胜利、勇往直前的少年英雄。对比手法还明显地表现在韦罗基奥对雕刻《大卫像》的"静"与"动"的艺术处理中。无论是大卫站姿的"静"还是古典平衡式的"动"，无论是整个身体朝向的"静"，还是略略转头的"动"，无论是目视前方目光的"静"还是抿嘴、蹙眉的"动"，都体现了韦罗基奥对"静"与"动"的艺术处理。在这"静"和"动"的结合和对比中，韦罗基奥创作了一个真实可信和可敬的少年英雄的形象。在提到韦罗基奥的这种艺术处理时，刘人岛说：

> 韦罗基奥的大卫一方面是沉思和内省的，这是文艺复兴理想的一种标志——沉思中的人；另一方面，他并未因已经取得的胜利而放下武器，而是仍然紧握着短剑，双目直视前方，似乎仍准备出击。这是文艺复兴理想的另一种标志——行动中的人。[1]

而保罗·约翰逊则说："在当时，也很可能是韦罗基奥的《大卫像》比较受欢迎，因为他极具男性气概，细部也极华美。"[2]。

健马勇将——《克列奥尼骑马像》（图37） 这是一尊韦罗基奥

---

[1] 刘人岛.意大利美术史话.北京：人民美术出版社，2000：32.

[2] 保罗·约翰逊.时代的印记：文艺复兴三百年.谭钟瑜，译.合肥：安徽人民出版社，2013：88.

艺术发展盛期的杰作，创作于 1481 年。它是韦罗基奥受威尼斯共和国长老会议的委托，为他们的雇佣兵队长巴托罗米奥·克列奥尼塑的一尊骑马雕像。据说，这位雇佣兵队长虽没有赫赫战功，却向威尼斯捐献巨款，做了大量的慈善之事，因此受到威尼斯人的尊敬。1475 年，克列奥尼去世时，要求威尼斯政府为他塑造一尊骑马雕像，安放在圣马可广场上。为此，威尼斯政府进行了招标选拔，有三名雕刻家竞标，韦罗基奥获胜。但根据瓦萨里的记载，是威尼斯长老会议决定请当时已大名鼎鼎的雕刻家韦罗基奥来完成这一雕像。韦罗基奥为此制作了战马的模型。但威尼斯的一些贵族建议由帕多瓦的雕刻家维拉诺来完成这个任务。听到这一消息，韦罗基奥气愤地砸碎了模型的腿和头，回了佛罗伦萨。为此，他受到长老会议的警告：不要再回威尼斯，否则会有杀头的危险。聪明的韦罗基奥给长老会议回信说：

> 我会非常小心地避免类似事件的发生，因为一旦人头落地，就再也无法用其他东西代替了，更不可能将其恢复到同自己的脑袋一模一样，然而我在砸碎战马的脑袋后，却能塑造一个甚至更漂亮的脑袋。[1]

长老们很欣赏韦罗基奥的聪明机智和幽默，因此决定以两倍的薪水请韦罗基奥再回威尼斯，完成《克列奥尼骑马像》的制作。韦罗基奥一丝不苟地完成了模型的制作，但在浇铸青铜的过程中，因受热过度而逝世。没有完成的作品后由威尼斯雕刻家亚历山大·列奥帕迪接收，并于 1488 年最终完成。

---

[1]　乔尔乔·瓦萨里.意大利艺苑名人传：辉煌的复兴.徐波，等，译.武汉：湖北美术出版社，长江文艺出版社，2003：293.

　　将韦罗基奥的《克列奥尼骑马像》和多那太罗的《加塔梅拉达骑马像》相比较，我们可以看出韦罗基奥对骑马雕像更深刻的艺术思考和更细致的艺术刻画。在对多那太罗作品的介绍中，我们已了解到，他已解决了骑士与坐骑和谐的问题。韦罗基奥则把对这一问题的思考放在了动态的人与马的造型上。马上的骑士为立姿，他的左腿绷直，左脚力蹬马镫，大腿和小腿几乎成了一条直线，他完全是立骑在马鞍之上，这给人一种双腿力夹坐骑、催其奋进之感。并且，马的动作与骑士的动作极为和谐。马的左前腿抬起，马蹄向后；左后腿随着左前腿的抬起，迈向前方；它的右前腿直立，右后腿与左后腿一前一后地配合；马头略低，马的颈部随着骑士对手中缰绳的回拉而耿直前驱；整个马的动作给人一种奋力前行之感。于是，人与马便和谐而统一在彼此的运动中。从人与马和谐的运动中，我们还看到韦罗基奥对人与马关系的人文主义的思考：人对马的驾驭能力，即人对马的掌控力，是人与马动作和谐一致的基础，而只有在这样的基础上，骑士才能驰骋疆场，冲锋向前。

　　为了进一步强化人对马的掌控力、骑士与马的关系，韦罗基奥对人和马都进行了细部的刻画。这一细部的刻画使这一尊骑马雕像更具欣赏性，使欣赏者有更大的想象空间。我们先看看人物的刻画。他手挽缰绳站立在马上，挺胸昂头；双目圆睁，直视着前方，似乎正在准备对他前面的千军万马发布冲锋的号令，显示着将军的威严；同时他力踩马镫，左腿绷直，身体向右侧转，圆眼充满凶狠的目光，眉头紧缩，下巴下拉，头微仰；这些都显示着将军的威严。除此之外，还有一个特别的、更重要的细节，就是骑士左手拉着的缰绳是弯曲而松弛的，而在马右侧的缰绳则更贴近马身。这个细节使骑士所看上去似乎要偏腿下马，急着去处理紧急而棘手的军中事务，由此凸显了军中统帅不可或缺的权威形象。

　　再看看对马的刻画。无论是它那多褶的脖颈还是臀部和腿部暴露的青筋、纠结的腱脉，无论它那耿颈、低头还是抬腿、立足，其所显示出来的强劲活力，都和主人的动作相得益彰。同时，健马的整个姿态和四腿的动作，尤其臀部那暴露的腱脉和那条向下垂直的马尾巴，给人一种前进中突然停步的感觉，这又与将军欲下马的动作极相协调。人对马的掌控、驾驭，马与人的默契合作，更点明了人与马的关系。于是，雕像的健马勇将的主题得到了彻底的解读。

说到韦罗基奥的艺术思考，还值得一提的就是雕像与放置地点建筑物的关系。《克列奥尼骑马像》最终被放置在了威尼斯圣保罗广场，且靠近高大的教堂。为了凸显雕像，并使它与高大教堂的建筑环境相和谐，韦罗基奥给雕像制作了一个高达 8 米的底座。雕像本身高 3.1 米，在高达 8 米的底座的衬托下，其军人的威武、战马的勇健，显得更加宏伟。

介绍完韦罗基奥的两件雕刻杰作，敬佩、赞扬之情似乎还意犹未尽。韦罗基奥爱一行专一行，做一行成功一行，其责任心的作用不可低估。对家庭的责任感使他从挣小钱开始，后来慢慢建立起自己的文化企业，其产品营销全欧；他教学生尽心尽力，从培养学生的实际能力出发，教出了世界著名的艺术大师；追学术，把自己的作坊建成了极受佛罗伦萨学者和艺术家们喜爱的文艺沙龙；求艺术，创作出了流传百世的艺术（无论是绘画还是雕刻）佳作。读史明政，读传明心，韦罗基奥一生的艺术生涯和他的事业给人思考，给人启示，催人奋进。

二

文艺复兴盛期

美术代表人物及其名作

16 世纪，文艺复兴美术发展进入了它的盛期阶段，这个时期的美术称为盛期文艺复兴美术。与 15 世纪的美术发展相比，这一时期的美术，无论是风格还是思想性，都有很大的提高，显示出了更上一层楼的特征：

15 世纪追求明晰确切，一目了然；16 世纪讲究含蓄灵通，余味无穷，力量无穷。15 世纪喜欢写实的直白，巨细闲杂皆包揽于画幅之中；16 世纪则强调主题的集中，人物越少越好，构图越稳越佳。15 世纪以紧张振奋的时尚赞扬市民的认真与朴直；16 世纪则推崇才华的博雅与风格的从容，把自然天成的逸品奉为至上。总之可以说，15 世纪是以接近自然为首任，以技法精确为依归，16 世纪则把体现理想列为第一，要求艺术高于生活乃至超过自然。16 世纪对于古典和科学技法的学习更为理性，更符合希腊古典艺术的简明合理、均衡和谐的理想，水平比希腊高，更具普遍意义。[1]

总之可以说，盛期文艺复兴美术创造了新的理想、新的美和新的绘画形式。盛期文艺复兴的艺术大师们的作品更具鲜明的个性和战斗精神，成为标识时代特征的不朽之作。盛期文艺复兴美术的最主要的代表人物就是佛罗伦萨美术三杰：达·芬奇、米开朗琪罗、拉斐尔和威尼斯的提香。

---

[1]　欧洲文艺复兴史：艺术卷.刘明翰，主编.北京：人民出版社：2008：124—125.

1

旷世奇才——达·芬奇

（1）艺术家、科学家、发明家的一生

列奥纳多·达·芬奇（Leonardo da Vinci，1452—1519) 是文艺复兴时期意大利最杰出的、最完美的代表人物之一。他思想深邃，学识渊博，集画家、数学家、天文学家、发明家、寓言学家、建筑家等于一身，在科学研究的各个领域、艺术领域的各个方面都取得了辉煌的成就，被称为文艺复兴时期"全才第一人"。无论在历史上还是在当代，他都是公认的博学家、"旷世奇才"。

达·芬奇于 1452 年 4 月 15 日出生在一个佛罗伦萨附近的海滨小镇的村落——芬奇镇的安基亚诺村。他的父亲赛尔·比埃罗·达·芬奇是佛罗伦萨的公证人，家境殷实；他的母亲卡德琳娜是位贫苦的农家少女（一说为村酒店的侍女）；达·芬奇是他们的私生子。这一身份，使他在后来的生活中遇到了不少麻烦。达·芬奇共有 12 个同父异母的兄弟姐妹，可是他连一份父亲的遗产都没有得到。达·芬奇刚出生 8 个月，父亲便抛弃了他的生母，与佛罗伦萨一名富有的公证人的女儿结了婚。达·芬奇是在父亲的庄园里，由祖父母教育长大的。尚年幼的达·芬奇虽然缺

少父母之爱，但在祖父母的疼爱和叔叔的陪伴下生活得还算愉快。根据当代智商测试，达·芬奇的智商在 230 分以上，可说是人类历史上智商最高的天才。虽然私生子的身份使他没有受到正规的教育，也被剥夺上大学的机会，但他自幼聪明伶俐、勤奋好学、兴趣广泛、善于思考和观察。乡村的山山水水，各类大小动物，都给他留下了深刻的印象。他特别喜爱小动物，尤其鸟类。他把它们看成自己的伙伴，渴望同它们交流。《大西洋手稿》中有这样一段文字：

啊，人类的奇迹啊，什么样的狂热使得你们这样？你将会同各种动物说话，它们也会用人类的语言与你交流。[1]

对鸟类的喜爱据说是来自他儿时的记忆。因为在《大西洋手稿》中，达·芬奇说：

像这样特别写到鸢好像是我命中注定的，因为我儿时最早的记忆就好像是它。当我还在摇篮里时，一只鸢向我飞了过来，用它的尾巴敲开我的口，在我嘴唇之间拍打了多次。[2]

这种"命中注定"的渊源，使成年的达·芬奇只要在市场上看到被关在笼子里的小鸟就会买下来，将它们放飞蓝天。他甚至希望其他的动物也能长出鸟的翅膀，飞上天空。瓦萨里曾经提到过，达·芬奇曾得到过一只奇特的大蜥蜴，达·芬奇用其他蜥蜴的皮做了一对翅膀，并把它

---

[1] 查尔斯·尼尔科·达·芬奇传：放飞的心灵.朱振武，等，译.武汉：长江文艺出版社，2006：35.
[2] 达·芬奇.大西洋手稿.转引自查尔斯·尼科尔.达·芬奇传：放飞的心灵.朱振武，等，译.武汉：长江文艺出版社，2006：31.

们粘在大蜥蜴的身上。当蜥蜴爬动时，两只翅膀便随之抖动。[1]看着抖动的翅膀，达·芬奇多么希望它能飞上天空啊！他对动物的喜爱，还可从他笔记中的众多动物素描习作中看得出来，如牛、马、羊、狗、狮等。或许也正因为这一喜爱，他成了一个素食主义者。他还特别喜欢自己动手做实验。他会把观察到的和自己想象的记下来，并动手尝试，然后再把实验过程和结果记录下来。他尤其喜欢画画，画天上的鸟、水中的鱼、田野上的树……画他看到的一切。他还经常为邻居画画，而且其笔下的形象个个都很鲜活，大家也因此喜欢称他为"小画家"。

1465（或1466）年，其祖父死后，达·芬奇便被父亲带到了佛罗伦萨。据说，比埃罗曾为达·芬奇请过一个数学教师，但由于小芬奇"不断向老师提出各种疑难问题，结果经常使老师败下阵来"[2]。比埃罗看到达·芬奇喜爱画画，便带了小芬奇的几幅习作来到好友韦罗基奥的作坊。韦罗基奥看了这些画作，十分惊奇。从画作栩栩如生的形态中，他看到了一个大有培养前途的绘画天才，决定收其为徒。这样，达·芬奇在14岁的时候，被送到了韦罗基奥的作坊，学习绘画和雕刻。韦罗基奥看到这个一头卷发、俊美异常的少年甚是喜爱，日后，达·芬奇变成了他作品中的模特，如《基督受洗》中的捧衣天使、雕像《大卫》。在韦罗基奥的画坊里，达·芬奇花了不少工夫学习绘画的基本功和基本原理，进步得很快。但其父比埃罗却不以为然。直到有一次，比埃罗住在农村的家里时，一个农民拿了一个无花果木的盾牌，希望他帮忙带到佛罗伦萨，请人在盾牌上画一幅画。比埃罗并没有把农民的请求放在心上，把这一任务交给了小芬奇。接到父亲给的任务，小芬奇很兴奋，毕竟，这是父

---

[1] 乔尔乔·瓦萨里.意大利艺苑名人传：巨人时代 上册.刘耀春，等，译.武汉：湖北美术出版社，长江文艺出版社，2003：12.

[2] 乔尔乔·瓦萨里.意大利艺苑名人传：巨人时代 上册.刘耀春，等，译.武汉：湖北美术出版社，长江文艺出版社，2003：52.

亲的信任。他见果木扭曲变形，粗糙不堪，就用文火将它烤直，将表面磨平打光，之后便开始思考、酝酿构图。瓦萨里记载说，最后他决定"画一个惊世骇俗的美杜莎头像"的盾牌画。为此，他

> 捉来蜥蜴、蝾螈、蛆虫、蛇、蝴蝶、蝗虫、蝙蝠及其他类似的动物，把它们放进一间自己专用的屋子，接着综合这些动物的恐怖之处，构想了一个令人毛骨悚然的怪物。它喷着毒气，从昏暗的岩石缝里钻出来，嘴里吐出毒液，眼中射出火焰，鼻孔里喷出毒物，真实恐怖而可怕至极。[1]

瓦萨里还记载说，小芬奇全神贯注地工作，完全沉醉于对艺术的热爱之中，以致连死去的那些小动物散发出的腐烂恶臭都没有感觉到。画完画后，他将房间里的光线做了布置，把盾牌置于暗淡的光线之下，便叫父亲来取盾牌。据说，比埃罗一进房间就看见一个可怕的怪物，

> 吓得跳了起来，还以为那不是一面盾，看到画在盾上的东西，不由自主地向后退去，列奥纳多赶忙将他扶住，说"这画就是用来搭配圆盾的，你现在可以取走了，这就是我想得到的效果。"在塞尔·比埃罗看来，这简直就是奇迹，他对列奥纳多的巧妙构思赞不绝口。[2]

比埃罗买了一个盾牌给那个农民，而把小芬奇画的以 100 杜卡特卖给了一位商人，这个商人又以 300 杜卡特卖给了米兰公爵。

---

[1] 乔尔乔·瓦萨里.意大利艺苑名人传：巨人时代 上册.刘耀春，等，译.武汉：湖北美术出版社，长江文艺出版社，2003：4.
[2] 查尔斯·尼尔科.达·芬奇传：放飞的心灵.朱振武，等，译.武汉：长江文艺出版社，2006：100.

贡布里希是这样描述达·芬奇在韦罗基奥这个"第一流的佛罗伦萨作坊"的学习的：

年轻的列奥纳多无疑能够学到许多东西。他将看到铸造品和其他金属制品的奥秘，他将学会根据裸体的和穿衣的模特儿画习作，细心地为绘画和雕像作准备。他将学会画植物和珍奇的动物，以备收入他的画幅之中，而且他将在透视光学和用色方面接受全面的基础训练。对于其他任何有才华的孩子来说，这种训练都足以使其成为高明的艺术家。

贡布里希接着说：何况

列奥纳多不仅是个有才华的孩子，他还是一个非凡的天才，智慧无穷。[1]

在韦罗基奥的严格教育下，达·芬奇很快成了帮助老师完成订单的得力助手，深得韦罗基奥的信任和喜爱。他曾帮助老师完成了《多比亚司和天使拉斐尔》的画作。画中那只可爱的小狗和鱼就是他的手笔。查尔斯·尼科尔写道："小狗充满了活力，腿脚轻快，一路小跑。小狗身上毛茸茸的长毛蓬乱地散在身上，作者精湛的画技使小狗给人一种柔软蓬松的感觉。你可以在小狗身上看到起初画上的风景图的线条。小狗就如同一幅悬浮在图画表面的全息图，简直就像是从童话故事中走出一般。"[2]

[1] 贡布里希.艺术发展史.范景中，译.天津：天津人民美术出版社，1998：159.
[2] 乔尔乔·瓦萨里.意大利艺苑名人传：巨人时代 上册.刘耀春，等，译.武汉：湖北美术出版社，长江文艺出版社，2003：84.

　　老师对达·芬奇的器重和喜爱，引起了师兄弟们的羡慕嫉妒恨。这里还要再提一下韦罗基奥的那幅《基督受洗》。该画为法隆柏拉莎教堂的订单，为了赶制这一订单，韦罗基奥决定带达·芬奇到野外写生。但途中遇到暴雨，韦罗基奥病倒。为尽快完成订单，韦罗基奥便把画面上再添画一个天使的任务交给了达·芬奇。达·芬奇看到老师如此信任自己，决心不辜负老师的期望，认真地思考老师的画面，努力解读画面的意思，并照着镜子，以自己为模特画了一个自己想象的天使，完成了老师交给自己的任务。（一说是韦罗基奥画面上的两个天使中有一个是以达·芬奇为模特的，因而引起了师兄弟们对达·芬奇的嫉妒，他们便趁黑夜把这个天使的头刮掉了。第二天一早，达·芬奇打开画布时，大吃一惊，为了不让老师着急，便以自己为模特，画了一个自己心目中的天使。）达·芬奇的天使，活泼可爱，含蓄自然；严肃的面孔上，一双充满惊喜的眼睛看着基督洗礼的场面；天使的脸型、五官的位置也极具儿童的特点；天使捧衣的认真和惊喜目光中带有的天真和探寻，以及那头漂亮的卷发，使观者感到这是一个不同一般的孩子：他天真可爱，且充满了对事物的善解和求知的探寻。而他身边的小伙伴，韦罗基奥笔下的天使，是一个撅着小嘴，瞪着眼睛，眼球向上，目中无物的形象。两者相比，达·芬奇的天使，无论形象还是神态，都更加符合整个画面的要求，或者说与整个画面相和谐。当然，这也使观者看到了达·芬奇在对整个画面的思考方面及画技方面都"远远超过了老师的作品"。韦罗基奥也因此"发誓再也不碰颜料了"[1]。

　　在韦罗基奥的作坊，在这个人文主义学者们的活动中心，达·芬奇不但学到了知识和技能，而且还认识了不少的科学家和学者。他与佛

---

[1]　乔尔乔·瓦萨里.意大利艺苑名人传：巨人时代 上册.刘耀春，等，译.武汉：湖北美术出版社，长江文艺出版社，2003：3.

罗伦萨著名的集博学家、哲学家、数学家、物理学家、医生于一身的托斯卡尼里交往甚密。据说，每次与托斯卡尼里交谈之后，达·芬奇都会陷入深深的思考之中。他从托斯卡尼里身上不仅学到了许多知识，更启发他把各种科学知识结合起来，特别是把艺术的想象和科学知识相结合，用数学、透视学和解剖学等应用科学进行艺术实验。这培养了他以后从事科学研究的广泛兴趣。同时，韦罗基奥的画坊离波拉尤奥洛[1]的画坊不远，达·芬奇经常去那里请教，而且他还和波提切利[2]、巴尔多维内蒂[3]、吉兰达约[4]等著名艺术家也有交往。这也使达·芬奇在艺术道路上受益匪浅。

1466—1476年，达·芬奇一直在韦罗基奥的作坊当助手。1472年时他就进入了佛罗伦萨画家行会，并两次被记载在行会的"红簿子"上，这说明他已取得了画家的地位，已具备独立工作的能力，但他不想离开自己的老师，甘心愿情地为老师当助手，一直到1476年。1480年，他开了自己的画坊，招收徒弟，对外营业到1482年。在1482年之前，达·芬奇创作的绘画作品有：1472年韦罗基奥《基督受洗》中的捧衣天使，1473年韦罗基奥《比多亚和天使拉斐尔》中的小狗和巨鱼，1474年完成的《受胎告知》，作于1474—1478年的《吉涅芙拉·德·宾西肖像》，1478年创作的《拈花圣母》，1478—1480年的《持康乃馨的圣母》，1480年的《圣杰洛姆》，1481—1482年的《三王来拜》等。

1482年，达·芬奇便离开了故乡佛罗伦萨，移居米兰，也由此开始了他流浪式的移居生活。离开佛罗伦萨既与当时意大利社会的动乱密切相关，也与达·芬奇的心情分不开。当时的佛罗伦萨政局紊乱，经济危机，

---

[1]　波拉尤奥洛（1429—1498年），意大利文艺复兴时期著名的雕刻家。
[2]　波提切利（1445—1510年），意大利文艺复兴时期著名画家。
[3]　巴尔多维内蒂（1425—1499年），意大利文艺复兴时期著名画家。
[4]　吉兰达约（1449—1494年），意大利文艺复兴时期著名的画家。

佛罗伦萨派的艺术家已很少留在那里继续工作。另外，美第奇朝廷日益腐败，整日歌舞升平，宴会不断；学术也变了味道，唯心哲学繁荣起来，哲学家变成了神父；这样的环境使达·芬奇越来越不适应。同时达·芬奇的性格和艺术风格都不被统治者喜爱，据说，美第奇宫中所收藏的美术作品几乎包括了当时每一位艺术家的杰作，唯独没有达·芬奇的。在佛罗伦萨，心怀大志的奇才艺术家，为了生活只能做一些替圣·陀那多钟楼涂上金色和青色的工作。特别是1481年的一件事，大伤达·芬奇的自尊心：教皇西克斯图斯四世与美第奇家族商量，召集托斯坎尼地区最优秀的艺术家到罗马，为梵蒂冈工作。召集的最优秀的艺术家包括波提切利、吉兰达约、西纽雷利等人，却没有达·芬奇，这使达·芬奇深感自己在美第奇家族统治下的佛罗伦萨是没有前途的。加之，因同性恋他曾一度被囚禁，这也使他决心离开佛罗伦萨，到米兰去。

米兰是意大利文艺复兴运动的另一个中心。它位于亚平宁半岛和法国、瑞士及德国联结起来的交叉点上，经济发达，特别是冶金和金属加工闻名全欧；在战略和政治方面，它就如同一把开启意大利大门的钥匙，位置极为重要。对于达·芬奇来说，更重要的是它的统治者——米兰公爵洛多维柯·依尔·摩罗·斯福查，他是一个喜爱科学和艺术的开明君主。他聘请了许多学者、作家、音乐家、诗人和艺术家为其服务。或许是在佛罗伦萨的尴尬处境，使达·芬奇对斯福查充满幻想，认为他可以使人民过上和平安定的生活，甚至认为他有着统一意大利的力量。于是，他便给斯福查写了一封自荐信（书信的草稿至今保存着）。信中他毛遂自荐地写道，他可以在许多方面为大公服务：

第一，我设计的一种桥既轻便又牢固，这种桥不但便于追击溃逃的敌人，而且也能够确保其在战火中不遭受毁坏。这种桥容易提升和安装，是摧毁敌人的出色建筑。第二，某地被包围时，我知道应该如何排除战壕里的积水，如何建造无数的桥梁、暗道和阶梯，以及能够做出一切快速便捷的器械。第三，若遇到高堤防或地势险要、易守难攻的地点，我有办法攻破每个要塞，或是那些建立在岩石上的堡垒。第四，我设计了能像暴风雨般喷射小石头的加农大炮，它操作方便。大炮喷射出的浓烟能将敌人吓得惊恐万状，使他们损失惨重。如果战斗发生在海上，我也设计了各种有效的武器，它们有的能对外攻击，有的擅长防守，还有能够抵御最猛烈炮火的战舰。第五，我有办法在壕沟和江河底下挖掘弯弯曲曲的秘密地道，这样可以不出任何声响地到达某一固定地点。第六，我将制造装甲战车，这种车既安全又坚固，可以冲锋陷阵，无论多大的武装队伍都无法阻挡它。步兵紧跟在装甲战车之后会非常安全，不会遇到任何障碍。第七，如果需要，我还能制造出大炮、迫击炮和其他各种既轻便又美观的轻武器，这些武器与通常使用的武器不同。第八，在炮轰无效的地方，我设计出弩炮、射石机、围城用的冲锋机，以及其他能够发挥奇特功效和广泛用途的器械。简单说来，为了应付各种变化的情况，我设计了许多不同的攻防手段。第九，在和平时期，我深信，在建筑方面，我能像其他人一样做一个令人满意的建筑家，构建私人及公共建筑，挖掘水道，将水从一个地方引到另一个地方；我也能够用大理石、黄铜和陶土建造雕塑；我也能绘画，别人能做到的，我也可以，并且不比别人差。[1]

为了引起斯福查的关注，他还特意说"为了纪念您的永垂不朽的父

[1] 达·芬奇.达·芬奇笔记.杜莉，编译.北京：新星出版社，2010：268—269.

亲和有声望的斯福查宫邸，我可以为您效劳、制作铜马"[1]。从信中我们既可看到达·芬奇的多才多艺，又可体会到他的心情。一个艺术上的天才，只在信的最后才提到他的艺术才能，可见他心情的压抑。在米兰，他为斯福查宫廷服务了17年之久。他由于勤奋工作，认真研究，多有新创，在工作中表现出非凡的天才，所以深得斯福查大公的重用。大公为他提供了许多有利的条件，这使他不仅进行了一系列的科学研究，在建筑、水利工程、城防建设、军事技术、机械工程、工业技术等方面取得了巨大的成绩，而且，也表现了他的多才多艺。例如，他作为乐师、舞蹈设计家，整个宫廷都为之倾倒。他还利用一切机会进行学习。据说，他还和帕维亚大学取得了联系，在那里居住多日，"查询科学、哲学书籍，很快从亚里士多德的经验哲学中找到了许多问题的答案"[2]。他还认真阅读了13世纪波兰学者维太罗的透视学著作，学习了比罗·德拉·佛兰切斯卡[3]的《绘画透视学》和列昂·巴替斯塔·阿尔伯蒂[4]的《绘画论》。大约从1490年起，他开始对解剖学和光影学进行深入系统的研究，并做了大量的研究的笔记。笔记内容除了透视学，还包括画家守则和人体运动学等方面。同时，在艺术上，他更创作出了流芳百世的作品：1483—1493年制作的《法兰西斯科·斯福查骑马像》、1483—1485年创作的《岩间圣母》、1483—1490绘制的《抱貂鼠的夫人》、1485—1490年的《音乐家》、1490年创作的《李塔圣母》、1495—1497年创作的《最后的晚餐》等。可以说，在米兰的17年是达·芬奇创作的繁荣时期，也是他生活中最开心的时期。

1499年，米兰的同盟者法国国王路易十二背约，武装占领了米兰，

---

[1] 西方美术理论文选：古希腊到20世纪 上册. 迟轲，主编. 南京：江苏教育出版社，2005：74.

[2] 苏珊·伍德福特，等. 剑桥艺术史：1. 罗通秀，等，译. 北京：中国青年出版社，1994：464.

[3] 佛兰切斯卡（1416—1492年），意大利文艺复兴时期著名画家和绘画理论家。

[4] 阿尔伯蒂（1404—1472年），意大利文艺复兴时期著名的建筑师、画家、音乐家、数学家和律师。

达·芬奇的庇护人斯福查也被捕入狱。局势的突变，使达·芬奇不得不离开米兰。他来到了威尼斯。在威尼斯，他幸运地遇到了同是从米兰逃出的音乐家和琵琶制造师洛伦佐·达·帕维亚、意大利第一家印刷所的创始人阿尔多·马努齐奥、诗人皮耶特罗·本波等人，并且通过他们又结识了威尼斯的不少学者、艺术家、诗人和音乐家。而这些人又与威尼斯派的著名画家乔尔乔涅关系特别密切。瓦萨里在提到乔尔乔涅和达·芬奇的关系时说："乔尔乔涅·达·卡斯特尔弗朗科追随达·芬奇，虽说他和达·芬奇保持一段距离，但他给画涂上阴影，使某些东西具有惊人的形象……"[1]《剑桥艺术史》认为乔尔乔涅是第一个掌握达·芬奇"轮廓模糊法"的画家，并且在自己的绘画中加以模仿。该书同时还指出，乔尔乔涅

> 和达·芬奇也许有某种精神上的共性，这使他能够理解这位佛罗伦萨画家的艺术。两位画家都因其音乐天才而享有盛名，达·芬奇能在七弦琴上弹出美妙的声音，乔尔乔涅则是著名的琵琶手……在他们身上可看到高贵的心灵和优雅的情操……我们也许可以称之为"绅士艺术家"。[2]

在威尼斯没有待多久，1500年，达·芬奇就返回了故乡佛罗伦萨。此时，美第奇家族已被赶下台，佛罗伦萨恢复了共和国。但回到家乡的达·芬奇没有感到一丝的亲切。分析其中的缘由，主要是他所亲近和熟悉的人或去世或年世已高。比如他的老师韦罗基奥已去世；他所熟知的吉兰达约、

---

[1]　乔尔乔·瓦萨里.意大利艺苑名人传:第三部分引言1.转引自剑桥艺术史:1.苏珊·伍德福特，主编.罗通秀，等，译.北京:中国青年出版社，1994: 471.

[2]　苏珊·伍德福特，等.剑桥艺术史:1.罗通秀，等，译.北京:中国青年出版社，1994: 471.

波拉尤奥洛也已作古；波提切利也已步入了晚年。当时已有名气的年轻艺术家米开朗琪罗与达·芬奇不和，甚至带头指责他对自己的故乡缺乏情感；再加上萨沃纳罗拉[1]起义期间，财富和艺术被视为洪水猛兽，在"打到黄金和珠宝，打到华丽装饰"的口号下焚烧艺术品等行为使社会气氛恐慌、忧郁沉闷；还有和自己父亲关系疏离；这一切使达·芬奇备受压抑，更无心创作。此间的画作只有绘制于1501年的《纺纱圣母》和接受佛罗伦萨圣母修道院委托而绘制的祭坛画《圣母与圣安娜》，但后者只完成了素描。压抑的心情使他对绘画产生了反感，甚至他一看到画笔就恼火。于是，他再一次离开了佛罗伦萨，于1502年春天去了罗马，接受切萨雷·波尔查[2]的邀请，到他所统治的城市当建筑师和总工程师。在此期间，他不但完成了复杂的筑城工程，还进行了自己喜爱的科学研究。同时，他还结识了佛罗伦萨著名的政治家——尼古洛·马基雅弗利，并与之成为莫逆之交；后由于不满波尔查安排他到军中充任军事技师而离开。

　　1503年佛罗伦萨与比萨发生战争，故乡的需要使他再次回到佛罗伦萨。这次在故乡，他一面负责着运河和港口的建筑工程，一面进行着巨大的艺术创作。由于马基雅弗利的推荐，他被市政委员会委派绘制佛基奥宫（旧宫）执政厅的壁画《安加利之战》（1503），同时，米开朗琪罗被委派在其对面的墙上绘制《卡辛纳之战》。1503—1506年，达·芬奇完成了传世之作《蒙娜丽莎》。但他画的《安加利之战》出了问题。在画这幅画时，达·芬奇使用了自己发明的油画颜料，并采用直接将颜料涂在墙

---

[1]　萨沃纳罗拉（1452—1498年），多名我会会士，1494年领导佛罗伦萨市民起义，赶走了美第奇家族，恢复了共和国，并进行了多项改革。根据多名我会清贫生活的主张，他将金银珠宝、艺术品看作奢侈品，认为书籍很乱道德，因此，很多都被焚毁，这对佛罗伦萨的文化造成了严重的破坏。后来，他被开除教籍，1498年被执行火刑。

[2]　萨雷·波尔查，以暴君和嗜权著名。他是教皇亚历山大六世的私生子，16岁依父之势当上枢机主教；22岁免其父圣职，并谋杀其兄长，夺取了教皇区军事力量。他是马基雅维利《君主论》中的主人翁。

上的技法。可是新颜料出了问题，画作绘成不久，画面便开始变色。这给达·芬奇带来了很大的麻烦。佛罗伦萨相关委员会责成达·芬奇解决这个问题，并为其提出了三种解决方案：修理原画、重画一幅、退还画款。因双方达不成和解，委员会对达·芬奇施加了很大的压力。恰在此时，米兰的法国总督查理·安布瓦斯请达·芬奇再回米兰工作。为了让佛罗伦萨放人，总督答应只聘达·芬奇三个月，三个月之后达·芬奇回佛罗伦萨解决问题。但米兰当局根本没有让达·芬奇再回佛罗伦萨的打算。当佛罗伦萨当局来信催达·芬奇回去解决纠纷时，查理·安布瓦斯将此事告知了法国国王。为此，路易十二召见了意大利驻法大使，并明确表示，达·芬奇要留下来为他工作，于是，达·芬奇就成了路易十二宫中的画师与技师。

1506 年，达·芬奇再次踏上米兰的土地，直到 1513 年才离开。作为技师，在这段时间里，他几乎把精力和时间都用在了水利工程方面的设计和大量的科学研究上。研究的内容广而杂，其中包括几何学、机械学、地质学、气象学、宇宙学、数学、天文学、气象学等，他还特别注重了在人体解剖学方面的著述。也许正因为如此，他才很少进行艺术创作。这段时间里，他的画作主要有：作于 1506 年的《丽达与天鹅》、1506—1511 年的《德里乌契将军骑马像》、1507—1508 年的《圣母、圣子圣安娜与圣约翰》、1510—1515 年的《酒神》、1508—1512 年的《圣母与圣安娜》和《施洗者约翰》等。

在动荡的年代，哪里才是能安心从事研究和艺术创作的地方呢？或许 1506—1511 年的米兰是达·芬奇内心所期望的地方。但是随后的动乱打破了他的期望。意大利和德国、瑞士结成反法同盟，结果，1512 年年底，武装占领米兰的法国被赶出，斯福查家族的统治恢复。达·芬奇以为战事已结束，可以安全地留在米兰了。但随后的动乱再次打破了他的幻想。于是 1513 年，应教皇朱良诺·美第奇的邀请，达·芬奇去了罗马。当时的罗马正在进行大规模的建设，意大利很多艺术家都在这里为罗马教廷服务，其中包括布拉曼特、米开朗琪罗、拉斐尔等。达·芬奇本以为在罗马终于可以发挥自己的才干了。不想，却因他严谨的画风不符合罗马教廷和贵族追求宏伟、赏识壮丽的口味而得不到重用。虽然如此，但这却给了他专心进行科研的时间。他经常到医院去解剖尸体。可是因为受到嫉才者的中伤，甚至污蔑，加上当时很受教皇宠爱的拉斐尔的谗言，他解剖尸体的研究也被禁止。更不幸的是，他的一个爱徒为维护他的名誉，以自杀表示抗议；另一个爱徒也离开了他，投到了拉斐尔门下。达·芬奇的处境、伤心和痛苦可想而知。在这样一种心境下，为了生活，他往来于罗马和佛罗伦萨之间，直到 1516 年。

1515 年 9 月 17 日，法国再次占领米兰。应法国国王法兰西斯一世（1494—1547）的邀请，1516 年达·芬奇去了法国，并带上了全部笔记、画稿和《圣约翰》、《圣母子与圣安娜》、《蒙娜丽莎》等画作，随行的还有他的两个爱徒梅尔兹和萨莱。当时意大利的文艺复兴运动已传到法国，法国人对学习意大利先进文化的热度不断升温，因此，对达·芬奇这位杰出的意大利艺术家的到来，法国人，特别是艺术家，表现出了极大的热情。法兰西斯一世更是把达·芬奇奉为座上客，授予他首席画师、工程师和建筑师的称号，赐予他 100 艾扣的养老金和位于国王夏宫旁边的一个小城堡克鲁。达·芬奇终于结束了漂泊的生活。关于达·芬奇的到来对法国的影响，苏联美术史学家拉扎列夫有这样的描述："对法国社会，他就好像是自然界的最完美的创造物，是文艺复兴的全面发展的人的活生生的体现。国王以及廷臣模仿他的衣服、剪头发的样子，蓄须髭，在宫廷的谈话中更常常说出意大利语，'神圣的'芬奇的名字曾经挂在大家的嘴边。"[1]

在法国，达·芬奇过着安逸的生活，并享有巨大荣誉；据说阿拉贡的红衣主教路伊琪曾亲自寻访过他，更有国王法兰西斯一世的尊敬和关怀；据说王宫和达·芬奇住处之间建有一条地下通道，国王会时不时地向他请教。但任何荣誉都不能消除他对祖国的思念和不能用自己的才干为祖国服务的遗憾。他虽然不停歇地工作着，进行宫殿设计，拟制运河灌溉体系，整理手稿，与梅尔兹和萨莱一起进行科学研究，但仍不能减弱他的思乡之情。他忙碌而投入地工作着，却很少作画，这正是其复杂心情的体现。心情的沉重，忙碌的工作，使他的身体迅速衰老。本来在意大利他就已患了中风病，右手开始麻木。幸好他是个左撇子，他便以左手仍然不懈地继续投身在工作中。1519 年 4 月 19 日，他病情加重，5月 2 日，这个意大利文艺复兴的巨匠满载着终生的荣誉客死他乡，终年67 岁。法兰西斯一世很是挂念达·芬奇的病情，据说，他是在法兰西斯一世的怀中离世的。法国绘画大师安格尔（1780—1867）于 1818 年根据自己的想象所画的《达·芬奇之死》，就反映了这感人而痛心的一幕。达·芬奇死后，他的学生梅尔兹悲痛地写道："列奥纳多的逝世是每一个人的损失……大自然没有能力重造这样一位伟人了。"[2]瓦萨里对达·芬奇的评价更加全面：

列奥纳多的逝世使所有认识他的人都无比悲痛，他在绘画史上的崇高地位是无人可敌的。他光彩照人的形象给每一个忧郁的灵魂带来慰藉，他辩才无碍的风度让每一个固执的心灵为之折服。他身强力壮，可用右手弄弯铁制门环或马蹄铁，仿佛它们是铅制的一般。

---

[1] 转引自赵海江.文艺复兴时期的艺术大师.北京：中国人民大学出版社，1992：56.

[2] 转引自吴泽义.文艺复兴时期的美术.长春：吉林大学出版社，1986：100.

他广交朋友，无论贫富，只要拥有智慧和才华，他就会引为同道中人。他的慷慨大度温暖了所有朋友的心，他的作品会让最简陋、最萧条的房间熠熠生辉。因此，正如列奥纳多的诞生给佛罗伦萨带来巨大的财富一样，他的去世给佛罗伦萨带来不可估量的损失。[1]

美国大学者房龙赞扬他："充实的一天赢得一夜安眠，多才的一生换来幸福的长眠。"[2] 19世纪的法国艺术史家丹纳在其著名的《艺术哲学》中评价道：

> 只有一个列奥纳多·达·芬奇走在时代之前，他发明一切近代观念和近代知识；他是个包罗万象、精湛无比的天才，永远不满足的孤独探险家；他的预见超过他的时代，有时竟和我们的时代会和。[3]

从丹纳的评价中，我们似乎找到了为什么达·芬奇生命的大部分时间是在15世纪，他的绘画作品也主要是在15世纪完成的，可无论是当时的艺术史学家瓦萨里，还是后世艺术史学家们都把他看作16世纪文艺复兴盛期的代表人物这一问题的答案。难怪房龙称他为"展示未来的预言人"[4]。

对于达·芬奇一生的研究和创作实践，有的研究者将其分为两个阶段：以1482年为界，之前为其创作活动的早期，之后则为其艺术创作和科学研究的成熟期。也有的研究者按其移居的城市，将其大体分为三个时期：

---

[1] 乔尔乔·瓦萨里.意大利艺苑名人传：巨人时代 上册.刘耀春，等，译.武汉：湖北美术出版社，长江文艺出版社，2003：12.
[2] 亨德里克·威廉·房龙.房龙文集：天堂对话.张文，等，译.北京：北京出版社，1999：574.
[3] 丹纳.艺术哲学.傅雷，译.南京：凤凰出版传媒集团，江苏文艺出版社，2012：77.
[4] 亨德里克·威廉·房龙.房龙文集：天堂对话.张文，等，译.北京：北京出版社，1999：562.

第一佛罗伦萨时期（1466—1481）为第一个时期，即早期；第一米兰时期和第二佛罗伦萨时期（1482—1505）为第二个时期，即盛期；第二米兰时期（1506—1513）为第三个时期，即晚期。

（2）达·芬奇笔记

天才的达·芬奇达有着众多的梦想。他想成为工程师，想做一个军事家，还希望成为音乐家、数学家、哲学家、建筑师……他当过宫廷的司仪官，当过宫廷节日庆典的主持人，做过庆典晚会的总导演、编剧、作曲家、服装设计师和舞美设计师等。他有过千百个发明计划，但由于人的生命和力量的限制，很多计划最终流产。为了挣得更多的时间，达·芬奇出奇地刻苦勤勉，可谓惜时如金。他不停地进行着研究、创作和发明，却无奈地感慨道："我不曾被贪欲或懒散所阻挠，阻挠我的只是时间不够。"[1]达·芬奇挤时间也像他搞科研一样，他发明了一种分段睡眠法，后被人们称为"达·芬奇睡眠法"。这种方法就是通过对睡与不睡的硬性规律性调节，挤出更多的时间，提高时间的利用率。具体做法就是每工作4小时睡15分钟。这样一昼夜花在睡眠上的时间不足1.5个小时，从24小时中竟被挤出了22.5小时。这样的时间利用率对现代人而言简直是无法想象的。据说，医学界研究证明"达·芬奇的睡眠法"具有其可行性；并且认为该睡眠法不仅能满足机体代偿功能的需要，而且还预示着利用人体生理潜能的广阔发展前景。据说，意大利一个生理学家用"达·芬奇睡眠法"对一位航海运动员进行了长达两个月的试验。后经测试，该运动员的逻辑思维和记忆运算能力丝毫未受影响。还有一个画家曾亲自

---

[1]　达·芬奇.达·芬奇论绘画.戴勉，编译.桂林：广西师范大学出版社，2003：125.

做过"达·芬奇睡眠法"的试验，并获得了成功。结果由于挤出来的时间太多，竟然无法打发，所以他便又恢复 8 小时的正常睡眠。在这样一种睡眠法下，达·芬奇可以说是在昼夜不停地工作着，用"工作狂"这样的词甚至都不足以形容他忘我工作的精神。以现代人的感受，他简直就是一个"拼命三郎"。

这个"拼命三郎"有自己宏伟的计划。据说，他 30 岁左右开始记录自己艺术创作的心得和科学研究的成果。他准备出版三部著作：《绘画论》、《力学》和《解剖学》。虽然这没能实现，但他却给人类留下了 15000 多页（原本有上万页，现存的 7000 多页，一说为 6000 多页）的笔记手稿。达·芬奇的手稿以三种形式存在：作者去世后编纂的装帧好的集子，仍保持原样的手写笔记，以及一些单页。达·芬奇的笔记主要集中在两个时期：1480—1500 年和 1500—1519 年。这些手稿在达·芬奇去世后由他的弟子梅尔兹继承，但由于各种原因，后来散落各地。现在手稿主要有：收藏在伦敦大英博物馆的《阿兰道手稿》、收藏在米兰安布罗鸠图书馆的《大西洋手稿》、收藏在伦敦维多利亚与亚伯特博物馆的《佛斯特手稿》、收藏在杜林皇家图书馆的《鸟类飞行手稿》、收藏在马德里国家图书馆的《马德里手稿》、收藏在梵蒂冈教皇宫的梵蒂冈图书馆的《提福兹欧手稿原稿》、收藏在巴黎法兰西学院的《巴黎手稿 A》和《巴黎手稿 B》、收藏在巴黎国家图书馆的《阿士伯罕手稿》和收藏在温莎皇家图书馆的《莱切斯特手稿》，即以收藏人命名的《汉莫手稿》。《汉莫手稿》于 1994 年被比尔·盖茨以 3000 万美元购得，并被恢复了它的原名《莱切斯特手稿》。另外，世界的其他城市也收藏了一些手稿或残篇。1651 年，法国出版商拉斐尔·杜弗里森把达·芬奇手稿整理、编辑并成书出版。这本书即是《达·芬奇笔记》，它帮助更多的人了解达·芬奇笔记的主要内容。

麦克·怀特分析了达·芬奇 1480—1500 年的笔记认为，这段时间达·芬奇学习古典的倾向非常明显。达·芬奇于 1478 年开始学习拉丁文。初学之时，虽然困难重重，但他仍然边学边读，"坚持到底"，并"利用自学得到的语言能力简述自己的新发明，努力抄写从米兰图书馆或买或借的书籍的原稿"[1]。从这一时期达·芬奇的试验和记录中，我们也发现了他思想上的转变。他最初认为古人的知识研究使自己这个"宴会上"的迟到者的研究受到了限制。但学习了拉丁文、读了古典著作之后，他深深感到"长久以来，竟有这么多未知或被误解的事物"[2]。麦克·怀特分析认为，"正因为这样的困惑及渴望知道'一切'的心态，达·芬奇决定'修正'人类牛步化的进展"[3]。或许也正是因为这样的心态，他"学习的触角也渐伸到各个领域。他不但发明许多东西，也在当时科学所知的范畴中做过无数次实验"。麦克·怀特还总结了他在《巴黎手稿B》、《大西洋手稿》、《马德里手稿》、《莱切斯特手稿》中记载的发明，指出"这类发明包括：用来清理壕沟的手杖、可在镜中重复影像的八角镜、可调整灯光的桌灯、折叠家具，以及一组可因相对重量而自动打开的自动门"[4]。在笔记中还有这样的纪录，"不休不止地找出如何放置炸弹与堡垒之法，如何建造菲拉拉塔而不须装上透气孔，如何将三角形变成四方形"[5]，等等。总结达·芬奇这段时间的笔记还可看出他的两个最喜爱的主题，军事工程和声乐研究及乐器制造。达·芬奇之所以最喜爱这两个主题，一方面是因为在当时意大利内外动乱的局势下，各城市国家都非常注重对军事力量的发展；另一方面是因为米兰的大公斯福查是个很喜欢音乐的人。正如麦克·怀特所言："他希望借此致富

---

[1] 麦克·怀特.达·芬奇科学第一人.许琳英，等，译.北京：中国人民大学出版社，2011：153.
[2] 转引自达·芬奇.大西洋手稿.见麦克·怀特.达·芬奇科学第一人.许琳英，等，译.北京：中国人民大学出版社，2011：153.
[3] 麦克·怀特.达·芬奇科学第一人.许琳英，等，译.北京：中国人民大学出版社，2011：153.
[4] 麦克·怀特.达·芬奇科学第一人.许琳英，等，译.北京：中国人民大学出版社，2011：154.
[5] 麦克·怀特.达·芬奇科学第一人.许琳英，等，译.北京：中国人民大学出版社，2011：154.

并作为进入米兰上流社会的敲门砖。"[1]当然，音乐也是他个人的兴趣，他也希望通过研究音乐和制造乐器得到尊重或赞助。

他对军事器具的兴趣后来就变成了一种迷恋，一直持续到老。在笔记中我们还可以看到军鼓的素描，"一台机械装置，这台器械可使用六根棍子打击鼓，一边发出低沉的鼓声随着军队前进"；还可以看到"大炮与臼炮电池的素描、可发射连发炮弹或特别设计的抛射体与多发弹弓"，"水肺、攻塔用汲水机器、将热油洒向敌人脑袋的有效方式，以及摧毁攻城的云梯技术"。[2]在这之中，最重要的一项发明则是坦克（装甲兵车）（图38）。

达·芬奇对声乐的研究和乐器的制造，因个人的喜爱早于1481年以前就开始了，他之所以能够引起斯福查的注意，主要是"因为他美妙的歌喉与制造乐器的能力"。他到米兰之初的身份就是专业音乐家或音乐教师。瓦萨里有这样的记载，米兰

公爵对竖琴美妙的音色情有独钟，他举行盛大的竖琴演奏会，希望大师能当面为他演奏。于是，列奥纳多带去了自制的乐器，一把几乎全由白银做成的马头形竖琴。这种新式设计使音色更显清亮，他也借此在会上技压群芳。[3]

查尔斯·尼科尔在《达·芬奇传记》中提到，在《巴黎手稿A》中有达·芬奇画的"奇异的乐器，如绞弦琴、齐特琴、大键琴、金属鼓等，

---

[1] 麦克·怀特.达·芬奇科学第一人.许琳英，等，译.北京：中国人民大学出版社，2011：154.
[2] 麦克·怀特.达·芬奇科学第一人.许琳英，等，译.北京：中国人民大学出版社，2011：155.
[3] 乔尔乔·瓦萨里.意大利艺苑名人传：巨人时代 上册.刘耀春，等，译.武汉：湖北美术出版社，长江文艺出版社，2003：6.

这些乐器都设计得十分巧妙”[1]。可惜，这些乐器的模型和制造品都没能保留下来。

这段时间，达·芬奇还对亚里士多德的世界本原为土、水、空气和火这四元素的整体混合和无动力推动者的概念，进行了整体论的探究。由于他特别注重观察和科学实验，所以他的许多方面的研究都带有对古典知识的批判。比如，他从观察涟漪或水波现象出发，认为

> 土块撞击土块的现象，只能产生部分作用；水被水撞击后会使涟漪围着中心扩大；声音借着空气旅行到更长的距离，光则更有甚之，而心智可达“宇宙”之中；但心智仍是有限的，它也无法拥抱无尽。[2]

从这段笔记中可以看到，达·芬奇在整体论上接受了亚里士多德的一些观点。他们都认为土地中的波的运动方式、声音在空气中的流动、火焰产生的光和热都是有限的。所不同的是，亚里士多德认为由人的心智创造出的思想之波是无限的，达·芬奇却认为，人的心智也是有限的，它无法穿透无穷。由此可以看出，达·芬奇的整体论把人看作宇宙整体的一部分，其运动也是有限的，它无法穿透无穷的大自然。再如，对人和地球的认识。最初达·芬奇认为

> 古时候的人都称人是世界的缩影，这样的说法也确实恰如其分。因此，人正是由土、水、空气和火这些元素所构成的，人的身体就像是地球：比如说，人体靠骨骼支撑捍卫肉体，地球则有岩石作为

---

[1] 查尔斯·尼尔科.达·芬奇传：放飞的心灵.朱振武，等，译.武汉：长江文艺出版社，2006：148.

[2] 达·芬奇.笔记原稿H.转引自麦克·怀特.达·芬奇科学第一人.许琳英，等，译.北京：中国人民大学出版社，2011：168.

骨架；人体内有一潭血液，肺部随着呼吸在身体里起伏；地球的身体也是有海洋和潮汐的，每6个小时要循环一次，于是地上潮起潮落——就好像世界在呼吸一样。

同时，他又跳出古典的思想，认为人体和地球还是有区别的：

> 血液是人体的根源，它通过静脉网络流过全身；海洋是地球永远不枯竭的水源，它通过江河湖泊灌溉地球的身体。地球的身体之所以没有筋腱，是因为筋腱是专门为了运动而存在的，这个世界通常处于静止状态，没有什么运动发生。正因为如此，地球不需要什么肌肉，不过就其他而言，身体与地球的确非常相似。[1]

再如，关于人的视觉，达·芬奇最初也接受古代关于视觉是因微粒从眼中释放出来的理论，但后来他的阐述却又充满了对此观点的批判。他首先从光速有限这样的观点出发，认为

> 当眼睛想要观看物体时无法进行得像太阳般快速。眼睛一看见太阳，就必须追寻并永远保持从眼睛到太阳间的不间断线条，并在太阳与眼睛间形成如金字塔的底座与顶峰的形状。如果真是如此，视觉会包括上百万个世界，这将不够在反射中使用。如果光穿行空气如香味一般，风可能会把它带到其他地方。事实上，我们看见巨大太阳和1厄尔（一种测量单位）之距物体的速度一样，而视力也不会被风吹走或被其他物体阻挠。[2]

---

[1]　达·芬奇.达·芬奇笔记.杜莉，编译.北京：新星出版社，2010：181.

[2]　达·芬奇.阿士伯罕手稿.转引自麦克·怀特.达·芬奇科学第一人.许琳英，等，译.北京：中国人民大学出版社，2011：169—170.

据说，为了对眼睛的作用和视觉进行研究，他甚至做过将眼睛的标本放在蛋白水中煮熟的实验。最后，他最终摒弃了眼睛放射微粒产生视觉的古典理论，而根据光波的作用和光在不同表面的反射，阐明了自己的"和前人的发现有天壤之别"[1]的论点。他写道：

> 眼睛有一个中心线，物体若以这条中心线进入眼睛，就可以被清楚看到。有无数线条环绕这条中心线，越偏离中心线，用处也越小。[2]

麦克·怀特甚至赞赏"他几乎是第一个描述立体视觉感的人"[3]。从笔记中我们还看到，这段时间达·芬奇的相关研究还包括：光的传导和折射、水波的特质、声音的频率与声源的关系、物体的运动及力和能量的关系；达·芬奇还提出了"运动是每日生活的理由"的名句。这段时间，达·芬奇还有许多如降落伞、机械化车辆、唧筒、挖掘机等机械技术方面的发明。同时，他也开始了关于人体方面的研究。在研究的过程中，达·芬奇特别强调科学实验的作用。正如贡布里希所言：他"从不盲从仅仅耳闻而未经目验的东西，每当他遇到问题时，他不是依赖权威，而是通过实验加以决解"[4]。这种科学实验的方法后被伽利略发展，又经英国的弗兰西斯·培根加以理论总结，成为近代自然科学研究的最基本方法。分析达·芬奇15世纪90年代的笔记，麦克·怀特认为，他在此阶段的记录和观察，为他晚期的实验与实际应用奠定了基础。[5]

达·芬奇第二个时期（1500—1519）的笔记与第一个时期的一样，

---

[1] 达·芬奇.原稿 t.转引自麦克·怀特.达·芬奇科学第一人.许琳英，等，译.北京：中国人民大学出版社，2011：162.

[2] 麦克·怀特.达·芬奇科学第一人.许琳英，等，译.北京：中国人民大学出版社，2011：163.

[3] 麦克·怀特.达·芬奇科学第一人.许琳英，等，译.北京：中国人民大学出版社，2011：163.

[4] 贡布里希.艺术发展史.范景中，译.天津：天津人民美术出版社，1998：160—161.

[5] 麦克·怀特.达·芬奇科学第一人.许琳英，等，译.北京：中国人民大学出版社，2011：164.

内容相当庞杂，但主题更加集中和突出。这些主题主要集中在解剖学、地质学、地理学、天文学和飞行学等方面。在达·芬奇所研究的科学中，解剖是他最执着的一项研究，而这一研究的基础和前一阶段整体论的研究是分不开的。我们已知道，关于人体的研究是达·芬奇整体论研究的重要内容，而随着他的解剖学的进展，他对其所接受的古典思想的看法有了很大的改变，并提出了一些影响后世科学的论断。例如，查尔斯·尼科尔介绍说：

在藏于温莎皇家图书馆的三页纸张上，他描绘了8幅关于头颅的习作，有侧面图、截面图，还有从上方斜看头骨的图……不同的习作选取不同的角度——有的画脸部的血管，有的表示眼眶和颚骨之间的关系，还有的是俯瞰颅骨的空腔，描绘了颅内的神经和血管。[1]

虽然达·芬奇本想通过头颅的解剖寻找亚里士多德理论中的"各种感觉交汇之所"，即人的灵魂所在之处。[2]但这些素描和把蜡灌进头颅的实验，使他了解的却是头颅内沟槽及其起伏、大脑皮层皱褶的轮廓。通过对眼睛的解剖，他画出了视神经的分叉，以及视神经交叉处的细节。这使他正确了解了视觉神经与大脑的关系，从而使他在这个问题上最终与古典观念分道扬镳。达·芬奇人体解剖素描还包括人体结构、骨骼、神经的轮廓等。在综合研究的基础上，达·芬奇得出了这样的结论：

---

[1] 查尔斯·尼尔科.达·芬奇传：放飞的心灵.朱振武，等，译.武汉：长江文艺出版社，2006：224.

[2] 查尔斯·尼尔科.达·芬奇传：放飞的心灵.朱振武，等，译.武汉：长江文艺出版社，2006：224.

肌肉中的神经对肌腱的作用就好像士兵服务于他的领队；肌腱对于直觉来说，就好像领队服务于他们的长官；直觉对于灵魂而言，就好像长官效忠于他们的君主。[1]

达·芬奇之所以采用这样的叙述方式，是因为古代人对神经系统了解的缺失，使他没有更合适的词来说明自己的意思。虽然如此，但这样的用当时欧洲人最熟悉的等级关系的叙述方式，简明形象地指出了神经与肌腱、直觉与灵魂的关系。同时他还形象地说明了神经的传导："树状的神经从大脑与颈背向下延伸，沿着骨髓分布到手臂和脚上。"[2]在达·芬奇的素描中对人体内脏器官的素描是很重要的内容，这包括心、肝、胃、肺、肾、脾脏的解剖图。在研究中他写道："心脏……是肥厚肌肉的脉管，正如其他肌肉一样凭借动脉、静脉而存活、茁壮"，"心脏靠自身运动，而且至死方休"。[3]他还做了灌蜡模型，他观察到：在右心室肌肉腱与索之间有一些小脉管

……它们环绕着最微小、最不易察觉到的神经（在这里指的是腱）而且和它们交织在一块儿。这些肌肉本身也可以延展和缩小，它们坐落在这些迅速流动通道肌肉的微小索（腱的一部分）当中，并在索流向尖瓣薄膜之前流出与流入。[4]

[1]　达·芬奇.达·芬奇笔记.杜莉，编译.北京：新星出版社，2010：124.
[2]　达·芬奇.巴黎手稿 B.转引自麦克·怀特.达·芬奇科学第一人.许琳英，等，译.北京：中国人民大学出版社，2011：244.
[3]　达·芬奇.达·芬奇原稿 G.转引自麦克·怀特.达·芬奇科学第一人.许琳英，等，译.北京：中国人民大学出版社，2011：250.
[4]　达·芬奇.达·芬奇原稿 A.转引自麦克·怀特.达·芬奇科学第一人.许琳英，等，译.北京：中国人民大学出版社，2011：249—250.

虽然达·芬奇没能发现心脏如何将血液经由循环系统输入全身，但他却为英国医生哈维的发现打下了基础。另外，他还研究了肺和呼吸系统的功能、胃和消化系统的功能。为了探索人的来源，他还进行了人的生殖系统及胚胎学方面的探索。当然，其中也不乏错误的结论。例如，在食物消化动力的问题上，他还未跳出古典知识的范畴，认为食物消化的动力来自于肺的呼吸作用。他还认为

> 如果人类心不甘、情不愿地完成性交，那么，所生下的小孩就会躁动、缺乏信心。但如果性交是双方在爱与欲望下发生的，那么，生下的小孩就会很聪明、有智慧、充满活力并具有仁慈之心。[1]

这些非科学的结论与当时科学发展水平、宗教、社会思想等方面的限制不无关系。我们知道，基督教禁止研究人体，更不要说对尸体进行解剖了；社会上也认为解剖是巫师的行当，从而歧视这一行为；再有，当时没有能长期保持尸体的办法，解剖尸体的条件非常恶劣；因此，达·芬奇都是在夜深人静后，走后门进入停尸间。对此他说：

> 你说亲眼看着解剖学家挥刀，胜过于看着一堆草图。假如真的能够用一具死尸，就能观察到这些书里所论证的一切，那你就说对了。然而，只用一具死尸，就算你使出所有的本领，也不过只能看到或认识少数的几条静脉，而我呢，为了对这些血管拥有实际而完整的知识，已经解剖了不下十具死尸，把各种器官全都加以分解，把包括这些静脉的即便是最微小的肉屑，也都剔除干净，而且除了

---

[1] 麦克·怀特.达·芬奇科学第一人.许琳英，等，译.北京：中国人民大学出版社，2011：247.

毛细血管那些几乎感觉不到的出血之外，我还没有造成这些静脉流血。而由于这一具死尸耐不住那么长时间，所以我又必须要使用多具尸体分阶段进行解剖才能得出研究的结论，并获取完整的知识。因此，为了了解各种差异，我还是把这个重复做了两遍。

你可能对这个科学感兴趣，但也可能因为厌恶和恶心而止步。即使你没有被这些吓到，你可能也不敢在漫漫长夜里与那些被切成四等分的、被剥了皮惨不忍睹的死尸为伍；如果这些都吓不到你，你还是没有能力学好，因为素描技巧确实是从事这种示范工作不可或缺的本领；即使你掌握了素描技巧，也不一定就能结合透视学的知识；即使结合了，你也还可能不懂得几何学的方法，或是对肌肉、强度的估算方法；另外，你也还可能欠缺耐心，这样就无法坚持不懈了。而上述这些是否在我身上得以发现，我所撰写的那一百二十卷书就足以裁定这个答案是'是'还是'否'了。[1]

关于地理学方面的研究，达·芬奇最大的兴趣是水。他曾写了一本《雨之书》，讨论了雨的形成。他认为："雨水是太阳热气所导致的水汽，它们上升到重量变得和'发动力'等重时，就会中止。"[2]他还特别注意了云在雨形成中的作用。他认为："云是由散布在空气中的各种湿气遇冷所集结形成。"[3]他说：

　　云团常乘风飘荡，从一个地区飘向另一个地区，云团越积越重，

---

[1]　达·芬奇.达·芬奇笔记.杜莉，编译.北京：新星出版社，2010：147.
[2]　转引自麦克·怀特.达·芬奇科学第一人.许琳英，等，译.北京：中国人民大学出版社，2011：258.
[3]　转引自麦克·怀特.达·芬奇科学第一人.许琳英，等，译.北京：中国人民大学出版社，2011：258.

最终形成大雨；如果太阳的热量使得火元素的动力增加，把云团继续抬得更高，到达更冷的地区，这样就结成了冰雹。

他还认为，

　　和支持云团中的雨水同样的热量把大量的水从山底下往上抬，积存在山顶内部，水从一些裂口不断流出，形成河流。[1]

这一河流形成的观点，使达·芬奇完全拒绝了关于河水来自海洋的古典之说。达·芬奇把水看成地球的血液，认为水塑造了整个世界，帮助了文明的诞生。他更把对水的研究和工程学结合起来。例如，他曾参加了佛罗伦萨改变亚诺河河道的工程设计。按设计，这工程可分为两部分：一是亚诺河下游的改道，这是个纯粹的军事战略工程，目的是切断比萨的出海口；二是改造佛罗伦萨西部的整个河道，使其变得更加有利于航行。

　　鸟和飞行，对达·芬奇来说是两个密不可分的问题。正如麦克·怀特所言，他一直思考"如何将一辈子对鸟类的飞行的着迷，转为决定掌控人类飞行的技术"[2]。达·芬奇怀着对鸟的喜爱，曾长时间在托斯坎尼隆和巴迪乡村观察鸟的飞行，并研究鸟飞行的动力。他曾计划写一本《鸟论》的书。据麦克·怀特说，该书包括空气阻力、鸟类与羽毛的解剖、飞行时羽毛的运动和尾巴与翅膀的作用四章。[3]但最终完成的只是一本共有18页的《鸟类飞行手稿》。这部手稿有鸟类飞行的研究和素描图。达·芬奇画着这些图，对鸟的依恋和羡慕之情与日俱增，或许他的心也

[1]　达·芬奇.达·芬奇笔记.杜莉，编译.北京：新星出版社，2010：188.
[2]　麦克·怀特.达·芬奇科学第一人.许琳英，等，译.北京：中国人民大学出版社，2011：268.
[3]　麦克·怀特.达·芬奇科学第一人.许琳英，等，译.北京：中国人民大学出版社，2011：274.

飞向了蓝天，于是也就有了达·芬奇对飞行器的构想和设计。看看《手稿》中的部分内容。关于鸟飞行的动力和鸟对动力的驾驭，达·芬奇写道：

> 鸟类飞行时挥动翅膀……它会抬高肩膀并朝自己的方向挥动翅膀尖端，最后把空气集中在翅膀尖端和胸部之间，张力因此而生，而鸟也开始飞高。
>
> 当风开始迫使鸟类进入其动力中心的轨道时，鸟类会将其背髓对准风的方向，如果下方的风比上方的强，鸟类就会上下颠倒，除非它及时而且迅速将翅膀放低已延伸较高的翅膀，如此才能回到平衡姿势。[1]
>
> 通过震动翅膀产生的推动力可以使其在下降的过程中不断扇动翅膀而滑翔好远，就是这个原理。[2]
>
> ……一只欲降低飞行的鸟会从侧面下降，下降路线为 ab 线，然后它会转身，面向 ab 的位置，以同样的倾斜度下降，然后再转身直到到达它想达到的高度上。当北风吹过，小鸟面朝东方，使其尾巴在背风的位置，这也就意味着鸟打算通过控制尾巴及倾斜身体，借助风力呈环形上升；风让小鸟部分旋转，其结果，就是风的阻力在尾巴上的部分被打破。这种情况在小鸟转身面向风的时候发生。随后，当风转向西方，小鸟受到风的冲击，开始继续它环形的运动……
>
> 当北风吹时，小鸟欲飞向东南方向。如果风是干燥的热风，则小鸟会降低向南的翅膀以求得风的冲力。在这种情况下，小鸟会朝向南方，小鸟的头部保持低位，因此它的飞行方向即是东南方。[3]

---

[1] 转引自麦克·怀特. 达·芬奇科学第一人. 许琳英，等，译. 北京：中国人民大学出版社，2011：274.

[2] 达·芬奇. 达·芬奇笔记. 杜莉，编译. 北京：新星出版社，2010：279.

[3] 达·芬奇. 达·芬奇笔记. 杜莉，编译. 北京：新星出版社，2010：281.

关于小鸟的肌肉与飞行：

　　……鸟类的肌肉比人类的肌肉更加强壮有力，因为鸟类胸部有众多的肌肉，其全部力量使得翼翅的运动增强，并与胸骨构成一体，从而使其具有更强大的能力，翼翅布满坚实的肌腱和强韧的软骨带，皮肤与各种肌肉厚实地连接。

　　……如此巨大的力量是作为应付异常情况下翼翅支持自身的力量而储备的，在逃避跟踪者、进行袭击、捕食猎物时，鸟都需要使其运动能力增大两三倍。此外，鸟在空中飞行时常会用爪子抓住与其自身重量差不多的猎物；人们经常能看到小鹰抓住鸭子，老鹰抓住兔子，这些情况充分表明，鸟类有时需要消耗超额的力量。鸟只需要微小的力量就能做到在空中停留和依靠翅膀保持平衡，并在风流中拍打翅膀等运动，翅膀的轻微运动就足以导航。鸟越大，运动得就越慢。[1]

关于蝙蝠的薄膜骨架：

　　请记住，你设计的鸟正应模仿蝙蝠，因为蝙蝠以薄膜作为骨架或者说作为骨架的联结，也就是翅膀的骨架。

　　倘若你模仿有羽毛的鸟翼，这结构上更加强而有力，因为这样的飞翼能穿风，也就是羽毛被分开让风穿过，蝙蝠则用薄膜把飞翼连成一体，空气穿不过。[2]

[1]　达·芬奇.达·芬奇笔记.杜莉，编译.北京：新星出版社，2010：283.
[2]　达·芬奇.达·芬奇笔记.杜莉，编译.北京：新星出版社，2010：285.

从这几段话中，可清楚地看出，达·芬奇研究鸟的翅膀，就是为了设计人类的飞行器。他很明确地说："解剖蝙蝠，仔细研究，找蝙蝠的模型设计飞行机。"[1]杜莉翻译的《达·芬奇笔记》选了达·芬奇设计的八九种与飞行有关的机械图，其中在关于降落伞的图旁边，达·芬奇这样说：

> 如果有一个人有一个麻制的缝隙全部缝合的帐篷，并且那帐篷有12意尺宽，12意尺长，那么有了这个帐篷，这个人可以从任意高度向下坠，而且不用受伤。[2]

麦克·怀特也提到一幅图和达·芬奇的描述相似：

> 携带这个袋子的人，从6厄尔（7米）的高度，摔落到水中或地表不会受伤；这个袋子绑在一起就像是念珠的珠子，一个个环绕在一块，因此，如果你摔落了，你的臀部在接触到地表时已有双层袋子帮你承受住。[3]

在一幅类似直升机的图，旁达·芬奇写了a、b、c三段话：

> a，让螺丝钉的外部末端呈现不锈钢的金属线，并且从圆周到中心的距离为8意尺。b，我发现这个由一个螺丝钉制造的装置非常好，也就是说建造所用的线，已经用淀粉封住了其所有的微孔，并且旋

[1]　达·芬奇.达·芬奇笔记.杜莉，编译.北京：新星出版社，2010：285.
[2]　达·芬奇.达·芬奇笔记.杜莉，编译.北京：新星出版社，2010：79.
[3]　麦克·怀特.达·芬奇科学第一人.许琳英，等，译.北京：中国人民大学出版社，2011：272—273.

转自如，据称，这个飞行器会在天空中呈螺旋状飞行，并且飞得很高。c，上面提到的这个结论，它的线应该是又长又粗的藤。你可以用一个小的纸板作为模型，用良好的钢条作为轴心，并用力气使其弯曲，当力量消失、钢条得到释放的时候，螺丝就会开始旋转。[1]

在设计飞行器的时候，他甚至想到了如何让驾驭者在飞行器里"保持身体的自由"。他写道：

> 一个飞行机里的人，腰部以上的身体应保持自由，像在小船上一样使自己维持平衡。这样就能使人的重心与机器的中心相互补偿，通过阻力中心的改变，以满足移动的需要。[2]

关于达·芬奇对自己的飞行器是否进行过飞行测试的问题，查尔斯·尼科尔提到了他在《都灵抄本》中的一段话，"这只大鸟将会在大西塞罗山背部上方进行首次飞行，它会让宇宙充满奇迹，让所有的叙事都载有它的名望，给它诞生的巢穴带来永恒的荣耀"[3]。查尔斯认为，"这只大鸟"就是达·芬奇制造的飞行器。但这一具有重大意义的事件，并没有单独的记录和相应的佐证材料，因而，查尔斯推测：这次试验不是一个隐瞒很深的秘密，就是此事没有发生过。[4]而麦克·怀特则认为达·芬奇没有留下任何关于飞行测试的记录。[5]

---

[1]　达·芬奇.达·芬奇笔记.杜莉，编译.北京：新星出版社，2010：284.

[2]　达·芬奇.达·芬奇笔记.杜莉，编译.北京：新星出版社，2010：288.

[3]　查尔斯·尼尔科.达·芬奇传：放飞的心灵.朱振武，等，译.武汉：长江文艺出版社，2006：367.

[4]　查尔斯·尼尔科.达·芬奇传：放飞的心灵.朱振武，等，译.武汉：长江文艺出版社，2006：367.

[5]　达·芬奇.达·芬奇笔记.杜莉，编译.北京：新星出版社，2010：273.

达·芬奇在其他科学领域的研究也获得了很大的成功。例如，在天文学方面，他提出地球并不是太阳系和宇宙的中心，它只是围绕太阳运转的一颗普通的行星，而太阳本身是不运动的；月亮自身并不发光，它的光来自太阳。在他的笔记中可读到这样的话：

地球既不是太阳系的中心也不是整个宇宙的中心，而是位于和它同级的星群的中心，并与这些星群合为一体。如果站在月亮上，当月亮和太阳都在我们脚下，我们会看到我们的地球被水覆盖，就像看我们站在地球上看月亮一样，地球也会朝我们发光。[1]

这一研究成果不仅为天文学的研究打下了坚实的科学基础，而且也批判了经院哲学强调的"地球中心说"的理论。达·芬奇甚至制造过利用太阳能的装置。在物理学方面他的发明和发现就更多了。例如，他在研究中重新发现了阿基米德的液压概念，提出了连通器的原理，并以实验加以证明：同一液体在连通器中液面的高度相同，不同液体在连通器中液面的高度不同，结论为液体的高度与密度成反比。他还研究了抛射物体的运动，提出了抛射物运动的三部曲：第一，沿倾斜的直线上升；第二，在引力和冲力的合力下作曲线位移；第三，由于冲力耗尽，在引力的作用下呈直线运动。抛射物三部曲运动的规律，也是他综合研究液体的运动、空气力的波及声波定律、光的反射等方面所受到的启发。因此，他使用了关于"冲力的"学说来解释。

总之，从达·芬奇手稿丰富多彩的内容中，我们寻到了他进行科学研究的轨迹和众多超前的科学研究成果。从中我们也感受到了达·芬奇

[1] 麦克·怀特.达·芬奇科学第一人.许琳英，等，译.北京：中国人民大学出版社，2011：172.

极为广泛的爱好和不断求新的科学精神。正是代表着文艺复兴时代的精神培育了达·芬奇。而达·芬奇的聪明、智慧和不断探索的努力，又使他成了体现文艺复兴时代精神的最优秀的大师级的代表人物。

（3）《绘画论》

《绘画论》是达·芬奇手稿的重要内容，也是手稿中对绘画集中论述的部分，其中的大部分内容写作于 1490—1513 年。1550 年，《绘画论》手稿的持有者梅尔兹开始组织和参与手稿的编纂工作，但由于各种原因，编纂工作没有完成，只留下一部初稿，这就是此后人们所指的《绘画论》。梅尔兹去世后，达·芬奇的手稿，包括《绘画论》散落各地，散落的手稿共有 5000 多件。达·芬奇去世后，由于他在绘画方面的巨大威望，其《绘画论》的各种抄本就开始流传。1651 年，杜佛列涅编印的《绘画论》抄本在巴黎刊行。1817 年，梅尔兹参加编纂的《绘画论》初稿在乌尔宾诺图书馆重新被发现，并被初次印行，这就是《绘画论》的乌尔宾诺稿本。据统计，乌尔宾诺稿本中

　　　　有 2/3 的内容在现存手稿中已不可寻，余下的 1/3，跟手稿对比后，发现相差很少，证明抄录者十分忠实于原稿，于是乌尔宾诺稿本就成为达·芬奇大部分画论笔记的重要文献。[1]

《绘画论》的内容大致由两部分组成，即美学理论和绘画基础。美学理论主要讨论绘画的性质、绘画与现实的关系、绘画与其他艺术的比

---

[1] 达·芬奇.达·芬奇论绘画：编译者序.戴勉，编译.桂林：广西师范大学出版社，2003：3.

较及达·芬奇对绘画的深刻理解。绘画基础主要是指绘画的技术与技能，即如何将透视学、光影学、人体比例、解剖学、人体动作和表情及自然现象等知识与绘画结合。可以说，这一部分是达·芬奇以科研指导绘画，将科研成果融入绘画的实践体验。从我国学者编译的《绘画论》看，达·芬奇的《绘画论》共有十章，具体内容为：绘画与其他艺术的比较，画家守则，透视学，光、影、色，比例与解剖，动作与表情，素描与构图，衣服，树木与草地，风光与自然现象。

在第一章绘画与其他艺术的比较中，达·芬奇断言"绘画是一门科学"。首先他指出了真科学的两个条件，一是"一切真科学都是我们感官经验的结果"；二是一切真科学都能像数学一样严密论证，因为"它们极其正确地处理不连续量与连续量"[1]。在这里它使用了亚里士多德的数字为不连续量、几何为连续量的概念。其次，他还指出绘画科学有两条原理。绘画的第一条原理是"绘画科学首先从点开始，其次是线，再次是面，最后是由面规定中的形体。物体的描绘，就此为止"。这里明确指出了绘画的数学内容。"绘画的第二条原理，涉及物体的阴影、物体靠此阴影表现"[2]，在这里，我们又看到了绘画科学是"感官经验的结果"。从科学的条件论证了绘画是一门科学后，达·芬奇又从绘画与诗、与音乐、特别是与雕塑的比较中，对绘画是一门科学进行了具体的阐述。

在阐述画与诗的比较时，达·芬奇主要从事实与语言的关系、想象与实在的关系、名称与形态的关系、伦理哲学与自然哲学的关系、整体与部分的关系及二者作用于感官的关系等方面进行。在事实与语言关系的比较中，他说：

---

[1]　达·芬奇. 达·芬奇论绘画. 戴勉，编译. 桂林：广西师范大学出版社，2003：2.
[2]　达·芬奇. 达·芬奇论绘画. 戴勉，编译. 桂林：广西师范大学出版社，2003：2，3.

在表现言词上，诗胜画；在表现事实上，画胜诗。事实与言辞之间的关系和画与诗之间的关系相同。由于事实归肉眼管辖，语言归耳朵管辖，因而这两种感官之间的相互关系也同样存在于各自的对象之间，所以我断定画胜过诗。[1]

在想象与实在关系的比较中，他说：

想象所见的及不上肉眼所见的美妙，因为肉眼接收的是物体实在的外观或形象，通过感官传给知觉……诗在诗人心中或想象中产生……而想象的形象却不能用眼看到，只在黑暗的心目（指心灵的眼或内心的眼——引者）中产生。在黑暗的心目中想象一盏灯火，与用眼睛在黑暗之外的的确确看到灯火，两者相差多么悬殊！[2]

在名称与形态关系的比较中，达·芬奇写道"绘画包罗自然的一切形态在内……诗人除事物的名称以外一无所有，而名称不及形态普遍"，因为诗人"拥有表现的结果，我们则拥有结果的表现"。[3] 在对绘画与诗所包容的哲学内涵比较中，达·芬奇认为：

如果诗包容伦理哲学，绘画则研究自然哲学。假如诗歌描写精神活动，绘画则研究反映在人体动态上的精神活动。倘若诗以地狱的虚构使人惊恐，则画的描绘也不在其下。[4]

---

[1] 达·芬奇. 达·芬奇论绘画. 戴勉, 编译. 桂林: 广西师范大学出版社, 2003: 7—8.
[2] 达·芬奇. 达·芬奇论绘画. 戴勉, 编译. 桂林: 广西师范大学出版社, 2003: 8.
[3] 达·芬奇. 达·芬奇论绘画. 戴勉, 编译. 桂林: 广西师范大学出版社, 2003: 9.
[4] 达·芬奇. 达·芬奇论绘画. 戴勉, 编译. 桂林: 广西师范大学出版社, 2003: 10.

关于整体和部分的比较，达·芬奇认为：

> 诗人表现的人体与画家表现的人体之间的差别，犹如被肢解的身躯与完整的身躯之间的差别。因为诗人在描写人体的美或丑的时候，只能够零零碎碎告诉你，而画家则能同时而完整地表现它。诗人不能用文辞表达整体的各个部分的真实形状，画家则能够以只有自然才能办得到的真实性表现它。

绘画的整个画面"同时间射进眼帘"，因而也就

> 均匀地产生了一种和谐，而诗人在表现任何美丽的事物时，"不同部分在不同时间分别叙述，以致记忆中感受不到任何谐调。[1]

谈到二者作用于感官的比较时，达·芬奇特别强调视觉的优越。他认为眼睛

> 乃是心灵的要道，心灵依靠它才得以最广泛、最宏伟地考察大自然的无穷作品。耳朵则居次位，它依靠收听肉眼目击的事物才获得自己的身价。[2]

他解释说：

> 绘画能将艺术家的意图立刻展示给你，并且一如自然创造的任

[1] 达·芬奇. 达·芬奇论绘画. 戴勉，编译. 桂林：广西师范大学出版社，2003：15，11—12.
[2] 达·芬奇. 达·芬奇论绘画. 戴勉，编译. 桂林：广西师范大学出版社，2003：9.

何事物一样，给予最高贵的感官以同等的快感。诗人利用了较为低级的听觉传达一件事，给耳朵的快感并不比听一篇普通介绍更多。[1]

他还赞扬绘画说：

它令你生爱，使你所有的感官和眼睛同样渴望占有它，仿佛一切感官群起与眼睛竞争，嘴巴像是要把它整个吞下，耳朵喜听人谈沦（论——引者）它的美，触觉似乎要把它从毛孔吸收进去，鼻子则不断呼吸它散发的气息。[2]

通过解读达·芬奇对诗与画的比较，我们看到，他认为绘画至少在6个方面优于诗歌。

达·芬奇对绘画与音乐的比较主要集中在寿命的长短、视觉与听觉的高低及内容与变化的多少上。他说：

音乐只能是绘画的妹妹，因为它依赖次于视觉的听觉。音乐的和声产生于同时响出的、合乎比例的各部分的联合。它们势必在一种或多种和声的节奏中生灭……

他强调绘画

驾凌音乐，因为它不会生方即死，像可怜的音乐一般。相反，

---

[1]　达·芬奇.达·芬奇论绘画.戴勉，编译.桂林：广西师范大学出版社，2003：11.
[2]　达·芬奇.达·芬奇论绘画.戴勉，编译.桂林：广西师范大学出版社，2003：12—13.

它经久不变，虽然事实上受限在一个平面上，但却栩栩如生。[1]

他还特别强调说"能使最高感官满意的事物价值高，因为绘画使视觉满意，所以比只能满足听觉的音乐高贵"；"最能经久的事物最可贵，音乐方生即死，故比不上绘画重要，画幅上了亮油之后便能永久不坏"。[2]在比较内容和变化时他说：

> 内容丰富而又变化多样的东西，可以说最为优秀。绘画能够创造自然中存在与不存在的现象，因而较其他各种操作为优，较单靠人声的音乐赢得更多的赞扬。[3]

在画、诗与音乐的比较中，他虽强调绘画优于诗与音乐，但同时也承认它们有各自的特点，甚至有优于绘画的地方。比如，他认为"在想象的自由方面，诗人可与画家比肩"，因为"这是绘画最薄弱的一面"。[4]同时，由于达·芬奇精通音乐，所以在三者的比较中，他偏爱音乐，并将它提到了诗歌之前：

> 音乐家也以各种声部组成流畅的旋律，安排在和谐的节奏之中，诗人却无力达到类似和声的和谐。虽然诗与音乐同样经由听觉抵达知觉的中心，但诗人无法同时叙述不同的事物，因此也不能提供任何类似于音乐和声的东西。绘画的和谐比例，由各个部分在同一时间组合而成，却具有这样的能力，并且它的优美无论是整体或是细部都可同时观看。从整体看，是看它的构图思想，从细部看，是看

---

[1]　达·芬奇. 达·芬奇论绘画. 戴勉，编译. 桂林：广西师范大学出版社，2003：13，14.
[2]　达·芬奇. 达·芬奇论绘画. 戴勉，编译. 桂林：广西师范大学出版社，2003：14.
[3]　达·芬奇. 达·芬奇论绘画. 戴勉，编译. 桂林：广西师范大学出版社，2003：14—15.
[4]　达·芬奇. 达·芬奇论绘画. 戴勉，编译. 桂林：广西师范大学出版社，2003：16.

它组成整体的各部分之意图。由于这些原因，诗人在描写有形物体方面远不及画家，在描写无形物体方面又难望音乐家之项背。[1]

在三者的比较中，达·芬奇还特别在意关于"机械艺术"的问题。文艺复兴之前，在欧洲历史上，绘画一直受到鄙视，被归入了"机械艺术"；画家和雕塑家则被视为工匠，与手工业者为伍；但逻辑学、修辞学、诗歌、算数、几何、天文学和音乐却被归入"自由艺术"；诗人和哲学家则是宫廷中的座上客，其社会地位高于绘画和雕塑。达·芬奇对此种思想进行了反驳。他说如果

绘画是一种机械艺术，因为它依靠双手来完成，那么你们必须承认音乐须依赖口腔完成，而口腔也同样是一种器官，这时，口不替味觉工作，正如手也不为触觉工作一样。

他甚至以质问的口吻说：

文辞本不及事实重要，但是你们各门科学的作家，在表达你们心中的思想时不也和画家一样，用手抄写的么？[2]

对于诗人，他说：

如果因为绘画是手艺，需要手画出想象中的东西，而把它叫作

---

[1] 达·芬奇.达·芬奇论绘画.戴勉，编译.桂林：广西师范大学出版社，2003：15—16.

[2] 达·芬奇.达·芬奇论绘画.戴勉，编译.桂林：广西师范大学出版社，2003：14.

机械的，那么……诗人同样也用手中的笔书写……想象的内容。[1]

艺复兴时期，随着社会关系的重大变化、文化的发展、艺术的繁荣，造型艺术作品越来越被社会认可、接受和收藏，成为特殊的商品。很多画家和雕塑家更把科学研究引入作品之中，为此他们之中的很多人成了多才多艺的人。他们对数学、几何学、解剖学、冶炼和铸造的精通更加推动了日后实验科学的发展。在这样的情况下，画家和雕塑家们"自然不能忍受卑微的社会地位，起来反抗旧的传统观念。达·芬奇为绘画的辩护就反映了当时艺术家们的呼声"[2]。也正因为如此，所以达·芬奇极力强调绘画的科学性和创造性。他进一步说：

> 画家是所有人和万物的主人，假如画家想见到能使他迷恋的美人，他有能力创造他们。假如他想看见骇人的怪物、滑稽可笑的东西，或者动人恻隐之心的事物，他是他们的主宰与创造主。假如他愿意创造荒无人烟的地区，炎热气候中的浓荫之地或寒冷天气中的温暖场所，他也全能办到。要山谷，他可创造山谷；要想从高山之巅俯览大平原或瞭望海的水平线，他是主人；若想从深谷仰望高山或从高山俯视溪谷和海滨，他也是主人。事实上，由于本质、由于实在、由于想象力而存在于宇宙间的一切，画家都可先将其存之于心中，然后再表之于手。他并且把它们表现得如此卓越，可以让人在一瞥间同时见到一幅和谐匀称的景象，如同自然本身一般。[3]

[1]　达·芬奇. 达·芬奇论绘画. 戴勉，编译. 桂林：广西师范大学出版社，2003：9.
[2]　达·芬奇. 达·芬奇论绘画. 戴勉，编译. 桂林：广西师范大学出版社，2003：1—2.
[3]　达·芬奇. 达·芬奇论绘画. 戴勉，编译. 桂林：广西师范大学出版社，2003：12.

对于绘画与雕塑的比较，达·芬奇首先为雕塑定位，认为它"不是一门科学，而是一项最最机械的手艺，因为它使雕塑家满身大汗，浑身疲劳"[1]。也就是说，雕塑不仅属于简单手工劳动，而且还属于体力劳动。其次，他从作品的效果、寿命长短、工作方式等方面将二者进行了比较。他列出了绘画需要表现出的 10 项效果：光亮、暗影、色彩、体积、外形、位置、远、近、运动与静止。而雕塑只需要一半。[2]对于二者作品的寿命，他承认雕塑比绘画能"更经久"，但同时他又说"只要在搪瓷和陶瓦上作画，送进窑里煅烧……同样可以使绘画经久不变"[3]。在工作方式上，他认为雕塑要靠"劳力操作"；而绘画则要构思，因而以"研究为多"。他还以浅浮雕和全浮雕作品为例进行了分析，认为它们的区别首先在于浅浮雕比全浮雕"耗费的体力操作少，但要付出的研究工作多"；其次在于"浅浮雕要求构思"要"利用透视学"。[4]

为了更有说服力，他对浅浮雕进行了具体分析：在创作浅浮雕时，"需要研究第一平面内的物体与第二平面内的物体之间距离的比例，以及第二平面内的物体与第三平面内物体之间距离的比例，以此类推"，制作浅浮雕作品就要"精于透视"。得出的结论是浅浮雕"更接近绘画"。[5]在画家和雕塑家的对比中，达·芬奇认为，画家为智者，他们"运用智力来学习光、影和透视，要把自己化身为自然"；而雕塑家的"工作较机械，花脑力较少"；"雕塑家总是把材料往下削，画家则总把材料往上添，并且雕塑家总削一种材料，画家则添上不同的材料"。[6]在比较中，他更强调了绘画和雕塑在创新性和知识性上的差别：

[1]　达·芬奇.达·芬奇论绘画.戴勉，编译.桂林：广西师范大学出版社，2003：17.
[2]　达·芬奇.达·芬奇论绘画.戴勉，编译.桂林：广西师范大学出版社，2003：18.
[3]　达·芬奇.达·芬奇论绘画.戴勉，编译.桂林：广西师范大学出版社，2003：19.
[4]　达·芬奇.达·芬奇论绘画.戴勉，编译.桂林：广西师范大学出版社，2003：19.
[5]　达·芬奇.达·芬奇论绘画.戴勉，编译.桂林：广西师范大学出版社，2003：19.
[6]　达·芬奇.达·芬奇论绘画.戴勉，编译.桂林：广西师范大学出版社，2003：21.

绘画显示的第一个奇迹乃是物体从墙壁或其他平坦的表面上凸出，使得精于判断者上当，因为事实上并无凸起。在这方面，雕塑家只不过按物体之本来面目雕塑作品。由于这个原因，画家需要研究伴随光线的阴影，雕塑家不需要这一学问……

画家必需的第二门大学问乃是以细致的研究估计光和赢得正确的数量和质量，雕塑的光影则得之于自然。

第三乃是透视，一门要求深奥计算和发明的数学研究，它利用线条使近物显得远，使小物显得大，在此雕塑又得天助，无须雕塑家再作发明。[1]

在对绘画和雕塑的比较中，虽然达·芬奇也承认雕塑"是一门极有价值的艺术"，但很明显的是，他将其归入了"机械艺术"之中。面对绘画这门真科学，雕塑只能甘拜下风。如果说在与诗歌和音乐的比较中，达·芬奇强调绘画的优势，具有反抗旧传统观念的意义，反映了当时地位低的造型艺术家们的呼声，那么，在这里，达·芬奇所作的绘画优于雕塑的强势结论，一方面使我们看到了作为画家的他对自己事业的热爱和执着，但也不免带有自负之嫌；另一方面也折射出他在与当时雕塑家的代表人物——米开朗琪罗之间竞争中所表现出的个人情绪。

在第一章中，达·芬奇从论述和比较的角度阐述了绘画的真科学性，在接下来的第二章中，达·芬奇则论述了画家应该如何掌握这一科学。应该说，这是达·芬奇从学习到创作的亲身体会。它包含了少年训练、理论与实践、画家的精神生活、记忆力和想象力的锻炼、多才多艺、不拘前人绳墨而师法自然、相互观摩和自我批评，以及道德规范。对少年

---

[1] 达·芬奇.达·芬奇论绘画.戴勉,编译.桂林：广西师范大学出版社,2003: 23.

应该怎样掌握绘画这门科学，他特别提出了"五步"和"两阶段"的学习方法。"五步"为

先学透视，再学万物的比例，而后临摹名家的作品，借以养成画好人体各部分的习惯，再继之以自然作品的临摹，以巩固所学的课业。经常观摩各大师的作品。此外，务须养成将所学用之于实践，用之于工作的习惯。[1]

"两阶段"的第一阶段是夯实基础。这需从临摹和素描入手，描绘画面的各个细部，并将其牢记于心，练习纯熟。而当"练熟了你的手和判断时，你就会在不知不觉之间，已落笔神速"，而自然进入第二阶段。第二阶段既要勤奋练习，又要循序渐进，不得跳过，即"先求得勤奋勿贪图捷径""否则就虚耗光阴，徒然延长了学习年限"[2]。

对理论与实践的理解，达·芬奇的名言是"科学是将领，实践是士兵"；他把理论比作罗盘和船舵，没有它们，水手"永远拿不准船的去向"。[3]谈到绘画理论，他特别强调"透视学乃是引向理论的向导和门径，少了它，在绘画上将一事无成"[4]。掌握了绘画基础，练就了"落笔神速"的本领，有了理论的指导，这对于画家，特别是"一位高明的画家"来说还远远不够。要驾驭绘画这门真科学，画家还必须具有坚强的心理素质和素养；要有宽而深的知识面，超强的记忆和丰富的想象能力；要有耐住寂寞，虚心学习，专心努力工作和知难而进，冲破传统，敢于创新的精神；更要有良好的社会道德。这是此章后几项内容的要点。这些要点应该说是达·芬

---

[1]　达·芬奇.达·芬奇论绘画.戴勉，编译.桂林：广西师范大学出版社，2003：25，27.
[2]　达·芬奇.达·芬奇论绘画.戴勉，编译.桂林：广西师范大学出版社，2003：25—27.
[3]　达·芬奇.达·芬奇论绘画.戴勉，编译.桂林：广西师范大学出版社，2003：27，28.
[4]　达·芬奇.达·芬奇论绘画.戴勉，编译.桂林：广西师范大学出版社，2003：28.

奇对其作为科学家和艺术家的生活体验和成功经验的总结。他提醒画家们，要想成为"高明的画家"，就要"发挥对各种事物的观察能力"，"应当独身静处，思索所见的一切"，并"亲自斟酌，从中提取精华"；"画家还需要那些应当归入绘画之中的数学知识"；所研究的问题中"哪一个更难研究，对之紧追不舍，直到彻底清楚为止"。[1] 画家还必须有自己的乐趣和爱好，这就是"绘画科学的神圣性质，将画家的心灵变得和神灵的心相仿佛"。而具体的乐趣和爱好便是

> 画家自由地思考着多种多样事物的产生，如动物、植物、果实、风景、田园、山坡，以及使人见了可怖可惊的地方；还有那些可喜的场所，那里有不遭暴风雨而又微风吹拂、开遍各色鲜花的草地；还有那从高山倾泻而下的河流，势如洪水，挟着连根拔起的树木、岩石、树根、泥土和泡沫，卷走一切不愿自身破灭而拼命挣扎的东西。同样（画家的心）能创造暴风雨的海洋，在那里，海水和狂风激战，跃起傲慢的巨浪，它落下时就击毁那些正在浪底作恶的风，把风包围、囚禁，击碎和分裂它，把它与污浊的浪沫混合起来。这样，怒海方才平息。但有时它被风击败，逃离海洋，向邻近海角的高岸突进，翻过山巅，落入另一侧的溪谷里。这时海水一部分化成飞沫，变成风暴的战利品；一部分逃脱风的掌握，化为阵雨落归海中；一部分却落在高高的海角上，大肆破坏，冲走一切抗拒自己灭亡的东西，时时遇到另一股迎面而来的巨浪，互相搏击，飞入天空，将大气充满混乱的、泡沫的雾气，这雾气又被风击碎在海岬边缘，产生了北风追逐的乌云。[2]

---

[1]　达·芬奇.达·芬奇论绘画.戴勉，编译.桂林：广西师范大学出版社，2003: 28, 29.

[2]　达·芬奇.达·芬奇论绘画.戴勉，编译.桂林：广西师范大学出版社，2003: 30.

在达·芬奇心中，画家的创造力就是如此巨大，而这也就是他心目中画家的乐趣，画家精神生活的寄托。而画家要有如此创造性的乐趣，就必须要具备极高的记忆力和丰富的想象力。为此，他为画家提供了不少成功的锻炼方法，如以娱乐式的画线比棍儿法锻炼判断力，以睡前醒后回忆法锻炼记忆力，以观察墙上的污渍斑促进想象能力和思想的发明等[1]。不难看出，这些都是达·芬奇的经验之谈。

进行各种锻炼是为了达到多才多艺，这是名画家不可缺少的条件，也是绘画的需要。因为"绘画……包罗自然万物，包罗人们一切偶然的动作，总之，包罗目所能见的一切"；而画家的任务是要将它们"表现得同样出色，同样完美才行"，所以画家们必须知晓人体的一般比例，了解各类体型的特征，了解温度和阳光，了解人的动作和精神活动，总之，要了解"所能见的一切"。[2]达·芬奇还特别指出，"只要知道方法，多才多艺是件易事"[3]。如果说多才多艺是画家所必须具备的技能，那么，"不拘前人绳墨，而应师法自然"[4]则是要求画家要有强大的、超前的、创新的精神。"不能超越师傅的徒弟是可怜的"[5]，这是达·芬奇的又一名言。他本身就是一位值得赞扬的青出于蓝而胜于蓝的伟大践行者。特别值得称道的是，他的勇超前人的思想竟来自于读史。他列举了罗马人以后的绘画，由于

他们彼此抄袭，以致艺术不断衰落，一代不如一代，直到佛罗伦萨人乔托出来，才不满足于模仿他的老师契马布埃。乔托出生

[1]　达·芬奇.达·芬奇论绘画.戴勉，编译.桂林：广西师范大学出版社，2003: 30, 31.
[2]　达·芬奇.达·芬奇论绘画.戴勉，编译.桂林：广西师范大学出版社，2003: 33, 34, 35.
[3]　达·芬奇.达·芬奇论绘画.戴勉，编译.桂林：广西师范大学出版社，2003: 35.
[4]　达·芬奇.达·芬奇论绘画.戴勉，编译.桂林：广西师范大学出版社，2003: 35.
[5]　达·芬奇.达·芬奇论绘画.戴勉，编译.桂林：广西师范大学出版社，2003: 36.

在荒僻山区，其间只有山羊之类的走兽出没。但自然将他引向艺术，他开始在山岩上画下他所看管的山羊的动态，继而描画在山村中所能见到的一切动物，就是这样经过了长年研究之后，他不仅超过了当代画家，也超过了过去几个世纪以来所有的画家。但后来人有专门抄袭既成的画，画艺再次衰落，江河日下。直到佛罗伦萨的托马索，别号叫马萨基俄（马萨乔——引者）的出来，才以他精湛完美的作品表明那些乐意把随便什么奉为典范，唯独排斥自然——一切大师的主人，是何等的徒劳无功……一味崇拜权威而不师法自然，那就不是自然——一切优秀作家的主人的儿子，只能说是它的后代。有些人专门攻击他人师法自然，偏偏放过那些本身就是自然的学徒的权威，真是何等愚蠢![1]

超越前人、超越师傅，最重要的就是要以自然为师，唯有如此，才能创造性地走出自己的道路。在创造性的道路上，虚心学习、自我批评在达·芬奇看来是创作一流作品的法宝。学习绘画"合群比单独强"，合群有利于虚心学习。它可以使羞耻成为"奋发的动力"；使绘画者因嫉妒而"力求""备受赞扬"；向"比自己高明的人"学习绘画方法，使自身得益。[2]虚心学习还表现在"虚心听取任何人的评语"和"他人的忠告"[3]，这既可以使自己发现自身作品中的缺点，也可以使自己在对旁人作品的评论中找出错误，从中得益。他还以教导的口吻说：

应当耐心听取他人的意见，认真考虑指责你的人是否有理。如

[1] 达·芬奇.达·芬奇论绘画.戴勉，编译.桂林：广西师范大学出版社，2003：36.
[2] 达·芬奇.达·芬奇论绘画.戴勉，编译.桂林：广西师范大学出版社，2003：37.
[3] 达·芬奇.达·芬奇论绘画.戴勉，编译.桂林：广西师范大学出版社，2003：37.

果他有理，你就修正自己的错误。如果他理亏，只当没听见。若他是一个你所尊敬的人，那么可以通过讨论，指出他不正确的地方。[1]

之所以虚心学习、自我批评，是因为画家往往"对别人作品的缺点易知，对自己作品的缺点难知"，"在批评别人作品小疵时，却遗忘了自己作品中的大病"。[2]要对自己的作品有正确的判断，就必须了解什么是"好的画"。一幅好画应"具有什么品质"呢？达·芬奇提出了5个条件：

第一，画中的动作是否与动作者的思想状态相适应；第二，阴影物体的凸现程度之多少应与距离相协调；第三，身体各部分的比例与全身的比例相符；第四，场所应符合其中的动作的礼仪；第五，人体各部分的布局应与所画的人的类型相配合，即修长的人应有修长的肢体，粗壮的人应有粗壮的肢体，胖者应有肥胖的肢体。[3]

达·芬奇还为怎样识别好画、怎样正确判断自己的作品提供了自己使用的好方法，如镜子映照与对比法、稍事休息法、站远欣赏法等。他认为画家要

养成灵活而良好的判断，因为良好的判断出自正确的理解，正确的理解来自以可靠的准则为依据的理性，而正确的准则又是可靠的经验，亦即一切科学与艺术之母的女儿。因此，你记住我的法则

---

[1] 达·芬奇.达·芬奇论绘画.戴勉，编译.桂林：广西师范大学出版社，2003: 37.

[2] 达·芬奇.达·芬奇论绘画.戴勉，编译.桂林：广西师范大学出版社，2003: 39.

[3] 达·芬奇.达·芬奇论绘画.戴勉，编译.桂林：广西师范大学出版社，2003: 38.

之后就能够凭着你改进了的判断识别一件作品中不论是透视、形象或其他方面的不协调之处。[1]

达·芬奇强调虚心学习和自我批评,目的在于强调画家只有有了好品质,才能画出好的作品。由此可知,在达·芬奇看来,美德是画家的立足之本。达·芬奇的道德观包括责任、诚实、荣誉和爱。他认为,画家的责任在于他必须自觉地创造"经年累月""精心琢磨"的好作品;而要出好作品,画家就必须真正"了解万物的形态",而不是"自欺欺人"、敷衍了事;画家必须珍视荣誉,"人的美德的荣誉比其他财富的荣誉不知大多少倍",每一个"追求美德"的人"决不会落空,决不会使你老来只剩下幻想和渺茫的希望"。[2]在《道德》篇的最后,达·芬奇提到,美德来源于"爱","大爱生于对所爱物的大了解,如果你不了解它,你便少爱,以至于不爱它"[3]。

《绘画论》的后几章,透视学,光、影、色,比例与解剖,动作与表情,素描与构图,衣服,树木与草地,风景与自然现象,其字里行间都反映了达·芬奇是如何进行绘画科研,又是怎样从事科研绘画的,可以说,是他将科学研究与绘画相结合的实践和经验的总结,也是我们通常所说的文艺复兴的艺术与科学联盟的最佳体现。随着章节的顺序,让我们走进他绘画科研相结合的实践中,以具体了解这位伟大的科学家和伟大的画家。

在第三章《透视学》中,达·芬奇开宗明义,首先指出了透视与绘画的关系:"透视学是绘画的缰辔和舵轮"。[4]他把透视学与绘画的关

[1] 达·芬奇.达·芬奇论绘画.戴勉,编译.桂林:广西师范大学出版社,2003:40.
[2] 达·芬奇.达·芬奇论绘画.戴勉,编译.桂林:广西师范大学出版社,2003:40,41,42.
[3] 达·芬奇.达·芬奇论绘画.戴勉,编译.桂林:广西师范大学出版社,2003:40,41,42.
[4] 达·芬奇.达·芬奇论绘画.戴勉,编译.桂林:广西师范大学出版社,2003:44.

系分为三个部分，也称三个分支：

> 第一个分支研究物体远离眼睛时看来变小的原因，称为缩形透视。第二个分支研究颜色离眼远去时变化的方式。第三，也就是最后一个分支，阐明物体何以越远越模糊。三个分支名称如下：线透视、色彩透视与隐没透视。[1]

他同时指出了透视对绘画效果的作用："透视有这样的性质，它使平的物体显出浮雕，而使浮雕物体显得平坦。"[2] 接着，他分别研究了透视学的三个分支。在线透视的研究中，他首先强调了透视学的科学性：作为绘画基础的"透视学不是别的只不过是关于肉眼功能的彻底知识"[3]。其次，达·芬奇研究了眼睛的功能。他认为"物体收敛入眼的线条延长，可使它交于一点，因此这些线条必定构成锥形"；并进一步解释说，可以"肯定一切物体都循着锥形的线将它们的形象传入眼睛"[4]，他还为此做了图解。最后，在此基础上，他研究了线透视，指出

> 线透视研究视线的功能，并借测量发现第二物比第一物小多少，第三物比第二物又缩小多少，依次类推到最远的物体。[5]

而这样的依次的缩小有着精确的数学比例：

---

[1]　达·芬奇.达·芬奇论绘画.戴勉，编译.桂林：广西师范大学出版社，2003：44—45.
[2]　达·芬奇.达·芬奇论绘画.戴勉，编译.桂林：广西师范大学出版社，2003：45.
[3]　达·芬奇.达·芬奇论绘画.戴勉，编译.桂林：广西师范大学出版社，2003：45.
[4]　达·芬奇.达·芬奇论绘画.戴勉，编译.桂林：广西师范大学出版社，2003：45—46，46.
[5]　达·芬奇.达·芬奇论绘画.戴勉，编译.桂林：广西师范大学出版社，2003：46.

几件大小相等的物体若第二物与第一物的距离等于第一物与眼睛的距离，则大小只有第一物体的一半，再者，第三物体（大小与前二物相等）距离第二物与第二物离第一物的距离相等，则大小只及第一物的三分之一，依次按比例缩小。[1]

对透视学中的数学，达·芬奇以5个数学名词——点、线、角、面和体——进行了表述，而这5个名词又是构成物体形态不可缺少的元素。为了进一步论证线透视的科学性，达·芬奇还做了大量的实验。例如，在两面距离为一腕尺（约合二市尺）的镜子中间放置一盏灯火，可以看到每一面镜子都有无数的灯火，挨次一个比一个小；在室内四壁之间放一盏灯火，可以看到壁上每一部分都将染上这盏灯火的像，并且一切对着火光的部分将被它照亮。根据这两个实验，达·芬奇得出的结论是，"日光透过一切物体，照进每一件物体最细小的部分，每一道光线都把光源的像传递给它的对象"[2]。他还提到了在被阳光照射的一个建筑的门面或是一个广场和田野，如果在它对面的一间住屋的背对太阳的外壁上钻一个小孔，通过小孔就会看到，该墙对面的墙壁上出现了"一如原样，只不过上下颠倒的"物体形象；而如果在同一面墙的几处地方钻上类似小孔，就会看到相同的结果。由此，他的结论是

一切物体都把自己的性质、形状和颜色的形象充满四周空气的每一部分……多种多样物体的像，穿过同一个小孔，各条光线在这里相交，使物体发射的锥形倒转，以至在小孔对面的黑暗的平面上

---

[1]　达·芬奇.达·芬奇论绘画.戴勉，编译.桂林：广西师范大学出版社，2003：46，46—47.
[2]　达·芬奇.达·芬奇论绘画.戴勉，编译.桂林：广西师范大学出版社，2003：48.

映出了上下颠倒的像。[1]

他还做了一个物体发射的像如何在眼内水晶体中相交的实验。以下便是他对这个实验的图解（图39）和说明：

设a、b、c、d、e为阳光照射下的物体，暗室正面有小孔m、n、s、t为一张纸，拦截物像的光线。物像是颠倒的，因为光线是直的，所以右边的a变成了左边的k，左边的e变成了右边的f。在瞳孔里也发生同样的过程。[2]

达·芬奇研究物体与眼睛距离的关系的结论是：同样的物体离眼睛的距离相同，则被眼睛判为大小相同；大小相同的物体由于离眼睛的距离不同而显得大小不同；大小不相同的物体由于离眼睛距离的不同可能显得大小相同；在高度相同的物体之中，离眼睛最远的显得最低；鸟沿着平行线飞行，离眼睛越近时似乎飞得越高，而离眼睛越来越远时，每飞一段，就好像飞低了一些。[3]研究了物体运行的速度与眼睛距离的关系，他指出：我们观看落雪的时候，会感觉近处的雪落得快，远处的雪落得慢，近处的雪似乎是连续的，像白线似的，远处的雪却是不连续的。[4]他用这些研究指导绘画，他说：

如果从绘画时采取的位置观看一件用透视描绘的物体，可以产生良好的印象。——如果你希望描绘一件远处的物体，使它产生自

---

[1] 达·芬奇. 达·芬奇论绘画. 戴勉, 编译. 桂林：广西师范大学出版社，2003: 49.
[2] 达·芬奇. 达·芬奇论绘画. 戴勉, 编译. 桂林：广西师范大学出版社，2003: 50.
[3] 达·芬奇. 达·芬奇论绘画. 戴勉, 编译. 桂林：广西师范大学出版社，2003: 52, 53, 54.
[4] 达·芬奇. 达·芬奇论绘画. 戴勉, 编译. 桂林：广西师范大学出版社，2003: 54.

然的印象，非使观画者站立的距离、眼睛的高度和视角正好就是你作画时采取的距离、高度与视角不可，否则你的透视势必显得错误，具备了只有在拙劣的作品里才能设想其存在的那一切虚假的外观和失调的比例。[1]

透视法与绘画的结合，使达·芬奇对透视学的研究更进了一步。他提出了简单透视和复杂透视、自然透视和偶然透视（也称人为透视）的概念。简单透视，就是利用艺术在一个各个部分和眼睛的距离都相等的表面上画的透视。复杂透视是在一个各个部分和眼睛的距离都不相等的表面上画的透视。自然透视就是同样大小的几个物体之间，愈远的显得愈小，反之，愈近的显得愈大，并且缩小的比例等于距离的比例。与之相反，偶然透视将不相等的物体放在不同的距离，将小的放近眼睛，而把大的放在这样一种距离上，使大的东西显得比其他的物体都小。达·芬奇分析其原因说，这就

在于作画用的壁面，因为这壁面和眼睛的距离一部分和一部分不同，这种壁面的缩小是自然的，但画在壁面上的透视却是偶然的，因为这透视画中没有一部分和这墙面实际的收缩相符。这就是眼睛离开某些距离观看这透视画的时候，只见画上的一切物体都显出一副怪相的原因。在上面定义了的自然透视里就不会发生这种情况。[2]

在做了这些分析之后，达·芬奇指出，在绘画中透视学实践可分为两种，第一种实践是眼睛在不论什么距离所见到的物体都按眼睛所见到

---

[1] 达·芬奇.达·芬奇论绘画.戴勉，编译.桂林：广西师范大学出版社，2003：54—55.
[2] 达·芬奇.达·芬奇论绘画.戴勉，编译.桂林：广西师范大学出版社，2003：56—57.

的情形缩小，也不强制人非站在一处不可，只要画面不把物体再次缩小；第二种实践是由一部分人为透视即偶然透视和一部分自然透视结合画成，依据它的法则绘制的作品没有哪一部分不受自然透视和人为透视的影响。[1] 在绘画实践中，达·芬奇写下了自己对这两种透视实践的理解：

> 自然透视指的是作画的平面上远的部分被迫比近的部分小得更多一些，虽然这表面的长边和宽边都是平行的。
>
> 偶然透视也就是人为透视，作用正好相反，它使相等的东西在像平面上缩小的程度随眼睛愈接近自然位置，愈接近像平面而愈增加，也随着物像所在的部分离眼愈远而愈增加。[2]

从达·芬奇运用线透视的实践中，我们可以看出，线透视的运用，使绘画中所显示的深远度更加科学和可信，也更加接近自然。但达·芬奇在绘画实践中发现绘画很难"显示出和自然物一般的浮雕"感。为此，他又把研究扩大到单眼透视、亮度和背景对透视的影响方面。而这些研究又把他引向了色彩透视和空气透视。

他推测，自然界物体色彩变化的原因在于"肉眼与物体之间的媒质"，他说"物体与肉眼之间的媒质愈厚，物体愈失去本来的颜色"[3]。于是他开始观察和研究空气与物体颜色变化之间的关系。研究首先从空气的蓝色从何而来开始。达·芬奇认为：

> 空气的蓝色来自于大地和上层黑暗之间的大块稠密的亮空气。

---

[1]　达·芬奇. 达·芬奇论绘画. 戴勉，编译. 桂林：广西师范大学出版社，2003：57.
[2]　达·芬奇. 达·芬奇论绘画. 戴勉，编译. 桂林：广西师范大学出版社，2003：57.
[3]　达·芬奇. 达·芬奇论绘画. 戴勉，编译. 桂林：广西师范大学出版社，2003：64.

空气本身没有色、香、味，而是类似于它后面的物体；

空气愈近地面，蓝色愈浅，愈远离地平线，蓝色愈浓；

如果介于一件黑色物体和肉眼之间的发亮大气愈厚，这物体显得愈蓝，这可从天空的颜色看到。

他还发现：

只要距离不大，湿气不过重，那么背后的黑暗愈深浓，蓝色就愈美观。因此可见，阴影最浓的山在远方呈现最悦目的蓝色，但是被照得最亮的部分只显示山的本来颜色，不显出介于眼睛与山之间的大气给予的蓝色。[1]

他还将这一研究与线透视结合起来，探讨了物体与肉眼之间的距离变化与色彩变化的关系，其写下的结论是：

介于肉眼与物体之间的透明媒质愈厚，此物体的颜色愈是转变为媒质的颜色；几种同样的颜色中间，离眼愈近的变化愈少；

比空气暗的物体愈远显得愈淡，比空气亮的物体离眼睛愈远显得愈不亮。[2]

这就是达·芬奇研究的"颜色透视"。从以上的内容可以看出，"颜色透视"不仅与距离有关，还跟空气密不可分，于是，达·芬奇的研究又转向了"空气透视学"。在这一研究中，达·芬奇涉及了物体的颜色

[1]　达·芬奇.达·芬奇论绘画.戴勉，编译.桂林：广西师范大学出版社，2003：64.

[2]　达·芬奇.达·芬奇论绘画.戴勉，编译.桂林：广西师范大学出版社，2003：65.

离眼睛多少距离时消失不见；远景呈现的蓝色；从高处眺望高的和低的物体，从低处看低的和高的物体；远处物体的轮廓；浓厚空气中所见的城市；浓密空气中所见的建筑等问题。他还对从高低处看物体做了图解说明。他告诉我们：

使物体颜色消失的距离很不一定，它随着一天中时辰的不同，也随着物体颜色的视觉形象在其中穿行的空气厚薄的变化而变；

远离眼睛的物体，不论颜色，凡是愈黑暗的就显得愈蓝；

当眼睛从高处望见山岳的高峰和山脚，则见山脚的颜色似比山顶之颜色远……因为见山脚时透过的空气比见山峰时透过的空气厚；

远处物体的底部轮廓不及顶部轮廓清楚。特别是山脉或丘陵。它们的山峰常以后面其他山峰为背景。它们上部的轮廓比下部的轮廓明晰；

眼睛俯视一个在浓厚空气中的城市，可见建筑的顶部比底部色重而清楚，并且这些房顶靠着亮背景，因为眼睛看见它们处在低处的厚空气中；

建筑物上透过最厚的空气见到的部分最不清楚，反之，透过最薄的空气所见到的部分最清楚；

空气愈稠密，城市中的建筑和田野里的树木愈见稀落，因为只是最高最大的能被见到；

黑暗以自己的颜色渲染一切物体，物体愈远离黑暗，我们愈能见到它们真实的天然的颜色。[1]

---

[1]　达·芬奇. 达·芬奇论绘画. 戴勉，编译. 桂林: 广西师范大学出版社，2003: 67, 68, 69, 70, 71.

达·芬奇边研究、观察，边将自己的发现运用到绘画实践中。例如，他提醒画家应注意"空气愈低愈厚，愈高愈稀"，因而

　　你若是打算将色彩变化或消退的透视学用到实际工作中，可到乡间，选取相隔一百步的地点，如树木、房屋、人或田野。取一片玻璃，牢牢固定其位置。眼睛也固定不动，观看第一棵树，在玻璃上按树的形状画一棵树，然后水平地移动玻璃使真树紧靠着你的图画，然后在你的画上着色，使两者色彩与形状都极其相像，以至闭上一眼看去，两棵树仿佛同是画在玻璃片上，并仿佛在同一距离。

　　用同样的法子描画纵深相距百步的第二棵树，第三棵树。这些图画能像助手与老师一样，帮助你画有关的图，并能使你画出的作品按正确的比例减退。[1]

在达·芬奇对色彩透视和空气透视的描述中，我们看到了他那极细致的观察能力和极准确的判断能力。

隐没透视研究的是物体在不同距离处的清晰度问题，即"阐明物体何以愈远愈模糊"的问题。从达·芬奇的笔记来看，隐没透视的研究结合了线透视、色彩透视和空气透视。他首先指出："距离、黑夜或眼睛与物体之间的雾气所造成的昏暗，使物体的边缘几乎不能从大气中区别开来。"[2]其次指出

　　每一种物体就它对眼睛的作用而言，有三个属性，即体积、形状和颜色。体积比之颜色或形状能在更远的距离外被分辨出来。其次，

---

[1]　达·芬奇.达·芬奇论绘画.戴勉，编译.桂林：广西师范大学出版社，2003：65.
[2]　达·芬奇.达·芬奇论绘画.戴勉，编译.桂林：广西师范大学出版社，2003：72.

色彩比形状可在较远处分辨。但此律不适于发光的物体。[1]

再次，他讨论了物体哪些部分由于距离的缘故最先模糊、远方物体轮廓模糊不清的原因和物体离眼睛愈远愈难辨认等问题。他告诉我们，"物体上那些最微小的部分首先因为距离的缘故而模糊"；远方物体轮廓模糊不清的原因，其一"就是物体到达眼帘时交角缩得很小很小"，其二是"眼睛与远方物体之间存在着一重厚厚的空气"[2]；他还分析了人在远处之所以难辨物体，是因为缩形透视，并以马、鹿和树木为例做了说明。[3]对于隐没透视在绘画中的实践，达·芬奇告诫画家们："假使你的对象轮廓模糊不清，应该在你的画中表示出这一点"；"千万别把远方物体的微小部分精工画出"；在画城市或其他远离眼睛的物体时，"将建筑物的轮廓刻画得一清二楚，仿佛它们近在眼前，然而实际上这是不可能的"；他还诚恳地叮嘱道：

你们画家若因技法之故，在描写近距离的头像时，用了重笔挥画，笔触粗糙，须知这就是骗自己。因为不论你在什么距离画你的像总归是依据它所在的位置画成，即使在距离很远、边界已模糊不清的时候，也是如此。

他最后更是语重心长：

凡是观众能临近细看的画，所有的细部务必精工画成，前方

---

[1]　达·芬奇.达·芬奇论绘画.戴勉，编译.桂林：广西师范大学出版社，2003：72.
[2]　达·芬奇.达·芬奇论绘画.戴勉，编译.桂林：广西师范大学出版社，2003：72.
[3]　达·芬奇.达·芬奇论绘画.戴勉，编译.桂林：广西师范大学出版社，2003：72，73，74.

的物体尤其需要用清楚分明的轮廓线与背景区别开来，较远的物体也应画好，边界可稍微模糊些，也就是说清楚的程度较差。再远的物体也需注意上述原则，即首先模糊的是轮廓，然后是结构的细部，末了，无论形状或色彩则统统模糊了。[1]

《绘画论》第四章的内容为光、影、色，这也是《绘画论》中达·芬奇特别注重的一部分。他首先强调了光与影的重要性，指出它们所带给绘画的浮雕感"是绘画中最重要的因素，是绘画的灵魂"[2]。他说，"光和影，再加上透视缩形的表现构成绘画艺术的主要长处"；"阴影是物体及其形状的表白"；"如果没有阴影，物体就不能将它们的形状的品质传给直觉"；而且"没有一件不透明物不具备光和影"；"没有光和影，任何物质都不能被觉察"。[3]在论述光和影与物体的关系时，他指出：

> 阴影就是缺少光。只有在致密的物体挡住光线的去路时，才产生阴影。阴影是黑暗，光亮则是光明。一欲隐蔽一切，一欲显示一切。它们总与物体相随，总是相辅而行。[4]

正因为光和影如此重要，所以达·芬奇才对光与影的类型进行了具体而细致的分析。达·芬奇将阴影分成了简单影和复杂影。简单影又可分为原生影、派生影；复杂影也可分为原生影和派生影。"附着于阴影体表面的是原生影，离开上述物体，传播空中，遇到障碍随即在射入点停止，并附在物体底部的是派生影"，即"原生影是派生影的底"；"派

---

[1] 达·芬奇.达·芬奇论绘画.戴勉，编译.桂林：广西师范大学出版社，2003：72，74，75.

[2] 达·芬奇.达·芬奇论绘画.戴勉，编译.桂林：广西师范大学出版社，2003：77.

[3] 达·芬奇.达·芬奇论绘画.戴勉，编译.桂林：广西师范大学出版社，2003：77.

[4] 达·芬奇.达·芬奇论绘画.戴勉，编译.桂林：广西师范大学出版社，2003：78—79.

生影的边界是直线"；"派生影离原生影愈远，其亮度愈缩减"。[1]没有光就没有影，达·芬奇接着探讨了光的种类。他将照射不透明体的光线分成了4种，特殊光，即太阳、月亮、灯火等的光；普通光，即阴天或雾天的光；反射光和透视光。接着，他论述了可见物体与眼睛和光源位置的关系。最后，他提醒道：

> 描写阴影和光时，首先必须考虑的四条原理，即质量、数量、位置和形状。所谓质量是指哪种影子及影子的哪一部分较浓或较淡。数量者：某一影子和附近的影子比较有多大。位置：应当怎样安放阴影，应将它连接物体的哪一面。形状：影子有什么形状，是三角形的，是近于圆形还是方形的，等等。[2]

紧接着他具体论述了光影的原理。他从光源的大小、强弱、物体与光源距离的远近、物体本身的致密度等方面论述了影子浓淡的问题，并做了多项试验和图解，特别对不附在平面上的原生影为什么具有不同的暗度的问题做了详细的图解和说明。在谈到影的暗度或光的亮度的绘画实践时，他说：

> 行家在描写有影物体（诸如树木、草坪、头发、胡须、皮毛）的时候，都采取四级强度去复制同一种颜色，即首先是暗的底色；其次是相似部分的斑点；再次，较清楚明亮的部分；最后，比人物其他部分更显著的光。[3]

[1] 达·芬奇. 达·芬奇论绘画. 戴勉，编译. 桂林：广西师范大学出版社，2003：79，80.
[2] 达·芬奇. 达·芬奇论绘画. 戴勉，编译. 桂林：广西师范大学出版社，2003：81.
[3] 达·芬奇. 达·芬奇论绘画. 戴勉，编译. 桂林：广西师范大学出版社，2003：83.

关于影子的形状，他根据实验的结果指出：

> 若光源由一点出发，四向传入空中，愈散愈广，一件置于光源与物体之间的物体，必然投下较大的影子，因落在其上的光线到达壁上时已经扩散。[1]

他还以图解的方式回答了派生影投影的几种变化、派生影的几种形状、什么物体的影子最大、什么物体光亮最多等问题。他指出派生影的投影有两种变化，即正的和斜的变化；其规律是，正影总比斜影小，斜影是一种可无限延伸的影。关于派生影的形状，他提到三种：

> 第一种是锥形的，由比光源小的阴影体产生；第二种是平行的，由与光源一般大的阴影体产生；第三种是无限扩张的。光柱形的影子是无穷的，光锥的影子也是无穷的，因为原光的椎体过了交叉点就成了另外一个无限的椎体与有限椎体相对，只要它能找到无限的空间可供膨胀。[2]

通过图解，人们明白了当发光物体比被照物体小的时候，被照物愈接近发光体，被照物体的影子愈大；而当发光体比被照体大的时候，被照体愈接近发光体，被照体的影子愈小。他还以很复杂的图解说明了为什么分散在由一个窗口照亮的房间里的物体，随着它们离窗口的正或斜而有较短或较长的派生影。达·芬奇关于影子的研究还包括影子的运动和水中的倒影。他指出了影子的运动有 5 种形式：

---

[1]　达·芬奇.达·芬奇论绘画.戴勉,编译.桂林：广西师范大学出版社,2003：85.
[2]　达·芬奇.达·芬奇论绘画.戴勉,编译.桂林：广西师范大学出版社,2003：85.

一、生成影子的光源不动，而阴影体和派生影一并运动；二、阴影体不动，光源和影子动；三、物体和光源都动，但发光体比阴影体动得慢；四、光比物体动得快；五、发光体和阴影体运动同等快。[1]

从这一研究可以看出，在达·芬奇那里，影子是活动的，似乎有了生命。对水中的倒影的研究，达·芬奇讨论了清水与浊水中倒影颜色的不同，水流的速度和水波对倒映的影的影响等；他还观察了桥在水中的倒影以证明他的论述。

达·芬奇研究光、影和它们的关系，目的是为了使绘画具有浮雕感，并使这种浮雕感更具科学性。他专门研究了背景的比较，以指导绘画的实践。这之中包括阴影之间光亮度的比较，同等暗度阴影之中投射在背景上的影子深浅的比较，强光之中光影的差别与暗处物体光影差别的比较，以及柔光中物体光影的反差等。达·芬奇最喜爱柔光，通过比较，他告诫说"无论什么事情，走极端总是错误的，光线过强造成粗糙，过暗则一无所见，适中最佳"[2]。为了使绘画作品更加精细，达·芬奇对光的研究也极为细致。这在上述的介绍中已有所表现，而下面的研究更能体现这一点。在《论光泽》的题目下，他进行了光泽与亮光的区别和反光的研究。在研究光泽与亮光的区别时，他指出：

光泽与亮光之区别在于光泽比亮光强，而亮光比光泽广。光泽随光源与肉眼之运动而运动，亮光则只要光源不动，便始终固定。[3]

[1] 达·芬奇.达·芬奇论绘画.戴勉，编译.桂林：广西师范大学出版社，2003：93—94.
[2] 达·芬奇.达·芬奇论绘画.戴勉编译.桂林·广西师范大学出版社：2003：93。
[3] 达·芬奇.达·芬奇论绘画.戴勉，编译.桂林·广西师范大学出版社，2003：94.

在此比较下，他又强调了"强度相等的光泽之中，背景最黑的表现最亮"，而"产生在最白的表面上的显得最弱"。[1]他还论述了光泽与物体颜色的关系。例如，他指出树叶、草、珠宝的光泽极少是物体本来的颜色，大部分是照亮它的物体的颜色；致密的闪亮的物体，反光较物体本来颜色鲜艳得多。[2]《论反光》的内容包括反射光与直射光颜色与鲜明程度的比较、物体受光部分与反射光明亮程度的比例、阴影与反射光强弱的关系等。他告诫画家说：

> 在你实践的时候把你的人像的脸部涂上来自最靠近这部分皮肤衣服的反光的颜色，但如果没有必要，就别把这部分和脸的其他部分过于明显地分开。[3]

此章关于色彩的专门研究包括两部分：论色彩和用色。颜色是丰富多彩的。达·芬奇关于色彩的研究的内容也极为丰富，其中包括颜色的混合、颜色的对比、光与颜色的关系、阴影与颜色的关系、光与影与颜色的关系、不透明物体的颜色等。达·芬奇告诉我们，简单颜色共有 6 种，它们的排列顺序为：白色、黄色、绿色、蓝色、红色和黑色。他进一步解释说：

> 白色为光的颜色，没有光就看不见一切颜色。黄是土色，绿是水色，蓝是空气的颜色，红是火色，黑是黑暗，它比火强。因为无论阳光多强都不能穿透黑暗，将它照亮。[4]

[1]　达·芬奇.达·芬奇论绘画.戴勉,编译.桂林：广西师范大学出版社,2003：95.
[2]　达·芬奇.达·芬奇论绘画.戴勉,编译.桂林：广西师范大学出版社,2003：95.
[3]　达·芬奇.达·芬奇论绘画.戴勉,编译.桂林：广西师范大学出版社,2003：96—97.
[4]　达·芬奇.达·芬奇论绘画.戴勉,编译.桂林：广西师范大学出版社,2003：98.

为了观察混合色，达·芬奇做了通过有色玻璃片观察眼前景物的一切颜色的实验。结果是玻璃外面各种物体的颜色业已与玻璃的颜色混合，有些颜色被加强，有些颜色被削弱。如果用的是黄色玻璃片，那么蓝、黑、白受损，黄和绿则被加强。根据此观察，达·芬奇建议：可以利用眼睛观察无尽的颜色混合，从而创造新颖的混合色。他还做了重叠颜色的实验，发现红叠蓝成紫色，蓝叠红成绿色，加白则成黄色等。这些实验无疑促进了达·芬奇对颜色的创新。在观察中，达·芬奇将颜色对比这种自然现象提高到了绘画理论的思考层面，提出了"白色物体若有黑色的背景，则显得愈白"；"黑衣裳使人体肤色比原来显得白，白衣裳使肤色显得黑，黄衣裳使肉色鲜艳，红衣裳使肉色苍白"。[1]而且他还举一反三，指出

　　　　两件亮度相同的物体，若其中之一具有比它更亮的背景，则显得暗，另一有较暗背景，则显得亮。肉色若衬以红色背景，则显苍白，若以黄色背景衬托，则呈现桃红。[2]

而提到光、影与颜色，达·芬奇说：

　　　　无论什么色彩，受光照亮的部分总比隐蔽下的部分鲜艳，因为光线使色彩生气勃勃，使真色显露无余，而阴影则使色彩死气沉沉，使真色蒙蔽难见。

　　　　不同颜色的美，由不同的途径增加。黑色在阴影中最美，白色在光亮中最美。青、绿、棕在中等阴影里最美。黄和红在亮光中最美，

[1]　达·芬奇.达·芬奇论绘画.戴勉，编译.桂林：广西师范大学出版社，2003：99.
[2]　达·芬奇.达·芬奇论绘画.戴勉，编译.桂林：广西师范大学出版社，2003：99.

金色在反射光中最美，碧绿在中间影中最美。[1]

他还观察到，物体的表面愈不光滑，愈能显示真色；而物体表面愈光滑，则愈难呈现真色。因此，在作画时，画家把他的主体"安放在光度各不相同且受着各种不同颜色的光照的物体之间时，必须十分留心，因为没有一件被如此包围着的物体能够完全显示它的真正颜色"[2]。那么究竟应如何在绘画时注意用色呢？达·芬奇首先讲述了如何调制颜色。《绘画论》选编了对铜绿色、绿色、黄色、红色等颜色的调制。例如，他说，若将铜绿色与芦荟混合，可使铜绿极鲜艳美观，与番红花混合也会有此效果；如果将雄黄或雌黄溶入烈性酒中可以使黄色更美丽。[3]为了配制出更自然的颜色，他提醒画者：

当你临摹颜色时，应当注意，假使你站在隐蔽处，就不应当企图描写光明的场所，否则这种模仿一定将你欺骗。如果你希望以数学证明所具有的确切性从事实践，那么在这种场合下，你应该做的事就是在同样的光线下调配你所要摹写的颜色，并且将模拟的颜色与真实的颜色比较，以使你制作的颜色与自然颜色相符。[4]

同时，他也描述了画不同程度的影子所用的混合颜料；画白色物体应注意的事项和如何表现任何距离的颜色等。其中，他详细描述了如何在亚麻布上施色，以及如何观察不同光线、不同地点的颜色变化。他举例说：

---

[1]　达·芬奇.达·芬奇论绘画.戴勉，编译.桂林：广西师范大学出版社，2003：100.
[2]　达·芬奇.达·芬奇论绘画.戴勉，编译.桂林：广西师范大学出版社，2003：102.
[3]　达·芬奇.达·芬奇论绘画.戴勉，编译.桂林：广西师范大学出版社，2003：109—110.
[4]　达·芬奇.达·芬奇论绘画.戴勉，编译.桂林：广西师范大学出版社，2003：110.

　　若你在乡间见一妇女，身穿洁白衣裳，则她身上受阳光照射的部分光亮耀眼，像太阳一样伤眼睛。妇女衣衫之接触大气的部分，加上阳光的交织透射，而呈现蓝色。若就近地面上有一片草地，而妇女站立于阳光与受光草地之间，则可见朝向草地一边的衣褶受反射光线而沾染草的颜色。[1]

　　这强调了物体不断受邻近发光与不发光物体之影响而会改变其颜色。最后，他讲述自己的实践和经验：

　　比方你希望描写曝在阳光之下的一面山坡，你应当把颜色放在阳光之中进行调配，并在阳光下与实在的颜色比较。假定太阳当午，我画西面的山，这山半阴半亮，但我只想画亮的部分，我取一小纸片涂上我认为和山色相似的颜色，再把它排在真的颜色旁边，务使真色和仿制色之间没有空隙，让它受阳光照射，然后加上各种颜色使每一种颜色都逼真。对于每一种阴的或亮的颜色都继续这样做。[2]

　　《绘画论》第五章是关于比例与解剖的研究。比例的研究是达·芬奇把数学引入绘画的研究。他认为"美感完全建立在各个部分之间神圣的比例关系上"，把绘画和建筑中的比例比作音乐中的和声，认为这种比例能产生"如痴如醉的"和谐之美。[3]因为整体的每一部分必与整体成比例的规律适应于一切动物与植物，所以画者必须了解它。因此，达·芬奇把掌握比例关系看作绘画的必修课。在《绘画论》中，达·芬奇详细

---

[1]　达·芬奇.达·芬奇论绘画.戴勉，编译.桂林：广西师范大学出版社，2003：110.
[2]　达·芬奇.达·芬奇论绘画.戴勉，编译.桂林：广西师范大学出版社，2003：110—111.
[3]　达·芬奇.达·芬奇论绘画.戴勉，编译.桂林：广西师范大学出版社，2003：15.

地研究了人体的比例（图40）。首先，他研究了躯干各部分的比例：

　　任何动物的每一部分和整体之间都存在一定的比例，即矮胖的其各个部分也肥短，瘦长的其各个部分也瘦长，大小适中的其各个部分也大小适中。[1]

其次，他详细介绍了人的躯干各个部分与全身的比例，以及各个部分之间的比例。例如：

　　从发际到颌下为人的身高的十分之一，从下巴底到天灵盖顶部为身高的八分之一，从胸部顶端到天灵盖为身高的六分之一，从胸部顶端到发际为身高的七分之一，从乳头到头顶为身高的四分之一。两肩最大宽度为身长的四分之一，肘到中指尖为五分之一，肘到肩端为八分之一，全掌为十分之一。阴茎始于人身的正中。足为人的七分之一，足踵至膝下为人的四分之一，膝下到阴茎根部为人的四分之一。[2]

他还以鼻子为中心，介绍了人的面部各器官之间的比例：

　　鼻尖和眉端之间可以容纳二倍鼻孔处宽度。从侧面看鼻翼和脸颊的交线到鼻尖的距离，等于鼻子正面两孔之间的距离。[3]

---

[1]　达·芬奇. 达·芬奇论绘画. 戴勉，编译. 桂林：广西师范大学出版社，2003：113.
[2]　达·芬奇. 达·芬奇论绘画. 戴勉，编译. 桂林：广西师范大学出版社，2003：113，115.
[3]　达·芬奇. 达·芬奇论绘画. 戴勉，编译. 桂林：广西师范大学出版社，2003：118.

关于四肢比例的介绍更为详细，包括了四肢各部分之间的比例，如大脚趾的长度是从足跟到足尖长度的六分之一，手掌的长度等于臂长的五分之一；[1]四肢各部分与身体其他部分之间的比例，如脚侧面最小的厚度量的六倍就等于脚踵到膝盖的长度，等于眼角到耳孔的距离，等于手臂侧面最大的厚度，等于眼睛的泪管至发根的距离；再如大腿正面的厚度等于脸部最大的宽度，也是从下巴到头顶的距离的三分之二。[2]人总是在运动的，所以达·芬奇的比例研究还包括了人体各部分在运动中的比例。例如，"人跪下的时候，他的高度就减少了四分之一"；"当人卧倒时，他的高度减剩九分之一"。[3]研究人体各部分的比例，无疑是为了将人体画得更精确和更具生命力。因此，他告诫画者不要把修长个子的腿、手臂或别的肢体安到"一个厚胸膛、粗脖子的画像上"；不要把老人与小孩，男人与女人的肢体混淆起来；不要在少年身上寻找肌肉和筋腱，而应该寻找柔嫩丰满、纹路单纯和四肢的圆润。最后，他再次强调人物画必须四肢协调，他说：

> 应当竭力注意使圆形的四肢与身体大小相适应，也与年岁相符，也就是说，年轻人的四肢只显露少数肌肉和几根血管，肌肤圆润，色泽美观。成年人的肢体应多筋多肌肉，而老年人的皮肤则布满皱纹、血管和显眼的筋脉。[4]

关于解剖的内容，在《达·芬奇笔记》中我们已从科学研究的角度做了一些解读。在这里，我们主要探寻达·芬奇是如何将解剖学与绘画

[1] 达·芬奇.达·芬奇论绘画.戴勉，编译.桂林：广西师范大学出版社，2003：119.
[2] 达·芬奇.达·芬奇论绘画.戴勉，编译.桂林：广西师范大学出版社，2003：120.
[3] 达·芬奇.达·芬奇论绘画.戴勉，编译.桂林：广西师范大学出版社，2003：120.
[4] 达·芬奇.达·芬奇论绘画.戴勉，编译.桂林：广西师范大学出版社，2003：120, 121, 122.

结合起来的。首先，达·芬奇提出了这样的两个问题，即画家为什么必须了解人体的内部结构和何以通晓解剖。他说：

画家了解了肌肉，就会了解当肢体活动时，有哪些筋腱是它活动的原因，数目共多少。哪块肌肉的膨胀造成筋腱的收缩，哪几条筋腱化成细薄的软骨，将肌肉包裹。这样他才可能借助于他笔下人物的各种不同姿态，表现出不同的肌肉，而不像许多旁人那样，画的人物动作虽不相同，但臀上、背后、胸部、腿部却总是突显着同样的肌肉群。举凡这些，都非小错，不应等闲视之。

画家若要表现裸像的身姿手势，使各部位安置妥帖，他就必须了解筋、骨、肌肉、腱的解剖。他应当了解它们的多样运动和力量，了解每一种运动是由哪一条肌肉或腱引起的。只需把这些画得粗壮些，至于其余的筋肉就不必画得条条毕露了。像后一类错误，是那些力图装成大画家的人常犯的，他们笔下的裸体像呆板而无生气，与其说像人不如说像一袋核桃，与其说像肌肉结实的裸体，不如说像一捆萝卜。[1]

其次，他很具体地指导了如何画人的头颅、人的运动着和紧闭着的口唇；怎样画运动的舌头；如何画颈部的四种运动，即低头、抬头、左右转和左右侧等。以解剖知识指导绘画是达·芬奇研究解剖学的首要目的。例如，他解释了手的骨骼的组成后，就接着指出了如何画手的内部的 10 个步骤：第一，当你开始画手的内部时，先把所有的骨骼分开少许以便你容易从掌心认识每根骨头的真实形状，以及它们的数目和每根骨

---

[1]　达·芬奇.达·芬奇论绘画.戴勉，编译.桂林：广西师范大学出版社，2003：123.

头的位置，并把若干手骨沿厚度中线（即沿长度方向）锯开，以显示哪些是空心的，哪些是实心的；第二，把骨头摆回它们实际相接的地方去，画出伸展的手的内部图；第三，画上这些骨骼的最初的韧带；第四，描画把手腕和手掌手指连接的肌肉；第五，画出活动手指第一关节的筋腱；第六，画活动手指第二关节的筋腱；第七，画活动手指第三关节的筋腱；第八，画出给手指以触觉的神经；第九，画血管和动脉；第十，画皮肤完整的全手，附以尺寸，同时还要标出骨骼的尺寸。你对手的这一面所作的一切，对其他三面也要照样做。这三面是掌心面、手背面，以及伸长肌和收缩肌面。[1] 同时，他还以自己丰富的解剖学知识，解释了手指的运动和手指关节的关系；肩部、手臂和胸部的肌肉和它们之间的关系；腿部和脚部的肌肉及它们之间的关系。[2] 在讲述了四肢的各部分画法后，他还特别提醒说：

> 画完人和其他动物的四肢的各个部分之后，你应画出这些肢体活动的正确方式，如卧倒后爬起、走动、各种姿势的跑和跳、举重与负重、投掷、游泳等。在每一种运动中特别是要弄武器时，你应当指出哪些肢体和哪些肌肉是上述运动的原因。[3]

达·芬奇还从解剖学的角度，研究了关于人的形态问题，并向画者提出了画人的形态时应注意的地方。例如，发胖的人应注意他身上哪一部分不长肉，在发胖的部分里哪一部分最胖；消瘦的人，他身上哪一部分最瘦；等等。

---

[1] 达·芬奇. 达·芬奇论绘画. 戴勉，编译. 桂林：广西师范大学出版社，2003：130.
[2] 达·芬奇. 达·芬奇论绘画. 戴勉，编译. 桂林：广西师范大学出版社，2003：130，133，135.
[3] 达·芬奇. 达·芬奇论绘画. 戴勉，编译. 桂林：广西师范大学出版社，2003：135.

关于动物的解剖同样是达·芬奇关注和研究的重要内容。在《绘画论》中可看到，他画的蛙和兔子的腿，因有发达的肌肉而有力；除此之外，关于动物解剖的内容还包括关于动物眼睛的解剖，动物眼皮的开张和关闭等。

动态与表情是《绘画论》第六章的内容。此章共为两大部分。第一部分是关于人的各种动作的描述，以及这些动作与"心灵意向"的关系。第二部分是人物表情的变化与内心变化的关系。这一章既包含了达·芬奇在这两个问题上的理论思考，又包括了他对绘画实践的指导。

在第一部分中，达·芬奇先从人的静态平衡开始，研究了人体静止状态下的平衡，并将这种平衡分为简单平衡和复杂平衡。大致说来，简单平衡就是人体两足静立时在各种动作下的平衡姿态。例如，人的一手前举，另一手则应当下垂不动或向后伸。复杂平衡则是人体负重下的各种平衡姿态。例如，人手托重物或背负重物时必向反方向倾斜，突出和重物相等的重量。[1] 接着，他把研究对象转向了破坏人体平衡的各种运动。达·芬奇把人的运动分为两种，三类。两种为简单运动和复杂运动。简单运动即简单向前、向后或向一侧弯曲身体的运动，复杂运动即有目的地同时向下和向一侧弯曲。三类即空间运动、原地运动和原地与空间运动的合成运动。再接着，他描述了人的各种动作，如人移动重物的动作、上行和下行的动作、四肢的动作、肩胛骨的动作、跳远的动作、登阶梯的动作等。他还通过对人的拉力强还是推力强、何以掷标枪入地的人弯曲前腿、人坐平地如何站立起来等问题的回答和对人四肢的猛烈动作、人将物体猛烈抛出、人停止奔跑的姿势等的叙述和解释，阐明人的动作与"心灵意向"的关系。例如，他说：

---

[1]　达·芬奇. 达·芬奇论绘画. 戴勉，编译. 桂林：广西师范大学出版社，2003：141，142.

一个人掷标枪入地时，那对应着用力的手的一条腿将提起并从膝盖处弯曲，使身体稳立在站地的腿上，假如腿不屈起，也不向外伸出就不能掷动标枪。

一个人在准备使用猛力的时候，他尽力扭身倒向打击物的对面。这样就积累了他最大的力气。然后用一个复杂的动作猛然向目标扑击。

人坐地板，若想站立起身，必先抽回一腿，并在准备抬身的一侧以手撑地，将身体重量压在掌上，再于这一侧以膝盖着地。[1]

当然这些讨论最终要落实到绘画上。比如，在谈到画人的四肢时，达·芬奇说：

当你描画一个人为了某种原因向后转或向侧转时，应当顾及四肢的灵活自由，因此不该使他的两腿连同全身都一齐转向他脸朝着的方向，而应当把这转动分配在足关节、膝关节、股关节、颈关节等四处。若他用右脚支持身体重量，应使左膝内弯，左脚外侧略略抬起，左肩比右肩略微低些，颈窝恰在左足踝的外缘的正上方，而左肩则在右足尖的垂直线上方。[2]

而谈到画人的动作，他说：

别使头部直挺挺地安在双肩上，即使头俯视、仰视或直视也应使它或向右或向左观望，只有这样才能使他们生气盎然，而不是睡态朦胧，并且不画人体的整个前半身或后半身，免得过分僵直，应

[1]　达·芬奇.达·芬奇论绘画.戴勉，编译.桂林：广西师范大学出版社，2003：145，146.
[2]　达·芬奇.达·芬奇论绘画.戴勉，编译.桂林：广西师范大学出版社，2003：149.

上下身各画一半，若要画直僵僵的人物，只可用于老者。此外，一人的手足动作或旁观者以及邻近的人的手足动作都需避免重复，除非所描写的情况有所要求。[1]

此章的第二部分探讨了人的动作对精神状态的反应。这一部分应该是对达·芬奇通过人的动作探索人的内心世界，以及通过描绘人的动作而表现人的内心的艺术追求的最好说明。在《人物的动作应当反映他们的精神状态》的题目下，《绘画论》的编译者共集译了 25 段论述。你仅读几段，便可体会到达·芬奇的这种追求。

绘画的最重要的问题，就是每一个人物的动作都应该表现他的精神状态，如欲望、嘲笑、愤怒、怜悯等。

一个优秀的画家应描画两件主要的东西：人和他的思想意图。第一件容易，第二件难，因为他必须借助体态和四肢的动作来表现它。这些方面的知识应当靠观察哑巴得来，因为他们的动作比任何其他一类人的动作都更自然。

在绘画里人物的动作在种种情形下，都应当表现它们的内心的意图。

给你的人物画上能充分表现他们内心意图的动作，否则你的艺术就不好了。[2]

为了能出好的艺术作品，他指出必须在学习

---

[1] 达·芬奇. 达·芬奇论绘画. 戴勉，编译. 桂林：广西师范大学出版社，2003：149.
[2] 达·芬奇. 达·芬奇论绘画. 戴勉，编译. 桂林：广西师范大学出版社，2003：152.

人体各部位以及全身、四肢和各关节的动作之后，应当进而学习人的动态。悄悄地观察旁人漫不经心的动作，用几根线条简单地勾勒出来，别让他察觉，否则他们会注意你，以致所做的动作失去全神贯注时表现出来的那股劲头，就像两个盛怒的人剧烈争吵时所表现的那样，谁都自以为正确，使劲运动眉头、胳膊和身体其他部分，所做的手势与他们的意图就和语言一致。但若你想要他们假装愤怒或其他神情，诸如大笑、流泪、痛苦、惊讶、恐怖，等等，就万万办不到，因此你务须随身携带一个小本儿，页面用骨粉处理过，用根银笔在其上扼要地勾下旁观者的举动和他们聚集的情况，这能教你如何处理叙事画的布局。一册画满，放置起来，以备日后使用，另取一册继续画下去，这对于你的构图法很有裨益。[1]

从这些话语中，我们既看到了达·芬奇对人物画必须表现人物内心的艺术追求，也看到了他为了达到这一目的的努力和采用的方法。当然这些也是他的经验的总结。

这一章的最后是关于"面部表情"的9段描述。首先，达·芬奇指出：

由感情引起的面部表情有许多种，其中首要的有笑、哭、喊、唱（高音或低音）、赞、怒、喜以及壮烈的痛苦等。[2]

其次，他论述了面容的变化、笑与哭及其它们之间的差别、如何描述暴怒者、如何描述绝望者、如何描述一个人在人群中讲话。最后，他还讲到了相面术和相手术。下面我们引用其中的几段，来看看达·芬奇

---

[1]　达·芬奇. 达·芬奇论绘画. 戴勉，编译. 桂林：广西师范大学出版社，2003：152—153.
[2]　达·芬奇. 达·芬奇论绘画. 戴勉，编译. 桂林：广西师范大学出版社，2003：157.

对面部表情与人物内心关系的观察与思考，以及他如何将这种观察和思考运用在绘画的实践中。

　　面容的变化：面部表情应当依据人的情感是疲劳，是困倦，是愤怒、哭泣、欢笑、恐惧等而变化，与此同时，人的四肢和全身姿态务必响应面部的变化。[1]

说道笑与哭的区别，达·芬奇说：

　　笑者与哭者的两眼、嘴巴和颈项都没有分别，不同的只是哭者双眉紧锁，笑者双眉飞扬，此外哭者两手扯发，撕裂衣服，用指甲抓脸，笑者没有这类动作。[2]

对如何描绘暴怒者和绝望者，他这样写道：

　　你应画出一个盛怒者揪住对方的头发往下按，把对方的头按歪在地，两个膝盖抵住那人的锁骨，右手拳头高举，他本人则怒发冲冠，眉头紧蹙，咬牙切齿，嘴角下拉如弯弓，脖子粗涨，且低头盯着敌人以至颈前皱纹累累；
　　你应当画出绝望者扯裂衣服之后用利刀扎破自己身体，一只手正撕裂伤口。他两脚着地，腿微微弯曲，整个身躯弯向地面，披头散发。[3]

[1]　达·芬奇.达·芬奇论绘画.戴勉，编译.桂林：广西师范大学出版社，2003：157.
[2]　达·芬奇.达·芬奇论绘画.戴勉，编译.桂林：广西师范大学出版社，2003：158.
[3]　达·芬奇.达·芬奇论绘画.戴勉，编译.桂林：广西师范大学出版社，2003：157，158.

对于这样的描述，我们可以从达·芬奇的一幅《安加利之战》的素描（图41）中得到具体的了解。

《绘画论》第七章，内容为素描与构图，共包括了三个方面的问题：素描、速写草图和构图。素描这部分主要向读者介绍为什么要素描，怎样素描的问题。达·芬奇认为，素描"不但研究自然作品，而且研究无限多于自然产生的东西"，而"自然现象无穷无尽"，人们的记忆力却是有限的，这就要求画者必须"致力于素描"，"将你在心中构思的意图和发明，绘成清楚可见的形式，接着进行删除，直到自己满意为止"。[1]同时，还可以通过研究素描的素材，如对人像的素描，"从中选择最佳的身躯和肢体，以备实践时应用，并记在心"[2]。关于如何素描，达·芬奇的论述很丰富。例如，他介绍了记忆脸型的方法：

若想记住脸的表情，应当先牢记许许多多人头、眼、鼻、嘴、下颌、喉、颈和肩膀。例如，鼻子有直的，钩的，凹的，上端突出的或下端突出的，钩形的，扁的，朝天的，圆的及尖的十种。它们的侧影极便记忆。[3]

他还说：

正面看去，鼻有十一种，匀称的，中间宽的，中央狭窄的，鼻尖阔而鼻根窄的，鼻尖窄而鼻根阔的，孔大的，孔小的，高的，扁的鼻孔被鼻尖所遮与未被掩蔽的。（见图42）

---

[1]　达·芬奇.达·芬奇论绘画.戴勉，编译.桂林：广西师范大学出版社，2003: 162, 168.

[2]　达·芬奇.达·芬奇论绘画.戴勉，编译.桂林：广西师范大学出版社，2003: 168.

[3]　达·芬奇.达·芬奇论绘画.戴勉，编译.桂林：广西师范大学出版社，2003: 166.

如此与鼻子相关的段落还有 3 处。如何画素描的内容还包括如何临画浮雕、裸体、物体、轮廓，画头部时如何确定面部各部分的位置等。除上面的内容外，达·芬奇还详细介绍了学习素描的顺序和素描研究的取舍。他写道：

> ……你应当首先学习肢体和它们的构造，完成此项学习后，你可进而依据人的动作情况学习四肢的动态，第三就是人物的构图，在条件许可之下，应时时从自然的动作进行学习写作。在马路上，在广场上，在田地里留心观察他们，简约地摘记下外形，例如以 O 代表头，以直的或曲的线条代表手臂，腿和躯干也用同样的办法记录，回家之后再把这些摘记修正为完全的图形。[1]

在提到这些方法的时候，达·芬奇还特别提到了无选择地临摹大师作品的弊端。提醒画者

> 更切实的办法还是面向自然的物体，而不是去跟随那些拙劣地模仿自然的东西，给自己养成恶习……[2]

速写与草图这部分的内容不多，主要记述了叙事画的速写与草图。在这一题目下，达·芬奇详细记述了学习叙事画的方法：

> 当你学好透视，并已将万物的体态与部分记入心中之后，应在散步消遣之际，乐于观察、思考人们在交谈、争吵、欢笑、角斗时

---

[1] 达·芬奇.达·芬奇论绘画.戴勉，编译.桂林：广西师范大学出版社，2003：168.
[2] 达·芬奇.达·芬奇论绘画.戴勉，编译.桂林：广西师范大学出版社，2003：168.

的动作和姿态，注意他们的手势以及在这些场合下旁观者与干预者的手势，在你随身携带的小本子上用寥寥几笔摘记下来。册页的纸张须是有色的，这样你就不能将画成的草图揩去，画满一页之后势必另换新页，因为这些东西不该擦去，应仔细保存。由于形态与动作多不胜数，记忆无法容纳，所以要以速写为助手和老师。[1]

达·芬奇非常重视构图。因此，构图这一节谈到了 16 个与构图相关的题目。前面的题目主要是对叙事画构图法则的研究和一般叙事画应注意的方法。在这一节的开始，达·芬奇就谈到了构图法则：作叙事画时，不要把图中各部分用明显的线条截然分开；不要怕对已画好的部分，甚至自己认为画得好的部分进行修改；必须注意叙事画中人物精神意图的动态，而不是首先注意躯体各部分的美观与完整。[2]接下来的内容是，如何画层层堆叠的人物群像；如何画历史人物，如何确定画中人物的位置；如何能以画中人物的各种神态打动观众；如何使用对比法，画出叙事画中人与物的变化，如人的年龄、性别、美与丑、社会地位等；还有什么是美，如何选择美；如何使所画的动物更自然；如何画夜景；如何描绘暴风雨等。最后，他以《最后的晚餐》、《安加利之战》和《大洪水》为主题介绍了如何围绕主题进行构图。他的许多描写语言生动形象。读着这些文字你会感觉你仿佛就站在达·芬奇的一幅传世巨作之前，深深地被画的内容感染着。我们就先来欣赏一下他关于暴风雨的描述：

树枝、树叶等轻东西被风刮得满天乱飞。草木都伏倒在地面，几乎被风吹走，树枝偏离了天然的方向，树叶零乱，七颠八倒。画

---

[1] 达·芬奇.达·芬奇论绘画.戴勉，编译.桂林：广西师范大学出版社，2003：69.

[2] 达·芬奇.达·芬奇论绘画.戴勉，编译.桂林：广西师范大学出版社，2003：170，171.

里的人，有的扑倒了横卧在地，裹着沾满尘土的衣服，难于辨认；仍站立的那些，应当死抱着树身，免得给风扯走；另外的一些蹲在地上，双手遮目以防风沙，衣襟和头发都顺着风势飘动。海面则狂暴而又骚动，惊涛骇浪之间白沫滚滚，烈风击散了细沫，弥漫空中，形成一重浓雾，笼罩一切。画中船只的帆篷被风扯得稀烂，碎片与断索在空中飘舞，有些桅杆折倒了，船身被怒浪颠覆，毁坏了，人们则紧抱破片号叫着。……疾风挟着云团冲击山岳顶峰，如同拍打岩礁的海浪，化成漩涡。大气布满沙尘、密雾与乌云，阴森可怖。[1]

再来看看达·芬奇对战争场面的描画。这里只引用一段关于战败者的描述：

被征服的战败者脸容苍白，蹙着眉头，两眉上方的皮肤布满了痛苦的皱纹。鼻子两侧有形如弯弓的纹路，从鼻孔伸到眼角，使鼻翼扩张——这是上述皱纹的成因。嘴唇拱起，露出上齿，牙齿分开跟痛哭时一样，画出一个人用一只手挡住他那受惊的两眼，掌心朝着敌人，另一只手撑在地上支持他半抬的身体。……一些人张口大叫而逃亡。……格斗者脚下放着各式各样的兵器，如破盾、残矛、断剑之类。令死人部分或整个覆着尘土，尘土和正在冒出的血水混合，化成深红的烂泥，用血的颜色，表示血水曲曲弯弯地从尸体流向地面。其他一些人在死亡的痛苦中咬牙齿，翻眼珠，捏紧拳头抵住身体，腿脚歪斜。……一个人被敌人打倒，解除了武装，但扑向敌人，用牙齿、指爪进行凶残猛烈的报复。……一匹无主的马在敌人当中横冲直撞，

---

[1]　达·芬奇.达·芬奇论绘画.戴勉，编译.桂林：广西师范大学出版社，2003：177.

鬃毛临风飘舞，用它的蹄子给敌人很大的损伤。……一些伤病倒在地上，用盾掩护自己，而敌人弯身准备给他们致命的一击。……许多人成堆地倒在一匹死马身上。……一些胜利者停止战斗，离开人群，两手揩眼，他们脸颊上蒙着一层泪水与灰尘混成的泥土。[1]

读完这两段文字，你闭起眼睛，脑海中便会浮现暴风雨中的种种可怖；浮现战场上的种种揪心的惨烈。而所有的想象、感受都来自达·芬奇的主题构图。如此能引起观者共鸣的构图只能出自大师之手。

《绘画论》第八章的题目为《衣服》。这一章，达·芬奇主要是要突出"人物穿着的衣裳应当显出它披覆着的活的人"[2]。达·芬奇指出衣褶的变化是多种多样的，它与人的动作和姿态密切相关。因此，画衣褶就是要"表现人物的身姿动态"，表现人物"动作的轮廓"；[3]同时应注意衣服的质料与褶纹要与人物的身份、地位、年龄等相适应。

《绘画论》第九章为树木与草地。这一章的内容使我们看到了达·芬奇对植物研究的兴趣和他在植物学研究方面的成就。达·芬奇对树木的观察和研究极为细致，内容包括论树枝，论树的枝条和树叶；论叶子在枝条上的生长，论不同的树木抽枝的方式；论树的细丫枝等。除了对树本身的研究外，达·芬奇还注意到了阳光和空气对树木的影响，树木的生长环境。研究的具体内容有照射树木的普遍光；叶上光与阴之大小；论树叶的高光等。仅关于树枝的研究他就列出了11项，其中包括为什么往树心方向生长的枝杈短时间内衰微；为什么最茂盛的树枝长在树梢；树的每处分枝合起来，与原来的树干一般粗等内容。[4]他还观察到，树

[1]　达·芬奇.达·芬奇论绘画.戴勉，编译.桂林：广西师范大学出版社，2003：177，178—179.
[2]　达·芬奇.达·芬奇论绘画.戴勉，编译.桂林：广西师范大学出版社，2003：187.
[3]　达·芬奇.达·芬奇论绘画.戴勉，编译.桂林：广西师范大学出版社，2003：89.
[4]　达·芬奇.达·芬奇论绘画.戴勉，编译.桂林：广西师范大学出版社，2003：192—194.

枝有对生和非对生两种排列法。如果是非对生的，中央的树干就会随树枝的生长而忽左忽右；而如果树枝对生，中央的树干就会挺直生长。对树枝与树叶的关系，达·芬奇以榆树为例研究，他发现

> 榆树树枝疏而细，仿佛一只斜伸着的张开的手。它们是这样显示枝丛的形状：低处的显示上面，高处的露出底面，中间的则部分显示上面，部分显示底面；显示上面的枝叶应向枝丛末端趋聚，中间的部分则在所有指向你的树枝中显得具有最厉害的透视缩形，在树中央指向树顶的枝条最长，它们的枝丛形同生在河岸的柳树的叶子。[1]

他还发现"枝条总从叶子的起点处之上抽枝，果实亦然"，并指出了树木抽枝的三种方式。[2]关于大自然对树生长的影响，他首先指出"太阳给植物以精神与生命，土地则以水分滋润它"[3]。他观察到：

> 树木一切直立部分一般都略略弯曲，凸端朝南，并且树上南面的树枝比北面的树枝既长又粗，且更茂密。这是因为太阳把树汁吸引到树表面上最近太阳处。[4]

他还观察到，长在最高地方、生在林子稀疏且离林子中心最远的树，粗细畸形；而长在最低最窄山谷、生在最密的森林中且离森林边缘最远的树，粗细适度并且最高。仅以上的内容就足以看到他对相关树木的知

[1] 达·芬奇.达·芬奇论绘画.戴勉，编译.桂林：广西师范大学出版社，2003：194.
[2] 达·芬奇.达·芬奇论绘画.戴勉，编译.桂林：广西师范大学出版社，2003：194，196.
[3] 达·芬奇.达·芬奇论绘画.戴勉，编译.桂林：广西师范大学出版社，2003：194.
[4] 达·芬奇.达·芬奇论绘画.戴勉，编译.桂林：广西师范大学出版社，2003：198.

识之深刻，观察之细致。

这里特别要说的是，在这一章里，虽然达·芬奇没有直接谈到绘画实践问题，可是他的研究也给画者很大的启发。比如，他对叶子的观察就包括了光和色的内容。他在论述树的细丫枝时说：

> 构成树木最后叶群的树叶，在树的上部比下部更明显可见。这一点胡桃树比其他树更甚。因为它的叶子是七片成一群。这些叶子由于它们的重量而下垂，并且常常靠在一起，造成远距离也能看见的亮斑。当你靠近这一叶团时就可看见每一片叶上的高光，枝下的叶子从根上斜斜地挂下，把影子投在底下其他叶子上。

其结论为：

> 叶丛顶上的叶子比底下的叶子易于分辨，因为顶上的叶子不受其他叶子的遮盖，而底下的叶子却被上方的叶子遮盖，因而眼睛不能完全分辨出一片片单独的叶子。……这都是发生在特殊光照下的情况，若是在普遍光下，叶子只有光，没有高光，凡是叶子组成群的树木外观都如上述……[1]

他从上、中、下三个方向观察树木的枝叶，

> 若从下方看去，则光是普遍光，所见的阴部较亮部多。若从顶上看去，亮部比阴部多。若从中央看去则亮部与阴部大小相等。[2]

[1] 达·芬奇.达·芬奇论绘画.戴勉，编译.桂林：广西师范大学出版社，2003：198—199.
[2] 达·芬奇.达·芬奇论绘画.戴勉，编译.桂林：广西师范大学出版社，2003：199.

他还记录了树木的影、光和颜色的变化：

眼睛高度不同，所见的树木的影和光也随之改变。眼在高处见树木影子少，在低处见它影子多。

正对太阳看树，可见树木的绿比其本来鲜艳得多，这因为树叶已透光，但树中心的叶子仍是暗的。不透明的叶子的正面，可见显著的高光。

但若从太阳的对面观察树叶茂密的树木，则见叶子上阴影少，闪光多。

当太阳在东，树木所有的受光部分呈现最鲜艳的碧绿，因为在地平线的一半，即东半边受太阳照耀的叶子都是透明的。

在西半边的湿空气中，绿色则很难看，污浊如墨灰，因为这些树叶不像在东边的叶子，它们是不透明的，并且这里的空气又湿又亮。[1]

叶子的表面通常都很光滑，因此能部分地反映空气的颜色，因为空气和稀薄透明的云混合后是白色的。如果树叶的表面天然是黑色的，像榆树叶一样，又未曾蒙上尘土，那么叶面上将出现青色的高光。

反映在这些叶子上的空气愈纯愈蓝，叶面上的高光也愈蓝。假使树叶像五月时枝头的树叶那样柔嫩，叶色将是黄的绿色，蔚蓝的空气反映在这些叶上就产生绿色的高光。[2]

而达·芬奇对草地的研究也主要是从光和色出发的。

---

[1]　达·芬奇.达·芬奇论绘画.戴勉，编译.桂林：广西师范大学出版社，2003：199，200.
[2]　达·芬奇.达·芬奇论绘画.戴勉，编译.桂林：广西师范大学出版社，2003：200.

除了光、影、色外，在对树木的研究中，达·芬奇还注意到了用眼观树的距离问题。他说：

> 树木过一定距离后（由于透视缩形之故），就不将它的真形显示给眼睛，或者，它的叶形也是不准确的，可是，枝丛的形状还保留着，有一定的量和质。如果由于距离，枝丛的形状也消失了，那么眼睛看到的就只剩下它的亮度和暗度，如果你从更远的距离观看，就只能看见将它与其他物体区分开来的颜色，假使这颜色和别的物体的颜色无异，它们就完全不可分辨了。[1]

对此他还作了理论性总结：

> 每一件阴影物体，不论形状如何，在远距离处总像球形。之所以如此，是因为如果物体是正方形的，那么它的角在短距离消失，再远些较小的边也消失。在整个物体消失之前，部分就这样首先消失，因为它比整体小。正如同人形在这种情况下脚、臂、头比身躯先消失，随后躯干长度的两端比宽度的两端先消失一样。如果这些端线是相等的，在棱角仍保留的时候，它们将构成一个正方形，如果棱角也先消失，就成圆形。[2]

从第三章和第四章的内容中我们已经了解，光、影、色和距离，即缩形透视是绘画的不可缺少的重要因素。而在这里达·芬奇把它们应用到了对植物的研究上，这也正是达·芬奇的画作如《岩间圣母》背景中

[1] 达·芬奇. 达·芬奇论绘画. 戴勉，编译. 桂林：广西师范大学出版社，2003：203.
[2] 达·芬奇. 达·芬奇论绘画. 戴勉，编译. 桂林：广西师范大学出版社，2003：204.

的花草和岩石上的树木画得如此准确和自然的原因。

第十章的题目是《风景与自然现象》。从题目上可知，这一章的主要内容一定和绘画背景相关。关于背景的描绘被认为是达·芬奇绘画的三大绝招（背景、手势、笑容）之一。本章关于风景的描述分为三个方面。一是日光下有风有水的景色。达·芬奇分别描绘了日出和日落时的景色，以及晴朗天气下正午的景色。他写道：当日落和日出时，由于风的缘故，

> 树枝翻到，枝杈弯曲而垂向地面的叶子在风中摊平了，这时它们的透视就颠倒过来，因为，假使树木本处在你和来风的地方之间，那些指向你的叶稍将采取着它们自然的位置，而对面的叶子的叶稍原应指着反方向，却因为叶子颠倒的缘故，叶稍也指着你。

> 风景里的树木并不互相显著地分离，因为它们的受光部分和它们背后树木的受光部分邻近，以至光和影很少差别。

> 当云团来到太阳和眼睛之间，它们的球形边缘全部通明，但愈向中心愈暗，这是因为从这四周直到顶部都被上方的太阳照耀，而你却从下方观察。位置相似的树枝也有同样的情形，再因为云和树一样微微透明，边上比较薄，因此略有些光。

> 但如果眼在云和太阳之间，云的外貌就与上述情形相反了。圆浑的云团边缘暗，中心亮。这是因为你所见的部分正是面向太阳的部分，又因边缘有一定的透明度，所以眼睛可以看到隐在背后的部分，这些部分不像向阳部分一样见着太阳，自然黑暗一些。也可能你从下方看云而太阳从上照射它，但它们所处的位置使它不能如前一情况那样反射太阳的光明，因此还是黑暗的。[1]

---

[1]　达·芬奇.达·芬奇论绘画.戴勉，编译.桂林：广西师范大学出版社，2003：205—206.

天气晴朗太阳当正午，因为大气中没有水分，所以风景的蔚蓝色比日间其他时候更美观。你在这种条件下观览风景，可见树木愈往树梢愈美丽，树影愈往中心愈暗。远方介于你和远景之间的大气，由于背后有比它更暗的物质而显得更美丽，因此那苍翠是极悦目的。

从物体被太阳照射着的一面看物体，不见它们的阴影，但如果你比太阳低，你将看见凡是不见太阳的部分都在阴影中。

介于你和太阳之间的树叶呈现浓淡不同的五种颜色，即：最悦目的碧绿；反映着大气（它照亮着不见阳光的部分）光辉的闪亮部分；只向着地面因而背光的部分；最暗的部分；以及包围着这最暗部分的较淡的影子。[1]

二是远景的阴影部分与受光部分的比较。在这一部分里，达·芬奇首先比较了阳光照耀下物体的阴影与光亮：

风景被阳光照耀就使得任何物体的阴影都显得很浓，并且对一个在太阳相对的一面的人，将显得最暗，同时远方的物体显得近了。

但如顺着太阳的照射线看它们，这些物体就显得没有阴影，近处的物体也显得遥远，并且形状也显得模糊。

旷野所见的物体光与影的差别很少，阴影几乎不可辨认，也没有边线，它们像烟雾一般没入光亮部分中。只有在物体被夺去大气的一面影子才变浓。

在弱亮中或薄暮时所见的物体，光与影的差别也小，如果正值完全的暗夜，人眼就不能辨别光和影，只有夜出的动物锐利的眼才

[1]　达·芬奇.达·芬奇论绘画.戴勉，编译.桂林：广西师范大学出版社，2003：206—207.

能分辨它。[1]

根据以上的情况，达·芬奇提醒画者：

你应把因为遥远而显得朦胧的物体也画得模糊，否则它们就不显得在远处了。不要用明确的线条作它们的轮廓，因为轮廓是些线和角，而这些是最小的东西里的末尾，不但在远处看不见，即便在手边亦看不见。[2]

其次，他还比较了夕阳下物体的影与光：

太阳在西时，在太阳和你中间的云团底部受光，因为它底部向太阳，较近的云则较暗，颜色是暗红的。

透明的云投射淡弱的影子。

西落的太阳余晖，照亮了城中高矗的建筑与城堡，照亮了乡间的大树，给它们染上自己的颜色，形成一幅奇景。其余的物体因只接受空气的亮光，光影相差很小，从而浮雕感不显著，也不突出。高矗的物体既受阳光照射，染上阳光的颜色，因此你应当用你太阳的颜料给所有照亮的物体上色。[3]

再次，他还提到了夕阳西下时雾气下的物体：

[1]　达·芬奇. 达·芬奇论绘画. 戴勉，编译. 桂林：广西师范大学出版社，2003：207.

[2]　达·芬奇. 达·芬奇论绘画. 戴勉，编译. 桂林：广西师范大学出版社，2003：207.

[3]　达·芬奇. 达·芬奇论绘画. 戴勉，编译. 桂林：广西师范大学出版社，2003：208.

雾气使空气重浊，不向阳的物体模糊不清，受阳光照射的物体依太阳在地平线呈现的样子而转成红色和黄色，受落日照耀的房屋特别明显可见，尤其是城乡的房屋建筑，由于阴影很暗而越发醒目，它们尖削的轮廓似乎矗立在朦胧中的，因为不受阳光而显得颜色单一的基础上。[1]

三是风景中的树木。这里对树木的研究与第九章关于树木的研究侧重点不同，其主要内容是对树木与景物关系的探讨和描述。其中包括四季中树木的变化；乡村景色中的树木；大气背景下树木底色的调制；大气下树叶颜色的变化等。例如，在提到对秋天树木的描绘时，达·芬奇写道：

秋天你应当按照时令描绘物体，即在初秋，树上最老的枝杈上的叶子开始发白，其程度依树所生长的土地的丰腴或贫瘠而不同。结实最早的树，叶子最红或最苍白……[2]

除了风景的主题外，此章的主题还有城市与建筑、雾景、山景、大气和烟、风、云、雨、出霞和霓虹、海景、地平线。从主题看，该章的主要内容是大自然。通过对这些题目的解读，我们既看到了达·芬奇对大自然的热爱、观察细微，也看到了他对描绘大自然的体会和经验。

例如，他细致地描述了阿尔卑斯山中的河流，它们如何由雨水和夏天融化的雪水汇集成"愈急愈浩荡"的河流；河水如何冲击着山体，造成"闭塞的山溪"，以至在山谷中形成堰塞湖；而一路奔腾冲到山脚的

---

[1]　达·芬奇.达·芬奇论绘画.戴勉，编译.桂林：广西师范大学出版社，2003：208.
[2]　达·芬奇.达·芬奇论绘画.戴勉，编译.桂林：广西师范大学出版社，2003：208—209.

溪水，如何汇成汹涌的河流，不但冲走了泥土，"冲蚀了生有树木的小山，还冲走了大块的岩石"，"将它们滚过很长的距离，磨成细小的卵石，最后化为细沙"。[1]当我们阅读这些描述时，眼前似乎就出现了这样一幅景象：大山中万溪奔腾，汇集山脚，形成汹涌的河水，带着浊浪，滚滚向前，河水中翻滚着巨石，树木，草根……如此巨大的自然之力创造着，也毁坏着大自然。创造与毁坏的共同作用，造成了大自然的千姿百态。山景作为一种自然景色，也被达·芬奇从不同角度进行描述。他强调了四季的山景、大气中的山色、山上草木的特征等，而这些都是画者必须注意的。谈到山色，他说：

> 远山颜色愈深，愈显苍翠壮观，颜色最深的远山，显示最美的颜色。山愈高，山林愈密，则山色愈深浓，这是因为这些树木很高，显示了不受天光照射的黑暗的底层。[2]

谈到山上植物的特点，他说："愈近山顶树愈细小，因为愈近山顶土壤愈贫瘠，愈近凹谷愈丰厚肥沃"；"愈往山脚下降，树愈繁盛。组成林子的树有多少种类，就有多少绿色"。[3]大气和烟的主题，更显示出达·芬奇的综合研究能力。当然，他的综合性研究，表现在许多主题上，只是这一主题更为突出罢了。他把大烟、雾、蒸汽、云团、太阳、风和尘土、时间和地点综合在一起，研究和观察了大气的颜色。通过解读这一主题，我们了解了大气的颜色会受到水蒸气、冬日的降雪、夏日的云层、燃干湿柴产生的烟雾、太阳的光照、风的吹拂、尘土的扬起等因素的影响。

---

[1] 达·芬奇. 达·芬奇论绘画. 戴勉，编译. 桂林：广西师范大学出版社，2003: 213.

[2] 达·芬奇. 达·芬奇论绘画. 戴勉，编译. 桂林：广西师范大学出版社，2003: 212.

[3] 达·芬奇. 达·芬奇论绘画. 戴勉，编译. 桂林：广西师范大学出版社，2003: 213, 214.

例如，他说：

> 我们所见大气的蓝色并非它本来的颜色，这蓝色是由受热的水汽蒸发而成极细小难见的颗粒引起的，它们被阳光照射，就在顶上深幽无止境的黑暗背景上显得明亮。凡是登上法国和意大利分界岭的阿尔卑斯山脉的蒙波索峰（即罗莎峰）的人，都能像我一样看到这点。[1]

> 我们还可举出干而老的木柴所生的烟说明大气的颜色。这样的烟刚从突生起的时候，如果已处在眼睛和某暗处之间，就呈显著的蓝色。当它高升以至介于眼睛和亮空气之间时立即变成灰土色，这是因为它背后不再是黑暗而是明亮的空气了。但是，这烟如果从湿的新柴产生，那就不成蓝色，因为它既不透明又包含着水气，作用和浓密的云团相同。

> 烟进入空气中，呈波浪形，与流水被本身的猛势驱使而冲开其他流水时造成的波浪形相似。[2]

所以，他提醒画者：

> 画一幅烟如浓雾的风景，其中可见散在不同地点的烟团，并有火光照耀着火旁的、最浓密的圆形的烟团。[3]

在风、云、雨的主题下，达·芬奇告诉画者，树条与树叶的方向永

---

[1] 达·芬奇.达·芬奇论绘画.戴勉，编译.桂林：广西师范大学出版社，2003：214—215.

[2] 达·芬奇.达·芬奇论绘画.戴勉，编译.桂林：广西师范大学出版社，2003：214—215, 215, 217.

[3] 达·芬奇.达·芬奇论绘画.戴勉，编译.桂林：广西师范大学出版社，2003：217.

远向着来风处的相反方向弯曲；云比在其上的空气重，比在其下的空
气轻；

雨点落入空气，像雾霭一般，夺走了空气一侧的阳光，夺走空
气另一侧的阴影，从而使之迷蒙、昏黄。大地被雨夺去了阳光而变成
暗黑。透过雨看见的物体轮廓模糊难辨，最近眼前的物体最清楚。[1]

地平线是此章的最后一个主题，达·芬奇简述了地平线的真实位置
和地平线的形状与性质。达·芬奇说：

亮空气和地边接界处的所谓地平线，随观察它的眼睛的垂直高
度的不同而出现于离此垂直线（由眼睛引向地心的垂直线）不同距
离的地方。若眼睛位于海平面，则所见地平线近在一里地左右，若
人直立，则见地平线离他七里远。高度每有所增，则地平线愈远去。
人站在临海高山顶上环视四周，则望见地平线极为遥远。内陆居民
则见地平线距离不等，因为地球表面与地心的距离不等，不若海面
是一个准确球面，因此眼睛离地平线自然距离不同。

如果地是球形的，地平线永远不比地面上的眼睛高。[2]

纵观达·芬奇的《绘画论》，其内容共10章，明确的标题59个，
其内容的丰富正如戴勉在其编译的《达·芬奇论绘画》序言中所说的：

他把那个时代里和绘画有关的问题几乎统统讨论到了。他是文

---

[1]　达·芬奇.达·芬奇论绘画.戴勉，编译.桂林：广西师范大学出版社，2003：218—219.
[2]　达·芬奇.达·芬奇论绘画.戴勉，编译.桂林：广西师范大学出版社，2003：220—221，221.

艺复兴时代伟大的艺术革新家，在构图法、明暗法、透视法和心理描写等方面有巨大的贡献，又是历史上屈指可数的学识最渊博的巨人，这部汇集他毕生经验写成的画论，可以称得上是一部总结了他那个时代绘画艺术成就的百科全书。[1]

无论是从《达·芬奇笔记》还是从《绘画论》中，我们都可以看出，达·芬奇的爱好极广泛，思想更是极端的活跃。有的时候，一件事情还没有做完，他的兴趣就又转向了别处。正如房龙所说，

> 他就这样不断被脑子里的那些奇思妙想鼓动着，喜新厌旧，见异思迁，永远对"下一个"感兴趣。灵感的迭现，让他有些应接不暇……
>
> 他那过分活跃的思想使他有时心猿意马，但也使他充满了创造力。他以对人类所有领域进行研究和探索为己任。他当然不满足在某一方面有所成就，因为他有能力去做常人做不到的事情。凡举天才都具有这样的素质：聪明过人、精力充沛、记忆超群。列奥纳多是个不知疲倦的人，每天20个小时都花在他感兴趣的那件事情上。他的精力分散到那么多的事情上，干了我们常人几辈子都干不了的事，而且在诸多领域取得了令人望尘莫及的成就，他一生又必定十分勤奋。[2]

这样的评价或许对达·芬奇来说最合适不过了。

---

[1]　达·芬奇. 达·芬奇论绘画：编译者序. 戴勉，编译. 桂林：广西师范大学出版社，2003：9.

[2]　亨德里克·威廉·房龙. 房龙讲述美术的故事. 谢伟，编译. 成都：四川美术出版社，2003：82.

（4）画作介赏

神人合一的思想之作——《岩间圣母》　　达·芬奇的《岩间圣母》有两幅，一幅作于 1483—1485 年（图 43），一幅作于 1495—1508 年（图 44），两幅画的画面内容和构图基本相同。为什么在 25 年之间达·芬奇要创作两幅基本相同的画面？原来，在 1483 年，达·芬奇接受米兰圣弗兰西斯科教堂的委托，为其礼拜堂创作一幅《岩间圣母》祭台画。按合同的要求，画中的圣母必须在两个先知和两个天使的簇拥之下。而达·芬奇没按合同要求作画，他的画面没有了先知，天使也只有一个，而且多出一个合同中没有提及的圣约翰。于是委托方将达·芬奇告上了法庭，而达·芬奇也以对方没有付够画款为由反诉。最终以达·芬奇再画一幅交付给委托方而了结官司。于是就有了圣母头上有了圣光，约翰有了十字架，天使的手变成了翅膀的第二幅《岩间圣母》。比较两幅画，第二幅虽然画幅小于第一幅，但在颜色、明暗的比较、风景的描绘等方面，更具达·芬奇的风格。之所以如此说，是因为作第二幅画时，达·芬奇的年事已高，经过多年的思考与实践，达·芬奇的画风更成熟。也正因为在作第二幅画时，达·芬奇年事已高，故而有人认为它是在达·芬奇的指导下由其学生完成的；查尔斯·尼科尔则认为是达·芬奇与安布罗焦·德·普雷迪合作完成的。

《岩间圣母》给人的第一印象就是画面上的人物均处在景物之中。而在以前的画面上，人物都是被放在景物之前。达·芬奇画面上的这一创新，不仅合乎情理，而且也有他深刻的神学思考。圣经故事说，希律王为除后患在伯利恒虐杀婴儿，天启要约瑟和玛利亚带着小耶稣逃往埃及，当他们来到约旦河时，听说约翰在这一带传教，于是与他相约，在一个山洞里见面，于是就有了达·芬奇画笔下的岩洞。而且据说上帝就是在这个岩洞中创造世界的。因此，达·芬奇画笔下的岩洞也就充满了神圣和神秘。洞里面倒挂的钟乳石和下面的"地笋"告诉我们，这是一个具有喀斯特地貌的山洞。洞中多石、阴暗与潮湿是这种山洞的地质特点。再看看洞中的植物：鸢尾花、银莲花、紫罗兰、蓬子菜、仙客来、报春花、挂在岩洞口的"金丝桃属植物"等。无论是山岩洞窟的地质学见识，还是花草植物学的精确把握，都佐证了《达·芬奇笔记》中，他对地质地层学与植物学的深刻了解和研究，以及他的科研与绘画的完美结合。这种结合还可体现在洞外那片碧山绿水，山水烟岚的远景。我们中国人看到这片美景，会很自然地想到漓江的风光，因为它有中国画水墨渲染的特色。而这正是达·芬奇将光线透视、空气透视、色彩透视、隐没透视和缩形透视相结合而出现的效果，也是他运用自己独创的烟雾法的结果。

在此画中，达·芬奇还巧妙地运用明暗对比的技法，将洞口的光亮通过洞口和岩缝引入幽深的洞中。光亮影影绰绰地照亮了岩石、岩壁上的树木的枝叶，照亮了地上的小草和野花，使得亮处的绿植显得嫩绿而多彩，暗处的也可隐约可见；光亮还撒在了圣母、小基督、小约翰和天使的身上和脸上，将人物凸显在了画面之上。幽深湿暗的洞窟、明明暗暗的洞景、美如仙境的洞外景致和洞中的圣经人物，使得整幅画面蒙上了浓浓的神秘色彩。神秘的岩洞，上帝创造世界的地方，再加上画面上出现的四个圣经人物，使观者感受到洞穴的神圣。

画面上的四个人物以三角形构图安排，是该画的又一特点。圣母的头是三角形的顶尖：她伸出的两只胳膊及其延伸线，构成不规则的三角形的两个边。于是，四个人物便被规范在了这个不规则的三角形之中，形成了紧密而稳定的关系。而这种紧密关系，又被画面中的人物、人物的表情和动作阐明。从《达·芬奇笔记》和《绘画论》中我们知道，在达·芬奇关于人体的研究中，很重要的一部分就是如何绘出准确的人体。比如画小孩的关节的体征，达·芬奇强调：

孩童所有的关节都瘦薄，两关节之间都肥宽，这是因为包在关节上的表皮无肉，只有联络关节的筋，肥胖的、饱满的肉填充皮骨之间。[1]

画面上描绘的小胳膊、小腿的基督和约翰的逼真形象，正得益于他的这一思想。由于人物的逼真形象，是与人物的动作和表情对内心的表达分不开的，所以达·芬奇特别强调人物的动作、表情与内心的关系。该画中的四个人的不同动作和表情便是他们内心的表白。圣母伸出右臂，用右手扶着圣约翰的肩膀；伸出左臂，张开的左手护在小基督的头顶之上，和蔼而亲切地看着眼前的孩子们。她的动作和目光告诉我们：作为圣母，她要完成基督受洗的任务；作为母亲，她要保护孩子，哪怕自己经受苦难。基督伸出的手指向约翰，而约翰则两手合十，回应着基督。他们的动作和表情，表现出基督要约翰暂且为自己洗礼，而约翰则表示真诚接受的宗教内容；而在我们看来，这表现的就是两个嬉戏中的孩童。再看大天使，她用手指着孩子们嬉戏的场面，似乎在向观者解说着眼前发生的事情。是基督受洗礼，还是讲述孩子和母亲的故事，各观者自有个人的体会。或许这正是达·芬奇想要表述的神中见人，人中有神的神人合一的思想。而这一思想在画面的设计上体现得更为明显，达·芬奇把世俗之人放在宗教象征的环境中：圣母头上没有圣光，圣约翰没有十字架，天使没有翅膀，这强调了人物的世俗性；而在这些人物身边，我们又看到许多象

---

[1]　达·芬奇.达·芬奇笔记.杜莉，编译.北京：新星出版社，2010：112.

征性的植物，如圣母身边的楼头菜，是圣灵鸽子的象征，蓬子菜是马槽的象征；基督脚边的仙客来是爱与虔诚的象征，报春花是美德的象征；约翰身边的莨苕是重生的象征等。神人合一的思想正是文艺复兴时期人文主义思想的重要内容。

《岩间圣母》，使我们在体会画家笔下那大自然的美妙、母亲之爱、孩童之天真、人之善美的同时，具体体会到了达·芬奇深邃的人文主义思想和他作为文艺复兴时期艺术家对神人合一思想的追求和表述。

欧洲艺术拱顶之石——《最后的晚餐》（图45）　《最后的晚餐》属于达·芬奇第二米兰时期的作品，创作于1495—1497年。该画取材于圣经犹大卖主的故事。画面集中表现的是：当基督对门徒们说"你们中间的一个人出卖了我"的时候，各个门徒的不同反应。整个画面紧紧围绕"晚餐"这一主题设计、展开，这是因为该画被画在米兰圣玛利亚修道院的食堂一端的墙上。

就"晚餐"这一主题，达·芬奇首先采用线段透视法进行描绘。这种透视法，透视角度精确，利用这种透视法一举多得：第一，画面中的墙壁、屋顶、窗户和实际的建筑精妙地融为一体，看上去就像是建筑物本身的延伸，同时画中的窗户和来自窗户的光线，也似乎变成了房屋本身的窗户和屋外的自然光线；第二，画面上餐桌的桌面由宽变窄，便于以基督为中心，围绕餐桌安置人物；第三，画面基本与就餐人的目光平行，就餐的画面看上去似乎成了食堂中就餐的"实景"，就餐的修士们也就似乎有了与基督共进晚餐的感觉。

其次，为了突出主题，达·芬奇在构图上创造性地采用了三角形构图的多重组合。中间的基督为一个等边三角形；基督两边各有门徒6名，每三个人以不规则的三角形构成一个小组。这样的构图，一方面使中心明显而突出，另一方面也为门徒们的动作及以动作为表现的相互间的交流提供了空间。达·芬奇说过：

> 绘画里最重要的问题，就是每一个人物的动作都应当表现它的精神状态，例如欲望、嘲笑、愤怒、怜悯等。[1]

正是利用这一理论，达·芬奇设计了基督和 12 个门徒的不同动作。从画面上我们可以看到，基督的"你们中间有一个人出卖了我"的话一出，便犹如晴天霹雳，惊震了四座。每个人以不同的姿态表达了自己的或惊奇，或惊惧，或愤怒，或怀疑，或表白，或沉思之情。同时，达·芬奇还借助门徒们的动作，呈现了他们之间的交流：他们有的在相互询问，有的在相互交谈猜测，还有的摆手让大家安静。更为巧妙的是，达·芬奇对门徒们的姿态、相互连接的手臂的构思，既表现了基督的话扩向四周而引起的巨大波澜，又表现了这一巨大的波澜随着门徒们对老师的忠诚和关心传回到了基督的身边。这种画面上戏剧冲突的巨浪以及巨浪的反击力，起到了多样而统一的效果，突出了主题。这样的设计，让我们想起了达·芬奇关于反射光的研究，关于海水的潮起潮落，海浪冲击岩石形成巨大反击力的思考和描述。

除此之外，达·芬奇还以对比的手法，把基督、众门徒和叛徒犹大凸显在画面上：如犹大向后倾斜的姿态和后缩的手与众人均向着中心的动作形成鲜明的对比；众人与犹大高低位置的明显比较；明与暗的对比等。需要特别说明的是明与暗的对比。从整个画面看，通过墙上的三扇窗户透进的光，把基督和众门徒都显示在了光亮之下，基督则处在最高的亮度之中，而犹大由于被两个交头接耳的人遮挡而处在了最阴暗之处。这

---

[1] 达·芬奇.达·芬奇论绘画.戴勉，编译.桂林：广西师范大学出版社，2003：52.

样的对比，将基督的光明坦荡，众门徒的忠诚之心、犹大的卑劣背叛充分地展示在了画面之上。在以上所设计的情节中，犹大均被安排在众门徒之中。这一合情合理的安排，突破了传统的绘画中将犹大排除在众门徒之外的构图法。仅从这一点上，我们也看到了达·芬奇关于冲破传统的创新精神。

创新之下的杰作是达·芬奇花 20 年的时间磨得的一把利剑。《最后的晚餐》绘制于 1495—1498 年，看似是 4 年的时间，但达·芬奇的准备工作却是从 1478 年开始的。在 20 年的时间里，他深入各类人群中，寻找自己设计所需要的模特。在《达·芬奇的笔记》中有几幅关于《最后的晚餐》的素描图，从中可看出他对其人物的思考和动作设计。图 46 下方，有这样的说明：一个正在饮酒的人把杯子放回原处，掉头对着讲话的人；另一个人双手的手指交叉，蹙眉望着他的同伴；另一个人摊开双手，露出手掌，两肩高耸触耳，一脸惊讶；另一个人对邻座耳语，他一手拿着餐刀，另一只手拿着刚切了一半的面包，转头听他的同伴讲话；另一个人转身的时候，手中的餐刀打翻了桌子上的一只玻璃杯；[1] 另一个人双手放在桌上，瞪着眼睛；另一个人张大嘴巴喘气；另一个人欠着身体，手搭凉棚，眼睛看着讲话的人；另一个人把身子缩在一个身体前倾人的后面，从墙壁和那个身体倾斜向前的人中间窥视讲话者。[2] 在图 46 中，达·芬奇还标注出了 9 个门徒的名字。图 47 为达·芬奇设计的《犹大的头像》。从上述素描和记述中，我们可以看到，达·芬奇为《最后的晚餐》所做的功课是多么充足。即使已经着手绘制此画，达·芬奇也仍在不断思考，以修改设计。据查尔斯·尼科尔的《达·芬奇传》讲述，当时一个叫班代洛的人亲眼目看见了达·芬奇对这幅画的绘制：

---

[1]　达·芬奇.达·芬奇笔记.杜莉，编译.北京：新星出版社，2010：60.

[2]　达·芬奇.达·芬奇笔记.杜莉，编译.北京：新星出版社，2010：61.

他一大早就到了，爬上脚手架，马不停蹄地就开始工作。有时他会在那里从早干到晚，手里一直都拿着画笔。他画个不停，常会忘记吃饭或喝水。有时候，他会连续几天不碰画笔，一天中有好几个小时伫立在他的作品面前，双臂交叉放在胸前，独自一个人用挑剔的眼光审视着画中的人物。我也看到过他在中午太阳最烈的时候，好像突然有急事要做一样，放下手头正在制作的黏土模具，离开韦奇奥宫直奔圣玛利亚感恩教堂。他也不找个阴凉处休息片刻，就赶忙爬上脚手架，拿起画笔在墙上涂上一两笔，然后随即转身离开。[1]

这段当时人的话语，既使我们感到了达·芬奇的勤奋，也使我们看到了只有当他考虑成熟时他才动手创作的认真。瓦萨里还记载了一件事：看到达·芬奇经常半天半天不动笔，静坐沉思，修道院的副院长感到很不可思议，他希望达·芬奇要像菜园里的园丁一样，不停地耕耘。但他几次催促不见效果，便向米兰大公求援。大公向达·芬奇传达了副院长的要求。达·芬奇对大公说，好的艺术家思索疑难，完善构思，考虑的结果他们随后就可用手表达出来。他还告诉大公，他现在还差两个人的头像未能完成，一个是基督的，因为他在尘世间找不到合适的模特，无法设想出超凡脱俗的美来表达这种圣洁；另一个就是犹大的，达·芬奇"认为自己也无法恰如其分地刻画出这个人的丑恶嘴脸"；"然而，在这个问题上，他决意不再苛求，因为如果没有更贴切的模特，这个喋喋不休、愚昧无知的修道院副院长的头像便是现成模特。"[2]据说这个修道院院长此后再也没敢来打扰达·芬奇。20年的思考、20年的准备，最终成就

---

[1]　查尔斯·尼尔科.达·芬奇传：放飞的心灵.朱振武，等，译.武汉：长江文艺出版社，2006：270.

[2]　乔尔乔·瓦萨里.意大利艺苑名人传：巨人时代 上册.刘耀春，等，译.武汉：湖北美术出版社，长江文艺出版社，2003：6—7.

了达·芬奇《最后的晚餐》这一欧洲艺术拱顶之石,贡布里希称它为"伟大的奇迹"[1]。

而这一拱顶之石留存至今,可谓多灾多难。首先,达·芬奇自创的颜料出了问题,他把蛋彩油彩混合,直接绘制在干燥的墙面上,结果颜色无法持久,16世纪时就出现了褪色霉蚀,甚至脱落;其次,食堂里的油浸气熏,加之修道院不知加以保护,还在画幅的下方开了一扇大门,致使画中基督的脚受损;再次,拿破仑战争时,食堂成了法军的马厩,士兵把画中的人物作为投准的靶心,造成画的严重毁损;最后,第二次世界大战期间,修道院遭到炮火的攻击,画幅虽被用层层的沙袋保护了起来,但仍受剧烈震动的影响。画幅毁损程度加速,画面面目全非。从19世纪开始,画面得到了不断的修复。最近的一次抢修开始于1981年,直到1999年结束。据说这次抢修专家们采用了现代科技。尽管如此,但当年鲜艳的色彩已不可能保留,这次抢修只恢复了画面的层次感和生动逼真的人物动作和表情。现在,为了保护这一"伟大的奇迹"之作,展出地点的温湿度、展出的时间和参观的人数都已得到了严格的控制。但愿人们像保护自己的生命一样保护它,使其永远留存。

永恒的神秘微笑——《蒙娜丽莎》(图48) 达·芬奇的传世巨作《蒙娜丽莎》创作于1503—1505年,属于第二佛罗伦萨时期。该画诞生500多年来,一直以其神秘的微笑吸引着世人。人们从不同的角度、以各自的眼光解读着蒙娜丽莎的微笑,猜测着她的内心;研究者更从达·芬奇那神奇的笔法入手,探寻其成功的奥秘。也正因为如此,500多年来关于《蒙娜丽莎》的信息颇多且各种各样。尤其近两年来关于青春版的《蒙娜丽莎》引起了业界的关注。

---

[1] 贡布里希.艺术发展史.范景中,译.天津:天津人民美术出版社,1998:163.

2013年2月，我国各大网站相继报道了英国《每日邮报》2013年2月13日的一则消息：2012年在日内瓦公开亮相了一幅画作《蒙娜丽莎》。因该画中的人物面色清新红润，不沾岁月的痕迹，有着与《蒙娜丽莎》相似的长相、服饰、手势和神秘的微笑，只是显得更为年轻，故而称该画为《蒙娜丽莎》的姊妹画。报道说，1913年伦敦艾尔沃斯的收藏家休·布莱克购买了此画，故而有了"艾尔沃斯·蒙娜丽莎"之名。后几经转手，该画归属了一家瑞士财团，并在银行金库里待了40年才亮相世人。报道称，此后瑞士的蒙娜丽莎基金会的总裁聘请意大利的几何学家阿方索·鲁比诺，对比《艾尔沃斯·蒙娜丽莎》与达·芬奇的《维特鲁威人比例研究》，结果发现《艾尔沃斯·蒙娜丽莎》的几何构图与达·芬奇描绘人物所惯用的比例相匹配，认为《艾尔沃斯·蒙娜丽莎》绝对是达·芬奇的真迹。但这也引起了很多学者的质疑。比如，研究达·芬奇的权威学者坎普认为，该画的细微之处没能达到原作的水平，包括画中的面纱、头发、半透明的裙身层次和双手的构图等。他还指出，重要的一点是画中女子的脸部没有捕捉到原作中那种深不可测的神韵。所以，他认为该画应出自后来不知名的画家之手。后又经过多名专家的研究，化学、物理及碳素的测定，其结论均为《艾尔沃斯·蒙娜丽莎》为达·芬奇的真迹。专家们还推测，之所以会出现"年轻版"的《蒙娜丽莎》，是因为此画是受佛罗伦萨的富商贾孔多所托，为其年轻的妻子丽莎所作，但达·芬奇1506年离开意大利时，画作还未完成，贾孔多只好接受了这幅未完成的作品。后来这幅作品很可能被到意大利旅游的贵族购得。而在罗浮宫的《蒙娜丽莎》则是达·芬奇到法国后完成的。

无独有偶，2012年2月3日新浪网发布一则消息：在西班牙马德里市普多拉博物馆一直收藏着一幅画——《蒙娜丽莎》。画面上的女主人比原版中的蒙娜丽莎"更年轻"、"更迷人"。这幅画也被堪称是达·芬奇原版画的"姊妹篇"。该报道称，该画一直收藏在普拉多博物馆中，因为专家们一直以为它是后世画家们的临摹作品，所以一直没有重视。但不久前，专家们在对仓库中的临摹作品进行修复时，突然发现《蒙娜丽莎》身后的黑油漆涂层下好像藏着什么东西。当专家们小心翼翼地移除画上的一大片黑油漆涂层后，发现下面竟藏有和达·芬奇原画中极为相似的托斯卡纳山水风景画！经研究，他们认为"姊妹篇"为达·芬奇的学生梅尔兹所作。研究者们推测，作为达·芬奇的学生和助手，梅尔兹可能见过画中的主人翁——丽莎，甚至当丽莎坐在画室中为达·芬奇当模特时，梅尔兹就在现场。梅尔兹作品初稿的背景和达·芬奇的原作非常相似，这意味着他们当初不但于同一时期开始创作，而且可能是在同一画室中进行绘画的。所以，梅尔兹的《蒙娜丽莎》应为"第一临摹画"。两画相比，有许多不同之处。比如，梅尔兹的蒙娜丽莎比达·芬奇的更显年轻，也更迷人，其年龄大约为20多岁。而达·芬奇的女主人更像是个中年人。再有，达·芬奇的蒙娜丽莎没有眉毛，而梅尔兹却给她添上了。还有，两个蒙娜丽莎的目光不同，达·芬奇画的目光偏左，微微向上；相比之下，梅尔兹画的目光偏向中间，微微偏下。这可能是作画时，画者与模特之间的角度不同造成的。就两幅画的背景而言，临摹的比原画的更显清晰。报道还说，临摹的《蒙娜丽莎》准备送到法国，与原画一起参加达·芬奇画展，分离长久的两"姊妹"终于要见面了。同一年，世界上先后发现了两幅"年轻版"的《蒙娜丽莎》，也应属举世罕见的大事了。

《蒙娜丽莎》作为达·芬奇的名画我们并不陌生。尤其蒙娜丽莎的微笑，一直是我们赞扬这幅画的最重要的原因。几百年来，人们对这一微笑给予了种种解读。有人认为这是一种贵族妇女矜持的笑；有人认为是一种暧昧的笑；还有人说是一种含有伤感的笑；甚至还有人说她的微笑雄雌难辨；更有甚者，有人对此微笑百思不得其解，居然开枪结束了自己的生命。最终人们给它冠以"神秘"二字，把种种解读都涵盖在了其中。对于为什么达·芬奇能赋予蒙娜丽莎这样"神秘"的微笑，瓦萨里的解释似乎很具典型性。他说："蒙娜·丽莎本人十分美丽，列奥纳多为她画像时，请来乐师、歌手、小丑进行表演，使她始终保持欢快状态……"[1]房龙则认为处理嘴唇的问题，自古以来是画家们的难题。达·芬奇也不例外，"在处理人物嘴唇的时候显得有些底气不足"，不得不采用古代画家惯用的将"嘴角微微向上翘起，赋予人物一个'微笑'的做法"。所以，在他看来，达·芬奇笔下的蒙娜丽莎的微笑是"在最难表现的嘴唇上他还显得力不从心"[2]的结果。

虽然在该画中达·芬奇没有像《最后的晚餐》那样留下不少关于作品的直接思考和素描，但从《绘画论》中我们仍可找到画家对创作蒙娜丽莎"神秘"微笑的间接答案。这就是他对人体各个部位比例的精通，对筋腱、肌肉、神经及它们之间关系的了解，对人体解剖素描的高超和精细能力，对人的动作、表情和内心情绪之间理论的深刻探讨。在《绘画论》第五章的第一小节——《比例》中，关于人的面部各部分的比例，就有 21 个小段：如"两耳垂的间距等于眼眉与下颌的间距"；"耳朵的长度应与鼻底到眼睑顶部的距离相等"；"面部形成一个正方形，两个眼角之间的距离是它的宽，鼻顶到下唇底是它的高，位于这正方形上，下两边的脸部也足有同样一个正方形的高度"；等等。[3]关于嘴唇的直接描述有 8 处：如"在一个匀称的脸上，口的大小等于唇到下颌的间距"；"下唇的弧线在鼻的底部到下颌之间的中点"；"嘴缝的侧影正指向颌角"；

[1] 乔尔乔·瓦萨里.意大利艺苑名人传：巨人时代 上册.刘耀春，等，译.武汉：湖北美术出版社，长江文艺出版社，2003：9.
[2] 亨德里克·威廉·房龙.房龙讲述美术的故事.谢伟，编译.成都：四川美术出版社，2003：92.
[3] 达·芬奇.达·芬奇论绘画.戴勉，编译.桂林：广西师范大学出版社，2003：116.

"嘴缝与鼻底的间距为脸的四分之一，且等于口的宽度"；等等。[1]在第二小节《解剖》的内容中，直接描述"口"的有6处，如

人运动口唇的肌肉比任何其他动物的都多，这对他极为必要，因为口唇不断进行各种活动。如，发b、f、m、p四个字母，吹口哨，笑、哭和诸如此类的动作，还有丑角在扮脸相时做出的古怪的扭曲，等等。

紧闭口唇，使它的长度减少的肌肉就在口唇内，也可以说口唇实际上就是关闭自己的肌肉。

口部肌肉及其侧面肌肉的运动：常有构成口唇的肌肉牵动与之相连的侧边肌的情形，而当这些唇肌不能还原时，侧肌将它牵动的情况也是同样多，因为除了生殖器和舌头以外，肌肉的功能是只拉不推。如果口收缩时拉回了它的侧边肌，那么同样，除非这些侧边肌回到原位，口部肌肉才能恢复它的长度。如果这些侧边肌把嘴拉长以产生笑容，那么当停笑的时候，口必须收缩把侧肌拉回。[2]

从以上关于面部器官的不同比例、嘴的运动与面部肌肉的关系的描述中，我们可以知道，达·芬奇对人面部的种种科学研究，已为他画好人物的各种表情打下了坚实的科学基础，他的很多素描的头像，如图49、50，都展示了这一点。在《绘画论》第六章《面部表情》的题目下，共有10段描述，其中直接探讨面部各种表情的段落有9段，而这之中与笑有关的段落就占了二分之一，如

由情感引起的面部表情有许多种，其中首要的有笑、哭、喊、唱、

---

[1]　达·芬奇. 达·芬奇论绘画. 戴勉，编译. 桂林：广西师范大学出版社，2003：116，117.
[2]　达·芬奇. 达·芬奇论绘画. 戴勉，编译. 桂林：广西师范大学出版社，2003：128.

（高音或低音）、赞、怒、喜、悲及壮烈的痛苦等。

哭者与笑者的两眼、嘴巴和颈项都没有区别，不同的只是哭者双眉紧锁，笑者双眉飞扬。

不要因为笑和哭外貌有点相像，于是就把哭者的表情画成笑者的表情，实际上应该把它们的表现有所区别，哭是一种不同于笑的感情，哭泣时人的双眉和嘴依据哭因的不同而有所变化……一个笑者则嘴角翘起，两眉分离且平展无结。

面貌却真能显示一个人的性情，表露他的罪过。面颊和口唇间的皱纹，鼻翼和鼻梁间的界纹，眼窝和眼眶的界纹能够清楚地表明其人是否常常喜笑颜开。这些纹路不显的人，必好深思；面部起伏突出的人则凶狠易怒，缺乏理性；双眉间纹路分明的人脾气暴躁；前额横纹清楚的人明里暗里必多愁苦。[1]

达·芬奇凭借对面部神经和肌肉知识的充分了解，以细致的观察和高超的画技，紧紧抓住了人物微笑时的两个细节，即微笑开初和微笑收尾时面部神经和肌肉的微妙变化，并将这种变化以恰到好处的艺术表现力赋予眼角、嘴唇、嘴角及目光，从而再现了笑容的程度和内涵。应该说，能在画笔下表现出这一笑容程度和内涵的，达·芬奇是第一人。

蒙娜丽莎的微笑之所以"神秘"，还因为达·芬奇以自己的风格和画技，为其制造了"神秘"的氛围。纵观《蒙娜丽莎》的整幅画面，我们会发现，达·芬奇通过明暗的强烈对比，将人物凸显了出来。在这样强烈的对比下，人物的肤质显得嫩滑。同时，达·芬奇又用渐隐法，渐散强光，将其逐步地融入黑暗之中，二者强烈的对比界线逐渐消失。光由强变得柔和，

---

[1] 达·芬奇.达·芬奇论绘画.戴勉，编译.桂林：广西师范大学出版社，2003：157，158，160.

使被凸显出的人物也更显温柔和端庄，从而强化了蒙娜丽莎微笑的内涵，使其显得更具魅力；再配上那双在明暗转化中被凸显的丰满圆润、肤质细嫩平滑的"最美的手"，蒙娜丽莎贵妇的气质也得到了强化。

画面的背景是一片运用空气透视法、彩色透视和浑染法描绘的景致：明亮霞光衬托下的模糊的远山、云雾弥漫中平静的湖水、蜿蜒的小溪。然而细看画面，人物左右两边的风景却又不很相同。人物右边的风景，远山似有石林竖立；山间湖水中的暗影，既似山体的倒影，又似突出水面的石头；湖水通过低矮的小山谷流出，成了蜿蜒流淌的溪水；一片大自然风光令人神往。而人物左边的风光，虽然也由远山、平湖、小溪构成，但有了人生活的痕迹，出现了小桥和人工跌水。两边的风景还有一个明显的特点，无论是山、湖还是小溪，人物左边的都高于右边的。这也因此产生了一种神奇的效果：欣赏画面中的人物，当目光偏左时她显得较远；目光偏右时，她又显得较近；移动目光时，画中的人物便"活动"了起来。缥缈的云雾，梦一般的"仙境"，以及它的神奇效果，更加重了蒙娜丽莎微笑的神秘感。或许这也是对"神秘"微笑的一种注释：仙境、内心的愉悦和会心的微笑。为了说明这是一幅肖像画，达·芬奇让蒙娜丽莎露出了靠椅椅背的左角，左臂搭在座椅的扶手上，右手压在左手之上。如此一来，达·芬奇便把这一肖像的结构放在一个三角形的构架中。这不但突破了传统的半身或截至胸部的肖像画的构图习惯，而且更加强了整个肖像的稳重感和端庄感。而这种感觉又使观者突破那微笑的"神秘"，把蒙娜丽莎看作自己身边的一个美丽、端正、温柔，以永远的微笑面对世人的可爱女性。

2
巨人的创造者——米开朗琪罗

（1）坎坷倔强而奋力创造的一生

米开朗琪罗，是意大利文艺复兴盛期集画家、雕塑家、建筑师于一身的伟大艺术家，也是举世公认的文艺复兴盛期雕塑艺术最高成就的代表。

米开朗琪罗·博那罗蒂（Michelangelo Buonarroti，1474—1564）（另译米开朗基罗或米开兰基罗）1475 年 3 月 6 日出生于佛罗伦萨附近的小镇卡普赖斯。据说，他的家族是佛罗伦萨经营银行业最古老、最高贵的卡诺萨伯爵的后代。但到他出生时，不善经营的父亲鲁多维科已改当卡普赖斯镇和丘西城堡的行政长官。米开朗琪罗不满一个月时，其父职满，带领全家回到了离佛罗伦萨 4.8 公里的塞蒂涅亚诺村，在其祖先留下的一块地产上定居了下来。该村盛产灰坚石，故而有许多石匠和雕刻家居住于此。米开朗琪罗的母亲体弱多病，在他 6 岁时便离开了人世，所以米开朗琪罗从小就被寄养在村里的一个石匠家中。或许正是石匠女儿的奶妈的奶水的抚养和那整天叮叮当当的凿石声，培育了米开朗琪罗对艺术的敏感，使他对雕刻有一种莫名的爱好和追求。他曾对好友瓦萨里说："如果说我的头脑中有什么新奇的东西……也是因为我从我的乳母的乳汁中吸收了我用来雕刻人像的铁锤和凿子。"[1]大约在米开朗琪罗9岁的时候，他父亲把他送到佛罗伦萨的人文主义者弗朗切斯科·达·乌尔比诺处学习语法，但他对上学毫无兴趣，他总是利用一切可能的机会，跑到教堂去临摹绘画，与画家们待在一起，或是去练习素描。为此，他经常受到父亲及叔伯的责骂，甚至痛打。或许父亲的专横，导致了米开朗琪罗倔强的性格和坚持到底的信心。其间，家里又添了几个孩子，家境也更为清贫。鲁多维科不得不把几个孩子送到羊毛或丝织行会去做学徒；但因为拗不过米开朗琪罗的执着，所以不得不把他送到多梅尼科·吉兰达约的画坊去学画。于是13岁的米开朗琪罗开始走上了艺术之路。在吉兰达约的画坊里，他是一个特殊的学徒。他学习优秀，深得老师的喜爱；或许正因为如此，他还是唯一一个拿工资的学徒。在三年的学徒时间里，他父亲可从画坊得到24枚足色的佛罗琳金币，这在文艺复兴时期是极少见的。[2]吉兰达约原是个富有的珠宝商，后来因为对艺术的热爱和执着的追求，他成了15世纪后期佛罗伦萨最重要的艺术家之一。他放弃了万贯家财，经营起了佛罗伦萨最大的、也最健全的画坊。在吉兰达约的画坊里，米开朗琪罗"学到了本职业的所有技术手法，画湿壁画的扎实和全面的素描基础"[3]。同时，通过对艺术大师们，如乔托、马萨乔、多那太罗等的作品的观赏和临摹，以及对古典艺术的理解，米开朗琪罗也开始形成了他的艺术观念。他认为，艺术家应"懂得怎样表现运动中的美丽的人体，还有身上的全部肌肉"[4]。这一观念，使他越来越不满足于吉兰达约以适应富有的赞助人而形成的追求"赏心悦目地描述宗教故事，

[1] 乔尔乔·瓦萨里.意大利艺苑名人传：巨人时代 下册.徐波，等，译.武汉：湖北美术出版社，长江文艺出版社，2003：256.
[2] 乔尔乔·瓦萨里.意大利艺苑名人传：巨人时代 下册.徐波，等，译.武汉：湖北美术出版社，长江文艺出版社，2003：257.
[3] 贡布里希.艺术发展史.范景中，译.天津：天津人民美术出版社，1998：166.
[4] 贡布里希.艺术发展史.范景中，译.天津：天津人民美术出版社，1998：166—167.

使故事仿佛发生在他们中间一样"[1]的画风。米开朗琪罗在吉兰达约的画坊待了一年多。1489 年，佛罗伦萨的实际统治者洛伦佐·美第奇开办了一所由雕刻家多那太罗的学生贝托尔多主持的"自由美术"学校，希望吉兰达约为他们保送两名优秀的学生。于是米开朗琪罗便被保送，成了该校的学生。在这里的两年中，他接触到了美第奇宫中的许多古典和当代优秀艺术家的作品，大开了眼界；在贝托尔多的指导下，米开朗琪罗不仅研究了意大利现实主义大师们的作品，而且更理解了古典艺术的精髓；同时，他还接触到了美第奇宫中的一些人文主义学者，如著名的哲学家和作家马尔西里奥·菲奇诺、若望·皮科·米兰多拉、波利齐亚诺等。这一切对米开朗琪罗的艺术观和世界观都产生了深刻的影响。还值得一提的是，米开朗琪罗不仅天资聪明，而且刻苦努力，深得洛伦佐的喜爱。据瓦萨里记载，有一次，米开朗琪罗发现花园中有一尊古代农牧神的大理石头像。虽然头像的脸饱经沧桑、布满皱纹，鼻子残缺不全，却面带着微笑。这种苍老和微笑的对比使米开朗琪罗很感兴趣，于是他便拿起凿子和锤子，认真地模仿起来，竟然仿造得惟妙惟肖。以至洛伦佐看到米开朗琪罗的仿作，"为之震惊"，并且还发现了它们的不同之处。原来，米开朗琪罗的雕像，张着口，露出了舌头和牙齿，在强调苍老的基础上，更夸张了笑的表情。看着这尊雕像，爱开玩笑的洛伦佐对米开朗琪罗说："你应该知道，老人的牙齿总是残缺不全的。"米开朗琪罗听了以后，便拿起锤子，敲掉了农牧神的一个牙齿。洛伦佐看到米开朗琪罗的才华和认真的劲头，更是对他充满了喜爱。[2]这之后，洛伦佐更加照顾米开朗琪罗，给他准备了房间，还经常请他和家人一起用餐。

[1] 贡布里希.艺术发展史.范景中，译.天津：天津人民美术出版社，1998：166.

[2] 乔尔乔·瓦萨里.意大利艺苑名人传：巨人时代 下册.徐波，等，译.武汉：湖北美术出版社，长江文艺出版社，2003：259.

米开朗琪罗在这样优越的环境中学习、生活了 4 年，获得了一个伟大艺术家所必需的一切，为他的整个艺术道路打下了坚实的根基。这段时间里，他创作并保留下来的作品有浮雕《梯旁圣母》（1490—1492）和《半人马之战》（1492）。

《梯旁圣母》为浅浮雕，取材于圣经。画面内容为圣母坐在梯旁的石墩上给小基督喂奶。圣母，左手抱着基督，右手撩开衣服，喂奶的动作极为真实。同时，阶梯上还有 3 个玩耍的孩子（小天使）。圣母边喂奶，边抬头与趴在楼梯扶手上的一个孩子聊天，极为生活化。整个画面主题集中而突出，主要人物甚至比楼梯还高。人物的体形粗壮，富有力量。《半人马之战》或称《坎陀儿之战》，也为浮雕。画面内容，取材于希腊神话。半人马是自胸以上为人形、以下为马体的怪物，生活于大森林之中。画面描述了半马人欧律提翁参加勒庇底人国王的婚礼，因醉酒，企图抢走新娘和其他女宾而引发的双方争斗的场面。米开朗琪罗所刻画的人物，古典韵律之中，更显示出一种独特的米氏风格：人物的体格健壮，浑身充满了力量。这种风格使人物的雄伟气概和激情在整个激烈和紧张的争斗场面中得以凸显。罗曼·罗兰称这件浮雕为"完全给力与美统治着的作品"[1]。可以说，这两件浮雕已为米开朗琪罗"成熟时期的武士式的心魄与粗犷坚强的手法"[2]和他特有风格的形成奠定了基础。米开朗琪罗独特风格的形成，来源于他对雕塑材料大理石的独特理解。他认为，大理石内部蕴藏着生命，雕刻家就是用刻刀把它从大理石的禁锢中解放出来。例如，在他的一首十四行诗中有这样的话语：

只有雕凿才能把生动的形象注入粗糙、坚硬的石块中，石头变

---

[1] 罗曼·罗兰. 米开朗琪罗传. 傅雷，译. 北京：华文出版社，2013：22.
[2] 罗曼·罗兰. 米开朗琪罗传. 傅雷，译. 北京：华文出版社，2013：22.

小了，形象才能变得更伟大。[1]

而这一思想的来源，与当时流行的新柏拉图主义有关。新柏拉图主义认为，人类的灵魂被禁锢在肉体的约束中，而人生的最高目标就是使灵魂从肉体的桎梏下解脱出来，回到神那里去，与神合一。米开朗琪罗本身就是一个新柏拉图主义的信仰者，这也就成就了他新柏拉图主义的艺术观。

米开朗琪罗在美第奇宫中只待了 4 年。1492 年洛伦佐·美第奇离世，其子乔凡尼·美第奇并不喜欢艺术，自然也不会重视米开朗琪罗。于是米开朗琪罗便回了家，结束了自己的学生时代。回家后，他十分怀念洛伦佐。为此，大约在 1493—1494 年，他购买了一块大理石，雕塑了一件希腊神话中的大力士赫拉克里斯的雕像。后来，此像被送给了法国国王，18 世纪遗失。在这段时间里，圣灵教堂的主持为他在该教堂医院进行解剖学的研究开了方便之门。为了表示感谢，他制作了一件木雕基督像（1493 年），并将其送给教堂做礼物。1494 年，一场大雪过后，他应邀在皮耶罗·德·美第奇庭院里制作一件雪雕，他的才华获得了皮耶罗的赏识，由此，他又重返美第奇宫。但就在这一年，法国军队入侵意大利，并逼近佛罗伦萨，美第奇家族企图投降。以萨伏那洛拉领导的人民起义，推翻了美第奇家族的统治。动乱的局势，使米开朗琪罗逃离故乡。他先到了威尼斯，后又到了波伦亚。在这段流浪生活中，他阅读了但丁、彼特拉克、薄伽丘的著作，不仅在思想上受到很大的影响，而且对文学的兴趣与爱好也被激发。同时，他还接触和研究了不少在佛罗伦萨看不到的古典雕刻艺术品，如《观景殿的躯干像》、《白费德勒阿波罗》等，从

---

[1]　转引自威廉·弗莱明，玛丽·马里安. 艺术与观念: 古典时期—文艺复兴 下册. 宋协立，译. 北京: 北京大学出版社，2008: 305.

而扩大了视野，增进了对多种艺术元素和风格的认知。在波伦亚，他还为圣多米尼神龛创作了《持烛台的天使》、《圣彼得罗尼》和《圣普罗库尔》3个小雕像。1495年年底，美第奇家族被放逐，萨伏那洛拉恢复共和国，米开朗琪罗返回故乡，但只待了几个月。就在这短短的时间里，米开朗琪罗完成了《圣约翰》和《酣睡的丘比特》两件大理石雕像。

瓦萨里还记载了关于《圣约翰》雕像的一件趣闻。据说委托人洛伦佐·迪·皮耶尔弗朗切斯科·德·美第奇非常喜爱这尊漂亮的雕像，甚至到了爱不释手的程度。他建议米开朗琪罗将其做旧，埋在地下当作古董。米开朗琪罗照此做了，派中间人到罗马，按古董以200杜卡特卖给了红衣主教拉斐尔·利亚利诺。然而，中间人支付给米开朗琪罗的只有30克朗。后来，拉斐尔·利亚利诺发现雕像是件赝品，逼迫中间人退钱并拿回此像。后来，此事闹得沸沸扬扬，人们认为红衣主教没有发现这件完美雕刻的真正价值，"因为完美的当代艺术品与古代艺术品一样价值连城"。有人还暗指、批评红衣主教："还有谁比那些把脸面看得比事实更重要的人爱虚荣呢？遗憾的是，任何一个时代都会有这种人。"[1] 米开朗琪罗的名声因此陡然升高，红衣主教拉斐尔·利亚利诺也邀请他到罗马。

佛罗伦萨政局的不稳定，加上拉斐尔·利亚利诺的邀请，米开朗琪罗于1496年6月25日去了罗马，直到1501年才再次返回故乡。在罗马期间，他为拉斐尔·利亚利诺的理发师画了一幅名为《圣法兰西斯领受圣痕》的草图，为罗马的银行家雅各波·加里制作了《丘比特》和《酒神巴库斯》，还应邀给法国驻罗马的枢机官创作了一件《哀悼基督》的圆雕。

《酒神巴库斯》（1496—1497）（图51）取材于罗马神话故事。巴库

---

[1] 乔尔乔·瓦萨里.意大利艺苑名人传：巨人时代 下册.徐波，等，译.武汉：湖北美术出版社，长江文艺出版社，2003：62，262—263.

斯是酒神（即希腊神话中的狄俄尼索斯）、葡萄酒的发明者，把种植葡萄和采集蜂蜜的方法传播到各地。该作品有 3 个方面的特点。第一，以古典的手法、精确的比例、强劲的肌肉以及健美肌肤的青年裸体体现了人体的自然美。第二，突破了古典技法运动的平衡美原则，体现出一种失衡与求衡矛盾动作中的美。从整个雕像看，酒神以古典平衡式的姿态站立，左腿支撑身体，右腿呈活动状态；但弯曲的左腿无法支撑起整个身体，从而导致左肩倾向左后方，左臂无力垂下，整个身体的重心左倾；为了不使自己跌倒，他努力向前伸脖、探头。在失衡和求衡的挣扎中，跌跌撞撞、踉踉跄跄的醉酒状态被刻画得惟妙惟肖；另外，呆滞而斜视着酒杯的目光，张着嘴巴傻笑的表情，仍然举着酒杯的手，也将由外到里的一副醉汉的形象展现得活灵活现。第三，将支撑雕像的柱子雕塑成了一个半人半羊的小牧神——萨提儿。他形象丰满，体态纤细而健美，正躲在巴库斯身后偷吃葡萄，那副自得的神态甚是可爱。这一形象的雕刻使得整个雕像充满生气，而且萨提儿偷吃的葡萄和巴库斯头上的葡萄相应，又起到了点明主题的作用。

《哀悼基督》（图 52）更是这一时期的代表作。无论是对人体的雕塑，还是对心理的刻画，它都体现了米开朗琪罗艺术的成熟。他也因此获得了极大的荣誉。《哀悼基督》又称《圣母怜子》，是米开朗琪罗最美丽的雕像之一，也是西方艺术史上最著名的雕像之一。首先，该雕像最显著的特点就是它的构图：米开朗琪罗巧妙地把圣母厚重而宽大的衣褶作为底边，圣母的头顶作为顶点，以此构成大三角形；横躺在圣母两腿上的基督的身体与圣母的头顶构成小三角形；大三角形重叠小三角形。这一构图，既以圣母的宽而厚实的衣褶奠定了整个雕塑的稳定性；又使上面的小三角形有了坚实的基座，从而稳固了躺着的基督的姿态。同时这一构图又很容易把人们的视线引向构成小三角形的两个人物——圣母和基督——身上，起到了使主题集中、再集中的作用。其次，米开朗琪罗以对比的手法对主题进行了阐释。这其中包括年轻的圣母与面相显得老成的基督的比较；圣母低头、垂目、欲哭无泪的悲痛与基督平静仰卧、面目安详的对比；以及生的母亲与死的儿子的对比。这些对比都加强着圣母怜子的主题，显示了伟大的人间母爱。

这件成功的作品，轰动了整个罗马。人们蜂拥而至，都想亲眼看见它的完美。使他们出乎意料的是，雕像不仅超越了以往意大利的那些大师的作品，也超越了古希腊和古罗马的艺术精品。参观的人还作诗赞美这一作品：

> 美丽而善良，
>
> 悲痛而怜悯，
>
> 在没有生命的大理石中重生。
>
> 请不要大声哭泣，
>
> 以免提前将他，
>
> 我们的主，您的儿子，
>
> 从死亡中唤醒，
>
> 哦，圣母，你是妻子、女儿和母亲。

作品的出色，也引来了怀疑声。有人不相信这一伟大的作品竟出于一个25岁的年轻人之手。于是，在夜间，米开朗琪罗在圣母胸前的衣带上刻下了"佛罗伦萨人米开朗琪罗"的题识，这也成了他一生中唯一签名的作品。该作品在1972年曾遭劫难：有一天，奥地利的地理学家拉斯洛·托特来到彼得大教堂，不知什么原因，忽然跳过围栏，大喊着"我是基督"，并举起大锤砸向了《哀悼基督》，甚至还折断了圣母的左臂。

事发之后，梵蒂冈的工作人员竟在现场找到了50多块大理石碎片。修复之后，为了保护这一艺术品，人们只能隔着防弹玻璃欣赏了。

米开朗琪罗的一生似乎总是名誉与痛苦相伴。当他在艺术上取得成功时，他家里出现了变故。为此，他于1501年春天回到了佛罗伦萨。从这个时候起，他完全承担起了整个家庭——父亲和4个兄弟的生活重担。米开朗琪罗自幼就成了家庭生活的承担者。从13岁学徒开始，他便已挣钱补贴家用了；而随着艺术上的成功，这个曾因追求艺术而被家人看不起、并因此遭受家人毒打的雕刻家成了这个家庭的顶梁柱。他无怨无悔地赡养父亲，照顾兄弟，直到生命的尽头。在离开佛罗伦萨的日子里，他更是经常与家人通信。读读这些信件，你便可知这个著名的艺术家令人敬佩并值得效仿的家庭责任感。当家里发生事故时，他会想办法解决，并安慰家人。在1497年8月19日他给父亲的信中，提到其父与一位绸布商人的争执。他建议父亲尽力和平解决，如果不行，就

立即给他少许达克特，那您告诉我，您愿意付给他多少？我会把钱寄给您的。尽管就像我告诉您的，我并没有什么钱，但我会尽量借一些，以免从银行借贷。

为了使父亲安心，他甚至说虽然

我也需要钱，我也有苦恼。尽管如此，您需要多少钱，我还是会给您的，即使我不得不把自己当作一个奴隶卖掉。[1]

---

[1] 米开朗琪罗.我，米开朗琪罗，雕刻家：一部书信体自传.初枢昊，译.上海：上海人民出版社，2007: 6.

他虽然自己并不富裕，却把帮助兄弟们投资、创立他们自己的事业看成自己的责任。例如，在1506年12月19日给大弟弟博纳罗托的信中，提到了为无所事事的二弟乔万西莫尼有了工作而高兴，还提到了帮他投资建店的事：

> 我已经得知了家里所有的事情，尤其乔万西莫尼的事令我感到高兴，他去了你的店里，而且很想将事情做好，因此，不仅是你，我也很愿意帮助他。……关于你告诉我乔万西莫尼要投资一间店铺的那笔钱，我想，他还要再等四个月并要有更好的表现。替我转告他继续好好工作，如果他还想要那笔钱，我将不得不动用在佛罗伦萨的钱款，因为从这里我实在寄不出多少钱。[1]

在1507年4月20日给乔万西莫尼的信中，他说：

> 我答应你的一切都会兑现，也就是说，尽我所能地帮助你，以你和父亲所希望的无论任何方式。因此，不要垂头丧气，只要可能，还是到店里去，因为我希望你很快能有一家属于你自己的店铺，而如果你了解了这个行业，并懂得如何经营，那会对你非常有帮助。所以，还是要将心沉下来。[2]

他关心家人，特别孝敬父亲，关心父亲的健康，对不孝敬父亲的弟

---

[1] 米开朗琪罗. 我，米开朗琪罗，雕刻家：一部书信体自传. 初枢昊，译. 上海：上海人民出版社，2007：23.

[2] 米开朗琪罗. 我，米开朗琪罗，雕刻家：一部书信体自传. 初枢昊，译. 上海：上海人民出版社，2007：32—33.

弟善意规劝，严厉批评，甚至以惩罚相威胁。1509 年 7 月，他给父亲写信，是因为一桩遗产案，父亲陷入一场官司。米开朗琪罗劝解父亲，并要他保重身体：

> ……我恳求您尽自己所能地保护自己，而最重要的就是，无论您做什么，千万不要大动肝火。如果心怀愤恨地做一件事，无论那是多么重要的事情，也都变得无足轻重。当我们沦陷到无钱可用时，上帝会帮助我们的。[1]

1509 年 8 月给父亲的信，是对父亲因不满弟弟乔万西莫尼给米开朗琪罗的信的回信：

> 晚上读了您的信，我得到的是过去十年里最坏的一条消息。我一直以为自己已经解决了他们的问题，确切地说，他们是希望在我的帮助下建立一家有利可图的商店。不过，既然有这样的愿望，他们应该做的就是勤勉地工作和学习。现在我看到的却与此背道而驰，尤其乔万西莫尼。如果可能，就在收到您信的那一刻，我恨不得立即跳上马背，那现在就能清理这些烦心事了。但我不能这样做，在我认为合适的时候，我会给他写信的。我所忍受的一切辛苦，为您打算的一点也不比我自己少，而我买下的一切，之所以买它们，就是为了那些东西在您活着的时候也是属于您的；假如不是为了您，我根本就不会买。因此，如果您想将房屋和农场出租，您尽管出租好了。有了这笔收入，加上我将要给您的钱，您完全可以像位富人

[1]　米开朗琪罗.我，米开朗琪罗，雕刻家：一部书信体自传.初枢昊，译.上海：上海人民出版社，2007：50.

一样地生活。若不是考虑到酷夏正近，我倒是想让您现在就动手做这件事，并到这里与我住在一起。但现在实非其时，您不可能忍受这里的炎炎长夏。我确实考虑过将乔万西莫尼在那家商店里的钱取走，把它送给吉斯蒙多（米开朗琪罗的小弟——引者），尽最大的努力让他和博纳罗托重新住在一起。您应该将那些房屋和波佐拉蒂科的农场租出去，那么，这笔收入与我将给您的钱，在佛罗伦萨城里或城外再另找一处住所，在那里，找个人为您做饭，让那个可怜虫自己待着去吧！我恳求您只考虑自己就行了，您想做什么就做什么，只要您满意。[1]

1509 年给二弟乔万西莫尼的信：

……俗语说，如果人一心向善，那他将更善，而如果他一心向恶，那他将更恶。多年以来，对你我一直好言相劝，真诚以待，希望你能诚实地生活，并与父亲和我们和平相处，但你却恶愈日甚。我并非说你是无赖，但你这种行为，却让我和其他人实在无法再喜欢你。对你的所作所为，我说的不少了，但我还是要重复以前曾跟你说过的话。长话短说，我要告诉你一个事实，在这个世界上，你一无所有。有一段时间，出于上帝之爱，我一直负担着你的花销和寄宿，相信你和其他人一样都是我的兄弟。但现在我深信你不是我的兄弟，因为如果你是，你就不会恐吓我的父亲；正相反，你是一头野兽，而我也将这般地对你。我要让你知道，一个看到自己的父亲受到恐吓或威逼的人，是会义不容辞地不惜以生命为代价来进行报复的。我

---

[1]　米开朗琪罗.我，米开朗琪罗，雕刻家：一部书信体自传.初枢昊，译.上海：上海人民出版社，2007：51.

再重复一遍，你在这个世界上已经一无所有，而且，如果我再听到哪怕你丝毫的恶行，我将立即返回佛罗伦萨，我会让你看到你的行为是多么错误，我会惩罚你的；我会摧毁你的财产，放火烧掉不是你自己劳动得来的房屋和田产。如果我到了那里，我会让你睁开眼睛看到会让你流下悔恨的泪水的一切，而且会让你变卖你所引以为傲的一切。

我再次重申，如果你愿意努力向善，并尊敬你的父亲，我将像帮助其他兄弟一样地帮助你，并且，不久我将为你们所有的人开一家收益颇丰的商店。话语中的不足，我将用行动来补足。

我无法控制自己还要再赘言几句。过去的12年间，我的踪迹遍布整个意大利，我从事苦役；我忍受了所有的羞愧；我承受了所有的辛劳；我将自己的生命暴露在数以千计的危险之中。所有这一切，只是为了一个简单的目的——帮助我的家族。现在，我已经使家族的状况有了些许改善，而你，可能在一个小时内就颠覆、毁灭掉我过去这么多年，这么多辛劳所得到的一切！我以基督之名起誓，这一切绝不可能发生！如果需要，像你这样的人就算是成千上万我也能击垮。放明智点，不要考验一个心中满是其他苦恼的人。[1]

当他听到家人的喜讯时，他更有抑制不住的高兴。例如，他得知弟媳怀孕后，接连写了4封家信，表达了心中的喜悦，对弟弟的祝贺及对弟媳的感谢。当得知生了一男婴，他写信为孩子起名，还兴奋地说：

这一切让我无比地欢悦，赞美上帝，愿上帝保佑他健康成长，

---

[1] 米开朗琪罗. 我，米开朗琪罗，雕刻家：一部书信体自传. 初枢昊，译. 上海：上海人民出版社，2007：52—53.

让他为我们带来光荣，并使我们家族延续下去。[1]

米开朗琪罗不仅关心家人，也希望家人了解自己。在家信中，他经常报告自己的工作情况、工程进展，自己的生活状况；诉说自己的困难，自己的苦恼，以及收到家信和家人寄来东西的欢乐。在他生命的最后几年里，希望见到家人、和家人在一起的愿望更加强烈。从 1559 年 12 月到 1561 年 2 月，米开朗琪罗写给侄子利奥纳尔多的信共有 8 封，这些信都表达了希望利奥纳尔多来看看他的强烈愿望。或许米开朗琪罗这种强烈的家庭责任感和他的家庭观正是他在艺术上成功的重要原因之一吧。

他还尽自己的所能帮助一些素不相识的贫苦人。例如，在 1508 年 8 月给父亲的一封信中，他告诉父亲：

> 我收到一位修女写来的信，他自称是我们的姑妈。她说自己很穷，而且有急需，请求我给她救济。由于这件事，我要将 5 个达克特寄到您那里。出于对上帝的爱，请给她 4 个半……[2]

在瓦萨里的《米开朗琪罗传》中还提到：为帮助弟子安东尼奥的两个妹妹出嫁，他甚至卖掉了自己的一幅画；他的仆人乌尔比诺年老力衰，他为乌尔比诺养老，当乌尔比诺生病在床时，他夜以继日地照顾，他还为乌尔比诺送终。如此的社会道德观或许正是他在日后构思画作《大洪水》画面的基础。瓦萨里还记载了一件事：有一次，两个曾在米开朗琪罗处工作的孩子，从米开朗琪罗弟子安东尼奥·米尼那里偷走了许多草

[1] 米开朗琪罗.我，米开朗琪罗，雕刻家：一部书信体自传.初枢昊，译.上海：上海人民出版社，2007：273.

[2] 米开朗琪罗.我，米开朗琪罗，雕刻家：一部书信体自传.初枢昊，译.上海：上海人民出版社，2007：47.

图。米开朗琪罗得知两人是出于对艺术的喜爱和学习后，并没有追究他们。因为他认为"必须善待那些寻求上进的人"[1]。

《哀悼基督》的成功，使米开朗琪罗带着极大的荣誉回到了佛罗伦萨。自 1499 年萨伏那洛拉被处火刑到 1501 年，佛罗伦萨共和国恢复已有 12 年。此时的共和国刚刚把富商云集的莱纳城并入版图，市民欢欣鼓舞。国内局势基本稳定，但外患依然。强大势力的西班牙、法国的威胁依然存在。因此，此时的佛罗伦萨的市民们一方面为共和国取得的成就而自豪，另一方面保卫祖国的爱国情怀和决心也十分高涨。佛罗伦萨政府为了显示共和国的实力和保卫祖国的决心，一方面将一些雕像，如多那太罗的大理石《大卫》、青铜《大卫》和其他一些著名的雕塑、绘画一起移放在了长老会议大厦；另一方面也决定完成一些城市象征的新雕塑和绘画项目。载着巨大荣誉的米开朗琪罗一回到佛罗伦萨，就接受了制作大理石雕像《大卫》的任务。据罗曼·罗兰记载，米开朗琪罗接手的大理石是 40 年前的，近 5 米高。1501 年 9 月，米开朗琪罗开始动工，1504 年终于把他的《大卫》展示给了佛罗伦萨市民（这尊巨人的雕像是米开朗琪罗最著名的杰作，详见下面的"作品介赏"）。据瓦萨里记载，米开朗琪罗还于 1502 年完成了一件青铜雕塑《大卫》，1503 制作一件大理石雕像《圣马太》，1504—1505 年还绘制了画作《圣家族与圣约翰》（图 53）。

《圣家族和圣约翰》，又称《托尼圆形画》或《托尼圣母》，是特别规整的一幅圆形画作。米开朗琪罗对整个画面的构图有一种由远而近，突出主题的思考。画面上，远景为裸体的基督的祖先；圣家族的三个成员圣母、圣子和约瑟几乎占据了整个画面；圣约翰在背景的中前景的位置，抬头惊喜地看着这一家人。画面上，圣母最为显著：她身向观者，屈腿

---

[1] 乔尔乔·瓦萨里. 意大利艺苑名人传：巨人时代 下册. 徐波，等，译. 武汉：湖北美术出版社，长江文艺出版社，2003：306.

坐在地上；她的身体随着双臂的抬起而扭向右侧，其姿态，既像要把圣子耶稣交给约瑟，又像要从约瑟手中接过孩子；她略抬着头，眼睛疼爱地看着儿子，母爱之情显露无遗。圣母的姿态再加上约瑟哄逗小耶稣的表情和小耶稣紧紧抓住圣母头发，低头看着母亲的那副怕摔模样，使整个画面呈现出其乐融融的气氛。画中的圣母，姿态优雅，脸容娇美，显示出米开朗琪罗女性画的高超技巧。同时，整个画面又带有强烈的雕塑感。这使我们想起了米开朗琪罗"绘画越有浮雕效果就越出色"的观念。

1504 年 8 月，米开朗琪罗接受市政府的委托，在佛基奥宫执政厅，与达·芬奇同时创作巨幅战争题材画《卡希那之战》和《安加利之战》，被传为佳话。罗曼·罗兰则认为"这是文艺复兴两股最伟大的力的奇特的争斗"[1]。虽然米开朗琪罗的《卡希那之战》也没有完成，但从草图上可以看出他决心与达·芬奇争高低的强烈意识。达·芬奇画面的内容为激战中敌对双方的冲突，而米开朗琪罗的画却展现了激战前的紧张时刻：一群士兵正在亚诺河洗澡，战斗的号角突然响起，他们急忙整装集合："一些人正在穿胸甲，另一些人正在拿武器"，在

其余的形象中，有一个老兵，为了遮阴，把一个常青藤放在头上，正坐在地上，使劲地往腿上拉裤子，因腿上有水很湿，总是穿不上去，在武器的铿锵声中，战士们的呼叫和阵阵鼓声中，仓仓皇皇好不容易才穿上一条裤筒。他头部的全部肌肉和筋脉都紧张起来，嘴向一旁咧去，清清楚楚地表明，他感到痛苦，连脚尖都在使气力。可以看到鼓手和士兵仓促之中抓起衣服，赤身裸体去赶忙应战；姿势是应有尽有，有的直立，有的跪着或前倾，有的匍匐，或者极困难地

[1]　罗曼·罗兰.米开朗琪罗传.傅雷，译.北京：华文出版社，2013：28.

缩起身爬上岸来。[1]

两个人的画作都可堪称"全世界的典范",但正如罗曼·罗兰所说,"时间把一切都平等了,两件作品全都消失了"[2]。

1501—1505 年,米开朗琪罗的作品还有浮雕《圣母》、《小耶稣》、《布鲁日圣母》。1505 年 3 月,米开朗琪罗第二次到罗马。这次是应教皇尤利乌斯二世(1503—1513)之邀,为其建造陵墓。正如罗曼·罗兰所说:

> 两个都是强项、伟大的人,当然他们不是凶狠地冲突的时候,教皇与艺术家便是相契的,他们的脑海中涌现着巨大的计划。尤利乌斯二世要令人替他造一个陵墓,和古罗马城相称的。米开朗琪罗为这个骄傲的思念激动得厉害。[3]

兴奋的米开朗琪罗为陵墓制定了一个宏大的计划:陵墓的尺寸为 7.2 米 × 10.8 米;共分为三层,底层有《胜利女神》、《战神》等 20 多尊雕像,中层的四角分别为《摩西》、《圣保罗》、《活跃的生命》和《深思的生命》等雕像,顶部为石棺。仅硕大无朋的雕像就有 40 余座。对米开朗琪罗的设计方案,教皇也十分赞赏和兴奋。于是,米开朗琪罗亲自到著名的费拉拉大理石场中采集石块,斟酌取舍,心中还不时翻腾着各种雕像的形象,在兴奋和劳累中度过了 8 个月的时光。1505 年 12 月,他回到罗马。大理石也已运到,堆满了圣彼得广场。

然而,尤利乌斯二世突然变卦,停止了陵墓工程而转向了修建新

---

[1] 转引自赵海江.文艺复兴时期的艺术大师.北京:中国人民大学出版社,1992:184.

[2] 罗曼·罗兰.米开朗琪罗传.傅雷,译.北京:华文出版社,2013:28.

[3] 罗曼·罗兰.米开朗琪罗传.傅雷,译.北京:华文出版社,2013:28.

的圣彼得大教堂工程。研究者们认为，尤利乌斯二世变卦的原因主要有二：其一，陵墓原计划放在旧的彼得大教堂，现在要建新教堂，陵墓放在哪儿成了问题；其二（也有研究者认为是米开朗琪罗的猜测），接受新建圣彼得大教堂工程的建筑师布拉曼特从中作梗。据瓦萨里记载，布拉曼特为了保住自己的工程项目、得宠于教皇，进言教皇说，人活着的时候就修建陵墓是一种凶兆，会加速人的死亡，从而使教皇改变了主意。[1]无奈的米开朗琪罗几次找教皇要采石与运输的费用，然而，教皇非但不给，还让人把他轰了出去。同时，米开朗琪罗还总感到布拉曼特很可能威胁到自己的生命，于是"在恐惧和愤怒之下他离开了罗马回到了佛罗伦萨，而且给教皇写了一封粗鲁的信，说是如果需要他，教皇可以去寻找他"[2]。有意思的是，教皇非但没有发火，还派5名信使追上米开朗琪罗，命令他返回罗马。但米开朗琪罗以一首十四行诗回答教皇，"我的主啊！如果还有古训可借鉴，那就是，非不能也，是不欲也"[3]，甚至提出条件，要教皇同意他继续陵墓工程的建造[4]。米开朗琪罗的固执恼怒了尤利乌斯二世，他派兵占领了佛罗伦萨东北部的波伦亚，直接威胁佛罗伦萨。佛罗伦萨派人说服了米开朗琪罗。

为了国家的安全，1506年4月，米开朗琪罗只得委曲求全，带着一封佛罗伦萨政府给教皇的信，前往波伦亚面见教皇。信中说，米开朗琪罗的艺术在全意大利是无与伦比的，并劝解教皇说，只要以善意对待他，"他会做出震惊全世界的事迹"[5]。尤利乌斯二世"宽恕"了他，并表

[1] 乔尔乔·瓦萨里.意大利艺苑名人传：巨人时代 下册.徐波，等，译.武汉：湖北美术出版社，长江文艺出版社，2003：274.

[2] 贡布里希.艺术发展史.范景中，译.天津：天津人民美术出版社，1998：167.

[3] 米开朗琪罗.我，米开朗琪罗，雕刻家：一部书信体自传.初枢昊，译.上海：上海人民出版社，2007：48.

[4] 转引自罗曼·罗兰.米开朗琪罗传.傅雷，译.北京：华文出版社，2013：30—31.

[5] 转引自贡布里希.艺术发展史.范景中，译.天津：天津人民美术出版社，1998：167.

示"既往不咎"。米开朗琪罗遵照教皇的要求制作了一尊尤利乌斯二世的铜像，表示与教皇和解。从 1507 年 1 月至 1508 年 1 月，在米开朗琪罗给家人的信中，至少有 15 封提到了铸雕像的问题，讲述了被迫工作和雕像完成的复杂心情，以及生活的艰苦与无奈。铜像的寿命不长，铸好后的第 4 年，就被反对教皇的起义的人民捣毁，碎铜被制造成了大炮。

　　1508 年，米开朗琪罗再次来到罗马，使他更为意外的是，教皇又命令他去完成他几乎完不成的工作，即画西斯廷礼拜堂天顶的壁画。据说，这又是布拉曼特的主意。对此，有三种不同说法。一种说法是，因为布拉曼特害怕米开朗琪罗再次受到教皇的宠爱，而使自己失宠，便向教皇建议的。一种说法是，此时拉斐尔（布拉曼特的亲戚和朋友）正在梵蒂冈宫作壁画，并已获得了极大的成功。"故米开朗琪罗的使命尤其来得危险，因为他的敌人已经有了杰作摆在那里与他挑战。"[1]还有一种说法比较客观：米开朗琪罗设计的尤利乌斯二世的陵墓过于庞大，无法放在正准备重建的彼得大教堂中，故而布拉曼特说服教皇停止陵墓建设，让米开朗琪罗去西斯廷礼拜堂作天顶画。米开朗琪罗几经推脱，说这不是自己的艺术，绝对不会成功；并推荐擅长壁画的拉斐尔来完成。但他拗不过固执而强权的教皇，不得不让步。他在日记中写道："1508 年 5 月 10 日，我，雕刻家米开朗琪罗，开始西斯廷的壁画。"[2]在 1508 年 5 月 13 日的信中，他提到"我不得不从事绘画"[3]，表示了他的愤怒和无奈。或许正是这种愤怒和无奈，激发了他巨大的创造热情。1508 年 5 月—1512 年 10 月，整整用了 4 年多的时间，西斯廷的天顶壁画由米开朗琪罗一个人完成，它是世界艺术史上空前绝后的壁画大作（详述可见下面的

[1]　转引自贡布里希. 艺术发展史. 范景中，译. 天津：天津人民美术出版社，1998：34.

[2]　转引自赵海江. 文艺复兴时期的艺术大师. 北京：中国人民大学出版社，1992：117—118.

[3]　米开朗琪罗. 我，米开朗琪罗，雕刻家：一部书信体自传. 初枢昊，译. 上海：上海人民出版社，2007：45.

"作品介赏"）。

西斯廷天顶壁画完成不久，尤利乌斯二世便去世了，米开朗琪罗又回到了他心仪的尤利乌斯二世的陵墓建造上，并签下了17年的合同。但由于尤利乌斯二世家属几次改变方案，再加上新任教皇利奥十世命令他去完成佛罗伦萨的美第奇礼拜堂（美第奇家族神庙）的雕塑工作，他最终没有按他原来的设想完成尤利乌斯二世的陵墓，只留下了三座雕像：《摩西》（图54）、《垂死的奴隶》（图55）和《被缚的奴隶》（图56）。这些作品成为米开朗琪罗雕塑风格走向成熟的标志。比较这三尊雕像，无论是人体各部分的比例还是各部位肌肉和筋腱的精确，都显示出了雕刻家对人体的了解和把握。由此，我们能想象米开朗琪罗在人体解剖上的努力。米开朗琪罗刻刀下的三个人物，无论处于何种姿势，都给人一种身体的美感和力量。看看三个人物的表情和动作。《摩西》完全是领袖加英雄的形象。《被缚的奴隶》，浑身紧绷着肌肉，充满了反抗的力量；其表情的痛苦和目光中的希望，把被缚和反抗表现得惟妙惟肖。《垂死的奴隶》，其身体的肌肉已开始松懈，超过极限的痛苦。这种痛苦已使他表情平淡，使他的意识似乎也将要飘出肉体，或许这正是米开朗琪罗给他的新柏拉图主义式的解放吧。

1516年，虽然米开朗琪罗再次被迫接受了美第奇礼拜堂的雕塑工作，但他工作起来又是那样投入，尽管难题不断：他要到大理石质量最好的卡拉拉采石场采石，利奥十世却非要用佛罗伦萨皮耶特拉桑塔采石场的产品，这样一来，米开朗琪罗就得罪了卡拉拉采石场；而从皮耶特拉桑塔采石场运石头又遇到了无路的麻烦，他又不得不担任起筑路的工作；然而，筑路的费用还无着落。焦急而烦躁的米开朗琪罗写道："我在要开辟山道把艺术带到此地的时候，简直在干和令死者复活同样为难的工作。"[1]劳累，加上烦虑过甚，米开朗琪罗病倒了。多少的力气，多少的热情，多少的时间枉费了！1520年3月10日，教皇把建造家庙的工程取消了。强权之下，米开朗琪罗愤怒而无奈，痛惜着白白浪费的时间，写道：

> 我不和大主教计算我在此费掉的三年光阴。
>
> 我不和他计算我为了这圣洛伦佐作品而破产。我不和他计算人家对我的侮辱：一下子委任我做，一下子又不要我做这件工作，我不懂为什么缘故！我不和他计算我所损失的开支的一切……而现在，这件事情可以结束如下：教皇利奥把已经斫好的石块的山头收回去，我手中是他给我的五百金币，还有是人家还我的自由。[2]

米开朗琪罗的命运似乎注定要被教皇掌握。正如罗曼·罗兰所说：

> 自由的米开朗琪罗，终生只在从一个羁绊转换到另一个羁绊，从一个主人换到另一个主人中消磨过去。大主教尤利乌斯·特·梅迪契，不久成为教皇克雷芒七世，自一五二零至一五三四年间主宰着他。[3]

克雷芒七世命米开朗琪罗继续美第奇家族神庙的雕塑工作，并按月付给他薪酬，薪酬比他要求的多出三倍。教堂工程顺利进行，一切似乎都很顺利。但尤利乌斯二世的继承人恐吓说要控告他爽约，这使米开朗琪罗既害怕又内疚，他甚至拒绝了克雷芒七世的月薪。在1525年4月19

---

[1] 罗曼·罗兰.米开朗琪罗传.傅雷，译.北京：华文出版社，2013：51.
[2] 罗曼·罗兰.米开朗琪罗传.傅雷，译.北京：华文出版社，2013：52.
[3] 罗曼·罗兰.米开朗琪罗传.傅雷，译.北京：华文出版社，2013：53.

日的一封信中他表示"将卖掉一些东西,想尽一切办法来偿还这笔钱",甚至感到他自己"几乎无法存活下去"了,"更不用说工作了"。[1]同时,教皇宫的司库也戏弄他,真的按他的请求,停发了他的薪水,他的生活来源成了问题。再有,他的父亲离家出走,甚至可以说是被他赶出家门的。就在这种种纠结中,

> 在这些悲哀苦难中,工作不进步。当一五二七年全意大利发生大政变的时候,梅迪契家庙中的雕像一个也没有造好。这样,这个一五二零至一五二七年的新时代只在他前一时代的幻灭与疲劳上加上了新的幻灭与疲劳,对于米开朗琪罗而言,十年以来,没有完成一件作品、实现一桩计划的欢乐。[2]

罗曼·罗兰所说的1527年的大政变指的是,1527年5月7日,西班牙的军队进攻并占领了罗马,罗马城遭受了严重的劫难。克雷芒七世投降,成了西班牙军队的俘虏。消息传到佛罗伦萨,佛罗伦萨人民举行了反对美第奇家族统治的起义。美第奇家族被驱逐,共和国得以重建。虽然从前面的叙述中,我们感到米开朗琪罗的性格充满了纠结:他胆小而坚强,屈从而倔强,顾虑中也带着果断。但面对国家的危亡,

> 那个平时叫他的家族避免政治如避免疫疬一般的人,兴奋狂热到什么也不怕的程度。他便留在那革命与疫疬的中心区翡冷翠。他的兄弟博纳罗托染疫而亡,死在他的臂抱中。一五二八年十月,他

---

[1] 米开朗琪罗. 我,米开朗琪罗,雕刻家:一部书信体自传. 初枢昊,译. 上海:上海人民出版社,2007: 142.

[2] 米开朗琪罗. 我,米开朗琪罗,雕刻家:一部书信体自传. 初枢昊,译. 上海:上海人民出版社,2007: 58.

参加了守城会议,一五二九年五月十日,他被任为防守工程的督造者。四月六日他被任为翡冷翠卫戍总督(任期一年)。六月,他到比萨、阿雷佐、里窝那等处视察城堡。七、八两月中,他被派到费拉雷地方去考察那著名的防御,并和防御工程专家、当地大公讨论一切。[1]

他甚至跑到佛罗伦萨防御工程中最重要的圣米尼亚托山岗,决定在那里建筑炮垒。这就是面对国家危亡时,他,米开朗琪罗所做的决定和承担的工作。尽管与他有矛盾的佛罗伦萨长官企图把他撵出城,美第奇党人威胁他;尽管把佛罗伦萨守军统领马拉泰斯塔·巴利翁叛变的迹象告知政府(传说巴利翁陷害他)后,米开朗琪罗害怕了,他逃到威尼斯,甚至还想远逃法国;但由于他对国家的担当,当他静思自己的行为时,便又陷入为自己的"恐怖暗自惭愧"中。因而,当朋友写信给他说:

> 你的一切朋友,不分派别地、毫不犹豫地、异口同声地渴望你回来,为保留你的生命,你的母国、你的朋友、你的财产与你的荣誉,为享受这一个你曾热烈地希望的新时代。[2]

他感动了,毅然决然地回到了"母国"——佛罗伦萨。

从此,米开朗琪罗勇敢地尽他的职守,直至终局。他重新去就圣米尼亚托的原职,在那里敌人们已经轰炸一个月了;他把山岗重新筑固,发明新的武器,用棉花与被褥覆蔽着钟楼,这样,那著

[1] 米开朗琪罗.我,米开朗琪罗,雕刻家:一部书信体自传.初枢昊,译.上海:上海人民出版社,2007: 66.

[2] 米开朗琪罗.我,米开朗琪罗,雕刻家:一部书信体自传.初枢昊,译.上海:上海人民出版社,2007: 69.

名的建筑物才得免于难。人们所得到他在围城中的最后的活动，是一五三零年二月二十二日的消息，说他爬在大寺的圆顶上，窥测敌人的行动和视察穹隆的情状。[1]

在保卫祖国的战斗中，米开朗琪罗就像是换了一个人，其性格中的胆小、屈从、顾虑完全被甩弃，他变得勇敢、坚强而果断。

1530年8月2日，由于马拉泰斯塔·巴利翁的叛变，佛罗伦萨被攻陷，勾结侵略者的美第奇家族重掌政权。面对残酷的杀戮，米开朗琪罗藏在了阿尔诺河对岸的圣尼科洛教堂的钟楼里。作为美第奇家族的代表人物，教皇利奥十世宣布：只要米开朗琪罗愿意继续美第奇家庙的雕塑工作，就将免除他参与保卫佛罗伦萨的罪责。米开朗琪罗不得不出来，再次屈从于教皇。"他的痛苦与羞愧同时迸发。他全身投入工作中，他把一切虚无的狂乱发泄在工作中。"[2]

1534年，米开朗琪罗创作的美第奇家庙的雕塑工作最终完成。雕像分成两组，每组由三件雕像组成：一组为《行动》，由《朱利亚诺·美第奇》的肖像和肖像下面的《昼》与《夜》组成；一组为《思想》，由《洛伦佐·美第奇》的肖像和肖像下的《晨》与《昏》组成。两组中间是《抚婴圣母》。如果说在这之前，米开朗琪罗的作品以巨人的身躯赋予了人强大的生命力及乐观向上的精神的话，那么这两组雕像表现的却是无奈中的深深的苦痛。可以说，至此他的艺术风格发生了重大的转折（关于《晨》、《昏》、《夜》、《昼》的详述可见下面的"作品介赏"）。1524—1534年，在创作美第奇家庙雕塑的同时，米开朗琪罗还创作了《河神》和《屈身的男孩》（1525），《胜利者》和《阿波罗》（1525—1530）。

---

[1] 罗曼·罗兰.米开朗琪罗传.傅雷，译.北京：华文出版社，2013：70.
[2] 罗曼·罗兰.米开朗琪罗传.傅雷，译.北京：华文出版社，2013：71.

虽然美第奇家庙的雕塑完成了，但米开朗琪罗却兴奋不起来。在动乱的年代中，他最钟爱的弟弟和父亲相继去世，使近 60 岁的他尤其感到孤独与悲凉。同时，尤利乌斯二世的后代还没完没了地纠缠于他，甚至在 1532 年强迫他签了第四张关于尤利乌斯二世陵墓的契约：米开朗琪罗承应重新做一个极小的陵墓，三年完成，费用全归他个人负担，并且还要付出二千金币以偿还他以前收受尤利乌斯二世及其后人的钱。悲痛无助的米开朗琪罗简直被逼疯了，他甚至想到了自杀。在一首诗中，他说："如果可以自杀，那么，对于一个满怀信仰而过着奴隶般的悲惨生活的人，最应该给他这种权利了。"[1] 故乡——佛罗伦萨，已成了他最伤心之地。1534 年，教皇克雷芒七世去世，新教皇保罗三世急招米开朗琪罗去罗马。米开朗琪罗从此定居罗马，再也没回佛罗伦萨。

定居罗马，米开朗琪罗必定摆脱不了教皇的役使，也就不得不接受保罗三世委托给他的西斯廷礼拜堂的祭坛画《末日审判》（图 57）。《末日审判》，亦称《最后的审判》，取材于基督教教义的主要内容末世论。《圣经》上说，当今世界终结的时候，信靠基督的人数已满，因此天主和耶稣要对世人进行审判，信天主和耶稣的善者升入天堂，不得救赎者就要下地狱。米开朗琪罗的《末日审判》以宏大的构图展示了这一内容。从构图上看，整幅壁画分为明显的两部分：最上面的部分与天顶壁画相连，分为大小相等、结构均衡的两部分，画面内容主要为基督受刑和被处死时的刑具，表现的主题是基督受刑，死而复活，再来人世，举行末日的判决；下面的部分便是基督判决的情景。于是天顶的壁画和祭坛画共同勾勒出了基督教的包含天堂与地狱的整个宇宙。祭坛画的宽为 13.4 米，高为 14.6 米。巨幅画面浑然一体的布局，与天顶壁画用建筑物分割画面

[1] 转引自罗曼·罗兰.米开朗琪罗传.傅雷，译.北京：华文出版社，2013：72.

的布局有着明显的不同。这样的布局正显示了大艺术家对礼拜堂壁画整体统一，统一中又有分别的艺术思考；同时，这样的布局也让我们看到，一个虔诚的基督徒对基督教神学的深刻理解。这种理解还表现在《末日审判》三层、突出中间、两边的画面安排上：三层为天堂、天空和人世；第一层的中间为正在审判的基督，第二层中间为吹响号角、宣布判决的众天使，第三层的中间为区别人间突起的陆地、下凹的地狱之河和河上的船；两边则是被判决后升向天堂和被推向地狱的灵魂们。随着基督抬起右手和下压左手的判决动作，两边的人群无论是圣徒还是拥有善与恶灵魂的巨人身躯，都处于顺时针升降的运动中，整个画面被赋予强烈的运动感，也因此处在了雄伟壮烈与肃穆恐惧的氛围之中。而这样的氛围，也正来自米开朗琪罗对现实社会和人性崇高理想的深思。

这种深思，既是大艺术家对人生坎坷的哀叹，也是他对艰难的艺术创作道路的感悟。《末日审判》的创作同样充满着艰辛。该画于1535年年末开工，1541年10月才完成，期间正赶上在意大利提倡的"贞洁运动"。据瓦萨里记载，在制作此画的过程中，米开朗琪罗夜以继日地忙碌着，为了方便在夜间工作，他用厚纸制作了一顶帽子，把一根蜡烛嵌在帽子中间，如此一来，两只手能同时腾出，工作效率加速。有一次，由于创作过于专心，他竟然从脚手架上摔了下来。这个倔强的人不肯就医，要不是他的一个医生朋友的救助，或许他就真的残疾了。还有一次保罗三世带着他的司礼长切塞纳来看画，教皇询问切塞纳对画的看法，这个迂执的人说，此画只配装饰浴室或旅馆，而不应该放在礼拜堂这个庄严的场所。米开朗琪罗虽未说话反驳，但把地狱判官米诺斯画成了切塞纳的形象，腿还被毒蛇缠绕着。还有人指责他的画即使娼家看了也要害羞。后来的保罗四世甚至命令一位画家将画中的裸体全部画上遮羞布，这个画家也因此获得了"穿裤子的人"的绰号。但在米开朗琪罗心目中，他画的是惩恶扬善的社会道义、法律的公正和人间的平等。正如罗萨·玛利亚·莱茨所说：

> 米开朗琪罗笔下的上帝深不可测，他超出人间的激情和恐惧，也超出人间的善和恶，他有自己的正义，他自己的天国法则，全不被人的心灵所理解。[1]

或许上帝的正义、天国的法则正是米开朗琪罗心中的正义和他理解的天国的法则吧。也正如瓦萨里所言：

> 这幅画是上帝赐给人类艺术和伟大风格的典范，他要人们明白，当上帝赋予神性与知识的天才降临人世后，命运之神是如何发挥威力的。

他接着还评价该画说：

> 这件作品使此后所有自以为精通艺术的人举步维艰，只要看一看其中任何一个人像，无论多么精于绘画的伟大天才都会为之震颤、惊惧。当人们注视这件凝聚着米开朗琪罗巨大心血的作品时，所有人都惊呆了，他们意识到，无论此前还是从此以后，任何一幅绘画都将无法与它相提并论。[2]

---

[1] 罗萨·玛利亚·莱茨.剑桥艺术史：文艺复兴艺术.钱乘旦，译.南京：译林出版社，2009：97.

[2] 乔尔乔·瓦萨里.意大利艺苑名人传：巨人时代 下册.徐波，等，译.武汉：湖北美术出版社，长江文艺出版社，2003：298.

在完成《末日审判》期间，米开朗琪罗还创作了刺杀恺撒的英雄《布鲁特斯》的雕像，以纪念和歌颂刺杀佛罗伦萨"专制魔王"亚历山大公爵的《洛伦茨诺》。米开朗琪罗赋予雕像的勇敢、机智、公正、坚定和毫不妥协的英雄性格，也佐证着米开朗琪罗心中的正义和英雄的形象。

完成《末日审判》之后，米开朗琪罗又转向对尤利乌斯二世陵墓的雕塑。1542，他年完成《拉盖尔》之后，把其余工作都交由其弟子完成，总算从这一工程中解放了出来。在 1542—1545 年，他还为罗马教廷的巴里纳小教堂绘制了两幅壁画《保罗归宗》和《彼得磔刑》。

米开朗琪罗在生命的最后 20 年中几乎把全部精力都转到了建筑上。他做出了骄人的成绩，充分显示出了他卓越的艺术才能。他在建筑方面的成就包括：彼得大教堂穹顶的设计（详见下面的"作品介赏"）、罗马法尔涅塞宫的建筑、罗马卡比托里亚广场建筑群的设计等。

说到米开朗琪罗的多才多艺，必须提一下他的诗歌，他是一个很有成就的诗人。据考证，他的诗作主要写于 1534—1564 年，其中包括十四行诗、牧歌和抒情诗。特别是他的十四行诗，在意大利文学中占有很重要的地位。他的十四行诗，有对强权的批判，如《论教皇尤利乌斯二世时代的罗马》；有对前人的褒扬，如《论但丁》；有抒发心中的无奈，如《致教皇尤利乌斯二世》、《论绘制西斯廷礼拜堂》；有阐发自己的爱情，如《爱你，给我光明的人》、《天赋之美》，更有对艺术的理解，如《艺术家与作品》等。下面我们就赏读他的 《艺术家与作品》。

夫人，经过长期经验的磨砺后，
将会怎样？形象将宛然如生，
在坚硬的山岳大理石间的辛劳，将使那些劈凿者
劫后余生，而岁月已蒙上灰尘！

　　无奈带来屈服。艺术却令她重生，

　　战胜自然。我，这与雕刻相缠斗的人，

　　深切地证明了这一点；她奇迹般地活着，

　　超越时间与死亡，那些无情的暴君。

　　如此我将为我们两个带来永生，

　　无论以何种形式，用颜色或石头，

　　创造你的面容与我的外貌。

　　当你我没入尘土，岁月飞逝而过，而

　　你的美丽与我的忧伤将依然呈现，

　　人们将会说，"爱她是明智之举"。[1]

　　米开朗琪罗一生都处在不停顿的艺术创作中，终身未娶，但也有过柏拉图式的精神爱情。罗曼·罗兰曾提到，他曾喜欢过三个男孩：佩里尼、波焦和卡瓦列里。从 1535 年开始，他认识了寡居的佩斯卡拉侯爵夫人维多利亚·高隆纳。她的父亲是帕里阿诺地方的诸侯，塔利亚科佐亲王。罗曼·罗兰说她的家族是一个"受文艺复兴精神的熏沐最深切的一族"[2]。维多利亚本人是文艺复兴时期少有的才女，与当时的许多大作家都有交往，可以说一个文学达人。她和米开朗琪罗，一个文学才女，一个大艺术家，应该说，两人的相互欣赏是他们交往的基础。他们经常在星期天约会；或是通信，讨论文学和艺术；或是写诗，以交流情感。罗曼·罗兰提到，

---

[1]　米开朗琪罗.我，米开朗琪罗，雕刻家：一部书信体自传.初枢昊，译.上海：上海人民出版社，2007：148.

[2]　罗曼·罗兰.米开朗琪罗传.傅雷，译.北京：华文出版社，2013：89.

维多利亚曾写了一首《灵智的十四行诗》给米开朗琪罗，使他从诗中"感到一种安慰、一种温柔、一种新生命"。米开朗琪罗在和她的诗中写道：

> 幸福的精灵，以热烈的爱情，把我垂死衰老的心保留着生命……受到了你慈悲的思念，你想起在忧患中挣扎的我，我为你写几行来感谢你。如果说我给你的可怜的绘画已足为对你赐予我的美丽与生动的创造报答，那将是僭越与羞耻了。[1]

1545 年，米开朗琪罗曾为维多利亚作过一幅画《圣母怜子》或称《哀悼基督》。据 2010 年 10 月 12 日、13 日的一些网站转载的英国《每日邮报》是年 10 月 11 日的报道，米开朗琪罗的这幅画在纽约市郊的一户人家中被发现，经过意大利艺术鉴赏家及红外线和 X 射线的鉴定，确为米开朗琪罗的真迹，价值 2000 万美元。据报道，纽约国家艺术博物馆已出价 3 亿美元竞购此画。1547 年，55 岁的维多利亚辞世。在她生命最后的时刻，米开朗琪罗一直守候在她的身边。后来，他在为维多利亚写的一首十四行诗中，把她"比作一个神明的雕刻家的锤子，从物质上斫炼出崇高的思想"。在另一首诗中，赞扬她的诗文有"它们把她照耀得更光明"；"死后，她竟征服了天国"。[2] 维多利亚离世后，米开朗琪罗孤独地度过了生命中最后的 17 个年头。

在最后的岁月中，米开朗琪罗已是疾病缠身。肾结石、膀胱结石、痛风等已使他的身体十分羸弱。尽管如此，米开朗琪罗仍在不断地努力创作着。1561 年 8 月的一天，已患感冒且 85 岁高龄的米开朗琪罗，由于连续工作了 3 个多小时，突然晕倒了，全身拘挛。几天后，虽然病还未

---

[1] 罗曼·罗兰. 米开朗琪罗传. 傅雷，译. 北京：华文出版社，2013：96—97.
[2] 罗曼·罗兰. 米开朗琪罗传. 傅雷，译. 北京：华文出版社，2013：97，98.

痊愈，但他仍继续做皮亚门的图稿。1564 年 2 月 12 日，为雕塑《哀悼基督》，他站了一整天；14 日，他开始发烧，直到去世前三天才肯卧床。病情急剧加重，18 日，整整创作了一生的米开朗琪罗辞别了人世，享年 89 岁。他的遗嘱：把他的灵魂赠予上帝，他的肉体遗给尘土，死后要回到佛罗伦萨。[1]

米开朗琪罗的一生，研究者将其分为早期生活（1475—1496），期间的作品有《梯旁圣母》和《半人马之战》；第一罗马时期（1496—1501），其作品主要为《丘比特》、《酒神巴库斯》、《哀悼基督》；第一佛罗伦萨时期（1501—1505），主要作品有雕像《大卫》、《圣马太》，未完成的绘画《卡希那之战》，圆形画《圣家族和圣约翰》；1505 年，在罗马，米开朗琪罗开始接受尤利乌斯二世陵墓雕塑的任务，后回佛罗伦萨；1506 年年末—1508 年，米开朗琪罗在波伦亚，完成青铜雕《教皇尤利乌斯二世像》；第二罗马时期（1508—1516），主要作品有西斯廷天顶壁画《创世纪》、尤利乌斯二世陵墓的雕像《摩西》；第二佛罗伦萨时期（1516—1534），其主要作品有尤利乌斯二世陵墓的雕塑《被束缚的奴隶》、《垂死的奴隶》，美第奇家庙的雕像《朱莉亚诺·美第奇》、《昼》和《夜》，《洛伦佐·美第奇》、《晨》和《昏》，以及《抚婴圣母》和《屈身的男孩》，《胜利者》和《阿波罗》，建筑作品《劳伦齐阿那图书馆》、《美第奇家庙》；第三罗马时期（1534—1564），期间的主要作品为绘画《末日审判》、《保罗归宗》、《彼得磔刑》，雕塑《布鲁特斯胸像》和尤利乌斯二世陵墓雕塑的《拉盖尔》、《下十字架的基督》、《帕雷斯特抹的哀悼基督》和《下十字架的哀悼基督》，建筑作品《彼得大教堂穹顶设计》、《罗马法尔涅塞宫》和《卡比托利

[1]　罗曼·罗兰.米开朗琪罗传.傅雷，译.北京：华文出版社，2013：148—149.

亚广场建筑群设计》。

从早期到第一佛罗伦萨时期，应该说是他自由创作的时期。在这一时期，他形成了自己的艺术风格。从第二罗马时期开始，他就陷入了教皇强权的控制下，开始了他的艰难创作之路。他虽然不得不服从，又遭人嫉妒，但始终倔强而勇敢地坚持着自己的艺术理念和艺术风格。有时候，他不吃、不喝、不睡，辛劳地创作着，最终他成功了。无论在雕塑、绘画方面，还是在建筑方面，他都创造出了无可替代的伟大作品。作为伟大的雕刻家和画家，他把坚石中孕育着顽强生命的理念和每一位画家都应该像思考绘画一样思考雕刻的观念完美地结合，创造出了具有顽强生命力、强大得可以撑得起天的巨人雕像和画像。作为建筑家，他的建筑作品更体现了他恢宏雄伟的艺术风格。

在对米开朗琪罗的研究中，印象最深的一点就是他性格中的孤僻和倔强。该如何评价他的这一性格呢？在其成功的道路上这一性格又起到了什么作用呢？写其传记的瓦萨里认为，这性格使他"迷恋艺术"，"将全部思想都放在她（指艺术——引者）身上"。"潜心研究艺术的人必须避免社交，当他思考问题时，他从来不会感到孤独和空虚。研究艺术的人往往非常执着，若有人把艺术家的这种行为当作怪癖，那就大错特错了。"[1]瓦萨里的话不无道理，因为伴随着米开朗琪罗孤独的是他对艺术的执着。而执着、倔强，不仅使他走上了自己喜爱的艺术之路，而且为他不止一次地争得了在强权下创作的自由。而正是这种自由，使他的创作思绪得到了驰骋，使他的构图得以宏大，使他笔下的人物随其思绪而得以被展示在作品之上。同时，他的倔强还赋予他一种不服输的精神，加强了他在困难中的必胜信心。他成功了！无论是尤利乌斯二世陵墓的

---

[1] 乔尔乔·瓦萨里.意大利艺苑名人传：巨人时代 下册.徐波，等，译.武汉：湖北美术出版社，长江文艺出版社，2003：329.

雕像、天顶壁画《创世纪》、祭坛壁画《末日审判》、美第奇家族神庙的雕塑，还是彼得大教堂的穹顶，他都成功了。

还有研究者认为米开朗琪罗不善交往，更难以与人协作。但瓦萨里却列举了他与许多伟人学者、博学鸿儒，和同行交往、交流的事迹。与人交谈，他话语幽默，且富有哲理。有一次，一个成功地仿制了许多著名的古代雕像的人，吹嘘说他的复制品远远超过了原作。有人问米开朗琪罗对此人的看法。米开朗琪罗回答："跟着别人屁股后面跑的人永远不可能跑到别人前面；一个不能独立创作的人也不可能很好地借鉴别人的作品。"还有一次，有一个画家的画中画有一头形象逼真的牛。有人问大师，为什么他画的牛比画的其他部分更真实？米回答说："任何一个画家都擅长画他本人。"米开朗琪罗的一个朋友曾对他说："你没有妻子真是可惜啊，要是你有孩子，你就可将你的劳动成果留给他们。"大师却说：

> 我早就有了一个令我烦恼的妻子，那就是常常敦促我不停工作的艺术，我留下的作品就是我的孩子。即使它们一钱不值，他们仍能存在一段的时间。如果洛伦佐·巴托鲁奇·吉贝尔蒂没有铸造圣乔万尼教堂（即佛罗伦萨洗礼堂）的门，那对他来说将是巨大的灾难，因为他的儿孙们已经将他留下的一切挥霍殆尽，但青铜门仍然矗立在那里。[1]

说到协作，米开朗琪罗其实并不难以与人合作。大家都知道，他和建筑家布拉曼特结怨很深，虽然如此，但他在彼得大教堂建筑的问题上，

---

[1] 乔尔乔·瓦萨里.意大利艺苑名人传：巨人时代 下册.徐波，等，译.武汉：湖北美术出版社，长江文艺出版社，2003：332.

却能为了保证建筑质量和工程的完成以及工程的特点，而坚持对方的设计方案。

还有人认为他吝啬，把金钱看得过重。但我们看到的却是，他对生活要求极低，甚至有时每顿只靠几片面包充饥，而用省下的钱帮助贫困者，哪怕是不相识的人。更值得一提的是，他对祖国的热爱。为了保卫祖国，他可将生命置之度外，勇敢地冲锋陷阵在最前线。

由此我们看到了米开朗琪罗性格中的多面性：在艺术上，他孤傲、倔强、永不服输；对祖国，他充满了热爱，在保卫祖国的战斗中，更表现出了勇敢和无畏；而对待家庭、他人、爱情，他又是那样得柔情似水、富怀衷肠。由此我们会得出这样的结论：米开朗琪罗不仅是伟大的艺术家，而且是一个伟大的人，一个有着倔强性格的善良的人，一个有知识的值得敬佩和敬仰的人。

（2）作品介绍

自豪而勇敢的青年——《大卫像》（图58） 《大卫像》是米开朗琪罗1501年接受佛罗伦萨市政府的委托，于1504年完成的作品。雕像用的大理石是40年前的，石块巨大，高达4米多，将其制作成像的难度可想而知。米开朗琪罗有足够的信心将这块巨石变成他心目中的大卫。虽避不开石块上旧有雕刻的痕迹，但米开朗琪罗量体裁衣，把它塑成了身高2.5米，加底座，总高为5.5米的《大卫像》。据说，在米开朗琪罗完成工作期间，佛罗伦萨的统治者索洛利尼来视察工作，米开朗琪罗客气地询问他对作品的看法，他装腔作势地说，大卫的鼻子显得大了些。于是，米开朗琪罗便抓了一把大理石粉末，爬上脚手架。随着锤子当当敲打的声响，大理石粉末纷纷落下。其实，米开朗琪罗对鼻子根本就没有丝毫的改动。可索洛利尼却不懂装懂地说："这样很好，你简直让他活了。"[1]

米开朗琪罗对《大卫像》的设计，可以说，是从他作为一个热爱祖国的佛罗伦萨市民出发的。面对佛罗伦萨的繁荣和强大，他充满了自豪感。因而，他刻刀下的大卫，不再是一个稚气未脱的少年，而是一个强壮健美的青年人。他身材匀称，线条优美，肌肉强健。他的古典平衡式的站姿和转头远视的动作，显示出一种高傲而自豪之情。这正是米开朗琪罗赋予他的佛罗伦萨青年人的气质和形象，也是此时米开朗琪罗心情的真实写照。同时，面对国家的危亡，米开朗琪罗更使大卫的美与自豪感中蕴含着一种强大的力量。大卫右手拿着投石器，左手拿着石块，正准备投入保卫祖国的战斗；保卫祖国的激情激励着他，使他的脸上、身上的每一块肌肉都处在紧张、饱满之中，从而显示出排山倒海的强大力度；他那猛然甩头的动作和凝视前方的目光，更把他力抗强敌的钢铁意志表露无遗。

米开朗琪罗的《大卫》首先给人的是美感。他体型匀称，健硕有力，头和手臂被画家适度夸大，大腿被略略加长，被人称为"西方美术上最美的男性裸体"。其次，给人的是性格魅力和人格魅力。他所彰显的性格魅力和人格魅力，不仅给人以影响，而且引人思考。因此，佛罗伦萨市不仅将它作为佛罗伦萨的象征，而且将其视为保卫诸国的英雄形象。意大利人甚至用它来计算时间，把"塑巨人的那一年"作为新时代的第一年。艺术界也备受鼓舞，不少艺术家，其中包括达·芬奇，都参加了讨论其安置地点的会议。最终，《大卫》没有按原计划放置在大教堂门前，而是放置在了政府大厦门前，以更好地发挥它的社会教育功能。后来，

---

[1] 乔尔乔·瓦萨里.意大利艺苑名人传: 巨人时代 下册.徐波，等，译.武汉: 湖北美术出版社，长江文艺出版社，2003: 266.

为了不再让其受日晒和风雨的侵蚀，又将其移至佛罗伦萨美术学院特设的大厅内。现佛罗伦萨有两尊《大卫》的复制品，一尊在米开朗琪罗广场，一尊在政府大厦门前。据报道，参观该雕像的人数，每年超过 100 多万。

充满寓意的雕像——《晨》、《昏》（图 59）、《夜》、《昼》（图 59-1） 这四尊雕像是美第奇家族神庙洛伦佐·美第奇和朱莉亚诺·美第奇陵墓上的雕像，完成的时间为 1520—1534 年。这四尊雕像，是在米开朗琪罗极不情愿地完成尤利乌斯二世教皇陵墓的过程中，先被教皇利奥十世，接着被克莱芒七世强迫去制作的雕像。这期间还经历了 1527—1530 年佛罗伦萨保卫战。不难想象，米开朗琪罗是以何种心情进行雕像制作的。这四尊雕像，虽然个个都是米开朗琪罗刻刀下的巨人，肌肉发达，身材魁伟；但个个动作别扭，古怪。

《晨》，是一个少女的裸体。她身材高大而强壮，宛如男性；但她肌肉平缓，肌肤滑润，少女的特点又极为突出。从她的姿态来看，右臂支撑将上身抬起，左手在肩部拉扯着垫单；其双眼紧闭，头无力地垂在右肩之上，睡意正浓；醒的动作与沉睡之姿使她处在一种冲突中，处在对醒的挣扎中，她的痛苦可想而知。

《昏》为一个中年男性的躯体。他的肌肉已松弛，腹部堆积着脂肪，额头已秃顶，但精神依然。他面目安详而沉静，似乎在思考人生的意义，对自己人生已近黄昏的无奈发出了感叹。

《昼》为中年男性的裸体。他的肌肉结实而有力；却因卧具的限制，他不得不以扭曲的姿势保持着身体的平衡；他的头部雕刻得很粗糙，似乎没有完工；他扭头远望，目光中似乎充满了怨气，给人留下了深刻的印象。

《夜》所描绘的是一个女人的形象。她肌肤健美，体型匀称，给人一种冰肌玉肤之感；她以屈起的左腿支架着右臂，用右臂支撑着低垂的头，就在这样一种扭曲的状态下，她仍睡得深沉；在其曲腿的下面有一只猫头鹰，它是黑夜的象征；在其左肩之下是一个龇牙咧嘴、面目怪诞的面具，它是噩梦的象征；睡梦中噩梦不断，沉睡中惊惧的痛苦则是难以忍受的。

四尊雕像，正是人生的象征。从少年到中年再到老年，这一人生的规律无人能抗拒。人的一生时常处在痛苦的阴影之中而无法摆脱。这正是米开朗琪罗自己人生的写照。美第奇家族神庙的雕塑工作，正是佛罗伦萨刚刚沦陷，他被迫接受了投降了敌人的统治者交给的工作，他痛苦得甚至"想自杀"[1]。1531年6月，极度的痛苦使他病倒了。他的友人写信给瓦萨里：

> 米开朗琪罗衰弱瘦瘠了……我们一致认为如果家人不认真看护他，他将活不了多久。他工作太多，吃得太少太坏，睡得更少，一年来，他老是被头痛与心病侵蚀着。[2]

他在一首诗中写道：

> 可怜！可怜！我被已经消逝的日子欺罔了……我等待太久了……时间飞逝而我老了。我不复能在死者身旁忏悔与反省了……我哭泣也徒然……没一件不幸可与失掉的时间相比了……
>
> 可怜！可怜！当我回顾我的以往时，我找不到一天是属于我的！虚妄的希冀与欲念——我此时是认识了——把我羁绊着，使我哭、爱、激动、叹息（因为没有一件致命的情感为我所不识），远离了真理……[3]

---

[1] 罗曼·罗兰.米开朗琪罗传.傅雷，译.北京：华文出版社，2013：72.
[2] 转引自罗曼·罗兰.米开朗琪罗传.傅雷，译.北京：华文出版社，2013：73.
[3] 罗曼·罗兰.米开朗琪罗传.傅雷，译.北京：华文出版社，2013：75—76.

也正是在如此心情之下，他读到一首赞美《夜》的诗：

> 你可注意到，
>
> 《夜》正入梦乡，
>
> 石头上的她，
>
> 乃是天使的妙手所创。
>
> 虽然她睡意正浓，
>
> 但生命的气息仍然盛旺，
>
> 你若不信，请唤醒她，
>
> 她定会开口把话讲。

之后，他和诗道：

> 谬误和耻辱大行其道之时，
>
> 酣睡的享受妙不可言，
>
> 若能变成一块石头，
>
> 那更让我称心如愿。
>
> 眼不见，耳不闻，
>
> 何尝不是乐事一件？
>
> 不要唤醒我，
>
> 嘘！说话请小声一点。[1]

当然，他赋予这四尊雕像以痛苦的内涵，也是出于这四尊雕像是放

---

[1] 乔尔乔·瓦萨里.意大利艺苑名人传：巨人时代 下册.徐波，等，译.武汉：湖北美术出版社，长江文艺出版社，2003：288—289.

在石棺上的考虑。于是，作品在被赋予自己内心之痛的同时，又符合了作品放置的环境，由此不难看出米开朗琪罗设计的聪明之处。

顺便提一下，据东方网 2012 年 5 月 20 日消息，米开朗琪罗的青铜板《晨》、《昏》、《昼》、《夜》，于 5 月 19 日正式在上海意大利中心亮相。消息说，2011 年 6 月 10 日，由意大利上海总领事馆牵线，恒源祥香山美术馆与意大利佩鲁贾·皮耶罗·瓦努奇美术学院签订了以美术学院 1573 年收藏的米开朗琪罗名作《晨》、《昏》、《昼》、《夜》泥塑稿翻制青铜版的协议。这是世界上第一次翻制的青铜板的米开朗琪罗的《晨》、《昏》、《昼》、《夜》，也是米开朗琪罗的作品第一次在中国落户。

空前巨幅——西斯廷屋顶壁画 西斯廷的天顶呈拱形，总面积为 36.54×13.14 平方米，离地面 20 多米。在天顶上作画，必然要搭脚手架。米开朗琪罗因为不满布拉曼特为他搭建的架子，所以自己根据檐口上层的建筑物的宽度设计搭建脚手架，在绘制工作的进行中，把它从西斯廷的祭坛墙入口处搬过来；他还辞退了被请来帮忙的画家；同时，他向教皇提出的"按自己的意愿作画"的要求也被获准。于是，他开始了巨大的绘画创作。面对如此巨大的天顶，登上脚手架的米开朗琪罗已完全沉浸在创作的冲动中。原本他的计划是只在三角档之间画 12 个门徒，其余的部分都用几何图形做装饰。但观察整个天花板，他感到这样的布局不仅显得单调，而且无法发挥教堂天顶对基督教教义的最大的作用；再观察整个厅堂，这样的布局，也与天顶下面 15 世纪画家的作品和谐不起来。于是才有了包括整个天顶上的巨幅画面——《创世纪》。

米开朗琪罗将整个天顶分成了 3 个区。第一个区包括：在相对的两面墙的每个窗户的上方画一个三角形的凹面，中间画的是耶稣的祖先；第二个区是三角形的拱肩处，这里被画成了坐在宝座上的预言家和先知；

第三个区即位于中央的被石柱隔成的 9 个开间，开间内的画面依次为上帝《创造光明与黑暗》、《创造日月》、《创造水与陆》、《创造亚当》、《创造夏娃》、《逐出乐园》、《大洪水》、《诺亚献祭》、《诺亚醉酒》。这三个画区，代表着基督教神学的三个层次。第一层次是耶稣的家谱；第二层次是预言家和先知，起着承上启下的作用，预示着基督的到来；第三个层次则描绘了历史最早的时期：法前时期（摩西受戒之前的时期），即上帝创造天地和人类的故事。它不仅非常重要，而且和天顶下面分别表现摩西和耶稣生平的法律时期、恩典时期的15世纪画家的作品配合起来。除了这三个层次的画面外，

> 他在这些画之间的边框之中又填满了铺天盖地的人物形象，有一些像雕刻，有一些则像美不可及的活生生的青年人，他们手持垂花饰和可有更多故事的圆雕饰，而且这些也只是位于中央的装饰品。[1]

如此丰富的画面，如此众多的人物——共计 343 人，充满了整个天花板。尽管如此，但天花板看起来却无一点拥挤而失衡之感，显得"单纯而和谐"——"色彩配合"是那样"柔和适度"，整个布局是那么"清楚明朗"，而人物个个都是"肌肉十分美好的青年运动员，身体朝着可能想象到的方向扭动，旋转然而总保持着形象的优美"。[2]

宏大的画面，尤其一个个精美的人体，"表现了米开朗琪罗能够以任何一个姿势从任何一个角度去画人体的全部技艺"[3]。画面的极佳效果来自他在创作过程中的不断思考，不断总结经验。实际上，在画《创世纪》

[1] 贡布里希.艺术发展史.范景中，译.天津：天津人民美术出版社，1998：168.
[2] 贡布里希.艺术发展史.范景中，译.天津：天津人民美术出版社，1998：168，169.
[3] 贡布里希.艺术发展史.范景中，译.天津：天津人民美术出版社，1998：169.

9 幅主题画时，他并没有按照上帝创世界的顺序，而首先画了《大洪水》。《大洪水》共由五组画面组成，人物多，画面显得窄小。因其离地面远，故而观者从下面观画，必然看不清楚，所以米开朗琪罗在画第二幅《诺亚醉酒》时，在画面上就只画了5个人物。接着，他又画了《诺亚献祭》。该画画面上共8个人物，还有祭献的牲畜。虽然画面集中，但从下面看，人物仍然显小，于是他便放弃了群像构图。后面的几幅画，他都采用了以主要的人物占据空间的布局。从底下往上看，自然便有了最佳的观赏效果。正如贡布里希所言：

　　人们经常看到这一宏伟作品的细部的图示，人们从来也看不够。但是，当人们步入那座礼拜堂时，整个景象给予我们的印象还是跟我们可能看过的照片的全部效果大不相同。那座礼拜堂很像一个非常高大的集会厅，拱顶平缓，在高高的墙壁上面，我们看到米开朗琪罗的前辈们用传统手法画的一排摩西的故事画和基督的故事画。但是，当我们向上看时，就好像看到了另一个世界的内部，那个世界超乎人的大小。[1]

　　最佳的艺术效果，是米开朗琪罗用汗水甚至生命创作出来的。在1508年5月—1512年10月的信件中，他多次提到作画的辛劳和贫苦的生活。1509年1月27日给其父的信中写道：

　　我自己也非常不走运，因为教皇已经整整一年没有付给我哪怕是一个格罗索（一种小银币——引者），而我对他也没有提出要求，

[1]　贡布里希. 艺术发展史. 范景中，译. 天津：天津人民美术出版社，1998: 168.

实在说，我的工作状况也无法让我觉得自己应获得什么报酬，这都要归责于这项工作的艰巨性，而且也因为这确实并非我的行当。[1]

1509年8月：

……我忍受了所有的羞愧；我承受了所有的辛劳；我将自己的生命暴露在数以千计的危险之中。

1509年10月：

……然而，对于自己的需要，我几乎一无所备，我在这里忍受了无数的辛劳和身体的衰疲。我根本没有朋友，而我也不想有任何朋友。我几乎连维持活命的吃饭的时间都没有。我不想有任何人来打扰我，我实在无力应付这些。

1512年5月：

……我的辛劳和忍受的痛苦，超过了任何人。我的身体不好，而又工作得精疲力竭。不过我有必要的耐心达到预期的目标。

1512年10月：

……我自己是悲惨地生活着的，而且，根本无力关注荣誉和其他世俗之事。我生活在最辛苦的劳作和无尽的焦虑之中。这种状态大约已有15年了，我从没有过哪怕一个小时的安乐。[2]

---

[1] 米开朗琪罗.我，米开朗琪罗，雕刻家：一部书信体自传.初枢昊，译.上海：上海人民出版社，2007: 48.

[2] 米开朗琪罗.我，米开朗琪罗，雕刻家：一部书信体自传.初枢昊，译.上海：上海人民出版社，2007: 51, 55, 68, 72.

在信中，他还多次提到"没拿到报酬"，"健康状况并不太好"，"没有时间"。因为长时间在 18 米高的脚手架上作画，仰头举臂，所以他的身体变得畸形，以致他看信都要高高地举在头上，仰头而读，其视力也变得模糊了。读一读他那首大家熟知的自嘲诗——《论绘制西斯廷礼拜堂》，你会感到既心酸，又敬佩：

我患了甲状腺肿大，在这般逼仄的空间——
就像伦巴第或偶然别的什么地方的
那些猫，从腐臭的溪流中窜出来一般——
肿胀的肚子紧贴着下巴；

我的胡子翘上了天，我的脖子耷拉着，
挂在脊背上，我的胸板看起来
就像是竖琴；从画笔上滴下或稠或淡的颜料
在我脸上涂出五彩斑斓。

我的髋骨挤进腹部就像杠杆在碾压；
我的屁股就像马的鞍带支撑着我的重量；
我的双脚无法控制地前后乱晃；

身前我的皮肤变得又松又长；身后，
因为弯曲变得更紧更缩；
十字般的我张开自己像一张叙利亚弓；

错误和古怪从哪里来，我知道，

必定是大脑和眼睛歪斜的结果；

因为疾病会瞄准歪斜的枪。

来吧，乔瓦尼，来

拯救我该死的图画和我的名声，

这地方很糟糕，何况绘画不是我的行当。[1]

就是在这样的条件和心态下，米开朗琪罗孤独而不停地创作着。教皇不但不及时给予应有的资助，还不时地来捣乱，来监工和催工，总嫌工程进度慢。有一天，他催问米开朗琪罗"何时可以画完"。米开朗琪罗按自己的习惯回答说"当我能够的时候"。这惹恼了教皇，他竟举起权杖打向米开朗琪罗，嘴里还不停地重复着"当我能够的时候"，"当我能够的时候"。米开朗琪罗一气之下准备回佛罗伦萨。教皇马上派人送来500金币，向米开朗琪罗道歉，并极力安抚和挽留。[2]

1512年10月13日，宏大的天顶壁画完成了。当脚手架被移开时，听到消息的人们"从四面八方蜂拥而至，都想亲眼看见伟大作品的风采"[3]。满屋顶的高大、健壮、刚毅、充满了无穷力量的巨人，冲击着人们的视野，打动着观者的心。甚至连大画家达·芬奇站在它面前都沉思不语。他感到了后生的可畏和自己的衰老。拉斐尔看后感慨道："米开朗琪罗是用着同上帝一样杰出的天才创造出这个世界的。"[4]罗曼·罗兰则评价说："作品充满着生杀一切的神的精灵——这挟着疾风暴雨般

[1] 米开朗琪罗.我，米开朗琪罗，雕刻家：一部书信体自传.初枢昊，译.上海：上海人民出版社，2007：53—54.

[2] 罗曼·罗兰.米开朗琪罗传.傅雷，译.北京：华文出版社，2013：38—39.

[3] 乔尔乔·瓦萨里.意大利艺苑名人传：巨人时代 下册.徐波，等，译.武汉：湖北美术出版社，长江文艺出版社，2003：282.

[4] 转引自吴泽义.文艺复兴时期的美术.长春：吉林大学出版社，1986：131.

的气势横扫天空的神，带来了一切生命的力。"[1]

当我们欣赏这幅巨画时，满屋顶巨人的气势，震撼人心。一个人，4年多的时间，在 36.54×13.14 平方米的巨大面积上，创造出了 300 多个巨人形象。如此恢宏的构思，将艺术家的宏心壮志淋漓尽致地表现了出来。更加难能可贵的是，在这气势恢宏中又处处透着和谐：高耸的大厅与巨人形象的和谐，天顶壁画与墙上壁画的和谐，天顶壁画本身三个画区之间的画面安排与建筑物的和谐，以及三个画区画面所表现的基督教教义阐释的和谐。可以说以天顶壁画《创世纪》为中心，整个礼拜堂大厅都被统一在艺术之美中。也正是这种和谐，奠定了西斯廷礼拜堂的"世界艺术圣殿"之美名。走进大厅，你会立刻沉浸在这和谐统一之美的氛围中。在享受美的同时，你也会感到，其实，气势的恢宏必然与和谐之美是统一的，和谐衬托着恢宏，恢宏中渗透着和谐。在此意义上来说，米开朗琪罗的宏心壮志中也必然包含着实现壮志的坚强心理因素，即他倔强而不服输的性格。当然巨幅壁画的成功，更来自于大师的绘画技能和对技能的细致运用。可以说《创世纪》每一部分画面，每一个人物的描绘都体现着大师的高超画技和精心创作。下面我们就来欣赏和解读这幅巨画中的几幅画面。

神奇手指——《创造亚当》（图 60） 在上帝创造世界的 9 幅画面中，这幅《创造亚当》和《创造水和陆地》（图 61）、《创造日月》（图 62）画面中的上帝最富感染力。米开朗琪罗赋予了这个创造世界的主宰无限的威严和无以复加的力量。在这三幅画中，上帝或是向两边张开有力的双臂，腾飞起身体，指挥、推动着日月的交替运转；或前伸双臂，双掌用力，把世界分为水与陆两部分；或是侧身飞起，伸出单臂和食指，

---

[1] 罗曼·罗兰.米开朗琪罗传.傅雷，译.北京：华文出版社，2013：39.

要把生命的能量传达给有生命而无力气的亚当。米开朗琪罗笔下的上帝"始终呈现巨大的短缩角度，在天空中飞腾。他那白色的须髯和褶皱巨大的罩袍一起，在气流中舞动着……表现出雷霆万钧之力"。[1]在这三幅画之中，能给人过眼不忘印象的就是《创造亚当》中那两个就要碰在一起而放出闪电、冒出火花的手指。

画面中，一边是在天使的簇拥下从遥远的天际急速飞来的上帝。那飘起的衣褶，飞起的衣带，用力前倾的身躯，似乎离亚当还很远就已伸出的右臂，显示着这种急速。而另一边则是身材匀称、健美的亚当。他的身躯魁伟，肌肉发达。他虽健壮却无气：他的身躯只有靠右臂支撑才能抬起，他伸出的左臂只能靠屈起的左腿支撑着才能伸直，他那只左手掌却无论如何也无力气伸直而下垂着。如此健美却无力的亚当，跟充满了巨大力量的上帝形成了鲜明的对比。上帝面目慈祥，充满疼爱和希望的目光集中在了那传导能量的手指上；而基督则以满心期盼和渴望的目光回答着上帝的慈爱，以全身的力气伸出了自己的手指；只要双方的手指一触碰，人类的奇迹也就产生了，这便是"神奇"手指的巨大而不可抵御的力量。两个将触碰的手指也就成了米开朗琪罗最"神奇"的一笔。

道德的颂歌——《大洪水》（图63） 在9幅画面中，《大洪水》是人物最多、画面最复杂的一幅。如果说，上面的3幅画主要描绘了上帝的无穷威力，那么，米开朗琪罗赋予《大洪水》的则是人间之力。该画面共有5个场面，它们都表现了共同的主题：灾难面前人类的求生愿望；灾难面前人们的种种心态和这种种心态下所表现出的人类社会道德的种种行为。在前景的两个场面中，正在往山上登爬的人群和已逃到山顶的人，高了还想再高，爬上树木，扶上马背；特别的是，米开朗琪罗

---

[1] 徐庆平.意大利文艺复兴美术.北京：中国人民大学出版社，2004：130.

在前景中还安排了三个妈妈和四个孩子，其中那个被妈妈托上马背、目光中闪烁着惊恐、紧紧地抱着妈妈的头的孩子和那个正奋力攀着妈妈的腿向上爬的孩子的形象，更突出人类求生的主题。第三个场面是躲到小岛上的人群，第四个和第五个场面为落水人奋力要登船的场面，这些场面无疑也都反映了人类的本能愿望——求生。这5个场面又分为两组。前3个场面为一组，宣扬了正能量：无论是母亲抱着孩子逃生，还是众人相互搀扶、相互帮助，都表现了人类的社会美德。后两个场面为一组，都刻画了把上船的人赶下水，或阻止水中的人上船的情节，表现的是自私的恶念和行为，是批判的对象。而米开朗琪罗把后两个场面放在了画面的远景上，自然也反映了他本人的道德观，以及作为艺术家的道德立场和褒善惩恶的社会责任感。这也正是米开朗琪罗人文主义思想的反映。之所以如此说，是因为文艺复兴时期一些人文主义者认为，中世纪造成了社会道德的沦丧，要拯救社会，使社会摆脱黑暗、走向文明，就必须拯救道德。

睿智的先知们——《约拿》、《撒迦利亚》、《德尔菲》、《以赛亚》、《麦库》、《丹尼尔》、《利比亚》、《约耳》、《埃利色雷》、《以西结》、《波斯》、《耶利米》 12个先知的画像把9幅中心画围在了中间。先知是神谕的宣布者，是上帝的直接对话人，也是人间的神祇。所以，在米开朗琪罗的笔下，他们都是智慧的代表，个个身躯高大。他们虽然年龄不同，姿势各异，但却有着共同的特点：不是在读书，就是在思考。这之中，体态最优美，造型设计独特，面容最靓丽，双眸充满智慧且深邃而明亮的《德尔菲的女预言家》（图64）给人留下的印象最深刻。因为德尔菲是古希腊供奉阿波罗神的圣地，所以圣地的女祭司不被称为先知，而被称为女预言家。这幅画是米开朗琪罗画技高超的典型代表作之一。他把三角形构图、十字架构图、圆形构图创造性地结合起来，绘制出了该画的独特造型：人物的帽尖既是三角形的顶点，又是它与鼻梁和直立于地面的右脚构成的十字架竖臂的上端；而横悬于胸前的左臂，则构成了十字架的横臂；人物背后衣服的弧形和左手展开的书卷把整个人物围在了圆形中间。这样的构图，不但突出了人物的高大、稳重和端庄，而且也为人物的动作留下了充足的空间：人物的右臂自然下垂，搭在左腿上；左臂用力甩向右方，迅速将书卷展开；同时头向左转，眼向左看。通过这一系列的动作，加上圆形而端庄的脸庞，美丽而有神的双目，笔直的鼻梁和厚实的嘴唇，一个纯真、敏捷、智慧而充满了才华的美丽的女青年出现在了米开朗琪罗的笔下。有人甚至评价说，米开朗琪罗的女预言家的端庄和那蕴含着惊人智慧的眼神，其感染力不下于达·芬奇的蒙娜丽莎。

天才建筑师之作——彼得大教堂　彼得大教堂是罗马天主教的中心教堂，是全世界第一大圆顶教堂。该教堂最初只是一处简单的墓地，4世纪时被建成一座小会堂，后毁于战乱。后来，教皇尼古拉五世（1447—1455）命令重建。参加重建的都是意大利顶尖的建筑师和艺术家，包括布拉曼特、拉斐尔、米开朗琪罗、德拉·波尔塔、卡洛·马泰尔、桑加罗等人。重建工作进行了120多年，于1626年最终竣工。

整座教堂内部成十字形，十字形的交叉点为教堂的中心，中心点的地下是圣彼得的陵墓，地上是教皇的祭坛，祭坛上方为金碧辉煌的华盖，华盖上方是教堂的圆穹顶。圆穹顶直径42米，高120米；圆顶的周围及整个圆顶都绘制着美丽的图案和浮雕；一束阳光从圆顶洒下，照亮殿堂，给幽暗的殿堂增添了一种神秘的色彩，那穹顶就仿佛是通向天堂的大门。而这一穹顶的设计者和监造者就是米开朗琪罗。

1547年，教皇保罗三世任命米开朗琪罗为彼得大教堂的首席建筑师，并赋予他充分的权力："可以自由决定做什么或不做什么，随心所欲地进行增加、删减或更改";同时，还赋予他调用参加该工程官员的权力。[1]
虽然米开朗琪罗以自己年老力衰和不善建筑为由推脱，但像前几次一
样，他一旦获得了创作的自由，便全身心地投入工作中。考虑到自己的
年龄和身体状况，大教堂不知何时建成，他提出了不接受任何报酬的条件。
他一接手工作，便到现场视察，研究布拉曼特和小桑加罗的设计。布拉
曼特是 16 世纪初被教皇尤利乌斯二世任命负责重建彼得大教堂工程的建
筑师。布拉曼特设计的大教堂的平面是希腊十字形，整个教堂就坐落在
一个正方形上。围着十字交叉中心的是 4 个正方形的礼拜堂，中心点之
上为罗马式半圆形的拱顶。这样的设计，使整座教堂无论是内部结构还
是外观造型都显得非常对称、和谐。但是，1514 年布拉曼特去世。工程
又历经三任总建筑师，到小桑加罗时仍未完成。1547 年，米开朗琪罗接
任小桑加罗的职务时，工程仍进展不大。米开朗琪罗接任后，坚持布拉
曼特的原设计方案，废除了小桑加罗改动的部分，并把布拉曼特设计的
罗马式半圆形拱顶改造为拱肋式大穹窿。这一改造使教堂内部的视觉更
加敞亮，外观也更加宏伟。同时，他还吸取布鲁内莱斯基的经验，取消
了一切附加冗物，把中心大圆顶的设计进一步简化、加固；把外部墙壁
加厚，取消了次要空间，尤其被小桑加罗层层叠加上的柱子，如此一来，
结构的空间被统一起来，同时，穹窿架在了一个很高的鼓座之上，在整
座建筑物中更加突出，一目了然，起到了强调建筑中心的作用。图 65 为
彼得大教堂的鸟瞰图。从图上可以看出，米开朗琪罗设计的穹窿不仅高
耸，而且衬托着整座建筑的挺拔和宏伟。同时，大教堂建筑还有一大特
点，就是巨型结构的运用，其"建筑物弯曲处和角落周围的巨型扁平壁
柱使建筑物表面显得宛如波浪和发达的肌肉，檐口台阶式的流动感更增

[1] 乔尔乔·瓦萨里.意大利艺苑名人传：巨人时代 下册.徐波，等，译.武汉：湖北美术出版社，长江文艺出版社，2003：301.

强了这种效果"[1]，从而使彼得大教堂成了意大利文艺复兴建筑史上的里程碑。

在彼得大教堂建设的过程中，米开朗琪罗付出了 17 年的辛劳，可以说投入了整个身心。尽管如此，但他却没能看到大教堂的最终建成。可也正是他 17 年的努力，大教堂的设计原则得以被坚持。后几任的教皇和建筑师们也始终沿着他的原则行进，终于于 1626 年建成了彼得大教堂，实现了米开朗琪罗的理想。

彼得大教堂及其他建筑的成功，成就了米开朗琪罗伟大建筑大师的称号。但人们对于这一称号的认可却不仅仅因为他的建筑成就，更因为他的精神。正如瓦萨里所说："米开朗琪罗在建筑领域从不拘泥于古代或现代建筑准则，他的头脑总是能发现新颖、复杂和漂亮的事物。"正是这样永远创新的精神，最终成就了他建筑作品"高度统一的完美"效果。[2]

[1] 约翰·T·帕雷提，加里·M·拉德克.意大利文艺复兴时期的艺术.朱旋，译.桂林：广西师范大学出版社，2005：488.

[2] 乔尔乔·瓦萨里.意大利艺苑名人传：巨人时代 下册.徐波，等，译.武汉：湖北美术出版社，长江文艺出版社，2003：310，286.

3
文艺复兴时期的画圣——拉斐尔

（1）短暂而辉煌的追梦人生

拉斐尔·桑西是文艺复兴盛期最负盛名的画家，有着"画圣"的美誉，是与达·芬奇、米开朗琪罗齐名的文艺复兴艺术三杰之一。

拉斐尔·桑西（Raffaello Sanzio，1483—1520）1483 年 4 月 6 日出生在意大利中部距佛罗伦萨近 100 公里的乌尔宾诺小镇的一个艺术世家之中。拉斐尔的父亲乔凡尼·桑西有 5 个前辈画家，他本人也是一名宫廷画家，虽算不上大师，但在当地也颇具名望。他的母亲露薇娜出身商船之家，是一位美丽、温柔、娴静而善良的女性，良好的家教更使她具有良好的文学和艺术素养。父母的基因影响着拉斐尔。在其乐融融的家庭文化环境中，拉斐尔和父母一起幸福地度过了 7 年的时光。1490 年，露薇娜因病去世。母亲的音容笑貌，在幼小的拉斐尔心灵中留下了既深刻又模糊的印象。从此，父亲更是把他视为自己的天使，疼爱地叫他拉斐尔——天使之意，他原来的名字叫法埃洛·圣齐奥。父亲尽心尽力的培养，使拉斐尔很小就开始喜爱绘画，其艺术天分也随之显露。由于父亲经常带他出入宫廷，所以小拉斐尔也就成了乌尔宾诺宫中的常客。乔凡尼·桑西处事的谨慎和温情的性格潜移默化地影响着天资聪慧、富有灵气的小拉斐尔，加之他乖巧、懂事，便成了宫中人见人爱的小帅哥。

乌尔宾诺是一个贵族化的小公国，虽然工商业不很发达，但新兴的市民阶级已在政治和文化上占有一定的地位。随着文艺复兴新文化的冲击和人文主义的影响，乌尔宾诺公国也成了新文化的中心，公爵蒙得费尔则是公国新文化的领头人。他在宫中罗致、提挈和奖掖了一批学者、诗人和艺术家。很多画家，如马萨乔、弗兰切斯科等，都在乌尔宾诺留下了杰作。乌尔宾诺也因此获得了"文艺复兴航标灯"的称号。宫中的小常客拉斐尔自然也就受到了新文化的熏陶。11岁的时候，他的一幅圣经故事连环画就博得了父亲和一些画家的赞扬。不幸的是，就在他11岁这年，父亲也离他而去。拉斐尔是不幸的，他成了孤儿。但他又是幸运的，继母的善良和叔父的关爱，使他仍能感到家庭的温暖。他父亲的朋友画家维蒂将他带到自己的画室。在此，他学习了4年的时间。维蒂擅长画体形圆润饱满、色彩明亮的圣母画，这对拉斐尔影响很大。这是因为圣母像让拉斐尔想起了母亲，他在临摹圣母像时就仿佛看到了母亲在对他微笑。可以说，他把对父母的思念化作了对艺术的追求。他不止一次地说过：

> 母亲是世界上最美丽、最善良的母亲，父亲是最伟大的画家，上帝因为太喜爱他们而把他们召回了天国，我不能让父母难过，我要做万众瞩目的天才艺术家，让父母看到我对他们的思念。[1]

好心的继母和叔父看到拉斐尔的志向和决心，很是欣慰，他们下定

---

[1] 转引自赖盛．拉斐尔．北京：中国人民大学出版社，2004：17.

决心让他在艺术的道路上走下去。就连他叔父的一位朋友也深为拉斐尔的懂事和决心所感动，慷慨解囊帮助拉斐尔。于是，16 岁的拉斐尔被送到了翁布里亚画派的中心佩鲁贾，进了该画派的创始人西格罗·佩鲁吉亚的画室，开始了正式的学徒生涯。佩鲁吉亚（1446—1523）是 15 世纪末意大利著名的画家，翁布里亚画派的主要代表。他的画，人物形象秀美、静雅，构图平衡和谐，颜色鲜艳，常常以庄严的建筑物和田园风光为背景。谈到佩鲁吉亚的画技，贡布里希认为，他"获得了某种程度的景深感却不破坏画面的平衡"，"学会了列奥纳多的'渐隐法'，以避免他的人物形象出现僵直、生硬的外观"；他放弃了"十五世纪的大师们热情追求的忠实地为自然写照这一点"，发明了"一个美丽的型式，他把它日新月异地、不断变化地运用在自己的画中"；他"使我们觑见另一个世界，那个世界要比我们的世界宁静而和谐"。[1]佩鲁吉亚的画室有不少学徒和助手，他们学习老师的技法，帮助老师完成了许多的订货。老师画的《圣母像》，容颜秀美，神态安详，构图平稳，色彩和谐，拉斐尔非常喜欢。这不仅与他的追求合拍，而且对他产生了重大的影响。

"年轻的拉斐尔就在这种气氛中成长起来，不久就掌握和吸收了老师的技法"。[2]同时，他还学习了数学、透视学、解剖学、化学、文学、历史和哲学等各种科学社会知识。由于他聪明、勤奋而善学，特别是模仿能力极强，他临摹的老师的作品与老师的作品如出自同一个模子，所以他是老师最得力的助手，深得老师的喜爱。就连师母都很喜欢他，与他的情感甚深，给了他很多的关心和关照。再有，他性格温柔，谦虚好学，待人也总是彬彬有礼，与师兄弟们也相处得很和谐，这一点与达·芬奇和米开朗琪罗都很不相同。

[1] 贡布里希.艺术发展史.范景中，译.天津：天津人民美术出版社，1998：172，172—173.
[2] 贡布里希.艺术发展史.范景中，译.天津：天津人民美术出版社，1998：173.

1500 年，拉斐尔出师了，但他仍然留在老师的画室中，为老师做助手。1501 年，他随老师到梵蒂冈，完成了《基督复活》一画。1502—1503 年，他独立完成了齐塔迪卡特太洛的圣多米尼克教堂的《钉刑图》（图 66）。该画采用了对称构图：中间高高的十字架上为受刑的基督，空中的两边各有一个飞动着的天使，地上对称安排着 4 个人物，他们是圣母和 3 个圣徒。背景为深度感很强的田野风光。该图的一个很大的特点就是人物的刻画。先看被钉在十字架上的基督。他形体偏瘦，却显示出中年人结实而有力度的体质特征；由受刑的身体看不出因疼痛而收缩的肌肉；基督的表情中更没有受刑的痛苦；他的形象雍容大度，似乎正在静静地低头沉睡。再看其余的人物。除了圣母和前景上跪着的圣徒仰头望着受难的基督外，无论是天空中飞动的天使，还是地上站着的两个圣徒，似乎都置身事外。他们无论是朝向，还是目光都与十字架上的基督相背驰。同时，他们的表情都与无任何痛苦、只是在沉睡的基督相一致，沉稳而平静。即使是望着基督的圣母和圣徒，也处在平静的心态之中。这或许是因为他们早已知道基督受难为上帝的安排，是他命中的一劫吧！另外，无论是人物体态的优雅、体姿的秀美，还是服饰颜色的搭配，都给人留下了很深的印象。

在完成《钉刑图》期间，拉斐尔还在模仿和再创新的基础上画了两幅以圣母为题材的作品，即《圣母加冕》和《圣母的婚礼》。将拉斐尔的《圣母加冕》（1502—1503）与佩鲁吉亚的《看圣母戴冠》相比较，很明显的是，拉斐尔首先把老师作品上中下三部分的布局做了改动，将上帝准备加冕和圣母等待加冕的两部分合二为一，从而使自己画面的构图以白云为界，分成了上下两部分：上面为加冕图，下面为圣母的棺椁和抬头仰望圣母加冕盛况的 12 个门徒。棺椁中长出了许多鲜花，它们有的变成了天使的头，飞到了天空，去为圣母加冕助兴，而随着它们的飞升，地上的众人抬头仰望，上下两部分由此有机地连为一体，构成了圣母加冕的宏大场面。这一改动，不仅使画面的构图更加紧凑、和谐，而且使画面的主题也更加鲜明。同时在使用色彩上，拉斐尔的更为鲜亮。

《圣母的婚礼》（图 67）是拉斐尔早期作品中最具代表性的一幅，是拉斐尔在模仿、改造老师画面并再度创新最为成功的一幅。正如瓦萨里所说，此时的"拉斐尔在技巧上正日益精进，他完善并超越了皮耶特罗的风格"[1]，形成了深厚秀美的独特风格。《圣母的婚礼》，其画面无论是背景还是人物的安排，都以佩鲁吉亚的《基督把钥匙交给彼得》为参照，但画面的内容、主题被拉斐尔巧妙地改变了。并且，参照的背景、人物的安排和刻画都与画面的主题不冲突且相得益彰。拉斐尔画中的背景，无论是建筑物还是广场地面，其立体感和深远感都超过了佩鲁吉亚的画。特别值得注意的是三组人物的安排，突出的中间一组人物为婚礼上的三个主要人物；而两边的两组人物，也以动作和表情做了性别上的区分；尤其前景上那个失败的求婚者，其愤然折枝的动作和表情，更增加了画面的生活气息和戏剧冲突，从而强化了画面的欣赏性。

为了实现做一个"万众瞩目的天才艺术家"的梦想，1504 年，拉斐尔决定离开家乡，前往佛罗伦萨这个艺术的圣地、出产艺术大师的城市。至此，拉斐尔艺术道路的第一个时期——乌尔宾诺时期（1483—1504）结束。这个时期他的主要作品包括：《圣母与圣子》（1496—1497）、《骑士之梦》（1499）、《基督复活》（1501 年）、《圣母加冕》（1502—1503）、《三女神》（1504）、《圣母的婚礼》（1504）等。可以说，从师从佩鲁吉亚开始，摆脱了童年不幸的拉斐尔的艺术道路越走越顺，每一步都有贵人相助。

---

[1] 乔尔乔·瓦萨里.意大利艺苑名人传：巨人时代 上册.刘耀春，等，译.武汉：湖北美术出版社，长江文艺出版社，2003：78.

在家乡的成功,使拉斐尔成了乌尔宾诺的名人。因为他生性谦虚、善良、和蔼、温柔而又知书达理,所以在"任何场合下,其一言一行都让各阶层的人感到亲切、友善"。而他的年轻俊美更赢得了贵妇人们的喜爱,拉斐尔也很乐意与她们交往。他尤其与对喜欢吟诗、懂得欣赏和收藏艺术品的乔凡娜·蒙德费尔夫人交往甚密,感情独深。乔凡娜十分欣赏拉斐尔画的圣母,于是拉斐尔就按她的要求,以她本人为模特,画了一幅圣母像作为礼物送给她。当拉斐尔把自己要去佛罗伦萨的决定告诉乔凡娜时,她虽对拉斐尔恋恋不舍,但为了他的梦想,她积极支持他。因为乔凡娜的前夫弗兰西斯·贝根侯爵是佛罗伦萨大公朱莉亚诺的旁系亲族,在佛罗伦萨是一位很有地位、人脉极广、人缘极好的世袭贵族,所以乔凡娜就给大公写了一封推荐信,希望大公能给拉斐尔帮助。信中说道:

> 尊敬的公爵大人,我非常荣幸地向您介绍一位天才,他是一个才华横溢的青年画家。我被他的才华所征服,希望您也为他的智慧而感动。他是时代的佼佼者,他的成就超过了同辈的画家。他是天上最灿烂的星星,需要天空的容纳。他必须去佛罗伦萨,天高任鸟飞,海阔任鱼跃。请您给他一片天空。[1]

从这段话中,我们既看到了蒙德费尔夫人对拉斐尔的欣赏和喜爱,也看到了她对拉斐尔事业的支持。这也使拉斐尔十分感动。或许正是这封推荐信,才使拉斐尔在人才济济的佛罗伦萨,凭借着实力与机遇,如鱼得水、平步青云。

临行前,拉斐尔去向老师佩鲁吉亚告别。不善言辞的佩鲁吉亚拿出

---

[1] 引自赖盛.拉斐尔.北京:中国人民大学出版社,2004: 32.

自己用了多年的桃木调色板，郑重地送给了拉斐尔，并对他说："你要守住你的使命，守住火中的圣地"。原来文艺复兴时期画界有一个不成文的规定：画家的调色板就像武士的剑一样必须随身携带。即使自己的作品全被毁了，只要调色板还在，画家的灵魂和天赋就还在。同时，画家一旦找到自己最中意、最信任的弟子，就会像传衣钵一样把调色板传给这个弟子，希望弟子来发扬自己的绘画风格。拉斐尔双手捧着调色板，泪花中满含感激，决心不辜负老师的希望，要把自己的画技发展到巅峰。带着乔凡娜的爱和老师的期望，拉斐尔去了向往已久的艺术圣地——佛罗伦萨。据说，拉斐尔走后，蒙德费尔城堡中乔凡娜的卧室丢了一幅《圣母像》。但据后人考证，这幅画丢失的可能性不大，因为当时它的价值并不高，而且，城堡中也没丢其他任何东西。因此，很可能是拉斐尔为了寄托对乔凡娜的思念，将它带走了。乔凡娜只好说丢了。[1]

来到佛罗伦萨，就像走进了一座艺术的宫殿。无论是乔托那高耸入云的塔楼、布鲁内莱斯基设计的气势雄伟的圣玛利亚大教堂的大圆顶，还是米开朗琪罗雕塑的充满青春气息的英雄形象《大卫像》等显示着艺术圣地的艺术精品，都"激起了拉斐尔心中强烈的愿望"，"他将工作和个人利益抛到一边，因为艺术精品总是具有最强大的吸引力"。[2]因为乔凡娜的推荐信，美第奇公爵不仅热情地接待了他，而且还领他参观了其艺术品收藏展厅。无论是建筑、园林，还是展厅中的各位大师的雕塑、绘画，都使他对大师们充满了敬佩，更被深深地震撼。他似乎对艺术有了更深的感知：无论朝代的远近，还是大师的各异，艺术作品其实并无高低之分，只要是真正完美的艺术品，就都具有不可比性，就都有

[1]　赖盛.拉斐尔.北京：中国人民大学出版社，2004：37—38.
[2]　乔尔乔·瓦萨里.意大利艺苑名人传：巨人时代 上册.刘耀春，等，译.武汉：湖北美术出版社，长江文艺出版社，2003：78.

不可计量的价值；因为艺术品就是艺术家灵魂的结晶，就是艺术家的情感、个性、天赋、灵感和经历交织在一起而形成的艺术之魂的表现；因而艺术精品可以使观者感到艺术家灵魂的超时空存在而与之产生共鸣。拉斐尔决心创作出带有灵魂的可传世之作，成为"万众瞩目的艺术家"。

为了实现自己的梦想，他决心再做一次学生，向大师们学习。于是，他开始一点一滴地研究，一笔一画地临摹大师们的作品，探讨他们作品中所体现的艺术家的灵魂。他研究马萨乔的壁画、多那太罗的浮雕，摹写米开朗琪罗的雕刻、波拉约罗和曼坦那的绘画。他尤其喜爱达·芬奇的作品，也临摹得极为细致，有时临摹整幅作品，有时临摹细部：连一片衣角，一个手指，甚至一个触底的脚趾，都仔细临摹。一边临摹还一边研究达·芬奇的构图，并写下学习心得，有时还会学习着设计一些新构图。尤其目睹了达·芬奇和米开朗琪罗在佛基奥执政厅画的各有气势和特色的战争场面的图画后，佩服感叹之余，他更明白了自己的人体描绘方面的不足——还从来没有进行过深入的人体研究。为此，

　　　他开始研究人体，将解剖图或尸体同活人进行比较，前者明显要生硬得多。他又仔细研究柔软与肉感的部位是怎样形成的，不同视角种种优雅的举动怎样塑造，隆起、放低、抬起一个部位或整个身体的视觉效果，还有骨、结构、神经、血管。最后，他掌握了一个伟大的画家应该精通的所有要诀。[1]

但有着自知之明的拉斐尔，深知在这一方面无法达到达·芬奇的高度。然而，更为难能可贵的是，他将所学到的大师们的绘画知识和技法

---

[1]　乔尔乔·瓦萨里.意大利艺苑名人传：巨人时代 上册.刘耀春，等，译.武汉：湖北美术出版社，长江文艺出版社，2003：99.

柔和到了自己的绘画中，保持和发展了自己的独立风格。例如，在构图上，他力争"创意新颖，整饬有序"；在丰富画面上，"描绘各式各样的背景、建筑和风景"；在鲜活人物上，"对服饰进行精妙而细致的处理，利用光线使形象时隐时现……赋予他们适宜的动作及精神面貌"等，扬己所长，避己所短。[1]因而，在佛罗伦萨的4年间，他的画技有了极大的提高，同时他也把自己的独立风格——温柔、甜美——不断向着顶峰推进。

或许因为《圣母像》最能发挥并展示他的温柔、甜美的风格，所以在佛罗伦萨他的大部分画作就是圣母像，大约有40多幅（一说20多幅），其中最重要的有《大公爵圣母》（1504）、《库波小圣母》（1505）、《安西德圣母》（1505）、《草地上的圣母》（1506）、《观景殿的圣母》（1506）、《园丁圣母》（1507）、《金翅鸟圣母》（1507）、《华盖下的圣母》（1507—1508）、《圣母子》（1508）等。除了《圣母像》之外，其他的画作还有：《贡查加·伊利莎贝塔夫人像》（1504—1505）、《圣乔治刺龙》（1505）、《圣米歇尔与龙》（1505）、《优雅三女神》（1504—1505）、《骑士之梦》（1504—1505）、《拿苹果的青年肖像》（1505）、《圣乔治》（1504—1506）等。

拉斐尔在短短的4年内有如此众多的画作，一方面是由于他的画风受到当时人们的喜爱，另一方面，由于他为人谦逊、彬彬有礼、平易近人，"那些平时飞扬跋扈的贵族和精明的商人"都"争抢着做这个天才的资助人"[2]。当然这也使拉斐尔在画界迅速走红。名声的迅速提升，为拉斐尔带来了更好的运气。1508年，他受罗马教廷总建筑师布拉曼特之邀到了罗马。至此，拉斐尔艺术道路的第二个时期——佛罗伦萨时期

[1] 乔尔乔·瓦萨里.意大利艺苑名人传：巨人时代 上册.刘耀春，等，译.武汉：湖北美术出版社，长江文艺出版社，2003：99.
[2] 赖盛.拉斐尔.北京：中国人民大学出版社，2004：53.

（1504—1508）结束了，同时也开始了他艺术道路的盛期——罗马时期（1508—1520）。

罗马更是拉斐尔的福地。1508 年拉斐尔到罗马后不久，布拉曼特就把他推荐给了教皇尤利乌斯二世。可以说，尤利乌斯二世是他艺术生涯中的又一位贵人。尤利乌斯二世虽然跋扈、强权，但对艺术的醉心和赞助却是教皇中的佼佼者。所以有人说："如果没有他的策划和指挥，今天的梵蒂冈恐怕不会如此辉煌，具有如此无可比拟的艺术魅力。"[1] 由于醉心于艺术，尤利乌斯二世也就格外惜才。他看到眼前这个相貌俊美、气质优雅、彬彬有礼、气度不凡，且透着乖巧、锋芒内敛的青年人，内心甚是喜欢。尤其和性格偏执、倔强的达·芬奇和米开朗琪罗相比，尤利乌斯二世不自觉地便偏向了拉斐尔一边。尤利乌斯二世看了拉斐尔的手稿、听说了他在佛罗伦萨无论是在贵族中还是在平民中的极好口碑后，便立即任命拉斐尔为教廷首席画家，并把教皇宫 4 个办公大厅即康斯坦丁大厅、赫利奥多罗大厅、签署大厅和博尔戈火灾厅的壁画任务交给了他。而此时，米开朗琪罗正在独自绘制西斯廷天顶壁画。

对拉斐尔的到来，尤其在与其以后的共事中，米开朗琪罗并不友好。有一次，尤利乌斯二世向布拉曼特、米开朗琪罗、拉斐尔三位大师征求教廷建筑和装饰的建议。布拉曼特建议，无论是建筑、雕塑还是绘画，艺术家们之间应该经常沟通，以保证艺术整体的和谐和共鸣。米开朗琪罗表示赞同布拉曼特的建议，同时把矛头转向了比自己小 8 岁的晚辈拉斐尔，说他从来也不跟自己沟通；还追债似地说，拉斐尔的画如果没有画好，那要他自己负责，可他要影响了建筑和雕塑的布局，那该谁来负责呢？甚至还用一种很不礼貌的口吻对拉菲尔说："你说呢，小情

---

[1]　赖盛.拉斐尔.北京：中国人民大学出版社，2004：81.

人！"年轻的拉斐尔很是沉稳，以一种抱歉的口吻回答："对不起，米开朗琪罗先生，你的建议很有道理，我也很愿意与您沟通，可是从明智的角度来说，我是无法与无情的人沟通的。"拉斐尔的话使教皇和宾客们不禁大笑起来，教皇和宾客们都十分敬佩拉斐尔的机智与不卑不亢的气质。还有一次，拉斐尔带着他的一群弟子走在街上。米开朗琪罗看见了，讥讽地说："拉斐尔先生，你简直就是一位大将军。"拉斐尔听了立即回击道："是的，我就像一位将军，而您，单身只影，走来走去，倒是像位到法场去执行的刽子手。"米开朗琪罗之所以如此对待拉斐尔，是因为他与拉斐尔无论在性格上还是在生活方式、待人接物上都有太大的差距；除此之外，还因为他与布拉曼特不和，而拉斐尔又是布拉曼特的亲戚和朋友，更是他的提携人。但在艺术上，米开朗琪罗还是很敬佩拉斐尔的，不然，当教皇让他绘制西斯廷天顶壁画时，他也不会推荐拉斐尔。

1511年，拉斐尔先完成了签署厅的壁画。壁画按诗人德拉·欣雅杜尔的神学、哲学、文学和法学配画。拉斐尔在天花板上画了4个象征神学、哲学、文学和法学的人物，下面壁画相对的画面为《教义的争论》、《雅典学院》、《帕尔纳苏斯山》和《三德像》。壁画的内容由于把古典与宗教情感结合在了一起，所以深得尤利乌斯二世的喜爱。接着，拉斐尔又按教皇的旨意，马不停蹄地着手赫利奥多罗厅的壁画，并于1511—1514年完成该厅的《驱逐赫利奥多罗》、《波尔申纳的奇迹》、《彼得被救出狱》和《教皇和阿提拉会见》。此后，拉斐尔又转入博尔戈火警厅，于1514年完成了其中的《博尔戈宫的火警》，其余三幅由其弟子绘制。康斯坦丁厅的壁画由拉斐尔起草，由其高徒罗曼诺（1492—1546）完成。

就在拉斐尔绘制赫利奥多罗厅壁画之时，一直对他宠爱有加的尤利乌斯二世离世，新教皇利奥十世登位。利奥十世（1513—1521）是美第奇家族的成员。无论是家庭的熏陶，还是个人的学识、爱好，还是在奖掖文化、赞助艺术的发展上，利奥十世都无愧于"人文主义教皇"的称号。在他的教廷中设有一个"历史美名大厅"，厅中的一本名册记载了曾服务过梵蒂冈的学者和艺术家的名字，如哲学家与诗人阿里欧斯托、比比纳、贝姆博等人，建筑家布拉曼特、乔安多，雕刻家米开朗琪罗，画家达·芬奇、桑索维诺斯、桑加罗等。由此推断，凭借才华，拉斐尔在艺术的道路上又遇到一位贵人。1514 年，布拉曼特去世，利奥十世命拉斐尔接替他的职位——整个梵蒂冈的总设计师。之后，拉斐尔又被任命为教廷艺术总监。1518—1519 年，拉斐尔完成了《利奥十世与两位红衣主教》肖像画，与弟子们一起，完成了梵蒂冈办公室的壁画。同时，拉斐尔根据自己对新教皇的了解，给利奥十世写了一封信。信中说：

很多教皇有"老人家"这种称号，但是从来不像您那样具备伟大的学识、勇气和精神……有许多教皇只知肆意破坏古代教堂、雕塑、凯旋门等建筑……而您首先要考虑的应是关心那些不多的建筑如何得以保全。他们是古代祖国和伟大意大利的光荣。[1]

拉斐尔的信使利奥十世很是受用，而且使他也看到了拉斐尔的忠诚和远见，自然对拉斐尔更是欣赏有加。据说看完拉斐尔装饰的房间后，教皇非常满意，为奖励他的勤勉和才华，赐给他一顶红帽子，暗示他，教皇已决定册封一批红衣主教。教皇对他欣赏有加的同时要他承担的任务也越来越多，其中包括盛大宗教仪式、宗教游行的准备工作、教皇祈祷书的插图，甚至设计教堂中的挂毯图案等。拉斐尔的名声也随之家喻户晓，很多红衣主教、贵族、市民阶级的上层人物纷纷向他订货，同时，

[1] 转引自赖盛.拉斐尔.北京：中国人民大学出版社，2004：97.

他还承接了几处贵族别墅的设计和装饰工作，可以说工作的繁重到了他无以应付的程度。

除了上面所说的作品外，拉斐尔在罗马的主要的画作还有《枢机主教肖像》（1510—1511）、《阿尔巴圣母》（1511）、《加拉蒂亚》也称《凯旋礼赞》（1513—1514)、《椅中圣母》（1514—1515）、《西斯廷圣母》（1513—1514）、《教皇尤利乌斯二世像》（1511—1512）、《公爵多玛索·基得米拉像》（1512）、《乔万娜·达拉戈纳像》（1518）、《卡昔利翁肖像》（1516）、《冬纳·维拉塔像》也称《披纱女郎》（1513—1516）、《基督变容》（1519—1520）等。从列举的画作可以看出，在拉斐尔晚期的创作中，肖像画占有很大的比重。他的肖像画形似和神似兼备。拉斐尔惟妙惟肖地把模特刻画在了纸上，如《卡西利翁肖像》（图 68）。

《卡昔利翁肖像》是拉斐尔为自己的挚友卡昔利翁所作。卡昔利翁是意大利三个城邦费拉拉、乌尔宾诺和曼图亚的外交家兼宫廷侍臣，也是颇有成就的人文主义学者。拉斐尔以三角形构图，以黑色、灰色和白色相间的服饰色彩，突出了外交家兼学者的沉稳；以黑亮、锋利的目光和微红、紧闭的双唇，以及那修剪整齐的胡须，活灵活现地表现了集外交家、政治家、学者于一身的自信、果断、勇敢、精明、谨慎和善辩。肖像画的成功，引来了更多的达官显贵们争先恐后的订单。社会地位的提高、越来越繁重工作的压力，一方面使他不可能像米开朗琪罗那样独自专心创作，而只得采用团队工作模式，尤其大型画作，基本是由他画草稿，弟子们照图描绘，最后他再加工，当然，肖像画是必须由他自己绘制的；另一方面，也使原来谦虚谨慎、彬彬有礼的拉斐尔变得心高气傲、心烦意乱，有时，他连红衣主教都不放在眼中。有一次，两个红衣主教在他的画作前面谈论着，说画中的圣彼得和圣保罗的脸色过于红了。拉斐尔听了后马上以讥讽的口吻说："我是故意画得这样红的。因为他们在天堂里看到像你们这样的人居然当上了红衣主教，所以脸红。"长期的劳累，造成了他身体的严重透支，影响了他的健康。1520 年 4 月 6 日，也就是拉斐尔生日那天，他突然离开了他所热爱的绘画和热爱他的人们，去天堂与他的父母团聚了。

关于拉斐尔的突然逝世有不少的说法和猜测。根据拉斐尔传记家的记载，拉斐尔的死与爱情有关。在罗马，拉斐尔认识了冬纳·维拉塔。冬纳·维拉塔的单纯、美丽、文静与贤淑深深吸引了拉斐尔，而拉斐尔的翩翩风度和上流社会的身份则博得了做女招待的冬纳·维拉塔的倾心，于是二人陷入了爱河，频频约会。而此时，利奥十世已赐婚拉斐尔，未婚妻是红衣主教贝纳尔多·迪维齐奥的侄女玛丽亚·毕比耶纳。尽管拉斐尔已送去了订婚的礼物，但婚期却被拉斐尔一推再推。直到有一天，拉斐尔与冬纳·维拉塔纵情之后，发高烧。因为他没有说出生病的原因，医生误诊为风寒，为他抽血治疗，结果不但病没有好转，反而他更觉虚弱，最终导致死神的降临。[1]但也有不少记载说，1520 年的 4 月的一天，拉斐尔被一个贵族请到其在罗马郊区的别墅建筑工地。作为别墅的设计者，他正在忙得不亦乐乎，这时教皇的使者突然到来，要他马上去见教皇。据说，这种突然被召见的情况经常发生。圣命不可违，于是拉斐尔快马加鞭，赶回罗马城，浑身大汗地跑到教皇宫。教皇正在天井中等他，却没有什么要紧的事情，只是与他闲聊了几句。结果拉斐尔在天井中中风，患了重感冒。几天之后，就在他生日的 4 月 6 日，这天也是基督受难日，他辞别了人世，享年 37 岁整。

拉斐尔的离世，使整个罗马城都陷入了深深的悲痛中，教皇更为失去了一位天才而悲痛欲绝。人们为这位备受敬仰却英年早逝的天才，在

---

[1]　乔尔乔·瓦萨里.意大利艺苑名人传：巨人时代 上册.刘耀春，等，译.武汉：湖北美术出版社，长江文艺出版社，2003：103.

短短 37 年内完成了 300 多幅顶级画作的画家举行了隆重的葬礼。"所有的艺术家列队哀送他的遗体到墓地。"他被葬在具有 1500 年历史的古罗马最神圣的万神殿。他的弟子雕刻家洛伦佐·洛伦采把一尊圣母雕像安放在他的墓前，他的朋友邦博撰写了碑志铭：

> 这便是拉斐尔，
>
> 在他生前，大自然感到了败北的恐惧，
>
> 而一旦他撒手人寰，
>
> 大自然又恐他死去。[1]

（2）作品介赏

拉斐尔的《圣母像》 拉斐尔的《圣母像》成就了拉斐尔，为他带来了巨大的荣誉。拉斐尔的《圣母像》，以画面人物安排，可分为二人画（圣母与圣子），三人画（圣母、圣子与圣约翰）和多人画（圣母、圣子、圣徒和天使）。一般来说，二人画和三人画在构图上都很接地气：圣母基本都坐在地上；或以自然风光为背景，或以单色为背景，如《圣母与圣子》（1496—1497）、《大公爵的圣母》（1540）均为单色背景，而《草地圣母》和《拿金翅雀的圣母》（1506）、《花园圣母》（1507）都以自然风光为背景。而多人画面中的圣母不是坐在宝座上，就是在天庭；其背景或是殿堂，或为人间与天庭，如《西安德圣母》（1505）、《华盖下的圣母》（1507—1508）、《福利尼奥的圣母》（1511—1512）和《西斯廷圣母》（1513—1514）等。由此也可以这样分析，拉斐尔的圣

---

[1] 乔尔乔·瓦萨里. 意大利艺苑名人传：巨人时代 上册. 刘耀春，等，译. 武汉：湖北美术出版社，长江文艺出版社，2003：102，103.

母可分为两类，一类为世俗化的圣母，一类为神学圣母。无论哪一类圣母，都很靓丽、柔美、善良而充满母爱。拉斐尔笔下的作为婴儿的小基督和小约翰更是天真、活泼，人见人爱。除此之外，《圣母像》整个画面的色彩鲜亮、构图稳定等特征也给人留下了深刻的印象。尤其圣母的温柔和秀美，成了几百年来欧洲各国民众女性美的标准，常会听到人们用"美的像拉斐尔的圣母一样"来形容美丽、漂亮的女性。

年轻美貌的市民母亲——《椅中圣母》（图 69） 此画作于 1514 年，是拉斐尔艺术创作鼎盛时期《圣母像》的代表作之一。关于该画的产生有两个小故事。一个故事说，有一次拉斐尔参加朋友的聚会，他的餐桌边坐着一个非常漂亮的少妇，怀中抱着可爱的儿子。有不少人都在逗这个胖乎乎的偎依在妈妈怀中的男孩。作为画家的拉斐尔马上捉住了这母子俩的动作和表情特征，拿起餐桌上的一张圆饼，做了个速写，于是就有了这幅有名的画作。另一个故事说，有一天拉斐尔在梵蒂冈宫的一个楼梯上，看见了一个异常漂亮的少妇，正坐在那里逗着怀中的儿子。看着这个漂亮的年轻的母亲和可爱的孩子，拉斐尔立刻来了灵感，顺手拉过一个木桶，将其翻过来，在桶底上画了草图，于是就有了《椅中圣母》。无论哪一个故事，都说明，该画有其真实的模特。这一点从圣母的穿着打扮都是典型的罗马民间少妇的形象也可得到证实。

以前拉斐尔的《圣母像》，如最为著名的《草地圣母》、《花园圣母》和《安西德圣母》等，画中的圣母都低垂着眼帘，慈祥地看着自己的孩子，似乎在静静地享受着天伦之乐。在这样的画法下，圣母虽显示出安详、稳重，却缺乏与观者的交流。而《椅中圣母》中圣母的目光，显示出一种骄傲的神态；紧紧抱着儿子、与儿子脸贴脸的动作，把母亲对儿子的爱、以儿子为自豪的情感，完全传达给了观者。而小基督的紧张的、害怕的、其中还带着一种好奇的目光，以及其紧紧偎依在母亲的怀中、两只小脚不自觉地相互摩擦的动作，也是婴儿面对许多生人而常有的目光和动作。所以，无论是画中的母亲还是孩子，都会使观者感到他们就在自己的身边。或许画中人物与观者的情感互动就是该画最成功的一点。在此意义上可以说，拉斐尔笔下的圣母活了起来，她活在人世间，是为人之母。同时，该画的画面为圆形，构图简单而和谐，主题集中。有人认为画面上虽为圣母子和圣约翰三个人物，但其实即使没有圣约翰这个人物，也完全不影响主题和构图的和谐。如果说三个人物是出于宗教画的需要，这也说不通，因为拉斐尔的圣母像中也不是没有两个人，即只有圣母与圣子。在这里出现圣约翰，不知拉斐尔出于何种考虑。也有的人认为这是构图的需要，是拉斐尔很妙的一笔：如果圣约翰所占有的地方为黑色的背景，那么，圣母依椅背而略微仰坐的身姿会显得过长，圣母的姿势就显得很别扭；相反，如果添上这个人物，这种别扭的感觉就会消失。

伟大而神圣、平凡而普通的母亲形象——《西斯廷圣母》（图 70）

这幅圣母图完成于 1513—1514 年，应属于拉斐尔晚期《圣母像》的佳品，也是其一生中最为成功的一幅圣母题材的画作。它是拉斐尔为意大利北部波河河畔比亚森萨西斯廷教堂绘制的祭坛画。画幅为长方形。画面内容为：随着天幕徐徐拉开，圣母托抱着小基督从天空徐徐下降；圣母那飘动的衣角，下垂的衣褶，兜风渐出且已逐步下落的宽大的风帽和那两只刚刚触及地面的光着的双脚的动作，使人感到她刚刚下降到世间；谦恭而虔诚的教皇西斯廷二世前来迎接，引路；圣母左下角为正准备下跪的圣女巴尔巴拉，她身体向着圣母，恭敬地把头扭向一边，眼睛向下看去；可以想象到，下面是欢呼的人们；随着人们的欢呼声，画面最下端的两个小天使单臂托腮、双臂托头，以惊喜的目光向上，看着降落的圣母。整个画面的构图突出和渲染了一种隆重的气氛。

拉斐尔的圣母画以颜色鲜亮而著称，这在《草地圣母》、《花园圣母》、

《椅中圣母》等画面中很是突出。但在该画中，圣母的衣着很朴素。光线的妙用，又把圣母衬托在了较强的光亮下，加强了画面的庄重感和神圣感。该画中圣母的动作也与以往画面中圣母的或抱、或牵、或托抱着的动作不同，她双手的托抱动作中伴着托送成分。这一复杂的动作又与其复杂的表情、目光相互呼应、衬托。在圣母的脸上，我们既没看到她因儿子的无私奉献而喜悦，也没看到她因为没有了天伦之乐的幸福感而悲伤，而是看到她坚定的目光中闪烁着一点犹豫、一点不舍，紧闭的嘴唇似乎带有一点颤动。可以说，在这里，拉斐尔妙笔生辉地、恰如其分地把一个神圣而伟大的母亲决心把自己的儿子奉献给全人类的无私，和一个平凡而普通的母亲对儿子的爱怜和不舍展现了出来。至此，拉斐尔已把达·芬奇以表情和动作表现人物内心世界的画技发展到了文艺复兴时代登峰造极的程度。

　　大气磅礴的画作——《雅典学派》（图71）　　拉斐尔在梵蒂冈办公厅的壁画以宏伟大气著称，而在这些壁画之中最为典型的便是签署厅的壁画《雅典学院》，也称《雅典学派》。

　　该画的最大特点就是宏伟、大气磅礴。首先，它的构图宏伟大气。画的背景参照了布拉曼特设计的彼得大教堂的模样：它由多层拱门构成的过道长廊和大厅组成，过道长廊以精确的透视比例显示了它的纵深感；拱门和高耸天窗所透出的蓝天和横跨整个大厅的高而宽宏的拱形桠口，显示出了建筑物的宏伟高大和敞亮；过道长廊两边的高大石柱和石柱间的雕像，被装饰得极为华美而充满着艺术气息。其次，画面的布局大气而热烈。整个大厅被白色的大理石台阶分成了两部分，台阶上下单个的、组合的50多个人物，共同构成了一幅热烈的场面。最后，画面的内容宏大。在宏伟大厅中汇聚的这50多个人物，是不同时代、不同民族、不同区域、不同学派的杰出学者、思想家，可以说是古今同堂在自由而热烈地进行着学术讨论。

　　画面上的人物虽然众多，却不显紊乱，这是因为拉斐尔一方面使人物前景与后景的大小比例与建筑物的透视角度相得益彰，另一方面对人物的分布采用了横排和中心分组的形式。后面的横排为台阶上的人群，横排的中心人物是古希腊的哲学家柏拉图和亚里士多德。他们边争论边从深深的过道长廊步入大厅，柏拉图右手指着天，似乎在论证着"理念高于一切"的哲学观点；而亚里士多德则右手指着地，似乎对现实的研究进行着反驳。他们的到来引起了两边人群的欢迎，他们的争论更将众人带到了热烈讨论中。两边的人中有不少是历史上的名人。在柏拉图的右侧，身穿白袍、双臂交叉胸前的人是古希腊马其顿国王亚历山大，他正在低头聆听和思考着两位大师的谈话；他右面的第二个、穿绿黄袍的人是苏格拉底，他正在扳着手指，认真地向身边的年轻人讲解着什么。亚里士多德身边的人，有的在认真聆听；有的在做笔记；还有人举手示意，似乎要加入讨论；虽姿态各异，却都围绕着中心人物。

　　台阶下的横排分为左右两组。左边一组的第一个人是大哲学家赫拉克利特，他倚在一只木箱上，边思考，边记录；他身后的是修辞学家圣诺克利特斯；修辞学家身旁，身穿白袍的是新文化的奖掖者，乌尔宾诺大公弗兰西斯科·德拉·罗菲尔。挨着罗菲尔，正蹲在地上计算的是数学家毕达哥拉斯；在他身边，一个少年正在为他扶着一块小黑板，一个老人正在做记录；还有一个扎着白头巾，弯腰探头观看的是阿拉伯著名的学者阿维洛伊。前横排右边的一组也都是世界级大师：大数学家阿基米德，正弯着腰在地上的一块小板上画几何图形；阿基米德的身后，是天文学家托勒密，他背向观众，手中托着一个地球仪；那位站在托勒密对面的白衣老者，是大建筑家布拉曼特；画家索多玛，在托勒密右边，穿白衣，戴白帽；拉斐尔本人，他站在索多玛旁边，只露出半个脸。

　　为了把台阶上下有机地联系在一起，拉斐尔在台阶上画了两个人物：一个正向上走去，像是去参加那里的讨论；另一个，衣服不整地躺在台阶上，他就是犬儒学派的哲学家狄奥基尼。因为犬儒学派主张除了自然需要之外，一切都无足轻重，所以狄奥基尼平时只以破衣遮体，且住在一只破箱子里。

　　如此多的古今各界大师，同台登场，共同进行学术讨论和科学研究，场面宏大而热烈。这幅画向人们展示出了一幅壮丽的欧洲历史文化、人类文明发展的图景，可以说是颂扬文化发展史的壮丽诗篇，也让我们看到了拉斐尔驾驭巨型壁画的能力和已达到顶峰的高超画技。同时，从绘画的内容中，我们看到了拉斐尔所具有的广阔的文化史观；也由此了解了，时至文艺复兴时代，欧洲人，尤其意大利人文主义者对欧洲文化发展的理解和阐释。也正是在这层意义上，该画画面的大气磅礴，让我们看到了拉斐尔思想的深刻性。

　　还要指出的一点是，拉斐尔作为文艺复兴艺术三杰中的晚辈，十分敬重两位前辈。在该画中，我们看到，柏拉图的脸具有达·芬奇的特征，赫拉克利特则有米开朗琪罗的面容。或许在拉斐尔看来能与两位大师同台，是他一生中一大的幸事。这也使我们看到了这位年轻画家的宽广胸怀。

　　人文主义教皇——《利奥十世和二主教像》（图72）　该作品在拉斐尔众多的肖像画之中最具代表性，因为他把大权在握的教皇、追究奢华的教皇、人文主义的教皇惟妙惟肖地展示在了观者面前。拉斐尔利用构图和光线的强弱凸显教皇的权威。首先，拉斐尔采用以利奥十世为中心，将两位主教安排在利奥十世的背后和一侧，都采用垂直式坐姿，这样的座次排列，无疑暗示了众星捧月的教皇的权威性；其次，画面以两位主教为边，构成一个倒三角形，于是利奥十世就被围在了三角形之中，占据了画面的中心，其地位再一次得到了强化；再次，拉斐尔巧妙运用光线，将光源放在了画面的左上方，这样两位主教自然就处在了较暗的光线下，最亮光线集中于利奥十世，将其凸显在了画面上；最后，画面的深色背景和深远度，把利奥十世凸显在了整个画面的最前方，从而凸显了其权力和地位。

利奥十世是佛罗伦萨无冕之王洛伦佐·德·美第奇的儿子，8岁就成为主教，14岁就升为枢机主教，曾三次参加教皇选举，38岁时当选为教皇，成为天主教的教宗。利奥十世从小就生活在富有的家庭中，过着豪华享乐的生活。教皇的职位，更为他奢华享乐的生活提供了条件。他曾对他的弟弟说："天主既然给了我教皇的职位，就让我好好享用它吧。"在画面上，拉斐尔以红色的基调，教皇的红色的披风、红色的台布、两位主教的红色服装，反映了利奥十世奢侈的生活；同时又利用光线的强弱，使红色具有了不同的层次，产生了不同的作用。例如，教皇身披的皮毛镶边的天鹅绒披风的大红色，在光线之下呈现出明明暗暗的红色。这种不同层次的红色，不仅透视出了教皇服饰布料的优质，而且还对比明显地将其黄色的锦缎外袍展示了出来：外袍纹路依稀可见，金线蚕丝闪烁着光泽。高贵的服饰，必须配以豪华的家具。利奥十世的座椅不仅用绒线装饰椅背，而且其椅背的角上还装有一个抛光的金球，更显示着教皇的身价非同一般。高贵的服饰，必与丰奢的宴会相联系；豪华的家具，必让人想起豪华的住居。据说，利奥十世在位期间，花掉了三代教皇的钱：前任留下的、他在任期间的固定收入和给下任教皇留下的债务。拉斐尔通过抓住肖像画中所能描绘的服饰和家具，把利奥十世的奢华生活揭示无疑。

作为文艺复兴盛期的一位教皇，利奥十世非常突出的一点就是其本身的文化素养。利奥十世从小就生活在推行文艺复兴的宫廷中。儿时的熏陶，使他养成了对文艺的爱好。他尤其喜爱音乐、诗文和戏剧。特别是当了教皇以后，他对学者的要求可以说有求必应。凡是献诗文给他的人，他都会赋予报酬。据说，他随身带着一个红色的丝绒钱袋，随时准备赠给那些为他服务的学者们。他经常在梵蒂冈举行音乐会，甚至他自己身边就有一个乐队，可随时为他演奏。因此，他被称为"生活艺术家"。他本人对人文主义哲学特别感兴趣，还阅读了不少古典哲学的著作，并喜与人讨论，以探讨哲学中的真谛。所以，画面的桌子上放着一本厚厚的精装本的教科书，显示着他的才学。他左手拿着的放大镜，似乎是读书时所使用的。桌上还放着一只非常精致的金钟。金钟和他手中的放大镜这两件实物，透视出教皇对时尚的喜欢。

拉斐尔对教皇面容的刻画比较简单，但有两个特点很突出。一是他略显浮肿的脸上带着疲惫，而聚目凝神的眼光中带有一种读书后的思索，正如贡布里希所形容的，好像"近视眼的教皇刚刚查看过一本古代写本"[1]；而王红媛认为，他凝滞的目光"似乎正陷入对经学与哲学矛盾的痛苦思考之中"[2]。二是他紧闭的双唇，下沉的嘴角和因绷紧而略略堆起的下巴上的肌肉，使整个面孔严肃中带着一种阴沉。利奥十世"人文主义教皇"的形象被拉斐尔惟妙惟肖地刻画了出来。

感谢拉斐尔，在没有照相设施的情况下，他把一个具有时代特征和明显个性的天主教的宗主形象永远保留了下来。

---

[1] 贡布里希.艺术发展史.范景中，译.天津：天津人民美术出版社，1998：176.

[2] 全彩西方绘画艺术史.汝信，主编.银川：宁夏人民出版社，2000：51.

4

威尼斯画派的杰出代表——"金色的提香"

（1）长寿、多产、多彩的人生

提香·韦切利奥（Tiziano Vecellio，1480？—1576）是文艺复兴后期意大利威尼斯画派的杰出代表，是色彩方面最有成就的大师，有"金色的提香"之称。虽然提香不如佛罗伦萨艺术三杰那样博学多才，但他的盛名却可与他们相媲美。

关于提香出生的年代众说纷纭。提香的传记作者罗多维格认为他活了 99 岁的高龄，据此推算，其出生年代为 1477 年；[1]而提香在 1571 年写给西班牙国王腓力二世（1527—1598）的信中，确认他自己已有 95 岁的高龄，据此推算，他应出生在 1478 年；[2]瓦萨里在关于提香的传记中记载的是 1480 年；16 世纪的多尔奇在关于提香的传记中说，1508 年，提香 20 岁时与乔尔乔涅合作"德国交易所"壁画，据此推算，提香的出生年代就是 1480 年；[3]又根据同时代的其他传记作家的记载，他

[1]　罗桑德.提香：比自然更逼真的艺术.吴骄，译.上海：上海译文出版社，2003：13.

[2]　罗桑德.提香：比自然更逼真的艺术.吴骄，译.上海：上海译文出版社，2003：170—171.

[3]　乔尔乔·瓦萨里.意大利艺苑名人传：巨人时代 下册.徐波，等，译.武汉：湖北美术出版社，长江文艺出版社，2003：363.

的出生年代应在1488—1490年。[1]不管哪一种说法，到1576年去世时，他都已是一位长寿老人。他一生之中作画上千幅，是文艺复兴时代的高产画家。提香的出生地是位于阿尔卑斯山下风景秀丽的小镇卡多列，他的父亲是当地的知名人士，担任市议会议员和将军等要职。据说，提香小时候很淘气，不爱读书，经常逃课，跑到山野或森林中去采集不同颜色的野花，然后将花朵揉烂，用挤出的汁液画画，连老师也很难管住他。于是，大约在他10岁左右时，父亲便把他送到威尼斯镶嵌画家塞巴斯提亚诺·祖卡托处当学徒。祖卡托发现小提香很有绘画天赋，就把他送到贝利尼兄弟的画坊。该画坊是当时威尼斯最进步的艺术学校之一。在这里，提香接受了威尼斯优秀的绘画传统的教育。乔凡尼·贝利尼的画风对提香的影响尤其大。乔凡尼·贝利尼（1430—1516）是威尼斯文艺复兴美术开端期的一位重要画家。尤其他晚期的作品，"色彩绚丽，善于烘托气氛，浓淡光暗处理微妙，开辟了威尼斯画派的盛期文艺复兴风格"[2]。当时在贝利尼画坊与提香同窗的乔尔乔涅（1477？—1510）深得提香的崇敬。乔尔乔涅比提香大8岁。据瓦萨里记载，乔尔乔涅出生在一个农民家庭，没有受过多少教育，但凭着他的聪明，自学成为一个多才多艺的人；他善诗文，喜欢音乐、爱吹笛子，歌喉洪亮，很喜欢也善于交往；他尤其热爱绘画，在学习老师画风的基础上，将达·芬奇的浑染法运用在自己的画中，形成了自己的风格。[3]正如瓦萨里描写的：

他以此作为自己创作的典范，在绘画中用油彩精心地模仿下来。优美的作品赋予他极大的快感，他惯于选择最美丽最奇妙的事

---

[1] 罗桑德. 提香：比自然更逼真的艺术. 吴骊，译. 上海：上海译文出版社，2003：14.

[2] 刘人岛. 意大利美术史话. 北京：人民美术出版社，2000：106.

[3] 亨德里克·威廉·房龙. 房龙讲述美术的故事. 谢伟，编译. 成都：四川美术出版社，2003：119.

物融入自己的绘画。大自然给予他的恩赐不可谓不丰，他在木版画与壁画中取得了惊人的成功，笔下的形象轻柔、和谐，阴影扑朔迷离，以至许多杰出的艺术家不得不承认，不仅在威尼斯，而且在整个世界上，他天生比其他画家更擅长为形象注入活力，并能更生动地刻画柔嫩的肌肤。[1]

乔尔乔涅的画风实际上已使威尼斯画派走上了革新之路。正如贡布里希所说：

> 他实际上是把自然界，那些大地、树木、光、空气和云，跟人连同人们的城市和桥梁都想象为一个整体，这似乎是向新领域进军迈出的一大步，几乎像过去发明透视法时迈出的步伐那样伟大。从此以后，绘画就不仅仅是素描加色彩了，它成为一种有独特的奥妙法则和手段的艺术了。[2]

乔尔乔涅的性格和他的画风深深吸引着提香，他们成了最要好的朋友。提香从师兄乔尔乔涅那里学了不少东西，他也越来越不听从老师的教导，而以师兄马首是瞻。同时，他们俩也越来越不满意老师总让他们画宗教题材的画。据说大约在 1507 年，他俩在社会上的不检点行为，惹得老师愤怒，老师把他们赶出了画坊。离开了老师，两个年轻人的生活也失去了来源。他们四处游荡，寻找赚钱糊口的机会。终于他们接到了一大宗生意，为一家栈房做装饰壁画。在两人的合作中，乔尔乔涅发现，作为

[1]　乔尔乔·瓦萨里.意大利艺苑名人传：巨人时代 下册.徐波，等，译.武汉：湖北美术出版社，长江文艺出版社，2003：15.
[2]　贡布里希.艺术发展史.范景中，译.天津：天津人民美术出版社，1998：180—181.

助手的提香，其画技已与自己的不相上下，而且其画风也与自己的极为相像。1508 年，他们接受了装饰威尼斯“德国交易所”外墙的任务。整个装饰工程由乔尔乔涅设计，提香做助手。两人在不同朝向的两面墙上作画。很多人面对着提香的《正义的胜利》时，都以为出自于乔尔乔涅之手。提香的传记作者多尔奇这样写道：

> 这幅画构图巧妙，色彩鲜艳，画中的犹滴表情生动，显得可敬可爱；当这幅作品问世时，乔尔乔涅所有的朋友都以为这是他的作品，纷纷跑来向他祝贺，说这是他绘画生涯中的顶峰之作。乔尔乔涅不无遗憾地回答说，这画出自他师弟之手，而师弟的造诣已经超过了他。看到一个后生小辈成就大过自己，乔尔乔涅非常沮丧，好几天不出门，绝望不已。[1]

据说这事之后，两人分道扬镳。提香远走他乡，去了帕多瓦。在帕多瓦，他努力读书，拼命作画，这使他的创作逐渐走向成熟。1510 年，他回到威尼斯，乔尔乔涅在这一年死于鼠疫。回到威尼斯后，他首先完成了师兄没有完成的画作，其中最有名的就是《入睡的维纳斯》。由于提香与乔尔乔涅的风格和落笔接近得几乎无法辨认，所以提香的作品《田园合奏》曾被认为出自乔尔乔涅之手。

从 1510 年回到威尼斯以后，提香无论是在生活方面还是在创作方面都走上了一帆风顺的道路。正如罗桑德所说：“回到威尼斯以后，他开始在公共场合活跃起来，无论是生活上，还是事业上，都显得信心十足，颇有些少年得志的味道。”[2] 到 1513 年以前，他的作品主要有《圣母与

---

[1] 转引自罗桑德．提香：比自然更逼真的艺术．吴骊，译．上海：上海译文出版社，2003：19—20.

[2] 罗桑德．提香：比自然更逼真的艺术．吴骊，译．上海：上海译文出版社，2003：33.

使徒乌尔夫勃里吉塔》（1502—1503）、《座上的圣母》（1506）、《田园合奏》（1508—1510）、《穿棉袄的男子》（1510）、《宝座上的圣马可》（1510）、《流浪圣母》（1510—1511）、《一位女子画像》（1510—1512）、为帕多瓦圣安东尼大教堂绘制的以安东尼的奇迹为内容的湿壁画（1511）、《嫉妒丈夫的奇迹》（1511）、《圣婴奇迹》（1511）、《基督与马格达林》（1511—1512）、《人生命的三阶段》（1511—1512）、《圣母子》（1512）。1513 年，经利奥十世的枢机主教彼得罗·本博的引荐，提香来到教皇的宫廷，这无疑提高了他的威望。但他并未留在教皇宫，而是写了一封请求为威尼斯服务的信，信写得诚恳而真挚。

> 尊敬的威尼斯公国枢密院及诸位大人：
>
> 我提香，自小学习绘画，钻研画艺至今，不求富贵荣华，只求些微薄名；蒙教皇陛下和其他各位大人的赏识，许我为之稍尽绵薄之力；然我恳切希望，能在阁下这座宏伟的建筑物里留下几幅难忘的画作，为阁下的府邸锦上添花。经再三斟酌，我上书请求，望阁下能准许我，提香，为枢密院绘制壁画，我将尽我所能，为它的辉煌贡献才华……[1]

这是 1515 年 5 月 31 日提香写给威尼斯公国枢密院的一封信，信中表达了为国家服务的愿望。1516 年，他开始绘制枢密院的壁画——《波斯莱托战役》，这是威尼斯官方向提香订制的第一幅画。同年，乔凡尼·贝利尼去世，提香接替他，成了威尼斯政府的官方画师。研究者一般都把 1520 年以前视为他创作生涯的早期阶段。1513—1520 年，他的作品主要

---

[1] 转引自罗桑德. 提香：比自然更逼真的艺术. 吴骦，译. 上海：上海译文出版社，2003：34.

有《神之盛宴》的背景（1514）、《世俗之爱》（1514）、《神圣与世俗之爱》（1514）、《基督与法利赛人》（1514—1518）、《花神》（1515）、《不要碰我》（1515）、《朱迪丝与荷罗孚尼之头》（1515）、《美狄亚和维纳斯》（1515）、《男子肖像》（1515）、《虚空派》（1515）、《圣母与樱桃》（1515）、《维奥拉》（1515—1518）、《戴红帽的男子》（1516）、《基督最后的时刻》（1516）、《圣母升天》（1516—1518）、《崇拜维纳斯》（1519）、《比萨罗的圣母》（1519—1526）等，其中以《神圣与世俗之爱》和《圣母升天》最为著名（详见下面的"作品介赏"）。

从这些画作来看，提香创作早期的题材就已经丰富多彩，总起来看，共包括三种题材：神话、基督教和人物画。研究者认为，1520年以前，提香的作品与乔尔乔涅的很相似。例如，画面的大自然风光优美宁静，有一种田园牧歌的诗意；人物娴静、优雅，用色柔和。但1520年之后，提香的画风越来越显示出了自身的特点：人物更加健美，热情，富于理想；色彩更为丰富亮丽，用色技巧不拘成规，笔锋流畅自如。同时，研究者还发现，在创作道路上，提香也越来越走上了宫廷画家之路。例如，1514年，作为贝利尼的助手，提香为费拉拉公爵阿尔方索·德斯特绘制《神之盛宴》中的背景，从而改变了整幅画的结构，他也因此受到了大公的保护；1518年，提香还给阿尔方索·德斯特写信，赞扬他选择将自己的画《维纳斯的奉献》挂在化妆室中："我敢肯定，公爵大人再也想象不出比这更深情、更令人满意的题材了"。[1] 1516年，提香又为费拉拉大公绘制了《基督最后的时刻》；同时，他还和曼图亚的贡萨加宫廷和乌尔比诺的罗维尔家族保持着密切的关系。

16世纪20—30年代可以说是提香创作的第二个阶段。这段时期也

---

[1]　转引自罗桑德.提香：比自然更逼真的艺术.吴骑，译.上海：上海译文出版社，2003：58.

被认为是“最典型的提香艺术时期”。研究者们认为这一时期，以绘画作品结交上流社会，日益成为提香的主要创作目标。例如，1527年，为了寻求资助者，他给曼图亚的公爵腓特烈·贡萨加寄去两幅肖像画，并附有一封礼貌而诚恳的信。信中有这样的话语：因为“得知公爵大人有多喜欢绘画，支持绘画艺术”，所以寄上“区区薄礼，怎当大人荣光之万一，加之笔法拙劣，实不值哂。聊表寸心，万望大人笑纳”。[1]罗桑德的《提香·比自然更逼真的艺术》一书所附带的年表（1520—1540）更加证明了研究者们的这一看法。摘录年表如下。

1520年

在安科纳，他完成埃尔维斯·戈齐为弗朗西斯科教堂定制的祭坛画。

1521年

提香前往布雷西亚。

1522年

他完成教皇特使阿尔托贝罗·阿维罗多为布雷西亚的声纳扎罗教堂定制的装饰屏《耶稣复活》。

1523年

2月，提香尚在布雷西亚，将《巴库斯和阿里阿德涅》最后完工。他和曼图亚的贡萨加宫廷结识，安德烈·吉利提被选为威尼斯总督。提香为总督府画了数幅壁画。

1524年

从12月一直到次年年初，提香一直在费拉拉。

[1] 转引自罗桑德．提香：比自然更逼真的艺术．吴骝，译．上海：上海译文出版社，2003：53.

1525 年

提香迎娶切奇利亚；她为提香生了 3 个孩子，彭皮尼诺、奥拉齐奥和拉维尼娅。

1526 年

提香收到《佩萨罗家族的圣母》的最后一笔酬金；该画于 1519 年动工。

1529 年

分别在费拉拉和曼图亚两地居住。

1530 年

2 月 25 日，提香参加了在博洛尼亚举行的、教皇为查理五世加冕的仪式。4 月 7 日前，他完成了为威尼斯的圣乔凡尼和保罗教堂绘制的《圣徒皮埃尔之死》。8 月 5 日，切奇利亚去世。

1531 年

温琴佐·卡泰纳去世时，捐给画家公会一笔遗产，供贫苦画家的女儿出嫁时作嫁妆之用。公会特地成立了一个十二人委员会，管理这笔基金。9 月 29 日，提香、洛伦佐·洛托和博尼法乔被选为委员会委员。同年 9 月，提香离开桑·萨姆雷的画室，搬到了比利·格兰德的一栋房子，在那里一直住到去世。

1532 年

提香结识了乌尔比诺罗维尔宫廷里的人。

1533 年

年初，提香在博洛尼亚重遇查理五世。5 月 10，皇帝册封他为贵族。

1538 年

8 月，挂在枢密院里的战争壁画终于完成（这幅画 1577 年毁于一场大火），而提香因为迟迟拖延，遭到官方的惩罚：政府吊销了他的官方画师的资格，并把下一幅画的订单交给了他的对手波尔德诺内。

1539 年

1 月，波尔德诺内去世。6 月 23 日，提香恢复了官方画师的地位。

从以上的年表中可以看出，提香与上流社会的交往已非常明显。当然，从年表中也可看出，他的家庭生活还是很幸福的，这是艺术三杰所不能比的。

这段时间，除了年表中提到的画作外，提香的主要作品还有：《荣耀圣母子、圣徒及施主》（1520）、《圣塞巴斯蒂安》（1520）、《复活后的圣塞巴斯蒂安》（1520）、《酒神祭》（1523—1524）、《托马斯·文森佐·莫斯蒂》（1526）、（1528）、《贡萨加·费德里科二世像》（1529）、《圣母子、圣凯瑟琳与兔子》（1530）、《戴手套的男子》（1530）、《圣母子、圣约翰与凯瑟琳》（1530）、《悔过的抹大拉的玛利亚》（1531）、《查尔斯·特画像》（1533）、《牧羊人朝拜》（1533）、《圣殿上引见圣母》（1534—1538、1539）、《埃莉诺拉·贡萨加·洛维勒画像》（1536—1537）、《乌尔宾诺公爵夫人像》（1536—1538）、《穿盔甲的男子画像》（1536—1538）、《乌尔宾诺的维纳斯》（1538)等。而在这之中我们选择《巴库斯和阿里阿德涅》和《英格兰青年》为重点，以此了解一下"最典型的提香艺术"的特点（详见下面的"作品介赏"）。

16 世纪 40—70 年代是提香创作活动的第三个阶段。在这一阶段，可以说，提香已完全成为一个宫廷画家，年表中所显示的他的活动更证明了这一点。下面是摘录的《提香·比自然更逼真的艺术》1540 年以后的年表。

1541 年

12 月，瓦萨里抵达威尼斯，一直待到次年年初。

1543 年

提香前往费拉拉，参加查理五世与教皇保罗三世的会晤。

1545 年

9 月，提香前往罗马，途径佩萨罗和乌尔宾诺。

1546 年

3 月 19 日，提香被授予罗马公民资格。回威尼斯的路上，他在佛罗伦萨稍作停留。

1548 年

1 月，提香动身前往奥格斯堡，赴当地皇家会议之约。10 月，返回威尼斯。12 月，提香在米兰遇见腓力，查理五世的儿子。

1550 年

11 月，提香再次赶往奥格斯堡，次年 8 月回到威尼斯。

1555 年

提香为女儿拉维尼娅操办婚事，给了她一千四百杜卡托做嫁妆。

1564 年

10 月，提香收到一份合同，为布雷西亚的公共大楼完成三幅天顶画。

1565 年

在皮耶卡的迪卡多尔，提香监督他在当地教堂的壁画工程（1567 年，这项工程由提香的学生完成，后来它和教堂一起，于 19 世纪毁于一场大火）。

1566 年

提香把根据他作品制成雕塑的权力交给了科内利斯·科尔特。5

月，瓦萨里来到威尼斯，为他新版的《杰出画家、雕塑家和建筑师之生平》搜集材料。提香和其他威尼斯艺术家一起，被选为佛罗伦萨皇家艺术学院院士。

1568 年

布雷西亚的公共大楼的天顶画安放完毕；作品已于前一年完成（该画于 1575 年毁于一场大火）。

1569 年

提香把官方画师的头衔传给了他的儿子奥拉齐奥。

1571 年

8 月 1 日，在给腓力二世的一封信中，提香确认他已 95 岁的高龄。腓力答应，米兰财政部颁发的年金，受益人由提香转成他的儿子奥拉齐奥。

1576 年

8 月 27 日，提香逝世。

作为宫廷画家，提香与神圣罗马帝国的皇帝——查理五世（1519—1556）的关系最为密切。1530 年，查理五世在意大利的博洛尼亚受教皇加冕时，与提香结识。三年后他们故地重逢。借两次见面的机会，提香为查理五世画了肖像，肖像深得皇帝的喜爱。提香也因此获得一大笔酬金。1533 年 5 月 10 日，查理五世封提香为金马刺骑士、拉特朗宫廷伯爵和皇家教廷伯爵。册封书中这样赞美提香"阁下才华横溢，妙笔传神"，同时把他比作古典画家阿佩莱斯，而皇帝把自己比作亚历山大。

我们觉得，而今您的名字完全可以取代阿佩莱斯，成为艺术家的代称。我们的先辈，伟大的亚历山大和奥古斯都画像时，一个非阿佩莱斯不画,一个只肯让大师为他画像。如今我们有幸让您为我们作画,而您显示出的非凡才华有目共睹,这些皇家殊荣佩您相得益彰,您的名字将伴随着这些称号流芳百世。[1]

1548和1550年,提香有两次应召,前往奥格斯堡的宫廷。在那里,

他用画笔记录下查理五世最辉煌的时期,也展现他孤独沉思的时刻;这位威名远扬的皇帝,也会流露出他人性化的一面:和普通人一样,他也会感到困惑和疲倦。[2]

据说,皇帝退位后,到修道院隐修,每日还在"提香根据他的意愿创作的圣画面前祷告"。提香为查理五世画了许多肖像,其中最早的一幅为《牵狗的查理五世》。据说该画是以奥地利画家塞森涅格之作为参考,人物以全身立姿构图。虽然如此,但提香以精雕细刻,显示出了自己的高超画技。据说这是提香有意向大师挑战,以证明"他的作品的空前绝世,他的笔能创作比自然更活灵活现的艺术"[3]。还有一幅最著名的是《查理五世骑马像》(1548)(详见下面的"作品介赏")。1544年和1545年,查理五世还两次提出要求,为他已故的王妃、葡萄牙的伊莎贝尔画像。提香真是妙笔生花。据说,当伊莎贝尔的倩影出现画布上的时候,"伊莎贝尔仿佛复活了,令人一见画像,就不由得回忆起她生前的音容笑貌"[4]。提香还把伊莎贝尔画在了一幅名为《圣三位一体的崇拜》中,查理五世和他家族的成员也都出现在了画面上。罗桑德认为,这是提香"特

[1] 罗桑德.提香:比自然更逼真的艺术.吴骗,译.上海:上海译文出版社,2003:65.
[2] 罗桑德.提香:比自然更逼真的艺术.吴骗,译.上海:上海译文出版社,2003:65.
[3] 罗桑德.提香:比自然更逼真的艺术.吴骗,译.上海:上海译文出版社,2003:66.
[4] 罗桑德.提香:比自然更逼真的艺术.吴骗,译.上海:上海译文出版社,2003:67.

意让国王夫妇在永恒的天堂里相聚"[1]。在查理五世的要求下，提香还为他的儿子，西班牙的国王腓力二世，画了肖像。同时，提香还送给查理五世《最后的晚餐》、《圣劳伦斯殉葬》、《基督受难》等自己的作品。腓力二世继续了查理五世与提香的关系，成了提香晚年的资助人。每年提香可从腓力二世的西班牙王宫得到 2000 杜卡托的固定年薪。1571 年，腓力二世应提香的要求，将这一年薪转给了他的儿子奥拉齐奥。提香为腓力二世创作了不少作品。1564 年，腓力二世迎娶玛丽·都铎公主，提香送给腓力二世一组关于爱情的组画：《达娜厄》、《维纳斯和阿多尼斯》、《配耳塞和安德罗墨达》、《美狄亚和伊阿宋》。他还为腓力二世装饰了一间房子，"四壁挂满了各种角度的裸女像"[2]。

除此以外，提香晚期的主要画作还有《戴荆冠的基督》（1540）、《朱庇特与安提俄珀》（1540—1542）、《英格兰青年》（1540—1545）、《拉努齐·法尔内塞》（1542）、《基督复活》（1542—1544）、《保罗三世画像》（1543）、《总督阿勒蒂诺像》（1545）、《红衣主教亚历山大·法尼兹》（1545—1546）、《保罗三世与侄子》（1545—1546）、《葡萄牙伊丽莎白女皇》（1548）、《风琴师与丘比特》（1548）、《维纳斯与手风琴手》（1550）、《悲伤的生母》（1550）、《朝拜圣三位一体》（1552—1554）、《照镜子的维纳斯》（1553—1554）、《达娜厄》（1553—1554）、《托盘少女》（1555—1558）、《忏悔的玛德琳》（1565年）、《智慧寓言》（1565）、《戴安与阿克泰翁》（1556—1559）、《西班牙争取宗教帮助》（1572—1575）、《圣杰罗姆》（1575）等。

除了查理五世和腓力二世外，提香的服务对象可以说几乎包括了"所

---

[1]　罗桑德.提香: 比自然更逼真的艺术.吴骦，译.上海: 上海译文出版社，2003: 67.

[2]　罗桑德.提香: 比自然更逼真的艺术.吴骦，译.上海: 上海译文出版社，2003: 109.

有伟大的君主"[1]。"弗朗西斯、公爵圭多巴尔多二世、教皇西克图斯四世、教皇朱利乌斯二世、教皇保罗三世、洛林老红衣主教和索里曼苏丹"等人，提香都为他们画过像，而且"所有的这些画像都精美绝伦"。[2]正因为如此，所以有人称提香为"宫廷画家"。但这个"宫廷画家"却不附属任何宫廷，他是自由的。精美的作品，使很多王公贵族找他作画。这些都奠定了提香的社会地位。他受到王公贵族们的尊敬，据说凡是到威尼斯的君主们都要到他府上拜访，这之中也包括了法国国王法兰西斯一世。有这样一个故事。有一天查理五世来到提香的画室，看到一支画笔掉在地上，便弯腰把它捡了起来。提香欠身，谦恭地说："小臣何德何能，当此殊荣。"皇帝答道："就算是恺撒在世，为提香服务，也不为过。"[3]可见，当时艺术家的地位已与文艺复兴初期的不能同日而语。正如贡布里希所说："这段小轶事无论真假都意味着艺术的一个胜利。"[4]当然这也说明，此时以提香为代表的文艺复兴艺术家，他们作为市民阶层的代表，用自己的作品取得全社会的赞赏，已是天经地义的事；他们也以自己的优质艺术产品，使王公贵族们甘愿把自己的钱掏给他们，而且尊敬他们。这与米开朗琪罗接受设计彼得大教堂的任务，却声明只为自己的理想服务，不取任何报酬的做法有异曲同工之妙。

当然，提香的名气主要来自他的画风，来自他对画界的影响。提香有三种类型的画，每一种都有着鲜明的特点。罗桑德在他的书中几次谈到提香的肖像画，说"他的画既给人视觉上的美感，又使人拥有触觉上

---

[1]　乔尔乔·瓦萨里.意大利艺苑名人传：巨人时代 下册.徐波，等，译.武汉：湖北美术出版社，长江文艺出版社，2003：374.

[2]　乔尔乔·瓦萨里.意大利艺苑名人传：巨人时代 下册.徐波，等，译.武汉：湖北美术出版社，长江文艺出版社，2003：371.

[3]　转引自乔尔乔·瓦萨里.意大利艺苑名人传：巨人时代 下册.徐波，等，译.武汉：湖北美术出版社，长江文艺出版社，2003：49.

[4]　贡布里希.艺术发展史.范景中，译.天津：天津人民美术出版社，1998：181.

的真实感；作品不仅客观地再现人物，还能流露出他的内心世界"；"提香肖像艺术之传神，只差人物不会开口说话"；"提香画中的人物，不仅仅是形体上的模拟，如同他笔下的景色一样，还象征着大自然的勃勃生机，肉体也闪烁着生命之光，但掩盖在这层表面之下的，却是画中人物灵魂的颤动"。[1]谈到提香关于神话题材的作品，罗桑德有这样的评价："在他的作品里，对古代文化的追忆、田园牧歌式的题材和肉欲密不可分，画作又巧妙地暗含寓意"，"提香用笔，把新柏拉图主义者提出的人类感觉的层次，从抽象的理论变成绚丽多彩的画卷。在老套的题材中挖掘戏剧因素，使希腊和罗马神话故事流露出人性的光辉"。[2]关于宗教题材，罗桑德说，最初他"笔致精细，寓意深远。随着他表现技巧的日益娴熟，他的风格也随之改变。笔下的人物也显得生气勃勃，还带有古典主义特有的威严。提香在体现人物的时候，总是想法把情景设置得巧妙动人。根据主题的不同，艺术家的笔调也随之改变"。他"使每个圣母的形象都个个鲜明"；他笔下受难的基督徒"显得出奇的镇静，但是平静的外表下，仍然激情跳跃"；而在画基督受难的场面时，"他的用笔气势磅礴"。[3]房龙从提香艺术的发展角度指出了提香中年及晚年画风的特点："提香中年以后画风更见细腻，笔力愈显苍劲，对色彩的运用日益娴熟，画面呈现出明亮纯净的感觉；而到了晚年，画风则变得豪放不羁，天马行空，色调在保持明亮纯净的同时更富于变化。"[4]善于运用色彩是提香的一大画技。贡布里希在对比中强调了他的这一画技：

　　　提香并不是列奥纳多那样包罗万象的学者，不是米开朗琪罗那

[1] 贡布里希.艺术发展史.范景中，译.天津：天津人民美术出版社，1998：52，71，97.
[2] 贡布里希.艺术发展史.范景中，译.天津：天津人民美术出版社，1998：54，58.
[3] 罗桑德.提香：比自然更逼真的艺术.吴骁，译.上海：上海译文出版社，2003：98，100，98.
[4] 亨德里克·威廉·房龙.房龙讲述美术的故事.谢伟，编译.成都：四川美术出版社，2003：123.

样超群出众的名人，也不是拉斐尔那样多才多艺、博雅迷人的人物。他主要是个画家，然而却是个在驾驭颜色的功夫上可以跟米开朗琪罗的精通素描法相匹敌的画家。这种至高无上的技艺使他能够无视任何久负盛名的构图规则，却依靠色彩去恢复显然被他拆散了的整体。[1]

提香画技的这一大特点，就是从乔尔乔涅那里继承来的，即直接在画布上作画。这种技法颠倒了色彩的浓淡层次，即抛弃了传统的通过在浅色的底调上罩一层透明的浅色，以表现形象的突起变化的技法，而直接在相对较深的底色上，运用不透明的白色笔触，表现物体的高光部分，凸显画作的色调变化和立体感。"这种技法要求作者在作画时敢于对作品进行大胆改动，因为技法的关键就是用一层色彩去覆盖原来的画面。"[2] 1674 年出版的波什尼的《简短的教育》中记载了一位叫帕什马·乔凡奈的一段见闻，这段见闻让我们领会了提香的这一技法。见闻说，1570 年，帕什马·乔凡奈曾到过提香的画室，

这间画室的一切都显得那么神奇，所有的创作都像是出于冲动，那么与众不同：用大笔饱蘸红的、白的和赭石色的泥料，在画布上任意挥洒，直到画面成为一片彩色的海洋……接着，画儿被搁在一旁，背靠着墙，好久都没人理睬。突然有一天，大师又满怀激情地拾起画笔，深思熟虑后，恰到好处地加上几笔，擦擦抹抹，再用大拇指轻点……创造和破坏交替进行，融合在对艺术的不懈追求中；这在绘画史上

---

[1] 贡布里希. 艺术发展史. 范景中，译. 天津：天津人民美术出版社，1998：81.

[2] 罗桑德. 提香：比自然更逼真的艺术. 吴骦，译. 上海：上海译文出版社，2003：17.

是空前的。[1]

据说，米开朗琪罗看了提香用此技法画的《达娜厄》之后赞不绝口。他感叹地说：

令人遗憾的是，威尼斯艺术家从一开始就不重视构图（或素描），所以，画家总不能在方法上有新的突破……如果提香从艺术和构图那里得到的帮助与他从大自然中得到的帮助一样多——尤其是在表现活生生的真人时，那他的成就将无人能企及。[2]

提香的确是一位了不起的画家。他90多岁的年纪，上千幅的画作成就了他文艺复兴盛期威尼斯画派顶级艺术大师的称号，而他晚期的作品更把威尼斯画派的艺术推到了顶峰。正因为如此大的名声，所以，虽然他因不幸感染鼠疫而离世，但威尼斯政府还是以隆重的礼仪，将他安葬在用其名画装饰起来的弗拉雷教堂，表示了对这位大画家的敬仰和怀念。

（2）作品介赏

理想之爱、和谐之美——《神圣与世俗之爱》（图73）　该作品又可称《天上的爱和人间的爱》、《美狄亚与维纳斯》、《盛装的美和朴素的美》，创作于1514年，是威尼斯的显贵尼科洛·奥雷利奥为庆祝自己的婚礼委托提香画的，是提香早期作品中最杰出的一幅。该画的主题

---

[1]　转引自罗桑德.提香：比自然更逼真的艺术.吴骊，译.上海：上海译文出版社，2003：164—165.

[2]　乔尔乔·瓦萨里.意大利艺苑名人传：巨人时代 下册.徐波，等，译.武汉：湖北美术出版社，长江文艺出版社，2003：373.

画面很简单：画面中央的水池两边，一边坐着盛装的女子，另一边坐着裸体的女子；水池中间是爬在水池边嬉水的小男孩儿。面对简单的画面，历来的评论家却对它有着不同的理解。例如，奥地利的学者威克苛夫认为，画中的人物应是维纳斯和美狄亚。维纳斯正在劝说美狄亚和冒险寻找金羊毛的英雄一起逃跑，以获得神圣的爱；而美狄亚却犹豫不决。[1]

　　根据提香常常把新柏拉图主义的人类感觉层次的抽象理论变成绚丽多彩的画卷和当时人文主义所追求的神人合一的理想看待这一画面，似乎，画面上的两个女性正在讨论爱情的问题。画面右边的裸体女性代表着神圣的爱，只见她，双腿交叉，右手支撑着向右弯曲的身体，头尽力向右探，眼神中带着思考和真诚，正在向左边的盛装女述说她对爱情的看法。左边的盛装女子代表着世俗的爱，只见她，身体的方向向左，向着神圣的爱；她的姿态和表情，给人认真听又认真思考的印象。两人的动作和表情是如此的和谐。而这种和谐又传导到了整个画面。在神圣之爱身后的风光为平静的湖水，尖尖的教堂，在一片宁净气氛中的放羊的牧人，骑马奔跑的勇士，似神圣中又见世俗。而世俗之爱身后的风景：城堡、山路，山路上还有正在奔向城堡的骑马人，一派世俗生活的场面中又见草丛中两只代表着爱情的小兔子，似世俗中又带着神圣。同时，两边的风光又被广阔的天空连为一体，一边蓝天云海，广阔无垠；一边霞光闪亮，映亮了城堡和山路。无垠的神秘和壮美的霞光，是那样得和谐而自然。在宽广的天空下，神圣之爱与世俗之爱共在同一棵大树下，共同谈论着人类永恒的主题——爱情。画面中间爬在水池边旁若无人，认真嬉水的是丘比特。他是和谐的景色，和谐的人物和共同话题的产物和象征。由此我们也理解了人文主义神人合一思想下，世俗爱情和神圣爱情理想的统

---

[1]　刘汝礼，李少侠.西方美术发展史：第一册.北京：人民美术出版社，1990：268.

一是理想之爱与和谐的美的基础。自然,以这样题材的一幅画庆祝婚礼再适当不过了。

虽然,在这幅画中,牧歌式的情调和宁静的自然风光,以及人物的刻画技法等方面仍使我们看到了乔尔乔涅的影子,但作品在歌颂人体美和大自然之美的同时,也赋予它世俗与神圣、肉体与精神合二而一的理想和追求,这则体现了提香深刻的创作思想。

热闹、红火、大气的宗教画——《圣母升天》(图74) 《圣母升天》创作于1516—1518年,被瓦萨里称为"威尼斯城最出色的现代画"[1]。该画的最大特点就是根据主题的需要,通过画的构图、色彩的搭配、光线的运用、人物的安排和动作,彰显出整体画面的热闹、红火和大气。

画面由强弱光线分为上、中、下三部分:最上面的部分为由天庭飞来迎接圣母的上帝;中间部分为飞腾升天的圣母;最底下的部分为目睹圣母升天,欢呼庆祝的圣徒和信众们。而这三部分中,最底下部分的众人占有三分之一的画面,中间圣母升天占据三分之一多的画面,上帝所占面积最小,几近三分之一的一半。如此的安排,首先就营造出一种从地下向上观望的效果;其次,上帝缩形透视下的飞行身躯,在加强了这一效果的同时,又使上帝有一种居高临下的威严感。提香不愧为用色高手,该画颜色的搭配以红色为基调。上帝斗篷上的一点红与地上两个圣徒的红袍所构成的三角形把圣母围在了中间,这使穿红袍的圣母更为突出。同时,光线由下向上不断加强。从天空的柔光到圣母脚下照亮的白云,再到天庭的强白光,光的变化营造了逐渐升高的氛围;强白光正处在上帝的下方、圣母的头顶,而随着光线的四散,强白光逐渐变为浑黄,再向上,渐暗、渐柔;这些都突出了上帝俯视人间的效果。

---

[1] 乔尔乔·瓦萨里.意大利艺苑名人传:巨人时代 下册.徐波,等,译.武汉:湖北美术出版社,长江文艺出版社,2003:371.

再看看画中的人物。圣母的身形健壮；她随着云朵的翻滚移动脚步，双臂向上举起，在众天使的奋力托举下，升向高空；其宽大的斗篷和衣裙也随势飘动；她眼睛向上望着上帝，上帝向下注视着她；圣母升天的气氛就这样出现在了画面之上。而地面上的圣徒和信众，有的高举两臂，有的抬头仰望，有的双手合十，有的双臂抚胸，但都有一种引体或引目向上的动态感。这与他们目睹圣母升天的场面而心情激动、振奋相得益彰。同时，随着他们升腾的欢呼声，托举着圣母的天使们，有的更加奋力，认真实行着托举的重任；有的抬头张望；有的相互交谈；有的敲鼓庆祝；还有的望着下面欢呼的人群。于是整个画面都被热闹、红火的气氛烘托了起来。

这一神秘题材的画面，没有给人神秘之感，相反，给人的是一种真实感。这是因为，提香笔下的圣母不仅体魄强劲而健美，而且完全被世俗化。评论家甚至认为，连圣徒和信众们也个个都真实得像饱经风霜、力能扛鼎的亚得里亚海上的水手。

从画技来看，这里已少见乔尔乔涅的因素，但是却有了明显的米开朗琪罗和拉斐尔的因素，由此看出，提香对佛罗伦萨派技法的吸收。

"文艺复兴的奇迹之一"——《巴库斯和阿里阿德涅》（图75）该画是提香应费拉拉公爵委托所作，完成于1523年。画面的内容取材于希腊神话故事。克里特岛上的强国米诺斯的国王的王宫是一座道路曲折复杂的迷宫，宫中有一只半人半牛的怪物，每年要吃掉雅典供奉来的一对青年男女。每年的供奉成了雅典的巨大负担。雅典的王子忒修斯决心借进贡的机会杀死米诺牛。米诺斯王国的公主阿里阿德涅以红线引导，帮助忒修斯杀了米诺牛，使他成功地逃出了迷宫。阿里阿德涅爱上了英雄的王子，与他一起乘船逃离。途中，他们来到了一个名为迪亚的小岛之上。在这里，忒修斯做了一个梦。梦中，酒神巴库斯告诉他，自己已和阿里阿德涅订婚,让他必须把阿里阿德涅留下。忒修斯敬畏神灵,便把阿里阿德涅一个人留在了小岛之上。正当阿里阿德涅孤独、无奈又无助地站在海岸边叹息自己的命运之时,巴库斯带领着他的精灵队伍,乘着黑豹驾驭的车突然出现。见到美丽的阿里阿德涅,巴库斯情不自禁地跨下车,向阿里阿德涅奔过去。

提香的画面描绘的正是这一时刻。提香以极大的幅度,描绘了双腿跨越、双臂挥起、以"奔"的姿态冲向阿里阿德涅的巴库斯。而那被高高扬起的斗篷和巴库斯直视阿里阿德涅的目光,更使"奔"的动作得到强化。提香笔下的阿里阿德涅被巴库斯的突如其来吓坏了,她急忙扭身躲避,但双脚却像定格一样僵在了那里。一个"跨"、"奔",另一个"躲"、"僵",对比鲜明,把两个人的心态展示得一览无遗。对两个人的服饰颜色,大师也有自己独特的考虑:巴库斯红色的斗篷高高扬起,象征着满腔热情;而阿里阿德涅的长袍的蓝色与天和海的颜色更接近,释说着天宽海阔中阿里阿德涅的孤独,而红色的衣带,又是她年轻生命力的象征。服饰的颜色与故事的情节结合得如此紧密,不愧大师之笔。

构图也是该画突出的特点之一。很明显,提香采用的是偏重构图,整个画面,无论是背景还是人物,都偏向于右侧,巴库斯一边。巴库斯经常乘车,和精灵们四处游逛。精灵们之中有驯蛇者,有持矛举棒者,有杂耍者,有持手鼓者,还有那个长着两只羊腿的萨提尔。当他们看到巴库斯对阿里阿德涅的追求时,他们有的在那里助威呐喊,有的振臂高呼,其动作也与巴库斯的"跨"和"奔"相得益彰。而那个小萨提尔瞪着眼睛,仰着头,一幅傲慢的、神气十足的样子甚是可爱。热闹的场面,与左边孤单的阿里阿德涅形成了鲜明的对比。如此的构图,使观画之人不由地为阿里阿德涅的孤单和无助担起心来。或许,提香采用这一偏重构图正是为了这一效果。

再看画面的色彩：以不同层次的蓝色构成的天空和大海，不同白色的飘动的云，还有绿色的树木、棕色的岩石，红色、白色、黄色的衣衫。丰富多彩的大自然与热闹的场面相得益彰地把一个神话故事变成了人间爱情的一幕，画面也由此成了人类爱情的颂歌。或许这正是人们称此画为"文艺复兴奇迹之一"的原因吧！

柔和和怡神的眼睛 ——《英格兰青年》（图 76） 在面对这幅肖像画时，我们首先要提一下贡布里希对此画的评价："提香在同时代人中以肖像画博得了最伟大的名声，只要看一看一幅通常称为《英格兰青年》的肖像的头部，我们就不难体会他的肖像画的魅力。"[1] 那么，这幅肖像画的魅力何在？首先，此肖像为谁所作，其身份如何？

画面给了我们答案，从着装来看他应该是一个贵族：他身着黑色天鹅绒外衣，内衣的领口和袖口都镶有蕾丝花边；脖子上带着一条粗重的黄金挂链；右手拿着一双皮手套；左臂和左手的动作及左袖口露出的白边告诉我们，他摘掉手套后，正在把左手插进衣袋。由他挺直的腰板、端正的坐姿、修剪整齐的自来卷的头发和修刮规整有形的胡须可猜想到，他应该受过良好的家庭教育，是个生活习惯很有规矩的人。再有他那略微闭紧的嘴唇，尤其严肃而平易的面孔上那双神采奕奕的目光，仿佛使他在和你的交流中透着平和、亲切和自信；你会感到他平易的性格中含有一种智慧，平静的心态中显示着很深的学识。贡布里希甚至认为，虽然这双目光"丝毫没有列奥纳多的《蒙娜丽莎》那种微妙的造型——然而这位不知其名的青年男子跟她（《蒙娜丽莎》——引者）同样神秘地生气十足。他似乎在凝视着我们，那样热切，那样深情，以至几乎不能相信那一双柔和怡神的眼睛不过是些颜料涂在了一块粗糙的画布上"。[2]

[1] 贡布里希.艺术发展史.范景中，译.天津：天津人民美术出版社，1998：182.
[2] 贡布里希.艺术发展史.范景中，译.天津：天津人民美术出版社，1998：183.

皇帝、英雄、胜利者——《查理五世骑马像》（图 77） 该画作完成于 1548 年，是提香为查理五世所作的肖像画中最著名的一幅。该画应查理五世的要求，为纪念查理五世大败萨克森选侯领导的新政集团的纽亨堡战役所作。为了突出皇帝的胜利，有人曾建议他，把十字架、徽章、圣杯等一些宗教和荣誉的标志画在画面上。但提香并未采纳，而是参考了古典画家阿佩莱斯的《戎装骑马的安提柯像》，研究了古罗马帝王的塑像、文艺复兴时期骑士像的绘画传统，还借鉴了丢勒的木刻《骑士、死神和魔鬼》[1]，在此基础上采用纪实的手法，把肖像画画在了风景之中，从而显示了提香的独特构思。

画面上，查理五世稳稳地骑在马背之上，手中紧握长长的矛枪，身上披挂铠甲和象征权力的绶带，头微微仰起，目视前方。作为指挥官，他既有战前那种看准了进攻目标，就下定决心带领全体将士冲锋陷阵去夺取胜利的气魄；又有战后看着前方已取得胜利的将士们，内心充满的安慰、自豪与自信。再看皇帝的坐骑，奋身顿蹄，既给人一种跃跃欲试之感；又给人一种随着骑士紧踩马镫和拉紧缰绳而急促停顿的印象，与骑士的动作相得益彰。再观画面的背景。骑士的前方，远处已被夕阳的金光照得通亮，那是胜利的曙光；而近处为霞光乌云交织的天空，这自然会使人们联想到胜利来自于那残酷的双方的交战；而骑士背后那郁茂的丛林和苍劲高大的树木与骑士的稳健、挺拔、深藏在目光中的泰然自若、处事不惊的性格结合得相得益彰。全观整幅画面，远处的明亮、近处的棕色，把全身通黑、健壮且身披红色马装的高头大马和骑在马上的那个英雄的骑士凸显在了画面之上。

当人们面对这幅图画时，自然也会想起那场战役，那就是 1547 年 4

---

[1] 罗桑德. 提香: 比自然更逼真的艺术. 吴骊, 译. 上海: 上海译文出版社, 2003: 63.

月 24 日，皇帝亲自指挥、大败路德教诸侯即萨克森选侯领导的新政集团的纽亨堡战役。所以，此画又名《纽亨堡战役之后的查理五世》。"这幅作品富含深意，既向胜利的查理大帝致意，又展示了为捍卫天主教的信仰而战的决心。"[1] 因此，自然不必画上象征宗教和荣誉的标志，人们已经看到了一个真实的保卫天主教的皇帝、战役的指挥者和胜利者的英雄形象。

[1]　罗桑德.提香：比自然更逼真的艺术.吴骥，译.上海：上海译文出版社，2003：63.

尼德兰二篇

学界一般把意大利之外的西欧各国的文艺复兴运动称为北方的文艺复兴运动。意大利之外的西欧各国包括了阿尔卑斯山以北的德国、法国、尼德兰、西班牙、英国等。这些国家在15、16世纪先后发展起本国的文艺复兴时代的艺术，并形成了各自不同的特点。在它们之中，尼德兰走在了前列。

尼德兰大致包括现今的比利时、卢森堡、荷兰和法国东北部的一部分。因全境约有三分之一的地区海拔不足一米，故得以此称——尼德兰，即"低地"之意。这里濒临北海，扼大陆与英伦之交通，又有莱茵河、斯海尔德河和马斯河横贯而过，可通往西欧各地，故而很早就成了北方交通和贸易的中心。在13—14世纪，这里的手工业，尤其呢绒纺织业，就已相当发达，促进了佛兰德斯地区的繁荣和布鲁日、根特、伊普尔等城市的兴起。15世纪，这里已出现资本主义生产关系的萌芽，但在政治上却不断遭到外国强势的控制，先是法国、德国最后是西班牙。一方面，异族的统治促进了尼德兰文化的多样性发展，另一方面，异族的压迫和剥削更促进了尼德兰民族的觉醒。于是，新兴资产阶级反对封建领主的斗争和争取民族独立的运动汇合成了16世纪尼德兰波澜壮阔的革命运动。尼德兰的文艺复兴也在此过程中产生和发展起来。因此，尼德兰文艺复兴艺术的发展同样贯穿着陈腐的中世纪的世界观与崭新的充满朝气的人文主义的世界观之间的矛盾、冲突和斗争。在这个过程中，尼德兰的艺术家们，把意大利的新风格、新倾向与自己本民族的传统特征相结合，创造和发展了具有本民族特征的文艺复兴时代的艺术。研究者一般把尼德兰文艺复兴艺术的发展分为萌芽期（14世纪末—15世纪初），发展期（整个15世纪），盛期（15世纪末—16世纪中）；到16世纪下半叶，随着尼德兰革命的结束，尼德兰文艺复兴也进入了最后的发展阶段。在文艺复兴艺术发展过程中，尼德兰涌现出了众多优秀的艺术家，下面我们便介绍其中的几位大师。

1

文艺复兴改革派艺术家——扬·凡·艾克

（1）尼德兰文艺复兴艺术的奠基人

扬·凡·艾克（Jan Van Eyck，1380/1390—1441）是早期尼德兰画派的最大画家之一，对油画技巧的发展做出过极为重要的贡献，有尼德兰新艺术奠基人和"油画之父"的美誉。

扬·凡·艾克早年的生平事迹很模糊，其出生的年代至少有四种说法：1380 年、1385 年、1390 年、1395 年。他的出生地是今荷兰马斯特里赫特附近的默兹河畔的马赛依卡城。他的出生，使他的哥哥胡伯特·凡·艾克（1370—1426）非常高兴。在共同成长的生活中，他们有着共同的爱好和追求——绘画。尤其比扬·凡·艾克大 10 岁左右的哥哥胡伯特，是绘画方面的有心人。研究者根据他的画风推测，他很可能受到了意大利锡耶纳画派的创始人杜乔的影响。由此也可看出，他对新艺术的喜爱、探索和研究。这无疑影响到了小弟扬·凡·艾克。他们共同完成了著名的杰作《根特祭坛画》。这幅画被誉为"尼德兰早期文艺复兴美术的里程碑"之作，奠定了凡·艾克兄弟在尼德兰画界的地位。关于胡伯特的资料记载很少，甚至出现他是否是真实人物的争论。这争论由《根特祭坛画》画外侧的一段拉丁文字引起。这段文字提到：1426 年，该画的始作者还未完成此画便离世了，后由其弟扬·凡·艾克接续完成。有研究者认为，仅凭一段文字不足以证明该画的初始作者为胡伯特。有的研究者甚至怀疑这段文字的真实性，认为胡伯特是个虚构的人物。后来语言学家阿姆普研究指出，这段文字并未提及胡伯特的名字，这自然也就支持了《根特祭坛画》初始动笔者为传说之人的观点。[1] 但也有人认为，1432 年，画作完成，这使扬·凡·艾克的名声大振，在一片褒奖声中，人们似乎忘记了胡伯特对此画所做的贡献；但是，品德高尚的扬·凡·艾克表达了他对长兄的敬爱和怀念之情，写下了这样的文字：该画由"举世无双的画家胡伯特·凡·艾克始作，其弟扬——仅次于他的艺术家——将此作最后完成"[2]。这一段文字无疑证明了胡伯特的真实存在。刘汝醴与张少侠特别赞扬了扬·凡·艾克这一高贵品质，自然也就支持了胡伯特并非虚构之人的观点。[3]

关于扬·凡·艾克创作活动的记载比其长兄要多。在完成《根特祭坛画》之前的 1422 年，他已成为独立画家。也就在这一年，他来到尼德兰的海牙，并进入当时荷兰巴伐利亚的约翰伯爵的宫廷，充当约翰的侍从和私人画师。期间，他所做的最大工程就是为伯爵在海牙的宫廷作建筑装饰。同时，扬·凡·艾克还在海牙这里开设画坊，招收徒弟，边传授画技，边让徒弟协助他工作。这不仅大大提高了他的声望，而且使他的画技对尼德兰北方的画派起到了一定的影响。1422—1424 年，扬·凡·艾克完成的画作，除了《根特祭坛画》的部分画作外，主要还有《都灵—米兰祈祷书》、《圣安东尼雕像》、《基督受难》、《书房中的哲罗姆》等。1424 年，约翰

[1] 世界美术史：第六卷.朱伯雄，主编.济南：山东美术出版社，1990：540.
[2] 转引自文聘元.你不可不读的西方艺术故事.长春：吉林出版集团，2009：71.
[3] 刘汝礼，李少侠.西方美术发展史：第一册.北京：人民美术出版社，1990：288.

伯爵去世。

1425 年，扬·帆·艾克也离开了海牙移居里尔。他到里尔时，他的哥哥胡伯特也在这里，哥俩开始合作。同时，随着扬·凡·艾克名望的升高，他再一次受到新勃艮第公爵"好人菲利普"的青睐，就在他来到里尔的同年，入宫做了宫廷画家。公爵对他非常器重，不仅把他当作一名画师，而且还经常让他充当外交官，前往英国、西班牙、葡萄牙等国家执行外交任务。1428 年，菲利普公爵派使团前往葡萄牙的坡多卡尔宫廷，商谈其与坡多卡尔之女叶赛贝娜公主的婚事，扬·凡·艾克作为使团成员一同前往。在那里，他为叶赛贝娜公主画了著名的肖像，并把画像日夜兼程地送交到公爵手上。据说，公爵拿到这幅画像时，不仅对画家的高超技法赞不绝口，更为公主的美丽所迷，并立即决定向公主求婚。据说，扬·凡·艾克还特别擅长几何学，对化学也有很深的造诣。凭借出色的画技、完满的工作和博学多才，扬·凡·艾克获得了菲利普公爵的信任和赏识。公爵甚至聘请他做自己孩子的洗礼教父。他的工资也是其他同行的三倍。

1430 年，功成名就的扬·凡·艾克来到布鲁日，并在此定居。1431 年，他与尚年少的玛格丽特结婚。据说，当时他的妻子只有十四五岁。他非常爱自己年轻的妻子，为她作了不少画像。他笔下的玛格丽特年轻、美丽，两只眼睛总是充满着脉脉的温情。1430—1441 年，扬·凡·艾克进入了他创作的盛期。这个时期，除了完成《根特祭坛画》之外，其他的画作主要有《拿戒指的男人》（1430）、《红衣主教阿尔贝加蒂肖像画》（1431—1432）、《正在阅读的圣母与圣婴》（1433）、《带红头巾的男子》（1433）、《阿尔诺芬尼夫妇的婚礼》（1434）、《天使报喜》（1435）、《洛林大臣圣母》（1435）、《扬·德莱乌肖像》（1436）、《圣座上哺乳的圣母》（1436）、《卡农圣母》（1436）、《教堂中的圣母》（1438）等。

1441 年，扬·凡·艾克突然去世，死因不明，遗体被葬在布鲁日的圣多纳图教堂。

除了众多画作外，扬·凡·艾克对世界画坛的最大贡献就是发明了油画。尼德兰的建筑由于多为哥特式建筑，尤其教堂，窗户多而大，所以没有大型的壁画。传统上的绘画是手抄本装饰与插图的"细密画"。15 世纪，具有创新精神的尼德兰画家们在吸收"细密画"传统的基础上发展起了架上画和木版画。尤其在木板上采用经过改良以后的油画方法，可以取得丰富、厚重、鲜艳的彩色效果。扬·凡·艾克便是在油画技法方面的重要改革者，被称为"油画的发明者"和"彩色的创新者"。油画的最大特点就是以油脂为调色剂施色的方法。在 10 世纪的时候就曾有人进行过这方面的尝试。艺术家们经过多次试验，力图寻找出一种理想的油脂作为调色剂。直到 15 世纪初，扬·凡·艾克不断探索，不断试验，不断地与同行交流，终于发明了一种比较方便的油脂媒介物，即用"布鲁日的光油"（有人认为是一种精馏松节油）与亚麻仁油混合在一起的调色剂。由于这种调色剂易于调和颜色，在其上运笔流畅自如，而且可以层层敷设，所以可以使画面出现层次分明、清透鲜亮的效果。同时，这种调色剂使画面不至于干得过快或过慢，从而方便了画家在局部画面上精雕细琢，满足了写实的要求。自此以后，油画成了一门独立的画种，开始在欧洲大陆流行开来。

扬·凡·艾克作为油画的发明者，其画作也有着自身鲜明的特点：从画面看，在写实的精细中有着微妙的光影表现；从画面的内容来看，善于把神圣的内容拉入现实世界中，着力描画现实生活、现实人生的丰富多彩。下面我们就以他的《根特祭坛画》和《阿尔诺芬尼夫妇的婚礼》为代表，来欣赏一下他的作品。

（2）作品介赏

油画史上的里程碑之作——《根特祭坛画》　　该画是 1415 年应根特市市长约多库斯·威德之邀绘制的，是三叠屏式的、开闭形的祭坛画，创作于 1415—1432 年。平日里，祭坛画关闭（图 78），两边的两叠合起，呈现在人们眼前的是两叠外面的画面。画面共为三层：上层从左至右分别为《先知撒卡尼亚》、《埃及先知》、《库麦先知》和《先知米卡》；中层为一幅画面——《天使报喜》；下层从左到右的 4 幅画面依次为《祭坛供养人约多库斯·威德》、《洗礼者约翰》、《福音书作者约翰》和《约多库斯的妻子赛贝娜》。节日里，祭坛画打开，两边的两叠打开（图 79），呈现在人们眼前的画面为两层，上层从左至右分别为《亚当》、《合唱的天使》、《圣母玛利亚》、《基督》、《施洗者约翰》、《奏乐的天使》、《夏娃》7 幅画面，以基督为中心；下层从左至右的画面依次为《骑士》、《判官》、《羔羊的颂赞》、《隐者》和《巡礼者》，以《羔羊的颂赞》为中心。内外画相比，从构图看，外画构图简单，除中层的《天使报喜》为两个人物外，其余都为单个人物；而内画构图复杂，除上层强调的基督、圣母、约翰、亚当和夏娃的画外，其余均为多人组合且均有自然背景。就色彩看，外画色彩较单一，显得沉静而素雅；内画色彩丰富鲜亮。这些区别跟放置的环境有关，平日里，教堂安静，素雅沉静的画面与之相适宜。而节日里，展示出色彩艳丽明亮、场面红火的内画，与节日的氛围相得益彰。由此也可看出画家设计的用心之细。从笔触来看，无论内画和外画都描绘细致，写实性很强。为了具体体会这一祭坛画在油画史上里程碑的意义，我们具体欣赏其中的两幅画——《天使报喜》、《羔羊的颂赞》。

独特的设计——《天使报喜》（图78，中层画面）　此画完成于1432年，画面设计独特。之所以说它设计独特，是因为以下几点。第一，这以前，画家对这一题材的设计，一般都为天使以单腿跪姿面对圣母，圣母一般为坐姿面对天使；而扬·凡·艾克把她们都设计为站姿，两人的距离或因叠屏的关系，显得较远。第二，两人所处的环境，虽然从天花板的形式看，他们处在同一间屋子里，但天使一边的背景为两扇窗和窗外的建筑；圣母一边的背景完全是屋内景致：两个壁龛，壁龛内的物品清晰可见，圣母身边是一张靠窗户放置的桌子，上面放着打开的书本。如此的安排，似乎有着天使从外进屋的暗示。无论是人物还是景物，如壁龛内的物品，桌围布的精致镶边和垂褶，还有那个屋顶上悬挂的吊环和吊环上展翅的鸽子，以及屋外的建筑等，都被精细的笔触描绘得十分清晰与真实。第三，画的色和光的运用独特。这幅画色彩较单一，主要为黑色、深棕色，而人物的服饰为奶白色，这样的颜色搭配，一下子就把人物突出在了画面之上。而从圣母一侧的窗户射进来的光线都集中在了人物的身上，这使整个画面的亮度也就集中在了人物身上，一切都那么清晰：他们服饰衣褶的宽、细、垂、散从上到下错落有致；天使头冠上的珍珠，十字架，外衣的扣环，件件真实可信；天使翅膀的外翅强健厚实，内翅羽毛根部的突起和羽毛的层次真如实物。第四，两个人物的面容设计独特。天使温馨的脸上略带微笑，圣母的面容并不漂亮，表情有点奇怪，眼睛向上看，似乎有点呆，又有点犹豫，还带点思考，总之很是复杂。为了突出因圣而孕的教义思想，悬挂在屋顶上的作为屋内挂件的鸽子正好处在圣母头上。可以说，由色彩的简单，光亮的集中所形成的对比是这幅画的独特设计中的精华，因为它更强化、更显现了其他方面的特点。

绚丽、盛大的祭祀仪式——《羔羊的颂赞》（图79下层中间画面）

打开两边的叠屏，绚丽的色彩一下子就把人们的眼球吸引住了，尤其《羔羊的颂赞》。无论从色彩、场面、内容还是从整个内画的布局、寓意来看，它都是内部 12 幅画面的统领。画幅对应着上层中间的基督，画面表现了对基督受难的大礼赞。在整个画面的最高处，一团圣光将其光芒洒向人间，在圣光的照耀下，一只象征圣灵的鸽子出现在天空，出现在画面的中心的高高的祭台上方；一只乖巧而健壮的羔羊稳稳而安详地站在祭台上，从它体内流出的鲜血正在流入圣杯之中，圣三位一体的寓意凸显了出来；祭台周围跪拜的天使们，手中拿着各种基督受刑时所用的刑具：十字架、绑人柱、荆冠、皮鞭等；祭台的前面，画面的前景中间，是一口井，井中的水不断地喷流着，它象征着生命的生生不息；井的两边和天使的周围，是四面八方赶来的穿着各种服装、打扮各异的人群，他们有预言家、哲学家、王子、主教、圣女和信众，他们是以各自的方式赶来参加礼赞的，他们或站，或跪，或读诵赞词，或低头默哀，或抬头仰望天空，表示着自己对基督赞誉的心情；画面的远方，即在水草肥美的草原的边缘，是圣城，从轮廓上看，它很像荷兰的城市，而远方中间的教堂又很像乌得勒支大教堂，礼赞的盛大场面已被描绘得生动而壮观。彩色的运用又如锦上添花一般，那红色、绿色、黄色、白色、黑色、紫色、蓝色、棕色等色彩，以及在阳光照射下各种色彩的反光，更有力地烘托出了盛大场面的热烈。欣赏者在感受这种盛大热烈、虔诚气氛的同时，对其画家无论是景致、人物、动物、植物，还是建筑物的真实描绘，也不由得从心底里发出赞叹。写实的画面，宗教的寓意，人与自然的和谐，画面展示给人的思考可以说已充分包容了人文主义画家理想的宗教和神人合一的思想。

第一流的肖像画杰作——《阿尔诺芬尼夫妇的婚礼》（图 80） 这幅肖像画之所以被称为杰作，是因为它最大的程度地体现出了扬·凡·艾克的绘画特点：实实在在的写实性、色彩艳丽、光影突出。阿尔诺芬尼是一位意大利商人，1421 年定居布鲁日，是佛罗伦萨美第奇银行在布鲁日的代理人,是扬·凡·艾克的好友。他请扬·凡·艾克做他异地婚姻的证婚人,并要求扬·凡·艾克把他在新房举行婚礼仪式的真实情况用画记录下来,这便是此画的来历。

扬·凡·艾克遵照要求,录像般地记录了新房的布置和一对新人。画面展示的是新房的一角,光线从左面墙上的窗户投射进来,照亮了屋内的摆设和新人。首先映入人们眼帘的就是婚礼的主角,新郎和新娘。新郎身穿深棕色的裘皮大氅,配以黑色内衣、黑色帽子和黑色短靴,显得稳重而自信。他左手拉着新娘的右手,右手举在胸前,略略低头,闭着眼睛在心中默默地发着誓言:永远爱妻子,一生不离不弃。在扬·凡·艾克的笔下,这位新郎沉浸在新婚的誓约中,完全没有了商人的影子。新娘穿着象征着生命的绿色的婚装,婚装配着黄色的镶边和装饰;她头戴白色的头巾,特殊的结婚发型支撑起头巾,将脸部全部露出,白嫩的脸透出她的年轻;她乖巧地把自己的右手放在新郎的左手中,将自己的终身托付给了丈夫;她左手把宽大的婚服提到胸前,略低着头,却抬眼偷偷地看着新郎,脸上的羞怯与喜悦之情、幸福之感在画家笔下表露无遗。无怪乎有人认为这是欧洲艺术史中第一幅心理肖像画。

房间里的摆设都依婚俗所设:红床、红帐、红枕、红椅。这些被柔和的窗光照得透出喜庆而温馨的氛围。墙上挂着一个齿轮边框装饰的凸镜,镜中映出了画面上不易表现的室内摆设、新郎和新娘的背影,两个参加婚礼的人,其中一个便是扬·凡·艾克。镜中映景,可以说是这幅画的一大妙笔,这样既简化又突出了主题画面。在镜子上方的墙上,写有一行字:"扬·凡·艾克在这里 1434",这说明,扬·凡·艾克的确是阿尔诺芬尼聘请的"证婚人",以及婚礼的时间是 1434 年。房间里的摆设都有讲究:屋顶上漂亮的吊灯上燃着一根蜡烛,它象征着基督;圆形的镜子象征着永恒;墙上挂着的刷子和念珠,象征着纯洁;窗台上放着的苹果象征着幸福；画面前景上那只毛茸茸、十分可爱的小狗是忠诚的象征；新娘的拖鞋、新郎的木屐，证明他们是光着脚站在地上举行结婚宣誓的，这又象征着婚姻的神圣和誓约的庄严。

总之，画面上的一切都让人感到了婚礼的红火、喜庆、温馨而又神圣庄严的气氛，可以说，真实地记录了15世纪布鲁日一个上层社会的婚礼。由此，也可以看出，该画已大大超出肖像画的意义，具有了风俗画的性质。当然在这里也必须指出的是扬·凡·艾克油画新技法运用的成功：

> 无论是处在光源照射下亮丽的绿裙、白色的头巾还是背影中新郎的深色裘皮大氅，无论是光亮下鲜红的慢帐和座椅还是背光处慢帐的竖条褶纹，还有新郎脚下的阴影圈，新娘背后映在床上的阴影条，以及二人服装的质地感，还有新郎袖口的褶纹花边，镂空的椅腿，都通过油画新技法如此真实地再现了颜色的艳丽和景物的逼真。[1]

因此这幅画成了扬·凡·艾克卓有特色的作品中最杰出的画作。当然，也有研究者认为，从画面中妻子的形象来看，她已有孕在身，所以这幅画不可能是反映婚礼的画。它只是一幅反映普通人生活的画卷。[2]但威廉·弗莱明和玛丽·马里安研究认为，在1545—1563年罗马教廷召开特伦托会议以前，基督教的七种圣事之一——婚事，可以由当事人握手盟誓成婚[3]。该画作于1434年，在特伦托会议以前，或许为了让画家将他们的婚姻记录下来，阿尔诺芬尼夫妇在房间里又布置了新婚的场面也是说不定的。

---

[1]　欧洲文艺复兴史：艺术卷.刘明翰，主编.北京：人民出版社：2008：219—220.

[2]　文聘元.你不可不读的西方艺术故事.长春：吉林出版集团，2009：73.

[3]　威廉·弗莱明，玛丽·马里安.艺术与观念：古典时期—文艺复兴.宋协立，译.北京：北京大学出版社，2008：327.

2

古怪而神秘风格的画家——吉罗姆·博斯

吉罗姆·博斯（Hieronymus Bosch，1450—1516），尼德兰文艺复兴盛期艺术的代表人物之一，超现实主义绘画的创始人，曾被 16 世纪的人称为"滑稽怪相的创造发明人"[1]，是欧洲美术史中"谜一般的令人不可思议的人物"[2]。

（1）具有超级想象力的独特画家

关于吉罗姆·博斯生平的资料很少，贡布里希甚至说："我们不知道他 1516 年去世时有多大年纪。"[3] 关于博斯的一些记载大多来自于 1474 年的市政志和圣母兄弟会。博斯出生在尼德兰北方的荷兰城市赫托亨博斯，因一生都不曾离开过故乡，故以博斯为名，而他的真实姓名为范·阿肯。因为没有记载，所以不能考证他的学业过程和经历，他早年的成长过程很多都是研究者的推测。比如，由他的兄弟是画家便推测他

---

[1]　李维琨. 北欧文艺复兴美术. 北京：中国人民大学出版社，2004：34.

[2]　刘汝礼，李少侠. 西方美术发展史：第一册. 北京：人民美术出版社，1990：303.

[3]　贡布里希. 艺术发展史. 范景中，译. 天津：天津人民美术出版社，1998：196.

的绘画爱好和绘画才能都来自于家庭的熏陶。据说，他的家族是从德国迁到赫托亨博斯的。他的祖父和父亲都是当地有名的画家，曾为当地正在兴建的哥特式大教堂工作。他的母亲则是个德国人。博斯从小就跟随祖辈学画，擅长用细密画的笔法。同时他也很注重从民间艺术中吸取营养。据说，他从小就喜欢看彩色抄本插图和细密画，传统的哥特式雕塑、中世纪动物故事的插图、中世纪宝石币中的各种形象都使他产生了浓厚的兴趣。也许正是这些形象启发了他后来丰富的想象力。博斯是一个虔诚的基督徒，基督教的神秘主义对他的影响很大。1479—1481 年，他娶了家境富裕的梅尔芬妮为妻，家庭生活很富有，并有自己的土地。1486—1487 年，他参加了圣母兄弟会。他曾为该组织的圣约翰教堂的礼拜堂绘制了祭台画，设计过窗户和教堂的枝形吊灯。根据他从未离开过赫托亨博斯推测，他的订单应该不少，生活也有保障。1488 年，博斯成为独立的画家，其创作之路发展顺利，并入流上层社会。据研究者统计，直到1516 年去世，他一生共完成了 30 多幅作品（有 40 多幅、26 幅、50 多幅之说），仅有一部分签有其名（有的还不是他的亲自签名），确定他亲自签名的只有 7 幅。因为他的作品都没有标注创作的年代，故而很难对他画风的演变做出明确的判断。但研究者们还是对他 30 多幅作品进行分析，认为博斯的创作过程大致可分为三个阶段：初期（1475—1485）、中期（1485—1505）、晚期（1505—1516）。

初期的作品主要有《愚者的治疗》、《七项大罪》、《卡纳的婚礼》、《基督磔刑》、《魔术师》等。这些作品有明显的尼德兰传统的彩色插图和细密画的痕迹，但也有明显的博斯个人的特点，即将风俗画转变成寓意画。

例如，《七项大罪》（图 81），博斯将画面设计为车轮形，又将车轮分为七个部分，每一个部分为一宗罪的画面，共七幅画面，分别为愤怒、忌妒、贪欲、馋欲、懒惰和骄傲。七幅画面均围绕着圆中心的圣基督，以此说明这七宗罪的宗教内容。七幅画面有的以城乡为景致，包括房屋、树木、草地、道路和街景，展现着尼德兰的风光；有的以室内为背景，各种各样的家具、摆设，充满着尼德兰人的生活气息；这又赋予了此画以现实意义。同时对每一幅画面，博斯都有自己独特的视角，并赋予其人生或社会的思考。例如，关于"忌妒"的画面设计非常有意思，博斯选用求婚的场面为画面内容，以求婚成功与失败的矛盾来揭示"忌妒"之罪的内涵。画面上一个求婚者不但被挡在了门外，而且还引来了两只看门狗，轮番冲他狂吠；一个被女孩中意的人正在隔着窗户跟女孩亲密地交谈着；而一个已走到街上的求婚失败者，一步三回头，恋恋不舍，羡慕，忌妒加悔恨；一下子就点明了画面的主题。但到这里，博斯并没有停笔。于是，画面上又出现了一个背着又大又重口袋的行路人，他只顾走路，根本没有注意也不关心他人他事。熟悉的街景、身边的人物、市井生活的场面，相信，没有一个人会看不懂画面的寓意。就这样，博斯巧妙地把宗教内容的画面世俗化了。

博斯创作中期的作品主要有《干草车》、《圣安东尼的诱惑》、《荒野中的洗礼者约翰》、《祈祷的圣比埃罗》、《吝啬鬼之死》、《愚人船》等。与早期相比，这一时期的博斯更发挥了其善于想象的能力，把写实的表现与浪漫的表现结合在一起，创造了既富于幻想又真实可信的超现实主义的形象。也正是从这些形象中，我们看到了博斯对善良的赞美和对丑恶的批判，感受到了他思想的深刻。这里我们先来解读一下博斯的《干草车》，以了解他这一阶段的画风和画的内在的含义。

《干草车》（1500—1502）（图82）是为布瓦斯·勒·迪克的圣·让大教堂绘制的三叠屏式祭台画。左叠屏的画面为天堂之景，内容为创造夏娃、偷吃禁果和逐出伊甸园。右叠屏的画面为地狱之景，内容有被鬼怪追逐、吞食的犯罪者、正在搭建的地狱之塔和被赶进塔的人，远处地狱之塔上悬吊的尸体，景象恐怖。中间的主画面为《干草车》。该画取材于尼德兰谚语"世界是一个干草垛，人人在上为所欲为"。画面上可看出几组人群。一是车前面拉车的怪物：长着人腿的鱼和长着鹿头或是马头的怪物。二是中间画面上一群厮打得不可开交的人物，他们为了争抢干草，连被车轮碾压的危险都顾不上，有的甚至死于车轮下。三是车后跟着的骑在马上的国王和教皇，他们也在谈论着干草的归属，他们不用去争抢，因为他们可以用权力获得财富；他们高高在上的姿态和他们前面的争抢不休，你拽我扯，互不相让的人群形成了强烈的对比。四是草垛上的人物，有的在相拥亲热；穿白衣的天使似乎被隐藏的人用杆子悬挂的烤鹅所吸引，高高地仰着头；还有个不知何物的灰色怪物；中间是三个计算瓜分干草的人。车上车下，无论人妖，都对代表着财富的干草虎视眈眈。真是一车干草，人生百态！画面上方是一片黄色的彩云，基督在彩云之上，面对着一群贪婪的家伙们，摊开双手，不知是在劝解还是无奈。而博斯在画的下方画出了另一番景象：人们互交互帮，忙碌而和谐。这里博斯似乎在告诉人们，不贪婪、无争抢、互帮互助的社会才能达到和谐，才会充满温馨。

除了画面内容给人的思考外，博斯的这幅画在色彩、光线和笔触上也都有明显的特点。博斯以明亮的黄色祥云、蓝色加白色的天空、浅棕色和深棕色将画面分成了明显的三个部分，天空、乱世和和谐的社会。从笔触上看虽然画中的人物人妖混杂，但无论是人体、人的动作，还是人的服饰，都给人很真实的感觉，尤其教皇和国王骑的那两匹马，虽在画面较远之处，却逼真之极。从画面的布局看，博斯在画面最下方，以最深的颜色绘制了和谐的人世，而以往这里应是地狱的所在。如此的布局，似乎也有着它的深意所在。在博斯中期创作的杰作中，《圣安东尼的诱惑》

也是最突出的一幅。无论想象的丰富、画风的怪异，还是彩色和光线的运用，这幅画都达到了博斯中期创作的最高水平（详见下面的"作品介赏"）。

博斯晚期的作品无论在构图、造型方面，还是在色彩和笔触方面都显示出更新的创见和更深的造诣，画面很有现实性。这个时期他的作品主要有《世上欢乐之园》、《浪子回头》、《背负十字架的基督》等。

《浪子回头》（图83），可以说从画风到思想都是博斯最具现实主义色彩的一幅。画面上无论背景还是人物，都应该是在当时的尼德兰常见到的。画面为村庄的一角，由破漏的木板制的房屋中的人，可以想象出他们生活的艰难。画面上最突出的人物——浪子，他鬼鬼祟祟的神态和动作，似乎表明他刚刚偷了别人的一顶帽子。他已贫穷到了极点。两只捡来的不一样的鞋子，受伤的左腿，露膝的裤子，讨食的背篓，脏破的头巾，加上那副特有的动作和表情，一个贫穷无奈的"叫花子"的形象被刻画得惟妙惟肖。这一小偷的出现并没有打扰村民们的平静生活：猪在平静地吃食；狗只是以警惕的目光盯着这个不速之客；牛安详地待在牛圈里；而同样贫穷的村民们，虽然发现了偷窃者，但并不叫喊，更不追赶，或许是司空见惯，或许是贫穷使他们同病相怜，因而表现得更多的是同情。总之，一切都显得那么平静。为了突出这一安静的气氛，博斯还画上了一个在墙角小便的人。有人评价说，这幅画表现了博斯对社会底层民众的同情；也有人认为，这幅画表现了博斯更深刻的思想——歌颂了人类顽强的生活精神。

博斯的画作主题可分为两类，即宗教的和尼德兰谚语的。但无论哪一类画作大多都带有神秘主义的色彩和很强的象征性。而博斯也正是借助于这样独特的画风，表现了或揭露、批判，或赞扬、歌颂的现实主义思想。或许博斯的画风符合当时尼德兰人的审美观和现实观，故而博斯的画作很受欢迎。据说，西班牙国王腓力二世就非常喜欢和崇尚博斯和他的作品，其作品也成了西班牙皇家的收藏品。而他的画风也影响了后来的画家，如勃鲁盖尔和帕蒂尼尔等人。

对于博斯独特、神秘、甚至恐怖的画风，历代学者都进行过不少研究。有的认为博斯以娱乐哗众取宠，是善于创造怪物的人。20世纪以后，研究者对其画风的来源和意义有了更多的探讨。正如《西洋美术家画廊61博斯》中总结的：

> 各种论说千奇百怪，有时博斯被想象成有神经障碍、痛苦却被罪恶与魔法缠身的人；有时也摇身一变成为学者一般、对基督神学等领域有深博知识的人。[1]

而皮埃尔·库蒂翁则认为：

> 它是一种说教，一种强有力的、现实的、直截了当的说教，而且，可以被看出其中世纪尾声。那些十分崇拜博斯的西班牙人正是把这种教谕的品德看得高于一切。[2]

可以说，皮埃尔指出了博斯画风特征的意义。而谈到博斯画风形成的原因，有人从博斯的性格寻找原因，认为他性格奇特；并且将他和他加入的圣母兄弟会联系起来，从信仰寻找原因，认为圣母兄弟会是一个极端保守的宗教组织，在这个组织里，成员们对邪恶、死亡和魔鬼的关心超过了对人生的关注，这种悲观的人世观的影响，很可能加重了博斯神秘主义的宗教观，成为其画风"不可思议"的神秘思想的来源。还有

---

[1] De Agostini 出版公司.西洋美术家画廊 61 博斯.长春：吉林美术出版社，2002：9.

[2] 皮埃尔·库蒂翁.佛兰德与荷兰绘画.啸声，译.上海：上海人民美术出版社，1994：56—57.

学者从当时社会知识的层面对博斯"神秘性"和"怪诞"的画风进行探究。

> 学者们搜索了各种各样的知识之源，包括《圣经》，瓦兰古尼的《圣徒传记》中关于圣者的生平、动物寓言集、神秘戏剧和神秘主义者的大量著作、佛兰德斯谚语和民间传说、关于炼金术的书籍、手稿真迹绘画，以及充满火与血、风雨和雷电的布道书和这一时期的道德轨迹。[1]

我们由此也可以看出人们对博斯作品的兴趣。也有人从尼德兰的传统艺术和日耳曼民族文艺复兴艺术发展道路的特点入手。更多研究者还注意到了博斯画风的社会原因。例如，约翰·弗莱明和玛丽·马里安认为，博斯生长的年代是一个充满宗教斗争和社会动荡不安的年代，人们依然相信巫术、魔法及炼金术这种假科学，同时也伴随着一种反基督教的潮流。[2]的确，博斯生活的时代，尼德兰处在动荡和发展混交的背景下。还是在 15 世纪末，尼德兰就被德国的哈布斯堡帝国所控制；进入 16 世纪，尼德兰又归属于西班牙的统治。而此时，尼德兰也已经发展为欧洲国际贸易的中心，并出现了安特卫普和北方的阿姆斯特丹等日益发达的城市。这些城市不仅是经济重镇，同时也成为文化艺术的中心。尼德兰城乡资本主义生产关系的巩固和扩大，适应了资产阶级和民众发展生产的要求，并使反封建主义的人文主义思想进一步传播开来，古典文化和意大利文艺复兴的成就也陆续被引进来。知识界人文主义者的宣传、具有民主倾向的宗教派别的传播，要求宗教改革的思想也日益浓厚起来。而这一切

---

[1] 威廉·弗莱明，玛丽·马里安.艺术与观念：古典时期—文艺复兴.宋协立，译.北京：北京大学出版社，2008：29.

[2] 威廉·弗莱明，玛丽·马里安.艺术与观念：古典时期—文艺复兴.宋协立，译.北京：北京大学出版社，2008：29.

又都促进了尼德兰民族的觉醒。博斯的作品也正集中而深刻地表达了当时尼德兰民众中这种强烈的反封建主义的要求和意愿。

（2）作品介赏

怪风之作——《圣安东尼的诱惑》（1500—1505）（图84）　该画是博斯中晚期最具代表性的作品，是他为葡萄牙里斯本一教堂而作，采取三叠屏式。《圣安东尼的诱惑》是中叠屏上的主题画。传说，圣安东尼是虔诚的基督教教徒，在父母去世后，把财产都散发给了穷人，自己居住到墓地中，开始苦行修道的生活。传说，他还是古代修道院的创始人，主张教徒应用苦修的方式根绝自己的各种欲念，以纯洁自身而获得救赎，死后便可升入天堂。虽然他在践行苦修的过程中，经历了各式各样的诱惑，但他怀着虔诚的信念和坚定的信心，战胜了诱惑，终于修成了圣徒。博斯就是把各种各样的、企图破坏圣安东尼修道的诱惑描绘成了千奇百怪的具体形象，把安东尼抗拒诱惑的形象生动地体现在了画面之上。

从画面上可以看到，一个远离了村庄的残破欲坠的教堂，厅堂的墙已经塌了一半，圆屋顶也只剩下一半；墙上和屋顶上都长出了很高的植物；厅堂中摆放着基督受难雕像，教士正在那里祈祷。整座教堂的周围到处充满了各种古怪形象的诱惑：有能辨认出的老鼠、狗、猪、蝙蝠、仙鹤、蜘蛛、鹿；还有许多变了形的人和物，如长着猪脸、鼠头的人，长出了腿的水罐，有人头的鹅，长着两只驴腿、长尾和狗头的怪物，长着鸟身的铃铛，还有被铠甲套住、在重压下喘气的鱼，蹲在篮筐中要刀的猴子，空中飞行的怪物等，这些古怪形象构成了一个立体的恐怖的环境。在这样的环境中，人为的诱惑或许更可怕，画面前景有一个长着狐狸头、老鼠脸的教士，正在那里假惺惺地读圣经，无疑这是一个伪善者、伪教士；

还有比这个傲貌道然者更赤裸裸的是那个教堂钟楼上的教士，正在和一个女人饮酒作乐，一个受辱的裸女正准备从屋顶跳下去；还有，在圣安东尼身边圆桌旁赌博的人群、偷盗者。虽然败坏的社会风气形成了对圣安东尼的包围，然而，他并没有退缩，没有放弃自己的信仰和追求。他跪在那里，手举着一碗清水，仍在那里向一个修道士讲述着苦行之道。而远处，一片火光和滚滚的浓烟笼罩着村庄，而烈火和浓烟的背后则是一片亮丽晴朗的天空。它似乎在告诉人们，只有经住了烈火考验的人，才有资格升入天堂，回归到上帝那里。

在两侧的画面上，博斯又以民间谚语的形式加深了对主画的说明。例如，在左侧画面上有一条怪鱼，它长着蝎子的尾巴、蝗虫的腿，背上还驮着两个支撑着教堂地皮的盾牌，正在长着大嘴吞噬一条小鱼。这对主画混乱社会环境的注释不言而喻。

追求欢乐与理想的画作——《世上欢乐之园》（图85）　该画创作于1510年，又称《音乐监狱》或《丰富多彩的人间图画》，是一幅三叠屏式的祭台画，内屏为彩色画面，内左叠屏描绘的是《天堂》，右叠屏为《地狱》，中间叠屏为主画《人间》。《世上欢乐之园》是博斯创作晚期最主要的画作。无论是三叠屏画面的整体构图，还是对每幅画面的描绘，可以说，博斯把自己的想象力，荒诞、怪异、神秘的画风，深刻的寓意都发挥到了极致。从构图上看，三幅画基本统一：每幅画面都以颜色分为上中下三层，画面内容也分为三个部分，层次分明而又整体统一。从画面内容看，每幅画各成一体，三幅画形成了相互联系的，有引申意义的画面，表现了天堂、人间、地狱的完整的神学内容。画面上充满了想象中的人、物和不可思议的环境。例如，在《天堂》的画面上，可以认出上帝、亚当和夏娃及一些变了形的小动物，其他却不知是何物。在《地狱》的画面上，可以看出有各种各样的类似乐器实为刑具的东西，以及被这些东西压住、吊起和禁锢的人，另一些奇奇怪怪的东西便不知是何物了。《人间》的画面首先以颜色分出天空和陆地：而天空只占不足五分之一画面，但就是这五分之一的天空画面，与天堂的画面衔接了起来；而五分之四的画面用于人间的场景；这从构图上点明了主要画题。

陆地部分又以不同的颜色分为三层，即三个场景，无论哪一个场景都渗透着"欢乐的主题"。最远的场景似乎是个游泳池，池中有三座瓶式塔楼、两只篮筐式的航船，无论是塔楼还是航船都装饰得很漂亮，但看不出装饰的为何物；池水中有游泳的人，摇小船的人，似乎还有小鱼和水蛇等小动物。总之这里是一个水上游乐场。中间的场景为一个草原区，也是一个动物游乐场，里面有各种各样的动物和骑马、骑羊、骑骆驼、骑鹿、甚至骑猪的人。他们有的三五成群地做着游戏，有的在展示骑术，有的排队列行像是游行的队伍，还有不少人进行着杂耍表演。总之在这个动物园游乐园里，人与动物和谐而欢乐地生活在一起。紧挨着草原的是一条河流，由这里又开始了一片乐园。在河左岸上有不少与人待在一起的大鸟，它们的身体甚至比人还要大；一只龟身鸟头的怪物驮着一个人和一只大鸟正向水中爬去；河水中有人在跳双人舞，有人坐在球形的船中游荡，还有一只球形船，长着一条凤梨花似的大尾巴，尾巴根上有个大吸盘，吸着一个透明的球体，球中有两个谈情说爱的青年，还有几个人在托着大水球玩耍。河的右岸，人群最多，形态各异：靠近河水的地方，一个人背着一只大蚌壳正向河水走去，蚌壳中还衔着一个人；人群中最显眼的是，一个长着腿的大彩缸，缸口坐着一个青年；一个倒立姿势的鸟身却长着人的四肢的怪物正用腿托着一只鸟，鸟嘴衔着一颗草莓，正在喂食缸中的人；另外，还有很多谈情的人、聊天的人、抱着草莓的人、放飞小鸟的人、举着猫头鹰舞蹈的人等。这里的场景可以借用皮埃尔·库蒂翁的话来形容，"我无法一一列举这样在囊括视觉想象力上为世间绝无仅有的三联画主联及侧联所充斥的喜剧的或悲剧的奇情怪想"[1]。

　　除了这些奇奇怪怪的形象外，我们还注意到，人间乐园的三个部分都有水：游泳池的水、草原中间的水塘、画面前景中的河流。再看，左叠画《天堂》中间也有水池。除了地狱以外，水成了此画一再强调的元素，这或许与水为生命之本有关。总之，不管画面上的哪一部分，都透着人与动物、人与自然、人与人的和谐，画面上再也没有了《干草车》中的争抢、倾轧。这难道不正是人们所希望的理想的、和谐的社会吗？这就是人间的乐园。但在《天堂》画面右下角还有一个水池，它的水是黑色的，从水中爬出的动物被染黑了，水池中出现了变异的、长了翅膀的鱼和其他动物。博斯在《天堂》最下方的一角画上一个被污染的水池，是在提醒什么，或是这个水池象征着什么，值得我们深思。

---

[1]　皮埃尔·库蒂翁.佛兰德与荷兰绘画.啸声，译.上海：上海人民美术出版社，1994：64.

3

农民画家——勃鲁盖尔

（1）草根画家的多产人生

彼特·勃鲁盖尔（Pieter Brueghel，1525—1569）与扬·凡·艾克、鲁本斯为鼎立的佛兰德斯绘画的三大巨匠，是尼德兰文艺复兴盛期最后的、最伟大的艺术家，是欧洲美术史上第一位"农民画家"。

关于勃鲁盖尔生平的记载很少，甚至连他的出生的年代和地点都很不确定（有1520年、1525年、1528年、1525—1530年之说）。更有人认为，到20世纪，"他仍然是让人看不透的，在很多方面就像莎士比亚剧中的角色一样令人捉摸不透"[1]。一般认为，他出生于1525年，出生地点是靠近荷兰北部拉班特州的布瑞达。还有一说认为，他出生在比利时的布吕赫附近名为勃鲁盖尔村一个农民家里。贡布里希并不认可这样的说法。他认为这是一种误会，对于艺术家，人们很容易犯这个毛病，往往把他们的作品跟他们自身混淆在一起。[2]据曾经介绍过其生平的卡瑞·凡·曼德说，年轻时候的勃鲁盖尔曾拜彼得·柯克·凡·亚斯特

---

[1]　何政广.勃鲁盖尔：尼德兰绘画大师.石家庄：河北教育出版社，2000：6.
[2]　贡布里希.艺术发展史.范景中，译.天津：天津人民美术出版社，1998：210.

（1502—1550）为师。据说直到 1599 年，他才以彼得·勃鲁盖尔为名。"彼得"就是老师的名字，而"勃鲁盖尔"是亚斯特出生村庄的名字。亚斯特是一个成功的意大利画家，擅长在彩色玻璃上画宗教画，后来到尼德兰，在安特卫普和布鲁塞尔都开有画坊。亚斯特的妻子梅肯·维胡斯特·贝斯莫则是一位水彩媒材专家。据说亚斯特的画风，特别是他描绘土耳其人生活和处事的系列木刻，给勃鲁盖尔留下了较深的印象；同时，贝斯莫在细麻布上的水彩画也使他受到很大的启发。根据勃鲁盖尔后来的作品，研究者认为，在 1563 年勃鲁盖尔的作品《巴别之塔》中看到的"借由周围环境的细节，而使陌生、奇异的事物转为熟悉的事物"[1]，就是这一影响的证明。

1550 年，亚斯特去世后，勃鲁盖尔又拜重视民间版画的出版商兼画家伊罗尼姆斯·考克（1515—1570）为师。1551 年，他作为独立的画家，成了安特卫普画家公会的一员，这说明他已具有了开设自己画坊的资格。为了提高自己的画技，1552—1554 年，他开始取道法国到意大利修业旅游。1552 年，在意大利南部，他访问了瑞吉欧·卡拉布利亚地区，还游览了西西里岛、巴勒莫、那不勒斯。1553 年，他到了罗马，在这里他拜访了著名的细密画画家古力欧·克洛维欧。据说，克洛维欧还收购了勃鲁盖尔的许多作品。[2] 在这次旅行中，勃鲁盖尔深深地被意大利古典的艺术珍品和近代大师们的杰作所吸引、激励。但他很冷静，很少临摹大家的作品，他知道自己的艺术属于尼德兰，不属于意大利。所以，对大师们的作品，从构图、笔触、施色到光线的运用，从人物的动作到表情，他都观察得很细致，以从中发现和理解这些作品的精髓所在，并将更多更好的元素融入自己独特的民族风格之中。在这次修业旅行中，无论在

---

[1]　何政广.勃鲁盖尔：尼德兰绘画大师.石家庄：河北教育出版社，2000：30.
[2]　何政广.勃鲁盖尔：尼德兰绘画大师.石家庄：河北教育出版社，2000：46.

创作思想方面还是在技法方面，勃鲁盖尔都受益匪浅。同时，沿途的绮丽风光、威尼斯那灿烂而明媚的阳光，以及与尼德兰地区截然不同的阿尔卑斯山的壮丽风景，都激发着他的创作激情。于是以《大风景》为题，共由 13 幅画面组成的"旅行风光画组"产生了，这组风景画应该是他早期创作的成果。

1555 年，勃鲁盖尔回到安特卫普科克的画坊，与科克开始了长期的合作，为科克的画店印行大幅风景组画、制作版画稿。1566 年，他与老师亚斯特的女儿结婚，并移居布鲁塞尔。他曾接受布鲁塞尔市政委员会的委托，为纪念布鲁塞尔—安特卫普运河的开凿作画，但工作未完，便于 1569 年 9 月 9 日与世长辞，享年 44 岁。其遗体被葬在教堂圣母院。由于关于勃鲁盖尔的生平资料很少，所以以前很少有人注意他的社会活动和政治思想。但现已证实，他是由当时安特卫普著名科学出版商普朗坦和奥特利乌斯等人组成的人文主义知识圈内的重要成员，与倡导"自由思想"的荷兰伦理学家科恩海姆过往甚密。据说临去世前，他因害怕其作品中所带有的政治观点会伤害到自己的家人，便毁掉了自己不少的手稿素描画。[1]他有两个儿子也都是画家，即彼得·小勃鲁盖尔和扬·勃鲁盖尔，所以人们又称他为老勃鲁盖尔。

综合研究者们的观点，勃鲁盖尔的短暂一生的创作可以分为三个时期：早期（1551—1558），成熟期（1559—1563），盛期（1563—1569）。还有研究者认为：勃鲁盖尔画风的转变大约从 1556 年开始，从创作风景画转入带讽喻性的人物构图。也有人认为，勃鲁盖尔在 1562 年以前的创作以版画为主，而这之后，则更多地致力于绘画。我们摘录一下勃鲁盖尔年表的一些内容，来看看他一生的创作。

---

[1] 李维琨.北欧文艺复兴美术.北京：中国人民大学出版社，2004：57.

......

1551 年

26 岁。成为安特卫普画家公会的成员。

1552 年

27 岁。旅行至意大利。资料显示他曾经前往瑞吉欧·卡拉布利亚，并游览墨西拿、巴勒莫以及那不勒斯。

1553 年

28 岁。在罗马拜访细密画画家古力欧·克洛维欧，为他在象牙上绘制了缩小尺寸的《巴别之塔》，而且或许还在亚麻布上完成了水彩画《里尔一景》。后者的技巧可能是向彼得·柯克·亚斯特之妻学习，当时她是使用这项媒材的专家。勃鲁盖尔也与克洛维欧共同合作了一幅画。如今，这些作品全部失落。勃鲁盖尔在返回尼德兰的途中，在瑞士停留了一段时间，完成许多以阿尔卑斯山为题材的素描。勃鲁盖尔回程的日期不详，但是弗利兹·克罗斯曼指出，应该是在 1554 年的春、秋之间。目前所知最早有日期记录的画作是始于 1553 年的《在提贝利亚海基督向使徒现身之风景画》。

1555 年

30 岁。回到安特卫普，为镌刻家兼画出版商西洛尼曼·科克工作。该年勃鲁盖尔绘画的镌刻版画"大风景画"系列由科克发行，目前仅有一张素描《大阿尔卑斯风景》尚存。

1556 年

31 岁。钻研人物构图，如该年绘制的名作《大鱼吃小鱼》、《圣安东尼的诱惑》。

1557 年

32 岁。该年完成第一件后意大利时期的画作《播种者的寓言》。

在勃鲁盖尔往后的生涯中，他既是画家也是版画师，完成版画"七项致命的原罪"系列——贪欲、傲慢、邪淫、暴食、激怒、怠惰，并于1558年出版。不过，于1562年之后，他似乎在绘画上投注更多的时间。

1559年

34岁。完成《狂欢节与四旬节之争》、《尼德兰谚语》，出版铜版画"七德"连作中的五件——信仰、希望、爱、贤明、正义，在画风上确立了勃鲁盖尔的风格。

1560年

35岁。完成《孩童之戏》，以及"七德"中的刚毅与节制的铜版画稿。

1562年

37岁。完成《所罗王之自杀》、《叛逆天使之坠落》和《疯狂玛格》。该年可能游历阿姆斯特丹。

1563年

38岁。与彼得·柯克和梅肯·维胡斯特之女梅肯结婚，定居布鲁塞尔。绘制《巴别之塔》、《迁徙至埃及》。后者由当时强势的葛兰维拉天主教枢机主教赞助并收藏。他的画室设在距离枢机主教葛兰维拉邸宅不远的地方，完成画稿《魔法师的堕落》。

1564年

39岁。完成《三王来拜》和《往髑髅地的行列》，而后者是为尼可拉斯·琼荷林克所绘。琼荷林克住在安特卫普，至少拥有十六件勃鲁盖尔的作品。长子彼得·勃鲁盖尔出生，成年后也是画家（卒于1638年），与父同名，因擅长画地狱，被称为"地狱的勃鲁盖尔"。

1565年

40岁。完成《耶稣与不贞之女》、《冬景与滑雪者以及捕鸟陷阱》

和为琼荷林克绘制的"月令图"系列。

1566 年

41 岁。完成《伯利恒的户口调查》、《户外婚礼舞会》、《施洗者约翰的讲道》。

1567 年

42 岁。勃鲁盖尔为庆祝 1565 年完成的安特卫普与布鲁塞尔之间的运河开通，绘制油画《雪中东方三贤王的礼拜》、《圣保罗的皈依》、《农民的婚礼》、《懒惰者的乐土》。

1568 年

43 岁。次子扬·勃鲁盖尔出生，成年后也成为一位画家，主要活跃于安特卫普。完成《残废者》、《盲人的寓言》、《愤世嫉俗者》、《农夫与猎巢者》，以及《绞刑台上的惊恐之鹊》、《夏》、《养蜂人》。

1569 年

44 岁。尼德兰独立战争兴起。完成油画《海上的暴风雨》。勃鲁盖尔于此年 9 月 9 日在布鲁塞尔去世，被葬于六年前举行婚礼的布鲁塞尔圣母院礼拜堂。圣堂右侧廊第三号礼拜堂，至今仍保存有勃鲁盖尔之墓。妻子梅肯当时 25 岁，遗儿有 4 岁的长男彼得、2 岁的次男扬，两人后来都成为画家。妻子在九年后的 1578 年去世。两个孩子由祖母抚养。勃鲁盖尔一生给后世留下四十多件油彩画、蛋彩画，一百件素描，三百件铜版画稿等。[1]

从年表中我们可以看出，勃鲁盖尔是个多产的画家。短短的一生，却留给后世一大笔艺术财富。这一大笔艺术财富，从画种上分，有绘画

---

[1] 何政广.勃鲁盖尔：尼德兰绘画大师.石家庄：河北教育出版社，2000：180—182.

和版画；从类别上分，有油彩画、水彩画和蛋彩画；从画作的内容分，包括宗教画、风景画、风俗画和寓意画。在风俗画中，描绘农民生活和生产的作品占有重要的地位。从创作时间上看，风景画如《里尔一景》（1553），《在提贝利亚海基督向使徒现身之风景画》（1553）、《大阿尔卑斯风景》（1555）、《那不勒斯风光》（1558）等都属早期作品。这些画作的特点主要是运用高视点的构图，"描绘出犹如显微镜般准确的大区域土地和海洋，隐约中仿佛对观众有一种被引领到高地，观赏大地疆域的诱惑力"[1]。

例如，《那不勒斯风光》（图86）就是这种高视点构图的典型。从高视点上可一览大海的风光：海面上，近处的多帆的海船，桅杆、桅杆上的红色飘带，船头都清晰可见；还有单帆的小船，三三两两，夹在大船之间，显得那么弱小；人们可根据船帆鼓胀的程度和朝向，判断船航行的方向；有的船鼓帆前行，有的船转帆调头，有的船平静航行，有的船急速前冲；随着船的航行，流动的海水形成了水流和旋涡，似乎就在眼前滚动；目光远移，可看到架在海上的巨大环形大桥和桥上的堡垒，还有与环形大桥相接的环形的防水大堤，它们像两只巨臂，环抱起了巨大的船港；大堤上的建筑，以及堤后的山坡、房屋也依稀可见；在目所能及的地方，天海合一，海面上还有点点的白帆……站高望远，开阔的视野、景象的宏大壮观给人一种大气之感。勃鲁盖尔风景画中这一高视点的构图，在以后的画作中也常常被运用。而这一构图据说是受了尼德兰独立风景画的开创者阿希姆·帕提尼尔（1480/1485—1524）的影响。帕提尼尔采用高视点的构图，使其作品具有很强的深远感，他著名的《逃亡埃及》就是典型的这种风格。[2]

---

[1]　何政广.勃鲁盖尔：尼德兰绘画大师.石家庄：河北教育出版社，2000：94.

[2]　参见刘明翰.欧洲文艺复兴史：艺术卷.北京：人民出版社：2008：230.

当然，除了采用高视点的构图之外，勃鲁盖尔的作品也反映了他对自然万物精细的观察力和表现力，以及他的独立思考和创造性。例如，《那不拉斯风光》对不同姿态的船帆、水流、海上地平线等的逼真描述，靠的就是细致的观察和表现力。这样高视点加细致的描绘而表现出逼真的现实性，就成了勃鲁盖尔的风格。这一风格在以后的风景画和其他类别的画作中表现得更为突出，也更为成熟。

例如，在结构上，勃鲁盖尔往往采用全景构图这一帕提尼尔所采用的方式，但却将地平线升高，并在缩小远景、扩大中景和前景的基础上，使画面上起伏的山峦、蜿蜒的河流、郁郁葱葱的森林，由前景和中景一直绵延远伸，使整个画面产生一种奔腾流动的艺术效果。在施色方面，他用大自然奇异纷繁的色调，取代了三色原则，以求画面更贴近多彩多姿的大自然原貌，将尼德兰的风景画风在帕提尼尔的基础上向前发展了一大步，勃鲁盖尔也因此获得了尼德兰民族主义风景画的真正传世人的称号。[1]

勃鲁盖尔风景画的这些特点，在他早期创作之后的作品和钢笔画素描中表现得更为明显。《绞刑台上的惊恐之鹊》（1568）、《海上的暴风雨》和钢笔素描如《有河流与人的山岳风光》（1553）、《有画家的阿尔卑斯上风光》（1555—1556）、《树林与教堂的大片风光》（1554）等都是如此。

从年表上，我们可以看出，大约从 1556 年起，勃鲁盖尔的创作开始从风景画转向了带讽喻性的人物构图。而且从年表的记录里，我们看到

---

[1]　刘明翰.欧洲文艺复兴史:艺术卷.北京:人民出版社:2008:231—232.

勃鲁盖尔与上文介绍的画家都不同，他从未进过宫廷，更没有当过宫廷画家，也没有为教堂服务的记录，而一些有身份的人只是他的画的收藏者，并非是他的雇主，如葛兰维拉天主教枢机主教。他唯一受雇的画作就是应安特卫普市政府之邀为庆祝安特卫普与布鲁塞尔之间运河开通所作的纪念性画作，但还未完成他就去世了。他完全是一个自由人，自由的创作者。同时，从年表所列的作品中，我们还可以看出，勃鲁盖尔作为一个尼德兰人，极为关注尼德兰的社会问题和下层民众，其作品大都与他的这些关注点密切相关，即便有宗教内容的画作也是如此。当然，这些关注点更进一步推动了在风景画中发展起来的民族主义的风格。这一风格在他的风俗画上表现得最突出。在此意义上可以说，"勃鲁盖尔又将尼德兰风俗画发展到了一个具有民族特色的新水平上"[1]。勃鲁盖尔的风俗画大致可以分为两类。一类反映尼德兰民间习俗，如《尼德兰谚语》（1559）、《狂欢节与四旬节之争》（1559）、《儿童游戏》（1560）等早期的杰出作品。

《儿童游戏》的画面为一个十字街景，虽画的名称为"儿童游戏"，但满街的人，男人、女人、老人、孩童，都处在自己的娱乐之中，这或许因为人们都是在游戏中长大的吧。画面上有许多游戏，数一数，竟有80种之多，其中我们熟知并能叫得上名的有：推铁环、骑木马、滚木桶、顿屁顿儿、坐轿子、骑马打仗、跳山羊、摸人儿、够吊瓶儿、球进坑儿、老鹰抓小鸡儿、踩高跷、翻单杠、抽陀螺、捉迷藏、转圈舞、拿大顶等。画面看上去很杂乱，很无章法。但当你细看每一种游戏时，你会发现，每种游戏都被画得很形象、有意思。比如，街中心跳山羊的游戏，初看时发现正在跳山羊的只有4个人；细看时，共有6个人在玩此游戏，中

---

[1] 刘明翰.欧洲文艺复兴史:艺术卷.北京:人民出版社:2008:232.

间的 4 人正在跳山羊，另外的两个人，一个在 4 人之前，已弯腰当了"羊"，另一个在 4 人之后，正准备起跑，以跳过山羊。原来这是一个循环游戏，即当跳过最后一只羊时，跳羊人自己弯腰当"羊"，最后那只"羊"便跑到队尾做跳羊人，轮流做"羊"和跳羊人。再如，那两个骑在街心护栏上的男孩，高高地举着"马鞭"，就像骑在真正的马上，高兴得不亦乐乎；街心两队骑在马上的较力者，一眼就能看出他们的输赢，使观者很为那个要跌下马的人担心；那群靠着护栏玩跳腿的孩子们，也使观者很为他们担心，但他们却玩得兴高采烈。而靠画面右侧，有一个被蒙着头遭捉弄的人。有人拖住他的腿，有人企图从他的胯下爬过，还有人轻敲他的头，热热闹闹，真有意思……只有对生活充满了情趣、细致观察生活的人，才能对民间游戏有如此的了解，这便是勃鲁盖尔在当时画家中无人能比的优势。在谈到这幅画的含义时，何政广在书中分析道：

　　　　他的意图除了百科全书式的图解之外，更引申了道德上的训示。画中的孩童较远广场旁的大型建筑物占主要地位，这些建筑也包括了市政厅或其他重要的行政单位。这种图解传达出的信息或许是，掌握行政事务的成人，在上帝眼中，不过像在游戏中的孩童。这里的孩童，他们眼中所流露出的专注之情，宛如成人在处理显然较戏剧更重要的事务时的表情。勃鲁盖尔所要表现的含义是，在上帝的心目中，儿童的游戏与他们父母所做的事情相比，具有同样意义。类似的观念也可在佛兰德斯诗句中发现：人们汲汲营利的行为，就像孩童全心专注于他们愚笨可笑的游戏和关心之事。[1]

---

[1]　何政广.勃鲁盖尔：尼德兰绘画大师.石家庄：河北教育出版社，2000：78，82.

另一类就是关于农民生产和生活的画卷，这在勃鲁盖尔风俗画中占有重要的地位。这一类画作不但多，而且大都属画家的盛期创作。勃鲁盖尔的农民画开始于他早期创作的晚期，其代表作就是完成于1557年《播种者》（图87）。

首先这幅画的构图已具有明显的勃鲁盖尔的风格：高视角与极目远舒。画面上，一片蔚蓝的大海映入眼帘；极目远望，在大海和天空相连之处，依稀可见山峦和城镇；随着目光的近移，远处的山峦和城镇建筑也逐渐清晰，极目之处的点点白帆也渐渐变大；再近移目光，海中的岛屿、岛礁已变得很清晰，船也渐大，连船上的缆绳、旗帜都清晰可辨；海边的最近处是一片林地和耕地，林地和耕地之间种植着灌木；在靠海的林地上有牧人在牧羊；画面的最前景是翻耕土地的农民。构图的深远，远近景致的变化，以及不断变化的多彩颜色的施用：淡粉色的天空、蓝绿色的海洋、远处红色的建筑、白色的船帆和羊只、各种绿色的树木、棕黄色的土地……在把主题画面融入大自然的同时，也准确地告诉你这就是尼德兰。除了构图和颜色的显著特点外，画家的观察和笔触都十分细致，如海中的戏水者，岸边钓鱼的人，站在树枝上的小鸟，蹲在主人身边的瞪着警惕目光的牧羊犬，一只只吃草的、休息的、游荡的、找水喝的羊，还有抬头盼着太阳早点下山的牧羊人，如此清楚和细致地交代了耕种者的环境。

最前景的主题画面，首先以艳丽的红色，将主人翁突出在了画面上。画家以典型的尼德兰农民的装束，强调了主人的身份。同时，那16世纪尼德兰地区的耕作工具——木犁，以及扶犁者的姿势和被犁翻的片片泥土，还有那拉犁的马，马肩上的马套，套在马身上的拖犁架，以及马尾的根根鬃毛、拖犁架上的铁环都画得极为精细。一个真实的尼德兰的翻耕土地的农民形象就如此真实地出现在了画面之上。同时，马前面那已被耕好的土地似乎在诉说着农民的辛苦和收获。农民画作的真实性，来源于勃鲁盖尔对尼德兰农民的了解和对他们生活和生产活动的观察。据说，勃鲁盖尔经常一身农民装束，有时一个人，有时邀朋友一起到农村去，和农民交朋友，为他们作素描，收集绘画素材。例如，他的钢笔素描《马夫》、《套车的牲口》、《樵夫背像》、《持棍的男子》、《农人的立像和坐像》等都是他农民绘画的素材。一般都把他的一组反映农民生活的组画《阴日》、《干草的收获》、《收割者》、《牧归》和《冬猎》称为春夏秋冬的四季图。有人认为，在这一组画中，勃鲁盖尔不但发挥了他善画农民形象、反映农民生活和生产的特点，更发挥了他风景画的特点。两者合一，生动形象地把四季中农民的活动特点和季节特点融合在了一起，描绘出了农村特有的四季景象和每个季节农民典型的活动，可以说，每幅作品都真实而可信。

例如，《冬猎》（一月月令图）（图88），完成于1565年。该画采用高视点全景式构图，描绘了冬天的一个早晨，土坡、屋顶、道路、田野、山峦都披上了银白色的盛装，连树枝上都留有雪痕，天气阴沉，湖水结冰和房屋山墙上挂着冰挂。整个景色透视着冬天早晨的寒冷。然而就在这寒冷的早晨，村庄开始沸腾了：画面近景上，猎人们扛着标枪，背着绳索，带着一群猎狗出发了。他们经过铁匠铺，那里勤劳的铁匠一家人已将炉火燃旺，开始了一天的营生。他们走下山坡，山坡下的桥上走来了背着一捆柴火的往家走的赶早人；桥下的冰面上，一个男人拉着坐在冰车上的女人，也一大早就上路了。当他们来到下面村中的大路上时，也早已有人赶路，他们有的赶着马车、牛车，有的步行，开始了一天的活动；在大路旁的水池已经被冻成了冰场，冰场的蓝绿色和雪的白色相互映印，更加强了天气的寒冷感；然而，冰场上大人和孩子们已经开始在那里戏冰、玩耍。穿过村中的大路，走上田野的大道，可以看到远处平缓的山坡、矗立的山峰和山脚下的小村，或许那里就是他们的猎场。随着猎人们的脚步一路走来，人们的种种活动，加上房屋烟囱中冒出的炊烟，似乎在告诉我们，这就是勤劳而热爱生活的尼德兰农民的冬日生活。

《收割者》又称《夏日的收获》、《夏日》或《收获》（八月月令图）（图89），与《冬猎》同年完成。这也是一幅高视点全景式构图的画面。画面远景为天海相接的地平线。中景是一片田园风光，教堂、民屋依稀可见，但最显眼的则是那在各种绿色衬托下的一片片金黄色的麦田；田野的大路上移动着载满麦子的车；在一块淡绿色的地块上，有影影绰绰的劳动的人群；还有一块方形的、有人活动的、黄色的地块，像是打谷场。画面的前景是收割的场面：金黄的麦田已被收割者分成了块状，劳动了一上午的农民们要吃饭休息了；他们聚集在大树下，吃着"百家饭"，聊着天，好收成给他们带来了快乐；有一个人累得连饭都懒地吃，躺在地上呼呼大睡；有几个人还在麦田上忙乎着；有一只被割麦大军赶得到处躲藏的大蜥蜴，钻到了还未收割的麦田里，一个人正拨开麦秆寻找它；还有从田间小道上陆续赶到大树下，准备吃饭的人；还有几个顶着水罐送水的妇女的身影；割下的麦子排成了行列，有人在那里打捆，捆好后再把三五个麦捆一起立成一个小麦垛……农民忙碌夏收的一日，就这样活灵活现地被搬上了画面。如果不是对农村的生活、农民的劳动有所了解，是画不出如此形象的画面的。画面的颜色，尤其前景上的鲜亮的金黄色和远景那尼德兰天空特有的灰蒙蒙的颜色，把观者带入了闷热的环境中。在这样的环境中从事繁重的体力劳动，其辛苦的程度可想而知。

与《冬猎》和《收割者》相比，《阴日》和《干草的收获》、《牧归》的构图虽也为高视点全景式构图，但前景更宽阔。《阴日》也称《灰暗的日子》（二月月令图）（图90），完成于1556年。从画面来看，全景一半以上的画幅为多种绿色，暗示着勃勃生机的春天的到来；远景的天空中层层的或乌、或白、或暗、或亮的云彩已打破了冬天的阴沉，似乎带来了阳光和雨水；前景上，人们在修剪，并收拾起已干枯的树枝，以便让树木在春天里生长得更好。《干草的收获》（七月月令图）（图91），其整幅画面以黄色为基调，天空在落日的阳光下，被映成了一片金黄，显得比夏日薄雾一般的天空透亮了很多。前景上，忙碌了一天的人们，有的顶着收获的一筐筐果实走回家；有的正在把晾晒好的牧草装上车；还有的在翻动晾晒的干草；有三个收工的人正高兴地走在回家的路上，他们是提着水罐的母亲、扛着草耙的父亲和女儿；还有一个人正在忙里偷闲，磨着砍草的弯刀。在这幅画中，颜色和人们的收获、喜悦、忙碌融合成了尼德兰乡村的美丽景象。除了关于农民生产的画卷之外，勃鲁盖尔还创作了不少体现农村风俗和农民娱乐的画卷，如《农民的婚宴》、《农民的舞蹈》（详见下面的"作品介赏"）等。

在勃鲁盖尔的画作中寓意画占很大的比重。有些寓意画，表现出了勃鲁盖尔作为一个民族画家的爱国情怀。这些画作的内容有的讽刺和鞭挞了社会的丑行，有的揭示了画家对人生的思考，如《懒人国》（1567）、《盲人引路》（1568）、《乞丐》（1568）、《愤世嫉俗者》（1568），还有钢笔素描《炼金术士》（1558）、《大鱼吃小鱼》（1556)等。还有一些寓意画以宗教和神话传说为题材，既揭露和抨击了统治者的残酷和罪恶，也歌颂了尼德兰人民不屈不挠的斗争精神，如《疯女格里特》（1562）、《圣母之死》（1564）、《背负十字架的基督》（1564）、《屠杀无辜》（1566）、《圣保罗之皈依》（1567）等。在这些寓意画中，勃鲁盖尔借鉴了博斯的画风，以幻想、浪漫、荒诞、怪异和夸张的画风，表达了深刻的思想内容。

例如，《懒人国》，也称《懒惰者的乐土》（图92）。画面上有一张以树干为支柱的桌子，桌子上满满的残羹剩饭。桌子下躺着三个吃饱喝足后呼呼大睡的人，根据他们的穿着打扮和身边的物件，可以判断他们一个是农民，他身下压着农具；一个是教士，他躺在毛皮大衣上，瞪着双眼，直勾勾地看着天空，不知是喝醉了还是在睁着眼睛睡觉，他腰间系着文具，经书被扔在一边；一个是士兵，他睡在军装上，使用武器的护手被脱掉、扔在一边，矛枪也被他蹬在了脚下。画面上唯一清醒的人就是躲在屋子里的那个士兵，他竟然懒得出屋，从窗户里伸着头，仰着脖子，张开嘴巴，瞪着屋顶的食物，等着它们自动掉入嘴中。勃鲁盖尔之所以选择这样的3个人入画，是因为他们代表着社会的不同阶层。整个社会都已懒惰到了如此程度：该生产的睡着了；该管理人们思想的已醉糊涂，爬不起来了；该拿起武器冲锋陷阵，保卫国家，打击敌人的也已扔下武器休息了。那么整个社会懒惰到如此程度的结果会如何呢？画面上出现了一只被宰杀了的猪，它逃跑了，身上还插着刀子；一个被吃掉了一半的鸭蛋，顶着刀子从桌上跳下，也逃跑了；一只被烧熟的鸭子，也在蹬腿、翘尾，准备站起来；连躲在地下的大黄鼠都钻出了地面，因为被懒汉们丢掉的美食，已足可以让它的全家饱食了；在画面的右上角，一棵被弄弯的小树枝头吊着一个人，据说他是一个旅行者，是这棵树帮他顺利到达了懒汉们的乐土，他一路上已饱食了各种甜点。如此的社会，一切都乱了，社会的希望在哪呢？画面上的海水是那样宁静，船上的渔民仍然如同往常地在打鱼，还有一个站在高坡上的人，观望着打鱼的人，这一景象难道不更值得深思吗？

再如，《盲人引路》，也称《盲人的寓言》（图93），是勃鲁盖尔以尼德兰谚语"盲人为瞎子带路没有好下场"，结合当时尼德兰的社会状况，对基督所言的"若是瞎子领瞎子，两个人都要掉在坑里"的深刻图解、诠释。画面上共有6个盲人，他们一个拽着一个，摸索着行进。突然，第一个引路的盲人跌进了坑里；跟在其后的第二个人的命运也已注定，他已被跌倒在坑里的那个绊倒，向坑中摔去，他手里还紧紧地握着自己的盲杖，盲杖那头还牵着第三个盲人；后面盲人的命运已可想而知。勃鲁盖尔在形象化尼德兰谚语的同时，也以自己的理解给基督教教义做了注脚。据说，法国的病理学家根据后 4 个盲人的面孔研究认为，他们患的眼疾分别是角膜白斑、天疱疮、黑蒙病和眼球摘除。如此写实的描绘，如果没有对生活的细致观察是无法做到的。

以上这两幅画分别作于 1567 年和 1568 年，此时勃鲁盖尔创作这一类型的寓意画，与当时尼德兰的政治形势密不可分。我们知道，从 1555 年开始，腓力二世登上西班牙的王位，更加紧了对尼德兰的统治。他强迫人们信奉天主教，以宗教裁判所处罚异端，这激起了尼德兰人民的强烈反抗。1566 年，起义者焚烧了安特卫普大教堂，开始了轰轰烈烈的"破坏圣像运动"。腓力二世派兵进行了残酷的镇压。勃鲁盖尔在此时创作《懒人国》和《盲人引路》，一方面是谴责那些面对民族危亡而不顾、只图个人享乐的恶习和可悲的社会现象，以期唤起人民的觉醒；另一方面，也试图通过自己的艺术语言，提醒人们，在反对西班牙统治的民族解放斗争中，必须重视领路人的作用，若像盲人领路那般，后果将不堪设想。由此可以看出，这类作品具有很强的警示性。

诚如上文所提到的，在这一形势下，勃鲁盖尔还创作了一系列的宗教寓意画，揭露了西班牙人的残酷统治，颂扬了尼德兰人民反抗异族统治的可歌可泣的斗争精神。例如，作于 1566 年的《伯利恒的户口调查》，也称《圣诞夜的户口调查》，就反映了阿尔巴公爵对尼德兰的残酷掠夺。画面内容取材于《圣经·路加》第二章第一节至第五节：

这几天恺撒·奥古斯都颁布的法令即将开始执行，全世界的人都必须缴纳税款，每个人都要缴税给自己的城市。约瑟夫当时自卡利里北上，行经纳萨瑞斯进入犹达依，再到大卫的城市伯利恒，与他的妻子玛莉一同纳税。

虽然如此，但画面的场景却是尼德兰。画中的人为典型的尼德兰人的装束。右上角背景中倾圮的城堡取景于阿姆斯特丹的高塔和城门，点明了场景的地点。画面上，户籍调查官们租下了挂着花环标记的旅馆。这一天是圣诞节，也是纳税日。人们从四面八方赶来，车载、人背，带着各种各样的准备做税款的东西，如啤酒、干柴、家具、干草、猪肉等，聚集在旅馆门前。旅馆有两个窗口，一个窗口，户籍官正在拿着户籍册点名；另一个窗口在收税，查户籍与收税同时进行，防止有人漏交。此画也采用高视点全景式构图，这样不仅可突出前景，而且将远景场景交代得很清楚。例如，房屋前看告示的人，那告示想来应该是查户口和交税的告示；旁边还有拿武器的士兵，他们应是守卫告示的；还有背着重物赶来交税的人，交完税赶回家的人等。同时，在画面上还有很多看来与主题画面无关的人：冰上游戏者、放鞭炮者、雪地里的打架者、走亲戚者、相互问候者和还有干各种活计的人……这边是被强迫交税的人，那边是顽强的生活者。正像本内施所言："虽然村民们的聚集是强制性的行为，但他们不是丧失灵魂的躯壳，而是与自然一样被赋予生命的伟大存在。"[1]

《伯利恒虐杀婴儿》也是借宗教之题，抨击西班牙统治的战斗画作（详见下面的"作品介赏"）。而《施洗者约翰布道》、《绞刑架下的舞蹈》（详见下面的"作品介赏"）等作品，则歌颂了尼德兰人民反抗侵略者的不屈不挠的民族精神。

《施洗者约翰布道》（图94）创作于1565年。该作品借助于圣约翰

---

[1] 本内施.北方文艺复兴艺术.戚印平，等，译.北京：中国美术学院出版社，2001：126.

布道的基督教传说故事，再现了尼德兰革命者在丛林中秘密集会、宣传鼓动革命的真实情景。勃鲁盖尔之所以选圣约翰布道，主要是因为，早期基督教是穷人的宗教和反罗马统治的宗教，具有反对富人压迫穷人和反对异族统治的性质；传说中的先知和使徒经常是革命的宣传者和鼓动者，他们的传道具有了革命演说的性质。

画面上，在丛林中的空地上，一群人正围在圣约翰的周围，听他讲道。勃鲁盖尔笔下的圣约翰，站在空地的高处，慷慨激昂。其动作和表情，似乎表明他正讲到激动之处。只见他将右手举到胸前，以特有的手指动作表达着对主的信仰和忠诚。左手向外伸出，似乎是向广大的民众发出了信教的号召，也似乎在告诉众人：主是爱每一个人的；在主面前，人人是平等的；在教会组织中，所有的信徒均为兄弟姐妹；只要大家有虔诚的信仰，便会得到主的救赎，来世便是光明的天堂。勃鲁盖尔笔下的听众，有男有女，有老有少，甚至还有抱着婴儿的母亲，有农民、商人、教士、修女、士兵及社会的其他阶层的人；他们姿态各异，有的站，有的蹲，有的席地而坐，有的甚至爬上了树。再看听众们的表情，他们有的抬头仰望着讲演者，表情凝重而认真；有的像是陷入了深深的思考；有的表情痛苦；有的提出了问题；有的在相互交谈；总之圣约翰所讲的道，在他们之中引起了不同的反响。可以说，此画的寓意很明显：下层民众的革命情绪正在被革命的号召者和组织者调动起来，尼德兰民族在觉醒，他们也定会把革命推向胜利。这一寓意，勃鲁盖尔还采用了一种极为巧妙的表现形式：在秘密集会的幽暗丛林的远处，是处在光明之下的尼德兰山水，这不正象征着尼德兰革命的前景吗？当然，这也是画家的希望。

从以上的作品中，可以清楚地看到勃鲁盖尔艺术的特点，第一就是强烈的民族性。一方面，从他的画风看，他继承了尼德兰传统画家帕提尼尔和博斯的画风，同时又将意大利的元素融入自己的画作，从而显示出了他独特的尼德兰风格。另一方面，从其绘画的内容看，他的作品极接尼德兰的地气。无论是他的农民画、风俗画，还是寓意画，都是尼德兰社会的真实反映。尤其是其宗教寓意画中所反映出的斗争性，更把其作品的民族性推到了最高峰。第二是真实性。他的作品大都直接描绘了尼德兰人的社会生活，尤其关于农民的作品，为他带来了"农民画家"的称号。第三，他把风景与人物相结合、写实与浪漫相结合，创作出了许多真实而又充满想象力的画面，深受尼德兰人民的欢迎。他本人也成为了16世纪最著名的尼德兰画家之一，其艺术的魅力影响了一代又一代人。

（2）作品介赏

谚语集锦——《尼德兰谚语》（图95）　该画作于1559年。画面上是一条街景，而且是一条尼德兰村镇的一条街景，街道的尽头衔接的是一片大海；这条街是一条普通人居住的普通小街，普通的住房、普通的店铺、破旧的木板棚，街道低洼处还有一洼积水。在这样的环境中，普通的人们从事着各种行当，也发生着各种各样的事情。勃鲁盖尔赋予了街景中的人和物以尼德兰谚语的种种元素。

研究者认为，画中包含了对上百种尼德兰谚语的描绘。[1]例如，在画面前景右侧，一个男子把帽子放在柱子的顶上，自己抱着柱子啃了起来，此人便是"教会中假惺惺的伪君子"[2]。他的前面是一个为满足盲目的私欲竟然"不惜与魔鬼共枕的恶女"。靠着墙壁的一人在剃羊毛，这人前面是一个被捆住了四蹄儿的小羊，谚语是"须如小羊一样忍耐力强"；挨着他的是个"刮猪毛"的人；在他们旁边的两个人，一个人在捻线，

---

[1]　何政广. 勃鲁盖尔：尼德兰绘画大师. 石家庄：河北教育出版社，2000：148.
[2]　这里对画面谚语的解读主要依据何政广编著的《勃鲁盖尔：尼德兰绘画大师》。

另一个人帮他拿着绑着猪毛的小棍子；这一组人连在一起，谚语是"羊毛不够猪毛凑，滥竽充数"。

画面前景的中间部分有一个人，其上半身钻进圆球中，下半身露在外边，整个一个"顾头不顾腚"。还有他旁边的人，为了把鱼赶出鱼池，竟采用挖土添池的办法，"愚蠢至极"。街中心的红衣女郎，用一件蓝色大斗篷把情人包裹起来，尼德兰谚语是"我用大衣蒙头，随着外界恶评的升高，愈缩愈紧"，形容主使穿红衣的年轻情妇用蓝大衣盖住年老丈夫的奸夫所承受的指责。街的中心还有用玫瑰花喂猪的男人，谚语为"向猪献玫瑰的无聊男人"。还有一个站在积水中的人，拿着扇子冲着太阳大声喊叫，他是一个"嫉妒邻人的幸福，甚至连看到水中的太阳都会心理不平衡"以至"火冒三丈，气得以头撞墙"的可怜人。在积水处，还有一条大鱼正在吞食小鱼，这使人们想起了勃鲁盖尔的《大鱼吃小鱼》的铜版画。在这条鱼的前面支着一张渔网，有一个划船人在网后抓鱼，谚语说"在人家的网后面翻捡小鱼的男人，不努力捕鱼，当然获鱼甚少"。还有一个人爬上了房顶，把箭射向天空，以期天上掉下馅饼，真是"异想天开"。还有拿刀行凶的人，他竟低头弯腰，遮住自己的脸，躲藏在通道的矮墙旁，显然是一个"掩耳盗铃"者。在城门口，一个人妄图用屁股撞开城门，真是"不自量力"。还有"偷鸡不成反蚀把米"的人；窗前的偷情者和愚蠢者。

还有前景右侧，一个小丑打扮的人，右手叉腰，左手托着一个球体，球上还有十字架，这是一个"世界任我拨弄的"玩世不恭者。玩世不恭者旁边有一张长椅，一个人弯腰爬在长椅上，谚语为"四处翻找小斧头"，何政广的书中说该谚语为"脱离苦境之意"[1]，而小斧头被长椅下的人

---

[1] 何政广.勃鲁盖尔：尼德兰绘画大师.石家庄：河北教育出版社，2000：149.

藏了起来，长椅下的人身边还有一把没有把柄的钉耙，不知何意。画中还有假神父、傻瓜、虚伪者、懒惰之人等。

勃鲁盖尔对这些丑陋的人与事，用民族的谚语进行了辛辣的嘲讽。当然，在画面上，我们还可以看到值得歌颂的内容，如画面上有不少辛辛苦苦的劳动者，尤其一个被关在塔形监狱的人，虽身陷牢狱之苦，却还在那里认真而投入地拉着小提琴，将生死已置之度外。

真实的农家喜宴——《农民的婚礼》（图96）　该作品完成于1567年，是勃鲁盖尔农民画中的杰出作品之一。贡布里希非常喜欢这幅画，称它为"最完美的人间喜剧"，并对其做了细致的解读：

　　　　勃鲁盖尔最完美的人间喜剧之一是他的一幅著名的乡村婚礼画，像大多数绘画作品一样，它的复制品严重失真，局部细节都大大缩小，因此我们观看时就不得不倍加小心……宴会设在一座仓房里，稻草高高地堆积在背景中，新娘坐在一块蓝布前面，在她的头顶上方悬挂着一种花冠。她双手交叉平静地坐在那里，愚蠢的脸上露出十分满意的笑容。椅子上坐着的老头和新娘身边的女人大概是新娘的父母，更靠后正拿着汤匙狼吞虎咽忙着吃饭的男人，可能是新郎。席上的人们大都只顾吃喝，而我们注意到这还仅仅是个开始。右边角落里有个男人在斟酒——篮子里还有一大堆空罐子——还有两个戴白围裙的男人抬着临时凑合的木托，上面放着十盘肉饼或是粥。一位客人把盘子向餐桌上递过去。然而此外还有许多事情正在进行。背景中有一群人想进来；还有一批吹鼓手，其中的一个在注视着抬过去的食物，眼睛里流露出一种可怜、凄凉、饥饿的神色；餐桌角上有两个局外人，是修道士和地方官，正在聚精会神地谈着话；前景中有一个孩子，小小的头上却戴着一顶插着羽毛的大帽子，手里抓着一只盘子，正在全神贯注地舔吃那香喷喷的食物——一幅天真贪婪的样子。但是跟所有这一切丰富的趣事、才智和观察相比，更值得赞扬的是勃鲁盖尔组织画面的方式使画面免除了拥挤和混乱。连丁托列拖也不可能把一个拥挤人群的空间画得比勃鲁盖尔所画的更为真实可信了。勃鲁盖尔使用的手段是，让餐桌向后延伸到背景中去，人们的动作从仓房门旁的人群开始，一直导向前景和抬食物的人的场面，然后再向后通过照料餐桌的那个男人的姿势，把我们的眼睛直接引向形象虽小，但地位重要的人物，那是正在咧着嘴笑的新娘。[1]

在贡布里希的引导下，当我们再欣赏这幅画作时，我们注意到了那抬食物的木托。它是用一扇门代替的，它的一端有一个铁制的门轴环。人们坐的木凳也是临时用锯开的原木做成的，凳腿就是由一根粗树枝充当的。那钻到餐桌下寻食的狗，从桌下钻出，正在舔舐落在长凳上的食物。门口要参加婚礼的人们都拿着礼物，最前面的一个妇女交给管事一个作为礼物的水罐，表示了对新人的祝贺。还有，前景上的那堆水罐，制作粗糙，质地低下，颜色不均，一看就是当时贫穷农民家使用的。正是这种种的农村的真实，农民的真实，让我们犹如亲临现场，让我们感到了他对农村的婚俗、农民的婚礼场面的了解，也让我们感到了勃鲁盖尔的这个"农民画家"称号的名副其实。如果勃鲁盖尔没有长期深入农村生活，做农民的朋友，深入地了解他们，细致地观察他们生活中的一切，也便不会有这幅"最完美的人间喜剧"之作。

欢乐旋律——《农民的舞蹈》（图 97）（也称《农民的舞会》）

该画创作于 1565—1566 年，描绘了劳动之余农民们自娱自乐的欢快

---

[1]　贡布里希.艺术发展史.范景中，译.天津：天津人民美术出版社，1998：211—212.

场面。勃鲁盖尔在这幅画中采用了中近镜头的取景方式，画面主要集中在前景上。前景的画面再加上几个特写镜头，便把农民的欢乐、风趣渲染得惟妙惟肖。画的背景是尼德兰村庄的一个街心小广场，在那里村民们的舞会开始了。勃鲁盖尔首先突出了舞会不可缺少的音乐，最前景上的乐手吹起了风笛，他吹得是那样投入，整个人似乎都陷入了自己的笛声之中。今天的舞会他是最不可或缺的，自然也受到了人们的尊重，有人给他送来了水，讨好地向他问候。舞者们翩翩起舞，跳得潇洒而投入。那个穿红裤的舞者，右手握住舞伴的手，高高举起，左手放在背后，两腿下蹲，潇洒的舞姿还真有点难度；而舞伴则完全陷入了被动。另外的一对，配合默契；男的弯腰、跺脚；而女的则挺胸抬头，踢出左腿，与舞伴的动作配合和谐而有趣。观看的人们将舞者们围了起来，边欣赏，边为他们叫喊、加油。笛声、舞步声、人们的喝彩声，引来了更多的参与者。前景上的黑衣男子，拽着自己的老婆急忙赶来，他配着腰刀，帽子上还别着一把吃饭的勺子。勃鲁盖尔的简单几笔便把他普通百姓的身份交代清楚了。他老婆匆忙之中，上衣背后的拉链还未拉到位，钥匙和钱袋似乎也未来得及系好，便被拽到了舞场。在舞场旁边的房屋门口，还有一个人，正在把女主人拽出来参加舞会。

顺着这一房屋，目光前移，便是舞场之外的情景。在舞会热闹的气氛中，勃鲁盖尔还没有忘记农村休闲时的一些习惯——划拳喝酒：画面左侧，乐手的背后，一张桌子上，几个喝酒的人划拳正酣，大呼小叫地争执着。在他们身后，两个年轻人找到相对僻静之地，亲热起来。在他们的不远处，还有一个人，他似乎要趁人们不注意，想做点图谋不轨之事。在乐手旁边，一个妇女双手拉着孩子的手，耐心地叮嘱着什么……

画家就像在现场一样，把舞会上的一切都真实地搬到了自己的作品中。看着广场上舞动的人群，感受着热闹欢乐的旋律充斥着整个村庄。虽然是在辛苦的劳动之余，尽管饱受压迫，但尼德兰农民对生活的热爱，此刻全都随着这欢乐的旋律释放了出来。应该说，这幅画面表达了勃鲁盖尔对农民的情感、性格和热爱生活精神的歌颂。

内含愤怒的残酷画卷——《伯利恒屠杀婴儿》(又称《屠杀无辜》)(图98)　该画完成于 1566 年。1566 年正是西班牙国王腓力二世派阿尔法公爵开始对尼德兰实行血腥镇压的一年，因此，这幅画的寓意也就不言而喻了。画面的内容取材于《圣经》新约中马太福音第二章希律王下令屠杀伯利恒全城的婴儿，以免漏掉婴儿耶稣的故事。勃鲁盖尔之所以要选这一题材，是因为他想在这一题材的掩盖下，揭露在尼德兰革命中的一个突出的事件——西班牙军队对尼德兰乡村的袭击。

画面呈现的是一个阴冷的冬日，雪盖大地，天空阴沉，一支全副武装的西班牙军队冲进了一个村庄，手无寸铁的人们被赶到了村中的广场上。指挥官下令杀死村中所有的孩童。于是，士兵们满村乱窜，开始挨家挨户地搜查。他们踢门砸窗，将所有的人赶出家门。画面右边，一个士兵踹不开门，另一个士兵便抱着一个大圆木将门撞开；还有一个士兵，蹲在木桶上，砸开了一扇窗户。画面左边，一个士兵把一个穿着很单薄的孩子从屋里拎了出来。广场更是充满了呵斥声、叫喊声、孩子的哭声、大人的哀求声、狗叫声、马嘶声，乱成了一团。

由于画面采用高视点全景散点构图，画面虽有前后景的区别，但没有聚焦特写，所以广场上的人都显得很小。尽管如此，画面却很清晰地展示出了勃鲁盖尔要展示的一切：前景上，一个男子脱帽下跪在两个骑马的军官面前，哀求他们放过自己的孩子；在他旁边，一个妈妈一只手拉着孩子，另一只手企图挡住士兵刺向孩子的刀；图右侧，一个士兵在另一个士兵的协助下，用胳膊夹着抢来的孩子，孩子的妈妈向他们作揖哀求，这非但没有用，还惹来一个牵着狼狗的士兵，向她威胁；图左侧，一个父亲抱着孩子想逃离，一个士兵拿着刀紧紧追赶，他身后一个被杀的孩子躺在地上；还有两个士兵，一人拽着一个孩子，向广场中心走去，却被一个企图救下孩子的妈妈挡住了去路；在他们身后，一个孩子已躺在地上，士兵驱赶着家长们不许靠近；在画面中心，一个母亲坐在雪地上，把被杀死的孩子放在自己的腿上，大声哭号着；她的左边便是屠杀的中心，一些士兵把孩子们扔在地上，一些士兵大开杀戒，惨不忍睹；一个妈妈惊恐中举起双臂，向苍天祈求，很多人因不忍面对惨状而转过头；杀场的后面是一排骑在马上，持枪荷弹的军队，他们时刻准备镇压敢于反抗的人；画面的右后方，一群人正围着一个骑在马上的地方官模样的人，向他求着情……

异族压迫的残酷、残忍在这里已被揭露得淋漓尽致。面对画面，观者似乎看到了勃鲁盖尔的心在流血。可以说，勃鲁盖尔用泪水、鲜血和内心的愤怒凝聚成了这幅痛诉反动暴行的画面。

革命乐观主义精神的赞歌——《绞刑架下的舞蹈》（亦称《绞刑台上的惊恐之鹊》）（图99） 该画创作于1568年，当时尼德兰正处在阿尔法公爵的残酷镇压之下。他甚至大喊宁肯留一个穷死的尼德兰给上帝，也不留一个富庶的尼德兰给魔鬼。仅一年多的时间里，被他处死的就有8000多人，更有成千上万的人遭受到各种残酷的刑罚。面对这种残酷的镇压，尼德兰的起义者们或退居海上，或退进森林，与敌人展开了游击战。西班牙人把起义者污蔑为"乞丐"，起义者们却以"乞丐万岁"给予回答。故而，森林游击队也称"森林乞丐"。游击队员们在森林里如鱼得水，百姓给他们通风报信、为他们提供住处和粮食。他们依仗对地形的熟悉，与西班牙的军队周旋，袭击他们的军队，破坏他们的运输线，给侵略者以沉痛的打击。

勃鲁盖尔的画面采用了他最为擅长的高视点全景式构图。他把画面选择在森林深处。在一个离居民房屋不远处，竖立着一个绞刑架，它是西班牙军队镇压尼德兰人民罪行的见证。它的前面竖立着一个十字架，十字架下是被害者的坟墓。画面以绞刑架为前景的中心，由此远望，是尼德兰的一片大好河山。勃鲁盖尔把绞刑架和十字架放在画面的前景，目的是暗示祖国的悲惨现实。那座林间的房屋、水车和田地，则诉说着尼德兰人的顽强和不屈。目光移到绞刑架之下，我们看到的是面对敌人屠杀的游击队员们和农民大众，他们在绞刑架下跳起了欢乐和激情的舞蹈。这是对敌人残酷镇压的仇视；这是对胜利的庆祝；这是对牺牲战友的灵魂的告慰；同时这也是面对强大敌人永不屈服的民族精神，以及他们解放和保卫祖国的坚定信念和乐观主义的精神的展示。在画面左下角的阴暗处，一个人正面朝绞刑架的方向拉大便，以更诙谐的方式表示了对敌人的蔑视。

面对眼前这幅画，你会被游击队员们的坚定信念、坚强不屈和革命的乐观主义精神深深地鼓舞和感动；同时也更坚信，胜利属于他们，属于伟大的尼德兰民族。这不也正是一个爱国画家的心声吗？

当面对勃鲁盖尔一幅幅画作时，我们会深深感到，他是一位画技高超、思想深刻的艺术家。但也有研究者认为，他的作品，尤其具有讽刺意义的寓意画作，有一种冷眼观世界的消极感。综观他的画作，从带有警示性的讽刺寓意画，到歌颂农民的辛劳生产和欢乐的画作，再到充满战斗性、勇敢地直接颂扬人民斗争的宗教寓意画，可知他是一个关心祖国命运，热爱人民、热爱生活，以自己的画笔为武器而勇于战斗和敢于冲锋的，令人敬佩的尼德兰绘画大师。可以说，无论从画技上还是从思想上，"勃鲁盖尔都已经为艺术找到了一个新王国，在他身后，尼德兰的各代画家们将对那个艺术王国进行全面的探索"[1]。

---

[1]　贡布里希.艺术发展史.范景中，译.天津：天津人民美术出版社，1998：212.

4

国际化艺术大师——鲁本斯

（1）艺术外交家的创作生涯

彼得·保尔·鲁本斯（Peter Paul Rubeus，1577—1640），佛兰德斯杰出的画家，与当时意大利的卡拉瓦乔、荷兰的伦勃朗和西班牙的委拉斯开兹合称 17 世纪欧洲的四大画家，是第一个真正意义上的全欧洲绘画式样的开创者，是从文艺复兴时期开始的艺术国际化的完成者。

鲁本斯出生在德国的小城茨根。他的父亲让·鲁本斯原是安特卫普的市议员，安特卫普加尔文教派的领导人，在西班牙入侵安特卫普时，带领全家逃到德国的科隆，并当了萨克森威廉一世前妻的律师兼财政顾问，后因一场纠纷而入狱。他的妻子为了救他，毅然决然地与他一同服刑。他们的大儿子就出生在牢狱之中。因妻子的惊骇世俗之举，科隆当局释放了让·鲁本斯。之后，全家又迁至茨根。由于妻子的精心照料，让·鲁本斯多活了 20 年，于 1587 年去世。这年鲁本斯 9 岁，母亲带领全家回到了老家安特卫普。为了让自己的孩子受到良好的教育，她省吃俭用。她攒下一笔钱后，便送鲁本斯到一所拉丁文学校学习，这为鲁本斯阅读古希腊和古罗马原著打下了基础。鲁本斯 14 岁时，因生活所迫，不得不离开学校，去做了一家贵族的侍童。由于他聪明懂事，而且还能阅读古典原著，深受主人的喜爱。他也因此从主人那里学到了很多上流社会的礼仪习俗、为人处事之道，还学习了德语和法语。此时的他已掌握了 7 种语言，这无疑对他以后的发展大有裨益。由于对绘画的喜爱，他离开了那家贵族，先后师从风景画画家哈希特和多才多艺的亚当·凡·诺尔特。4 年之后，他又拜从罗马归来的维尼乌斯为师，这使他收获很大，也使他对意大利，尤其罗马，充满了向往。由于鲁本斯的聪明和努力，1598 年，21 岁的他就作为独立画家进入了安特卫普画家公会。1599 年，他以画师的身份，协助维尼乌斯设计了执政"尼德兰独立邦"的伊莎贝拉公主和阿尔伯特大公入城仪式的装饰。

1600 年，为了鼓励他到意大利修业旅游，母亲为他买了一匹马。于是 23 岁这年他便踏上了意大利的土地。在威尼斯，他怀着虔诚，研究和学习了提香和丁托列托的作品。提香作品的华丽色彩、强有力而流动的线条，以及其所展现出的提香对形式的熟悉、丰富的想象力，极大地感染了鲁本斯；而丁托列托作品强烈的透视效果、大幅度的人物动作、刺激性的光线，以及在视觉上给人的勃勃生机，更激起了鲁本斯强烈的创作冲动。后来，他又相继访问了罗马、佛罗伦萨、热那亚、曼图亚，参观了许多古典艺术精品，也临摹了很多大师的画作。在罗马，米开朗琪罗笔下人物强健的肌肉和骨骼所显示出的内在力量给了他很多的启示；拉斐尔圣母的甜美和迷人，又使他更深切地体会了人物画的奥秘。总之，所到之处的所见所闻都使他对意大利的艺术精髓和技法有了更深的了解。但鲁本斯到意大利时，米开朗琪罗和拉斐尔、提香和丁托列托都早已去世，当时最著名的画家是卡拉瓦乔。卡拉瓦乔是意大利著名的文艺复兴后期兴起的巴洛克风格的代表人物，其画作影响深远，他的后继者们直接推动了 17 世纪下半叶巴洛克风格的发展。卡拉瓦乔画风中的"自然主义"，更是引起了鲁本斯的深深思考。

在意大利，除了绘画方面的收获外，他也收获了进入上流社会的机遇。事情是这样的，有一次他正在威尼斯的一个小旅馆里，凭着记忆，临摹一幅名作，一个陌生人见了，惊讶地叫了起来，说他画得太妙了，甚至胜过了原作。而这个陌生人正是曼图亚公爵的朋友，于是鲁本斯便成了曼图亚·文琴佐·贡查加的宫廷画师。他很懂宫廷礼仪，又有语言优势和绘画才能，因此深得曼图亚公爵的赏识，并成了公爵的心腹。他也因此参加了一些外交和政治活动。例如，他曾随曼图亚公爵到佛罗伦萨参加美第奇家族的公主玛丽和法国国王亨利四世（1589—1610）的婚礼，并为庆典设计了一系列的装饰作品，这些作品也有助于他后来为玛丽公主画的大型组画。再如，1603年，他又承担一项为曼图亚君主押送一批画作到马德里，去晋见西班牙国王的任务。但途中遇到大雨，一些绘画受淋被损。有人提议，让他修补原画，但遭到他的断然拒绝。他说："我不愿把自己与别人混在一起，无论那个人有多么伟大。"[1]为了完成任务，他画了两幅画，代替了那两幅损坏最严重的画作。在完成外交任务的同时，他还积极了解西班牙艺术和西班牙藏有的意大利大家们的作品。1604年，他完成外交任务返回意大利。在意大利期间，鲁本斯还受到了人文主义的熏陶，以及当代艺术家们的影响。这对他理解意大利的艺术，将意大利的艺术因素融入自己的创作中，起了重要的作用，从而使他的作品表现出一种独特的、带有浪漫气息的画风。

鲁本斯在意大利待了8年。1608年，因为母亲病危，他急忙赶回了安特卫普，但最终仍没能和母亲见上最后一面。回到自己的家乡，特别是母亲的亡故之地，他便决定不再离开，同时开始寻找自己的前途。此

[1]　转引自赵海江.文艺复兴时期的艺术大师.北京：中国人民大学出版社，1992：340.

时的佛兰德斯也为他提供了极大的发展空间。我们知道，1566年尼德
兰革命爆发。北部的联合省荷兰独立，并迫使西班牙于1609年签署了
12年休战条约。南部的佛兰德斯仍在西班牙的统治之下。几十年的战争，
给佛兰德斯造成了极大的破坏。战后，佛兰德斯开始了重建。尤其城市
和在破坏圣像运动中被荒废的教堂的重建，为鲁本斯提供了巨大的机遇，
于是他辞去了曼图亚宫廷画家的职务。也就在1609年，他走进了西班牙
在佛兰德斯的统治者阿贝尔公爵和西班牙公主伊莎贝拉的宫廷，再次出
任了宫廷画家一职。同时，他也收获了爱情。就在他做御用画家10天之后，
他与伊莎贝拉·布兰特结婚。妻子的父亲是当地一个著名的具有人文主
义思想的律师。第二年，他又在安特卫普买了房子，生活一帆风顺，犹
如贵族，幸福而豪华；事业上更是迅速发展。1610年，他的一幅《升举
十字架》使其在佛兰德斯成名，借此，他的画坊也得以扩大，他招收了
不少的助手和学生，其中有不少著名的画家，如凡·戴克、雅格·约丹
斯等，其订单也源源不断。此时的很多作品都是由鲁本斯先做小稿，再
交由助手去画，最后由鲁本斯签名。由于他要付给助手的工资不低，所
以作品的价格并不低。有一次，一个雇主因为作品不是鲁本斯一个人完
成的，所以拒绝付款。鲁本斯很不客气地说："正因为不是我一个人完
成的，所以这幅画的价钱才这么便宜，要由我一个人来画，恐怕那要付
出比这多两倍的钱。"鲁本斯回佛兰德斯后的作品与其在意大利的作品
相比，已开始有了明显的巴洛克风格[1]。

　　大约从1615年开始，鲁本斯创作了一系列巴洛克风格的作品，成了
巴洛克风格的绘画大师。鲁本斯的绘画已完全转为巴洛克风格。从1620

---

[1]　巴洛克艺术风格，是17世纪一大批艺术家对文艺复兴时期的古典主义和样式主义再创新的结果，
　　　突出一种对激情的表达和张力效果的追求。绘画界最著名的巴洛克艺术家是鲁本斯，建筑和雕
　　　塑方面是贝尔尼尼。

年开始,他在从事绘画的同时也展示了在外交领域的风采。他成为一名卓有成就的外交家,而他的外交生涯又与他的绘画密切相关。1621 年,阿贝尔大公去世,伊莎贝拉公主任命鲁本斯为顾问,这为他提供了外交的大舞台。他多次被委任为国家大使,而艺术家的身份又多次助他完成了外交使命。例如,1622 年,鲁本斯以大使的身份,应法国王太后玛丽·德·美第奇的邀请前往法国。玛丽邀请鲁本斯到法国,希望他能为自己作画,用宣扬她的功绩和法国王室的光荣的绘画作品来装饰卢森堡宫。玛丽作为佛罗伦萨美第奇家族的成员,"自认为对艺术十分精通,因而对创作总喜欢横加干涉"[1],但对她选的人——鲁本斯——充满了信任和信心。她说:"只有一个鲁本斯,他只要四年就能完成,而法国和意大利全体画家需要十年才能完成。"[2]而鲁本斯很聪明地绕过了复杂的创作背景,以神话故事为内容,圆满地完成了玛丽交给他的任务,仅用三年的时间就创作了 24 幅大型作品,其中 3 幅是玛丽与父母的肖像,另21 幅为《玛丽·美第奇的一生》。鲁本斯把神话人物和历史人物结合在一起,运用华彩的技巧粉饰了王太后的功绩,创作出了无与伦比的作品,把"一点点政治成就美化成为艺术的高山,令人叹为观止"[3]。这些作品自然也令玛丽十分满意。而随着这一组画的成功,鲁本斯在欧洲画界和各国宫廷及贵族中的名声大振。他们纷纷邀请鲁本斯为其作画,绘画也因此更成为他外交活动的助推力。

在为玛丽服务的期间,在其宫廷中,鲁本斯认识了英国的白金汉公爵。公爵非常喜欢鲁本斯的作品,便邀请他为自己画像。作为英王的特使,白金汉公爵到法国来是调解英法关系的,但其与法国王后的暧昧关系,

---

[1]　汪漱.巴洛克时代:鲁本斯凡·代克约丹斯.广州:暨南大学出版社,2002:62.

[2]　转引自赵海江.文艺复兴时期的艺术大师.北京:中国人民大学出版社,1992:349.

[3]　汪漱.巴洛克时代:鲁本斯凡·代克约丹斯.广州:暨南大学出版社,2002:81.

使他很难完成任务。鲁本斯借助为白金汉画像的机会，了解到英国对西班牙的态度，便想促成英国与西班牙的联盟，从而解除英国和荷兰联盟对佛兰德斯的封锁。于是在他的说服下，白金汉委托他送给西班牙国王腓力四世（1621—1665）一批画作，以示好。聪明的鲁本斯还趁机将自己收藏的一批拉斐尔、提香、丁托列托的绘画和自己的作品以高出时价10倍的价格卖给了白金汉，使他成了自己的欠债人。鲁本斯的努力成功了，不久西班牙宫廷就决定与英国修好。腓力四世任命鲁本斯为密使前往英国，进见英王查理一世（1625—1649）。鲁本斯的高雅风度和智慧一下子就获得了英王的好感。但当时复杂的国际关系和双方利益关系，曾一度使谈判陷入僵局。此时鲁本斯把自己的一幅画作《战争与和平的寓言》（1629）送给了查理一世。画面上，雅典娜引开了战神，而和平女神在接受和平、幸福、财富和象征着希望的孩子。或许是被鲁本斯画面中所表现出的对战争的反抗和对和平愿望的追求触动，或许是对画面色彩的艳丽和构图力度的喜爱，查理一世愿意继续谈判。

在这次外交往来中，西班牙授予鲁本斯贵族的称号，任命他为皇家委员会秘书；英国也封他为爵士，牛津大学授予他名誉学位。据说，他的政治敏感和能言善辩甚至让西班牙、英国、法国、荷兰的外交家们都感到头疼。也就是在这次外交往来中，他还获得了英王以3000英镑为酬金的绘制白厅宴会厅天顶装饰画的工作。这幅巨大的装饰画，按查理一世的要求，要表现他的父亲詹姆斯一世的光辉事迹。鲁本斯仍借用神话故事，以丰富的色彩、非凡的动感，把老国王的勤勉和对和平的期盼，十分生动地表现出来。或许正是这幅巨作的顺利完工，促成了他外交任务的完成。英国和西班牙最终签订了一份合约。见于他的画作在外交中的作用，以至一个英国使臣向鲁本斯发出疑问："尊贵的大使阁下，你是业余画家吗？"他愉快地回答："不，我是职业画家，业余大使。"[1]外交、绘画双丰收，鲁本斯不愧为艺术外交家。

返回安特卫普，尽管他在外交领域还很有前途，但正如他自己所说："我在这么短的时间看了这么多的国家和宫廷，好像年轻时代的我比现在更适合做这样的工作。"此时52岁的鲁本斯已厌倦了外交上的钩心斗角。1630年，他从英国回到了自己的故乡安特卫普，他的妻子已去世4年，只有他的三个孩子使他得到了一点安慰。也就是在这一年，他娶了只有16岁的富商的女儿——海伦娜·芙尔曼。婚后，他们生活和谐幸福。海伦娜不仅给了他家庭的温暖，而且为他生了两个孩子，还是他绘画事业上的支持者，是他的模特。所以，婚后的10年使他的绘画又进入了一个辉煌的时期。这对一个画家来说，无疑是最大的幸福。正如他在给一个朋友的信中所说：

> 当西班牙同英国之间的和平外交关系完满成功时，我为了恢复本人的自由之身，决心斩断那种所谓政治雄心的黄金锁链。因为我理解在飞黄腾达中急流勇退，是命运之神的特意安排，所以我抓住机会，投靠了大公妃，作为这一阶段辛勤工作的报酬。我恳求允许我解除外交任务，退隐家园……现在我依靠上帝的恩惠，跟妻子安静地生活在一起，除了平安度日以外，别无任何奢望。[2]

鲁本斯生命的最后10年也是他绘画创作最辉煌的10年。他虽然晚年患上了严重的风湿病，但对绘画的热爱，使他仍在病痛中坚持创作。而他的画室，因为他在政治界和画界的名望，甚至成了外国人参观的景

---

[1] 转引自赵海江. 文艺复兴时期的艺术大师. 北京：中国人民大学出版社，1992：354—355.

[2] 转引自赵海江. 文艺复兴时期的艺术大师. 北京：中国人民大学出版社，1992：355.

点。为了安静地生活和工作，他购买了乡间的斯地恩（亦译斯坦恩）城堡，并自己把它设计成一所乡间别墅。乡间的生活，使他在晚年创作了不少风景画。然而，病痛终于夺去了他的生命，1640 年 5 月 30 日，大师在安特卫普辞别了人世，享年 63 岁。佛兰德斯各地的大教堂为他做了 500 次以上的弥撒，以告慰大师的灵魂。几年以后，他的妻子海伦娜在圣雅各建立了一座纪念鲁本斯的教堂，按照鲁本斯的遗嘱，教堂的祭坛上放上了他最后的画作《圣母玛利亚和圣人们》。之所以在祭坛上放上这色彩夺目，人物众多得显得有点拥挤的画作，汪涤分析说，

> 这主要是因为画家想在画面中表现太多的亲人：玛利亚和抹大拉代表着他的两个妻子，圣婴代表着他们的孩子，前景中带胡子的罗杰姆代表着他那思想进步的父亲，而左面穿着盔甲的圣乔治则是画家的自画像。画家将心爱的女人、可爱的孩子、睿智的长辈融入了自己虔诚信仰的天主教中，神话和现实在这里融为一体。艺术家似乎要超越短暂的生与死，在天国得到永恒。[1]

鲁本斯是个高产画家，"自成名至去世的 42 年间创作的作品就有 3000 多件。他的作品不仅数量惊人，而且质量也极高"[2]。研究者们将鲁本斯的创作分成以下几个时期。第一个时期为 1600—1615 年，这一时期以 1608 年为界又可分为两个阶段。1600—1608 年为第一阶段，其作品为意大利时期的创作，主要有《圣海伦娜》（1601—1602）、《世界的霸者——卡尔五世像》（1602）、《特洛伊大火后伊尼亚斯的逃亡》（1602—1603）、《睡卧的维纳斯》（1602—1604）、《西班牙王后肖像》（1603）、

---

[1]　汪涤.巴洛克时代:鲁本斯凡·代克约丹斯.广州:暨南大学出版社,2002:115.

[2]　亨德里克·威廉·房龙.房龙讲述美术的故事.谢伟,编译.成都:四川美术出版社,2003:153.

《拉马公爵骑马像》（1603），组画《文琴佐·贡查加圣三位一体圣灵》、《基督受洗图》和《基督显圣容》（1604—1605），还有《圣乔治杀龙》（1606—1608），《三博士来拜》（1607），《多利亚伯爵夫人》（1606）《牧人来拜》（1606—1608）等。这个时期，鲁本斯在前辈那里学习形式、色彩等要素，同时"他以极大的包容综合了各种影响，古代的和现代的、南方的和北方的，从而形成一种他个人的独特的表现方式"[1]。1608—1615 年是第二个阶段，也称佛兰德斯早期。这个阶段鲁本斯的主要作品有《参孙和大利拉》（1609）、《伊莎贝拉公主像》（1609）、《阿尔贝特大公像》（1609）、《艺术家与他的妻子》（1609)、《基督升架》和《基督下架》（1611—1614）、《沐浴的维纳斯》（1612）、《四哲学家》（1612）、《睡眠中的婴儿》（1612—1613）、《世界四大洲》（1612—1614）、《圣家族》（1614—1615）、《基督下架》（1615）、《在狮群中的但以理》（1615）等。这个阶段鲁本斯绘画的独特风格获得进一步发展，尤其他的宏大构图、明暗对比的画面效果、明快的色彩，以及饱满健康的人体和灵动，更获得了佛兰德斯贵族们的喜爱和欢迎，同时也显示出了巴洛克风格的倾向。

1615—1620 年为鲁本斯绘画创作的第二个时期，其主要的作品有《最后的审判》（1615—1620）、《劫持留西普斯的女儿》（1616—1618）、《亚伯拉罕和曼德克会面》（1617）、《斯纳其的失败》（1617）、《战争中的胜利与死亡》（1617）、《亚马孙人之战》（1617）、《猎杀狮虎》（1617—1618）、《花环圣母》（1618）、《土与水的联盟》（1618）、《女孩肖像》（1618）、《水果花环》（1618）、《刺穿基督》（1620）、《舒伯利的伯爵夫人》（1620）、《伊莎贝拉肖像》（1620）等。大约

---

[1] 汪涤.巴洛克时代:鲁本斯凡·代克 约丹斯.广州:暨南大学出版社,2002: 21—22.

从 1615 年起，鲁本斯的绘画风格完全转向了巴洛克风格，以上便是他早期巴洛克风格的代表作。

1620—1630 年，为鲁本斯创作的第三个时期，这个时期的作品主要与他的外交活动密切相关，其主要作品有《玛丽·德·美第奇生平》组画（1622—1625）、《苏珊娜·芙尔曼》（1622）、《尼古拉和阿尔伯特》（1624）、1628 年为西班牙国王腓力四世画的《腓力四世肖像》和《腓力四世骑马像》（1628）、《战争与和平的寓言》（1629）、《格贝尔夫人和她的孩子们》（1629—1630）、《海伦娜·芙尔曼》（1630）等。

1630—1640 年鲁本斯的创作进入晚期，鲁本斯的绘画显示出了三个明显的特征：

> 一是他远离官场一心作画，画的题材极其广泛；二是他在这个时期的作品大都是由自己完成的，很少使用助手；三是技法上更加炉火纯青，画的色调更加晶莹明亮。[1]

除此之外，这个时期还有一个特点，就是鲁本斯晚年住在斯坦的别墅里，故而也称这一时期为斯坦时期。在乡间他画了许多架上风景画，而且大部分都是精品，主要的作品包括《田野归来》（1630—1639）、《维纳斯的节日》（1630—1640）、《爱之园》（1632—1634）、《城堡庭院》（1632—1637）、《裹皮毛的海伦娜》（1635）、《有彩虹的风景》（1635）、《斯地恩城堡风光》（1635—1637）、《村祭》（1635—1638）、《三美神》和《银河的起源》（1636）、《海伦娜和她的孩子们》（1636—1637）、《圣母玛利亚和圣人们》（1636—1640）、《自画像》

---

[1]　李春．欧洲 17 世纪美术．北京：中国人民大学出版社，2004：331．

（1636—1640）、《酒神巴库斯》（1638—1640）等。

对艺术的追求，勤奋的创作，高产而精美的传世之作，成就了他近乎完美的艺术人生；而他画作的包容和独特性使他成为一个国际性的大师，从而激励和鼓舞着当时的画界，也并将影响和激励着后来者。

（2）作品介赏

巴洛克风格的典型之作——《劫持留西普斯的女儿》（图100） 此画创作于1616—1618年，是一幅具有典型巴洛克风格的作品。画面取材于希腊神话：宙斯的两个孪生子卡斯托尔和波吕丢刻斯抢劫留西普斯国王的两个女儿菲比和希莱拉为妻。作为巴洛克典型风格的作品，其特征首先表现在画面的对角线的构图。鲁本斯巧妙地以两个马头，两个女人向相反方向扭曲的身躯、抬起的腿、伸出的胳膊和触地的脚，组成了一个"X形的轴心散射构图"[1]。其次，在这一构图的基础上，鲁本斯又以强烈的动感线条突出了抢劫和被劫的矛盾冲突。耿脖嘶鸣的马头、抬起和蹬地的马蹄，抢劫者伸出的臂膀，被抢者挣扎的四肢、飘动的头发，扬起的马鬃，飘动和吹落的衣服，这些流动的线条，把人与物纠结在一起，构成了一个扭动着的画面，牵动着观画者的心。再次，强烈的光线和颜色的对比也是巴洛克风格的典型表现：画面上女性光亮白皙的肌肤和男性深棕色的肌肤形成鲜明的对比，女性体态的丰满、柔软和男性体态的健壮形成了鲜明的对比。在强烈的对比中，我们又可看到鲁本斯的精细，这便是眼神的刻画。男性的目光中充满了柔情和强烈的爱，这和他们抢劫的动作相得益彰，而女性的目光似乎带有一种想象甚至希望。正如奥

---

[1]　王素色.欧洲文艺复兴艺术史.北京：中央民族大学出版社，2007：240.

维德所分析的，尽管两个女性进行了反抗，但同时其内心又希望被暴力的手段所赢取，这种矛盾的心态被极其生动地刻画了出来。[1] 于是，观者产生了一种"抢亲"被合法化之感。

我们还应该看到，画面的一切似乎是特意追求而得到的效果，却又像天成之物：既不露斧凿之痕，又把人物的一举一动、一草一物描绘得那样逼真，就连马匹蓬松鬃毛之间的强烈对比看起来也是那么自然而无丝毫的生硬之感。这当然与鲁本斯长期的刻苦钻研、写生考察、努力吸收前辈和当代大师的特色是分不开的，这些自然成了他无穷创作的源泉。[2]

外交画作——《玛丽·德·美第奇生平》连环组画　这一连环组画创作于 1622—1625 年，鲁本斯外交活动的盛期，共为 21 幅：《玛丽的命运》、《玛丽的诞生》、《玛丽教育》、《亨利四世观看玛丽肖像》、《婚礼》、《玛丽在马赛登岸》、《里昂会聚》、《路易十三诞生》、《玛丽被授摄政权》、《玛丽加冕》、《亨利四世升天和玛丽摄政》、《与奥林匹斯众神会面》、《俘获主利挨》、《法奥两国结秦晋之好》、《摄政之乐》、《路易十三亲政》、《逃离布洛瓦城堡》、《昂古莱姆条约》、《昂热和平》、《玛丽与路易十三言归于好》、《真理的胜利》。鲁本斯为这一大型的组画付出了极大的精力。他聪明地以半神话半历史、半现实半浪漫的形式，叙述了玛丽·美第奇王太后的主要事迹；以巴洛克艺术风格高度粉饰了她的光荣。可以说，鲁本斯用了一切夸张的艺术语言满足了这位王太后的虚荣心。

例如，《亨利四世观看玛丽肖像》（图 101）也称《亨利四世接受玛丽的肖像》，表现了亨利四世神圣而热闹的婚礼仪式。画面上，国王的订婚仪式，引来了众神：众神之王和众神之后出现在天空，他们的鹰和

[1]　See Laurie Schneder Adams .Key Monuments of the Baroque . American: Westview Press, 2000: 104.

[2]　朱龙华 . 世界艺术历程 . 南京: 浙江摄影出版社, 1999: 285.

神雀跟随在身后；在云端，他们相面而坐，相互牵着手，共同面视这订婚的场面，就像是控制着这一场面的主持人。画面的中间是众神使者麦丘里和小爱神，他们把玛丽的画像举到亨利四世面前。小爱神手指着画像，眼睛看着亨利四世，似乎在向他介绍玛丽。亨利四世身披铠甲，手持权杖，昂首挺胸，一副雄姿，高傲而专注地看着玛丽的肖像，像是审视，像是欣赏。站在国王身后的智慧和武艺女神密涅瓦（雅典娜）不失时机地把手搭在国王的肩上，把头靠近他耳边，像是在劝说国王接受这门婚事。在亨利四世的面前，有两个欢乐嬉戏的小天使，似乎预示着这门婚事的幸福和美满，也衬托着仪式的喜庆气氛。而这一气氛，在构图上就已很突出：高高在上的天王和天后几乎占据了画面的三分之一，而众神和天使则布满了整个画面，由此显示出了订婚仪式的神圣和隆重；而把亨利四世放在画面的右下角，与画面左上角的天王构成了画面的对角线，对角线的中间是玛丽的肖像，这一典型的巴洛克式的构图既突出了订婚仪式中的两位主人，也显示出仪式的神意。同时，鲁本斯又以最艳和最亮的色和光线赋予了这两位众神之领袖，而以相对较暗的棕色赋予了亨利四世，如此，更凸显了这一世俗的订婚仪式的神圣与庄重。于是，鲁本斯把这一政治性婚姻，通过神话与现实人物结合的画面，以渲染的神圣掩饰得不露丝毫痕迹，使观者不能不钦佩鲁本斯的聪明和画技的高超。

《玛丽在马赛登岸》（图102）是该组画中场面最热闹和红火的一幅。鲁本斯将画面分成上下两部分。上面的部分为玛丽登岸的场面，描绘了玛丽登岸后受到欢迎的情景。在这一情景中，鲁本斯突出了两个方面，一方面是玛丽的高贵和富有的身份，另一方面是法国迎接的最高规格的礼仪。在使女的搀扶下，身着盛装走下船的玛丽，尽管因长途跋涉而步伐显得很疲惫，但其直胸昂首的高傲气质，把她高贵的血统和将要做法国女主人的身份显露无遗。鲁本斯还特意用精细的笔触描绘了玛丽乘坐的大船。鲁本斯赋予了船较深的色彩，一方面是为了突出船前的人群，另一方面是为了突出船的质地优良。船身的精美雕刻，尤其船顶篷上那颗金光闪闪的美第奇家族的徽章，都是玛丽身份的象征。而陪送她的人有她的姐姐——曼图亚公爵的王妃和她的姊姊——托斯坎尼大公的王妃，她们也都是有高贵身份之人。来欢迎的人有代表整个法国的女神，她身披绣着法国王室徽识的百合花的蓝色战袍，伸出双臂，倾俯身躯向玛丽致敬；还有此时天空中展翅飞来的声誉女神，她同时吹起两个大喇叭，向全法国宣布王后到来的喜讯；还有女神身后各司其职的人群；欢迎场面隆重，热烈。

画面的下面部分是处在水中的三个裸体的海上女神和海妖。有个老海怪正在指挥着海怪们，他们有的在用力推着船身，有的吹着海螺鼓劲；三个女神正在努力拉着绳索，帮助玛丽的船靠岸，她们各个健壮有力，甚至超过了男性。无论是岸上、水中，还是天空，都构成了盛大的欢迎场面，彩旗飘扬，锣鼓齐鸣，这使玛丽赚足了面子。

鲁本斯之所以将画面描绘得如此隆重、热烈和红火，主要是因为玛丽到达马赛时，亨利四世远在巴黎，并未亲自前来迎接，这使玛丽一直耿耿于怀。而鲁本斯以突出玛丽的高贵和富有，以及欢迎场面的隆重，弥补了她心中的缺憾，极大地满足了她的虚荣心。而就这幅画的风格而言，评论家们赞美最多的就是三个女海神，认为：

　　整个画面从亮度到色彩，三个女海神都是最佳的，她们身体丰满，健壮有力得甚至超过了男性。尽管画面上部的玛丽衣着华丽，姿态高傲，但比起这些女神却黯淡失色得多。鲁本斯对女神的刻画可以说发挥了他的油画绝技，这不仅给日后西方绘画史上所有强调色彩的画家以极大的影响，他们甚至被称为鲁本斯主义者，还影响了19

世纪的浪漫画派和印象画派。[1]

爱的结晶——《爱之园》（图 103）　该画创作于 1632—1634 年，是鲁本斯最杰出的画作之一。这是鲁本斯献给自己第二次婚姻的一首颂歌。他的第二个妻子海伦娜虽然比他小近 37 岁，但她非常爱自己的丈夫，丈夫就是她心中的偶像。而鲁本斯更深深地爱着海伦娜。他爱她的年轻美貌，爱她的活泼纯洁，更感谢她为自己所做的一切：她是他的妻子、他孩子的母亲，还是他晚年最称职的模特。鲁本斯也深知，正是海伦娜，他的最爱，使他晚期的创作更显辉煌。他怀着爱，为妻子画了不少的画像，如 1630 年创作的《海伦娜·芙尔曼》、1635—1640 年创作的《海伦娜的肖像画》，1636—1637 年创作的《海伦娜和她的孩子们》。他希望通过他的画作，永远留住海伦娜的青春，留住她的美丽；他也更希望留住她幸福的神情和沉浸在幸福中的样子。在他晚年的创作中，很多画幅里都有海伦娜的影子。也正是怀着深深的爱，鲁本斯创作了《爱之园》。

《爱之园》是文艺复兴以来一个屡见不鲜的题材，一般表现为一群恋爱中的男女在爱神的庭院中享受美好时光的情景。而鲁本斯却把它表现得无人能及。画面中的建筑就是鲁本斯在斯地恩的乡间别墅的实景，那是他和海伦娜生活的地方，鲁本斯要让这里充满浓浓的"爱"。这里有一段温尼·海德·米奈对该画的介绍：

　　在他爱的花园里，人类的梦一样的欲望在画面中表现出来，在一对专供维纳斯使用的鸽子的引导下，几个爱神丘比特从左上方跌撞地进入画面。在左侧，前面的丘比特的左手拿着婚姻的象征物（轭

[1]　欧洲文艺复兴史：艺术卷.刘明翰，主编.北京：人民出版社：2008：243.

状物）。另外一个高空的小天使把一位妇女推进了花园。她的伙伴带着哀求和邀请的表情，凝视着她的眼睛，催促她向前，等待她的是很热烈的集会。三个坐着的妇女代表尘世的爱，而后面眼睛看着天空的妇女代表天国的爱。这就是寓言的含义。维纳斯的另一个助手手里拿着火炬，进入无疑象征着性的黑暗洞穴，在那里有一座维纳斯的雕像，她的双乳正在喷水。另一些人似乎执着于，甚至吃惊于那些在洞穴更深处的东西。[1]

除了温尼所介绍的画面内容外，我们还可看到，在画面的左侧，一个小爱神正在用力推着一位妇女进入花园；他的同伴一手搂住他的腰，一手牵起她的手，以双人舞的姿态将她带进了花园。这与右上方小天使把一位妇女推进花园的画面形成了整个画面的对角线，从而便于在对角线的右下方主体画面的安排。在这一画面中，我们还看到了花园情侣，相互倾心交谈的异性伙伴和互相交流的同性朋友，以及在天空中飞来飞去的和在情侣中间来回穿梭的小天使们。整座花园充满了"爱"。这里需要强调的一点就是，这幅画以描绘女性为主。鲁本斯笔下的妇女个个都体态丰满，脸盘圆润。

可以肯定，她们都是以海伦娜为模特的，但作者给了她们以不同的动作，表现了她们对"爱"的不同理解和对"爱"的享受。如画面中间的妇女们，她们有的坐、有的躺、有的靠，她们身着当时法国最为流行的服饰，听着乐手弹奏的美妙音乐。[2]

---

[1] 温尼·海德·米奈.巴洛克与洛可可：艺术与文化.孙小金，译.桂林：广西师范大学出版社，2004：141.

[2] 欧洲文艺复兴史：艺术卷.刘明翰，主编.北京：人民出版社：2008：244.

可以说，这些描绘，正是鲁本斯想给予爱妻的，他也希望爱妻能够获得"爱"与享乐。而这种爱是从鲁本斯心中流出的。正如贡布里希所言："寓意画通常被人认为相当枯燥而抽象，但在鲁本斯那个时代却成为一种表达思想观念的便利手段。"[1]

当然，还有研究者从画面强烈运动感的构图和鲁本斯运用纯净浓烈的原色——红、黄、蓝——所达到的绚丽明艳的色彩艺术效果方面，认为该画超过了威尼斯画派引以为豪的着色成就。

平静的乡村生活——《城堡庭院》（图 104） 此画创作于 1636 年。为了跟妻子安静地生活在一起，平安度日，晚年的鲁本斯经常居住在斯地恩的别墅。这是一幢文艺复兴风格的建筑，它周围有花园、果园、小桥、高高的方塔、广阔的田野和宁静的湖泊。据说，他经常带着妻子和孩子们在花园中玩耍，在田野上散步，享受着大自然的美好与乡间的宁静。这也因此成就了他晚年创作的风景画。研究者认为，鲁本斯的风景画有如下的特点：第一，构图优美饱满；第二，有层次，有空间；第三，带有一种韵律之美，像一部音乐作品。[2]

《城堡庭院》是鲁本斯风景画中最具代表性的一幅。该画的最大特点就是采用了 C 形构图。整个画面的景致围绕一片湖水形成，画面左边为 C 形脊背式的湖岸，岸上树林浓密；城堡建筑坐落在湖心岛上，顺着建筑物向 C 形开口的方向望去，湖中有一座桥通向湖的右岸。这一 C 形构图，为右岸景致的无限延伸留下了无限空间。辽阔的天空更强化了景致延伸的空间。整个画面的笔触有细有疏。左岸的树林描绘细致：树干按透视法，粗细精确；树株横竖成行；林中弯曲的小径，沿树林通向远方，有一种曲径通幽之感。前景上的独木小桥，由岸两边的枯树桩卡住，被

---

[1] 贡布里希.艺术发展史.范景中，译.天津：天津人民美术出版社，1998：225.

[2] 西方大师经典：鲁本斯.范治斌，主编.合肥：安徽美术出版社，2011：11.

绳索连接起来的两岸树桩，作为桥的扶手，这些是乡村常见的实景。画面从城堡建筑开始向右，尽管线条很粗，但又清晰可辨其轮廓。整个画面的色彩以粉红色为基调，突出了晨曦天光的特点。晨光不仅映亮了树林的尽头，而且将整个建筑物和左岸的风光完全笼罩在晨雾之中，从而使整个画面产生了一种真实而神秘，现实与想象融合的双重感觉。再看前景中清晰而又模糊的人物，他们有的边走边谈，有的跳起了舞蹈，孩子们在相互追逐。

看到这些沉浸在晨曦中的人们，你似乎感到，鲁本斯可能就在前景中的某一角落，坐在躺椅上，在宁静的晨曦中享受着大自然的美景，感受着和家人在一起的欢乐。这不正是鲁本斯晚年生活的真实写照吗？

5

草根人物画家——哈尔斯

（1）贫穷而忧郁的一生

弗拉斯·哈尔斯（Frans Hals，1580—1666），被贡布里希称为"自由荷兰的第一位杰出的艺术家"[1]，是 17 世纪荷兰现实主义画派的奠基人，荷兰杰出的肖像画画家和风俗画画家。

弗兰斯·哈尔斯，1580 年出生在安特卫普的一个纺织工人的家庭，其父母都是新教教徒，1590 年全家迁居到荷兰的哈雷姆。哈尔斯也在这里走完了自己的一生。哈尔斯的一生充满了坎坷。童年时，社会动乱、家庭贫苦，他过着朝不保夕的生活。据说，在 1596—1603 年，他开始在哈雷姆学艺，师从卡列尔·凡·曼德尔。曼德尔是当地画院的领导人，荷兰著名的画家传记编写人。在曼德尔的画坊，他系统地接受了意大利流派的绘画训练。1603 年，曼德尔离开哈雷姆，哈尔斯也开始独立作画。1610 年，他成为哈雷姆画家行会——圣路加公会的会员，正式成为画师，开始了早期的创作。但其 1609 年以前的作品尚未被发现。已发现的他最

---

[1]　贡布里希.艺术发展史:1.范景中，译.天津:天津人民美术出版社，1998: 231.

早的作品大约是 1609—1610 年创作的，其中包括《拿颅骨的人》、《女子像》、《花园中的宴会》等。他最早签有日期的作品是 1611 年创作的《雅柯波·萨菲亚像》。以上这些作品都已显示出他手法豪放，笔触潇洒的特点。

然而就在他即将踏上一条崭新的艺术道路之时，他的家庭生活发生了变故。哈尔斯大约在 1610 年结婚。妻子安内特·哈曼斯德在结婚第二年就为他生了第一个儿子哈们（后来也成了画家）。但家庭生活的拮据，使他染上了酗酒的毛病，加上他性格孤僻古怪，家庭经常不和。有一次他因为虐待妻子，被告上了法庭。妻子也因此郁郁寡欢。就在他们的大儿子刚刚五岁时，安内特·哈曼斯德就突发病故，撒手人寰。这使哈尔斯的生活一下子乱作一团。他由于不善理家，生活陷入了困境，不得不经常以借债为生。"他经常欠面包匠制鞋匠的钱。"[1] 心情的抑郁使他的酗酒恶习有增无减。

但为了生活，他不得不用画笔去赚钱。这里有一段轶闻：传说，哈尔斯经常出现在哈雷姆的一个小酒馆里，人们经常见到一个酒鬼。他形象落魄，举止粗俗，动辄就动手打人，还经常赊账。但不管是老板还是食客，都对他出奇的客气，还尊敬地称他"画家先生"。有一天，他的妻子到酒馆寻找他，他竟然在酒馆中殴打她。恰巧酒馆中有一位外乡的骑士，看到此景，上前劝说，结果和哈尔斯冲突起来。此时，一些食客也上来劝阻。听到他们都称醉鬼为"画家先生"，骑士很是奇怪。再看醉鬼手指颤抖，捏成一团，骑士不禁大笑起来，心里在想：如此粗俗无理之人怎么可能是一位画家呢？醉鬼看到骑士以如此鄙视的目光看着他，心中气愤。他甩开众人，打开自己的手包，取出绘画工具，似乎不假思索地、

---

[1]　贡布里希.艺术发展史.范景中，译.天津：天津人民美术出版社，1998：231.

飞快地在画板上描绘起来。一会儿，画板上就出现了骑士那鄙视和不屑一顾的面容。骑士看着他那瞬时出现在脸上的表情，竟让这个醉鬼描绘得如此逼真，活灵活现，不禁为刚才自己对画家的冒犯而抱歉。醉鬼此时也一扫不快，拉起骑士的手臂，两人竟推杯换盏起来。回家后，酒醒的哈尔斯，调理好色彩，竟完成了一幅以《微笑的骑士》为名的千古佳作。1616 年，一幅具有卓然独立风格的《圣乔治射击连队军官们的宴会》使他的名声大震。大约也就在这一年，他去了安特卫普。据说在安特卫普时，他和鲁本斯有过交往。由此也可看出他在画界的影响。

1617 年，哈尔斯的生活有所改变，他娶了第二任妻子莱谢斯·雷妮。他们共有 12 个孩子，其中 5 个后来都成了画家。婚后，哈尔斯一边作画，一边参与社会活动，不但成了圣乔治公民卫队中的一员，还加入了哈雷姆的修辞学家社团。充实而丰富的生活，使他的艺术创作在进入 20 年代后，有了更进一步的发展。在 20 年代的创作中，哈尔斯的作品主要是带风俗画性质的肖像画，也就是说，他的肖像画的一个很大特点就是带有被画者所处的时代和社会背景特征。例如，1624 年创作的《愉快的军官》中的军官，无论其表情还是其服饰都给人一种滑稽之感：微微上挑的嘴角，一副似笑非笑的表情，加上诙谐的目光和翘起的小胡子，哈尔斯简直已把一个平易近人、爱开玩笑的人物形象刻画得入木三分；而他歪戴的帽子和一本正经的服装所形成的反差，更呈现了人物的不修边幅、浪漫和风趣。再如，创作于 1626 年的《弹曼陀铃的小丑》，把一个诙谐可笑、机智风趣、快乐开朗的众人开心果的形象表现得淋漓尽致。他像是一个舞台上的丑角，头顶小尖帽，歪头斜视，以丰富的表情和手中弹拨的曼陀铃的琴声，吸引着观众的目光和他们的耳朵。他更像众人的开心果，黑红相间的毛衣、红白相间小尖帽，本身很普通，可是穿在他身上就产生了一种喜剧效果；还有，他弹琴的姿态和故意耸起的肩膀，配上那斜视而带挑衅的眼神，使人感到只要碰到他的目光，便会立即融入和他一起欢乐的人群中。在提到哈尔斯 20 年代的画作时，李春评价道：

> 他的画中有贵妇、军官，也有流浪汉、酒鬼、农民、渔夫和吉普赛人。他画宴席中的军官，他们在笑，笑声中包含着对生活的满足和自豪。他画的小丑、流浪汉有时也笑，好像在笑的背后隐藏着一丝悲哀。所以说哈尔斯的肖像画并不简单，其肖像画中包含着许多内涵，这其中有生活、时代和人性的东西。[1]

当时最有影响的两位大师——凡·戴克和鲁本斯，都十分地钦佩哈尔斯的艺术。大约在 20 年代，两位大师来到哈雷姆，专门拜访了哈里斯。可见此时他在画界中已有很高的声誉。二位大师来哈雷姆，本打算邀请哈尔斯一起去意大利，但哈尔斯没有这样的想法，原因是"不愿学习别人，而只想留在荷兰画自己的画"[2]。

在"荷兰画自己的画"，使哈尔斯的作品非常接地气。有研究者认为，因为 20 年代荷兰处在民族解放胜利的初期，所以哈尔斯 20 年代的作品中的主人公都表现出一种自由、乐观、自信的情绪。但从 20 年代末开始直至整个 30 年代，哈尔斯作品的主人翁却往往带有孤独、压抑、伤感，甚至失望和悲哀的情绪，如创作于 1628—1630 年的《混血儿莫拉特》。画面上的人物应该是画家的酒伴，一个上了年纪的流浪者。他蓬乱的头发上斜戴着一顶似乎是哪里捡来的小红帽，与其显得极不协调；衣服更是破旧不堪；半醒半醉的目光游移不定，无力的微笑中流露出其凄凉和悲哀。据说哈尔斯常常给这些人画像，且分文不取。《渔民组画》和《村

---

[1] 李春.欧洲 17 世纪美术.北京：中国人民大学出版社，2004：262.
[2] 李春.欧洲 17 世纪美术.北京：中国人民大学出版社，2004：261.

野巫女》（详见下面的"作品介赏"）都是表现下层民众这一情绪的典型画作。除此以外，这个时期哈尔斯还创作了一些群体肖像画，如《圣乔治射击连官员的会议》（1627）、《圣安德里昂射击连官员的会议》（1633）、《李哀儿上尉和希拉乌少尉的连队》（1633—1637）、《圣乔治射击连的官员们》等。据说一幅这样的群体肖像画作可使哈尔斯获得较多的报酬。但由于风俗肖像画的收入微少，加之家庭人口多，所以哈尔斯的家庭经济一直处在拮据中。

40年代以后，哈尔斯的群体肖像画构图趋向平稳，人物表情转向安详，背景也趋于冷寂；而其个人肖像画则更加注重揭示人物的内心情绪，同时带有一种新的凝重感与庄严感，少数作品带有一种失望和悲伤的基调，如《圣伊丽莎白医院的董事们》。在肖像画中，《威廉·海特海森像》最具代表性。威廉·海特海森是一位商人。画面上的他，头戴着宽檐帽，斜坐在椅子上，跷起二郎腿，似乎在表现着自己的潇洒；但两只手用力地折着一条马鞭，透露出他的紧张和不安；虽然他的脸上带有一丝微笑，但两只无神的目光却突显了他的疲惫和忧伤。一个商场失意的、尽力掩饰内心矛盾和痛苦的商人形象被哈尔斯刻画得惟妙惟肖。

到了五六十年代，哈尔斯的订单锐减，其家庭经济进一步恶化；愚钝的儿子彼得因危害了他人的安全被关入监狱；在困窘中变得放荡不羁的女儿也进了贫民习艺班。其生活的贫困甚至到了连面包都要赊账的程度。1654年，他的五幅画和微薄的财产都被面包商作为一笔债务的抵偿夺走了。1660年，到了贫困极限的老画家不得不依靠画家同业公会的补助金度日。1661年，同业公会又免除了他的会费。1662年，哈雷姆市市长给了他一笔150盾的年薪，1664年，又送给他三小车煤和50盾的补助金，这样他一家才勉强度日。他尽管贫穷到了难以度日的程度，但仍在顽强地进行着创作。他晚年的主要作品主要有《穿黑衣的男人》、《威廉·克鲁斯》、

《戴宽帽子的男人》、《哈雷姆养老院的男管事们》、《哈雷姆养老院的女管事们》（1664）等。从这些作品中，我们可以看出，晚年的哈尔斯忧郁、彷徨、困惑，甚至愤世嫉俗。例如，《哈雷姆养老院的女管事们》，哈尔斯以深色的背景和白色的领肩、袖口和帽子，将五位女管事突出在画面之上。在其心目中本来的行善之人，却没有一个面善者。她们个个严肃呆板，木然迂腐，甚至冷若冰霜，在这些毫无热情而言的管理者手下，老人们的生活可想而知。1666 年 8 月月底，哈尔斯在贫穷潦倒和寂寞中离开了人世，同年 9 月 1 日，市政当局出资，将他安葬在哈雷姆的圣贝沃大教堂。

哈尔斯一生创作了 240 多幅作品。英国研究哈尔斯的专家西摩·斯莱夫对其作品进行了统计：20 年代以前，约有 10 幅单人画像和一幅公民卫队群像；20 年代，约有 25 幅单人肖像画，2 幅公民卫队群像，1 幅大家庭像和 1 幅双人像；30 年代，约 65 幅单人肖像和 3 幅公民卫队群像；40 年代，40 多幅单人肖像，1 幅执政者群像和 1 幅公民卫队群像；1650—1666 年，大约有 40 多幅单人肖像和 2 幅执政者群像。[1] 从以上的内容可以看出，哈尔斯作品的变化与荷兰社会变迁紧密结合。20 年代，由于荷兰刚刚获得民族的解放，人民欢欣鼓舞，兴高采烈的心情成了他人物描绘的中心点；30 年代，荷兰联省共和国胜利初期的华彩很快消退，新贵族和资产阶级在航海和商业中发了财，下层民众仍处在受剥削的境地、生活贫困，因而社会上出现了普遍悲观和失落的情绪，哈尔斯画中人物的凄凉和悲哀的表情正是这一情绪的反应；进入四五十年代，聚集了大量财富的资产阶级，对艺术风格的追求从求实转向了华美与高雅，也更加注重自我，但哈尔斯仍然顽强地坚持着自己现实主义的画风。哈

---

[1] 转引自赵海江.文艺复兴时期的艺术大师.北京：中国人民大学出版社，1992：374.

尔斯笔下的内心失望、心情复杂的小人物形象，极不符合上层人物的喜好，以致其订单大量减少，这更加剧了他的贫困。即使如此，直到在贫困中死去的他也没有屈从于上层人物的喜好，一直坚持着自己的画风。

（2）作品介赏

草根人物画——《村野女巫》（也称《哈雷姆女巫》或《希勒·勃伯》）（图105） 作品创作于1633年。希勒·勃伯是一家小酒馆的老板娘，终日守着高大的啤酒桶，醉醺醺地料理着酒馆中的一切。因其常常为酒客们预卜凶吉，故而获得了女巫的绰号。画面上，哈尔斯以白色的衣领和帽子将人物凸显在深棕色的背景上；以强光突出了人物的面部表情；以与深棕色的背景融为一体的服装彰显她的神秘；以站在她肩膀上的深棕色的猫头鹰揭示她的身份。之所以如此说，是因为古老的荷兰言语说"像鹰一样地饮酒"，同时猫头鹰还象征着黑暗和无知。哈尔斯以强光凸显她的面孔，她的面孔皮肤粗糙，鼻尖眼窝，嘴咧露出的牙齿损坏、不洁，这把一个下层妇女不拘小节的粗俗凸显无遗。在这里，哈尔斯还紧紧抓住她转身扭头的瞬间动作和咧嘴狞笑的表情，以此把她一贯恶语伤人和幸灾乐祸的心态惟妙惟肖地展示在观者面前。尤其她无忌放声的大笑连带着肥胖肉体的颤动，不由得使观者对她产生了一种厌恶。而在厌恶之余，我们也可从哈尔斯对其灵魂和内心的写实功力中感受到农村妇女的愚直气质，这便是这幅画的高明之处。

集体肖像画作——《圣乔治射击连队军官们的宴会》（图106） 这一名称的画作，哈尔斯共创作了三幅，第一幅创作于1616年，后两幅创作于1627年。在反抗西班牙统治的斗争中，荷兰各地出现了许多民间军事组织。解放战争胜利后，这些组织依然存在，他们很为自己的功绩自豪。

为了这份光荣，也为了让这份光荣传给后代，他们经常请哈尔斯为他们画群体肖像。

1616年创作的这幅《圣乔治射击连队军官们的宴会》的特点如下。首先，该画面采用了具有巴洛克风格特点的对角线布局。这样的布局，便于将12名军官安排在餐桌的四周，而不显画面拥挤；同时，也便于安排和突出代表整个连队标志的队旗。其次，在深色的背景下，以白色的衣领和人物面部的强光，将人物凸显在画面上，这也是哈尔斯群体肖像的风格特点。再次，画面凸显了哈尔斯作画之前的瞬间画面人物的不同的动作和表情：有的军官已准备好，把脸和目光集中到了哈尔斯那里；但有的人似乎还处在欢宴的喜悦和交谈中，这一瞬间的表情，以旗手左侧第一个人物最突出，只见他一手举着餐刀，一手去拿肉，同时把目光投向哈尔斯，表情似乎被定格那里；再如旗手右边的第二人，他一手举着酒杯，面向哈尔斯，但目光似乎有所游移，像是做好了画像准备的同时，又在听旁边的人说话，不免有一心二用之感；又如旗手左边第二人，他仿佛正在向旗手叮嘱什么，使旗手面向哈尔斯的脸和目光不得不向他偏移。最后，军官们个个身着华丽的服装，佩戴着各式各样显示身份的肩章，胸前挂满象征荣誉的勋章，前来参加欢宴，哈尔斯的这种设计使整个画面显示出了一种集体的光荣；同时，哈尔斯设计的他们每个人身上所佩戴的红色绶带和斜于整个画面的红旗，使整个欢宴充满了喜庆，从而突出了勇敢者和胜利者相聚的兴奋和喜悦，进而突出了画面的主题。

6

现实主义大师——伦勃朗

（1）跌宕起伏的艺术人生

伦勃朗·哈尔门斯·凡·莱恩（Harmenz Van Rijn Rembrandt，1606—1669），是文艺复兴以来近代绘画承前启后的大师，是 17 世纪荷兰画派中最伟大的现实主义画家。

伦勃朗 1606 年出生在离阿姆斯特丹不远的莱顿，其父是一个磨坊主，其母是一个面包师的女儿，其家境殷实。伦勃朗 7 岁时就被送进了拉丁语学校，在这里主要学习了神学课程，这对他后来历史题材和神话题材的绘画产生了一定的影响。因为他的父亲希望他能成为一名受人尊敬的律师，所以 1620 年，14 岁的伦勃朗就考入了莱顿大学学习法律。但他对法律毫无兴趣，甚至连一节法律课都没有听过。他在莱顿大学熬过了 7 个月的时间，最终退学，并将精力转入了他喜爱的绘画。1621 年，他开始拜师学艺。他的第一个老师是当地画坛德高望重的画家雅格·凡·斯瓦宁堡。斯瓦宁堡曾留学意大利，深受意大利文艺复兴画风的影响。伦勃朗跟随老师学习了 3 年，掌握了素描、版画等绘画的基本技巧。之后，他来到阿姆斯特丹，师从当时著名的历史画家彼得·拉斯特曼。拉斯特曼也曾在意大利留学，尤其喜欢卡拉瓦乔和艾谢梅尔的画风，特别推崇卡拉瓦乔的自然主义。他在光线的运用方面，形成了以光线的明暗对比营造出画面的喜剧效果和张力的个性画风。这一画风使伦勃朗对光线的运用产生了极大的兴趣。但伦勃朗在拉斯特曼的画坊只待了半年便又回到了莱顿。1625 年，他以独立画家的身份开设画坊，招收学生；同时与画家扬·利文斯合作，创作了不少作品。他俩的画风很接近，造成了后来人辨别伦勃朗早期作品的困难。后来，利文斯追求华丽画风，迎合上层王公贵族，巴结权贵，这与伦勃朗的朴实画风及从不趋炎附势的性格越来越格格不入，两人最终于 1632 年终止合作。

研究者一般把 1625—1632 年这一段时期称为伦勃朗创作的第一个时期。此阶段他的作品包括《宦官的洗礼》（1626）、《天使与预言者巴拉姆》（1626）、《历史上的第一幕》（1626）、《厄玛的朝圣者》（1628—1529）、《自画像》（1629）、《犹大退还银币》（1629）、《在圣殿呈献》（1631）等，其中的宗教题材的作品 "从一开始就带有浓厚的世俗气息" [1]。同时，他在版画领域也有了进一步的发展，如《戴高帽的老人胸像》（1630）、《宙斯与安提厄帕》（1631）等都是著名的版画作品。由于这一时期伦勃朗的作品很接地气，所以他接收了不少的订单，其中还有外地的主顾，包括阿姆斯特丹的主顾。这也使伦勃朗萌发了到阿姆斯特丹发展的愿望。此时，他结识了奥兰治亲王的助手、荷兰的鉴赏家康斯坦丁·惠根斯。惠根斯对伦勃朗的作品很欣赏，并推荐他到更大的城市发展。于是在 1631 年，伦勃朗再一次来到阿姆斯特丹，从此扎根于此城，直到 1669 年去世。

伦勃朗在阿姆斯特丹的生活可以分为大起大落的两个阶段。研究者以

---

[1] 李春.欧洲 17 世纪美术.北京：中国人民大学出版社，2004：228.

1642 年为界,将其在阿姆斯特丹的创作分为阿姆斯特丹前期和后期两个阶段。前一阶段,伦勃朗事业迅速发展,他的订单不断,在 1632—1633 年中,他就完成了 50 多件作品。这 50 多件作品中以肖像画为主,这主要是因为荷兰人比较偏爱生活方面的肖像画。为了适应当地人的偏好,伦勃朗也开始改变以前的画风,注重了对华丽服饰的描绘。例如,《持扇的女子》(1633)、《马丁·索尔曼斯肖像》(1634)和《玛利亚·德莉》(1639)等,其画面主人翁的服饰都极为华丽和时尚,质地也都极优良,表现出了与早期绘画风格的不同。1632 年创作的群体肖像画《杜尔普医生的解剖课》(详见下面的"作品介赏"),无论在构图、人物表情上,还是在光线的运用和明暗的对比上,都突出表现出了伦勃朗的绘画特点,从而使他名声大振。除此以外,这个时期他得到康斯坦丁·惠根斯的推荐,为奥兰治亲王绘制了一系列有关耶稣受难的宗教画,其中最著名的有:《升举十字架》、《自十字架上解降》(1633),《参孙恐吓他的岳父》(1635),《参孙被刺瞎眼睛》(1636),《升天》(1636)、《下葬》、《复活》(1636—1639),《圣家族》(1640)等。这些宗教画,受到鲁本斯画风的影响,其构图带有巴洛克的风格。但这些宗教画的人物造型又不同于鲁本斯追求的完美高贵的人物造型,不但构图被简化,而且更接近现实的粗犷,更具有伦勃朗的画风。另外,伦勃朗这段时期的作品还包括神话题材的,如《该尼默德斯被劫》(1635)、《达娜厄》(1636—1639)等。

除了油画外,伦勃朗的版画也非常成功,他的版画已不再使用木刻法和铜版雕法,而使用一种工作起来比用推刀更自由、更迅速的蚀刻法,即用蜡覆盖铜版,用针在上面画,针划到的地方,蜡就被划掉,露出铜来,然后把铜版放在一种酸中,让酸腐蚀那铜版被划掉蜡的地方,这样素描就被转移到了铜版上,然后这块铜板就可以跟雕刻版一样,用来印刷图画了。伦勃朗创作早期著名的版画作品主要有《母亲的画像》(1630)、

《戴皮帽的老人》（1632）等。

随着绘画上的成功，伦勃朗的名声也大为提升。许多人慕名成了他的学生，其中著名的有格瑞特·道、卡勒、巴伦特·法布利杜斯、戈弗特·富林克、尼可拉斯·麦斯、阿特·德·吉尔德等。除此之外，其事业上升还有一个突出标志，即他的画作价格，尤其肖像画的价格，每幅能达到500甚至600吉尔德。房龙还说，他还获得了出卖他的学生画作的权力，仅这一项一年就有两千到三千盾的收入，估计他的年总收入可能要超过一万盾。[1]绘画的收入使他的财富不断增加，他过起了殷实富足的生活。

在这一阶段，除了事业上的成功，伦勃朗还收获了爱情。随着画作的增加和销售额的提升，伦勃朗认识了画商经纪人亨德里克·凡·尤伦堡。与尤伦堡的交往使伦勃朗结识了尤伦堡的表妹莎丝吉雅。莎丝吉雅不仅生得美丽、漂亮，而且为大家闺秀。她的父亲曾是纽华登市的市长兼警察局局长，后来被国王菲利普的杀手杀害，娇生惯养的莎丝吉雅成了孤儿，被寄养在尤伦堡家中。为了获得莎丝吉雅的爱情，伦勃朗为她画了一系列的肖像画。虽然他们于1633年订婚，但莎丝吉雅的养父母坚决反对这一婚姻，因为他们怀疑伦勃朗觊觎莎丝吉雅父母给她留下的数目不小的遗产；而伦勃朗的朋友则因为莎丝吉雅身体虚弱，且患有肺病，提醒伦勃朗放弃这一婚姻。但两个年轻人的真诚相爱，终于使他们在1634年完婚。结婚前莎丝吉雅就已成了伦勃朗的模特，他怀着深深的爱为妻子画了很多画像。正如他自己所说："要以百般不同的姿态来描绘她，看到她内在的一切。"[2]他为莎丝吉雅画的肖像主要有：1633年的《微笑的莎丝吉雅》，1634年以莎丝吉雅为模特的《花神》，1634年的《莎丝吉雅侧身像》，1635年的《月神》等。他还把自己辛苦画画得来的钱大多都花

[1]　亨德里克·威廉·房龙.伦勃朗的人生苦旅.朱子仪，等，译.北京：北京出版社，1999：596.
[2]　转引自侯文娟.伦勃朗.北京：中国人民大学出版社，2004：16.

在了莎丝吉雅身上，为她购买高档服装、珠宝首饰。总之，他要把莎丝吉雅打扮得更加漂亮，让妻子高兴、舒心。

从《莎丝吉雅侧身像》中的华丽服饰中我们可看到伦勃朗的心思；而从莎丝吉雅的面容上，又可看到一个受到保护和爱的女人的所特有的平静；其消瘦的身体，又让人感到她欠佳的体质；同时，她将衣服的下摆提到胸前的动作，给人留下了她有孕在身的感觉。而这一感觉，被1635年她产下一子证实，可惜这个孩子只活了两个月就夭折了。正如贡布里希在谈到伦勃朗所作的莎丝吉雅的画像时所说的，伦勃朗笔下的莎丝吉雅的真实"让我们觉得是跟现实的人物面对面"[1]一样。面对莎丝吉雅的画像，人们会不自觉地对伦勃朗和莎丝吉雅生活做出种种猜想。为了让妻子享受到自己更大的爱，1639年，伦勃朗花巨款买下了阿姆斯特丹最繁荣的布利街上的一幢豪华的大别墅。家里的布置更是富丽堂皇：墙上挂满了各种油画、铜版画，地上铺着做工考究的波斯地毯，书桌和壁炉上摆满了各式精美的瓷器。仅买别墅就花掉1.3万吉尔德，其花销之大可想而知。由于一下子付不清如此巨大的数额，所以买卖双方协定，置买一年后先付四分之一，其余的六年还清。"伦勃朗为了这幢房子开出了一些需要他终生才能还清的借据，这幢房子也许是他以后生活转变的一个前奏。"[2]

除了买这幢房子所付的巨款外，伦勃朗还有一项无底洞似的开支，即他购买收藏品的支出。伦勃朗的收藏爱好是在彼得·拉斯特曼画坊学习时开始养成的。他的收藏爱好广泛，甚至旧衣玩偶都是他收藏的对象，其收藏的原因就一个——喜欢。随着事业上的成功，财富的增多，他的这一爱好越发不可收拾。他购买自己喜欢的收藏品时，从不问价格。当他到拍卖行看到他喜欢的东西时，肯定会抢先购买。拍卖行就趁机提高

---

[1]　贡布里希.艺术发展史.范景中，译.天津：天津人民美术出版社，1998：234.
[2]　侯文娟.伦勃朗.北京：中国人民大学出版社，2004：20—21.

价格，伦勃朗明明知道如此，也从来不犹豫，更不会顾忌什么。有时候，他还到一些人员流动繁杂的小酒馆、小娱乐场所去"淘宝"。据说，他曾在一个小酒馆中以 1500 吉尔德甚至可能更多的钱购买了一幅米开朗琪罗的真迹。而他买到手的东西也绝不再出售，更不会有以此赚钱的想法。虽然这一无底洞似的开支极大地加重了他的经济负担，但他却毫不节制。莎丝吉雅虽有一笔数额不菲的陪嫁，但也早已被耗用殆尽，而其父母留给她的遗产却一文也没能得到。面对如此的困境，伦勃朗还是信心满满，他相信不久他就又会挣得盆满、钵满。

但他的愿望却没能实现。他的生活急剧改变，这使他的事业也遭受了沉重的打击。研究者一般认为，这一转变的标志是 1642 年他的画作《科克队长与其国民卫队开拔出巡》（详见下面的"作品赏析"）。班宁·科克大尉是一支国民自卫队的队长，他想请画家为他的自卫队画一幅群体肖像画，找了好几个画家，都不满意。一个偶然的机会，他看到了伦勃朗为牧师安斯洛和他的妻子画的像，尤其画面的布局和构思深得科克的喜爱。画面上，在烛光下，桌子上摆放着书籍，夫妻二人并不是并排就座，而是相互斜身面视，真诚地进行着交流，人物生动而真实可信。于是，科克决定请伦勃朗来完成他卫队的群体肖像画。

据房龙描述，伦勃朗接受了这一任务后，先了解、观察了自卫队队员们的生活状况，而后从中寻找到创作的灵感，最后决定描绘他们生活中最具典型意义的场面，于是选择了他们在正午时分离开军械库到城墙边值日的情景，以显示出自卫队的特点。画面无论布局、人物的描绘，还是光线的运用，都极具伦勃朗的画风。但当时人们对群体肖像的看法和审美观点就是，众人围着餐桌，桌上摆满了酒和各色食品；每个人在画面上所占的面积基本相同，而且看起来都既勇敢又骄傲；每个人的身形也都应该是大腹便便的富翁形态。因此，这幅伦勃朗投入了很大精力、极有创新意义的杰出画作，遭到了冷遇。他们质问伦勃朗，"每人付一百或二百盾，换来的只是在画中显出后脑勺或只露出一只脚、一只手、一个肩膀，或付了一百或二百盾便荣幸地在画中当一个模模糊糊、难以辨认的人，当那大门阴暗处许多无法分辨的人物中的一个"吗？[1]甚至有人问，画面中央的人物是否比他们出的钱多。于是，他们有人提出"要依法起诉"，"有人干脆拒绝付款"[2]。这件事在阿姆斯特丹闹得沸沸扬扬，房龙甚至说，这幅画使伦勃朗成了阿姆斯特丹的笑柄。不仅卫队的人员，而且连市民，甚至一些知识分子，也加入了对伦勃朗的指责。例如，诗人翁德尔写诗讽刺，说伦勃朗的作品有一种"矫揉造作的幽暗，卖弄技巧地使用阴影和朦胧的亮光"[3]；还给伦勃朗起了一个绰号"黑暗王子"。其他的一些画家也似乎从"辩解"角度说伦勃朗是"红极一时"，"年轻而犯糊涂"，"但是这种情况到此应该结束了"。[4]这些指责声一时间使伦勃朗的豪宅门庭冷落，订货者更是避而远之。本以为可以以此画获得5000吉尔德的伦勃朗，最后连1600吉尔德都没拿到。

此事成了伦勃朗一生的一个大转折，从此他厄运连连，生活和创作都处在了动乱之中。他的妻子莎丝吉雅的身体状况越来越糟糕，肺结核已把她折磨得弱不禁风、心跳微弱、脉搏几乎感觉不到。伦勃朗心痛到了极点，却没有钱给妻子治病。尽管他尽心尽力地照顾莎丝吉雅，甚至每天晚上都给她读圣经，以期能缓解她的痛苦，但终不能代替医生。1642年夏天，莎丝吉雅最终还是撒手人寰，离开了伦勃朗，留下了刚满一周岁的儿子提杜斯。莎丝吉雅共为伦勃朗生了4个孩子，前3个都已

---

[1]　亨德里克·威廉·房龙.伦勃朗的人生苦旅.朱子仪，等，译.北京：北京出版社，1999：158—159.

[2]　亨德里克·威廉·房龙.伦勃朗的人生苦旅.朱子仪，等，译.北京：北京出版社，1999：159.

[3]　转引自侯文娟.伦勃朗.北京：中国人民大学出版社，2004：26.

[4]　转引自侯文娟.伦勃朗.北京：中国人民大学出版社，2004：26—27.

夭折，而这最小的提杜斯的身体也十分羸弱。为了照顾孩子和家，伦勃朗雇了一个保姆，却没有想到保姆是一个蛮横、粗鲁又无理之人。她不但不听主人的安排，还经常无理取闹，甚至为了当太太，不惜给主人造谣，弄的伦勃朗的家境更是雪上加霜，连朋友都不愿意上门了。最后保姆的亲戚向伦勃朗敲诈了一笔钱，才把保姆送进了精神病院。

后来，经朋友的推荐，一个淳朴善良的农村姑娘亨德丽吉走进了伦勃朗的家门。她像母亲一样地照看着小提杜斯，乱糟糟的家也被收拾得干干净净、井井有条。她很会理家，用钱精明，而且烧得一手好菜。虽然后来他们搬到了犹太区一栋破旧的小房子中安身，但有了亨德丽吉，伦勃朗的生活发生了很大的改变，于是他把精力投入了艺术的创作之中。除了《科克队长与其国民卫队开拔出巡》以外，40 年代和 50 年代伦勃朗创作的作品主要还有：《大卫和亚沙龙》（1642）、《拿书的妇人》（1643），《带天使的圣家族》、《倚窗的女孩》、《窗前少女》（1645），《牧人来拜》（1646），《提杜斯肖像》、《基督在厄玛》（1648）；另还有铜版画《三棵树》（1643）、《基督为穷人治病》（1649）、《三个十字架》（1653）等。

进入 50 年代，伦勃朗"就像是钉在十字架上的基督，越来越举步艰难"[1]，不仅经济上越来越困难，而且社会上的流言蜚语是搅得他全家不得安宁。伦勃朗就像一个败家子，本来经济上就已陷入了困境，但他仍不断地、无顾忌地花钱，购买家具和各种收藏品，没钱就用他的画作抵押。最终在 1656 年他因"无力偿还债务"而宣布破产。1657 年年底，他开始大拍卖以偿还债务。几次拍卖，使他几乎一无所有。同时，他与亨德丽吉的婚姻不被社会承认，不但教会不断找亨德丽吉的麻烦，而且

---

[1]　李春.欧洲 17 世纪美术.北京：中国人民大学出版社，2004：244.

一些市民也说三道四、诋毁伦勃朗的名誉，结果"谴责声吓跑了伦勃朗所有的顾客，伦勃朗的生活难以为继"[1]。但艰难的生活并没有消磨伦勃朗的创作意志，这一时期他创作了一系列的优秀作品：如《向书记口述著作的荷马》（1653），《拿着信的拔示巴》、《拉比肖像》、《亨德丽吉肖像》、《椅中老妇》、《老人肖像》、《入浴的妇人》、《扬·西克斯像》（1654），《宰杀的牛》（1655），《雅各祝福他的儿孙们》（1656），《读书的提杜斯》、《窗前的亨德丽吉》（1656—1657），《写作的老人》（1657），《大卫为扫罗弹琴》（1658）等。除此以外，他还画了一些《自画像》。

进入60年代，伦勃朗的苦难仍没有尽头。此时的伦勃朗已众叛亲离，好多朋友，甚至学生都离他而去，成了孤家寡人。他的订单越来越少，有的画作虽然完成了，但不是因雇主不满而拒付画款，就是被认为"太一般，没有人对它产生特殊的印象"[2]。这使本来希望重新奋起的伦勃朗看到了世态炎凉，看清了世人无法理解和欣赏他的画作。尽管如此，但伦勃朗仍不想趋炎附势，他说："我之所以只能用我自己的画法作画，是因为我碰巧只会用这样的画法作画，因此我不能改变我的画法，就像我无法改变我自己脑袋的形状一样。"[3]60年代他的画作主要有：《穿僧衣的提杜斯》、《不得不认主耶稣》（1660），《基督像》、《奇维利斯的反叛》、《圣马太》、《犹太新娘》（1661），《布商公会的理事》（1662），《鲁克蕾蒂亚的自尽》（1664），《浪子回头》（1668—1669）和《自画像》（1669）。

从这些画作创作的年代上，我们可以看出，作为一个伟大的艺术家，伦勃朗辛勤耕作了一生。尤其他晚期的作品，更加追求完美，无论在技巧

[1] 亨德里克·威廉·房龙.房龙讲述美术的故事.谢伟，编译.成都：四川美术出版社，2003：166.
[2] 侯文娟.伦勃朗.北京：中国人民大学出版社，2004：89.
[3] 转引自亨德里克·威廉·房龙.伦勃朗的人生苦旅.朱子仪，等，译.北京：北京出版社，1999：456.

和技法上，还是在内涵的丰富上，都达到了其绘画艺术的顶峰。但这些超一流的作品却没能改变他的贫困，伦勃朗晚年生活更加悲惨。因画作卖不了多少钱，1660 年在亨德丽吉的操持下，他们经营着一间小杂货店，以维持生计；但亨德丽吉的身体越来越差，1662 年，亨德丽吉便离开了人世。失去爱妻的又一次打击，使伦勃朗的身体大不如前。1665 年，他不断消瘦，并感到呼吸困难；而且，他对光很敏感，甚至总嫌强光刺眼，夜间还常常不能入睡。尽管如此，但他还在坚持着绘画。此时，儿子提杜斯虽然已长大成人，但或许由于遗传了母亲柔弱的体质，其身体一直很瘦弱；而且，提杜斯长期从事版画制作，与酸性物质的接触，也伤害了他的身体。虽然在 1668 年提杜斯结了婚，给伦勃朗家带来点喜气；但也就在这一年，提杜斯患了一种急性内出血症，很快去世。当时伦勃朗也在场。对于伦勃朗而言，这一打击可以说是致命的，他一下子病倒在床，都没能参加提杜斯的丧礼。1669 年，他的遗腹子的孙女出世。在孙女接受洗礼的简单仪式上，他已经站不稳，手也不停地发抖。1669 年 10 月的一个晚上，是大师人生的最后一夜。侯文娟在其书中描述了大师的这最后一夜。

　　卧床两周的伦勃朗要求朋友把《圣经》上雅各和天使搏斗的那一段念给他听。在念到雅各和神、人较量都取得胜利的时候，伦勃朗轻微地说道："只剩下雅各一个人，有个人来和他摔跤直到黎明……但他不肯屈服，并且回击——啊，是的，他回击——因为那是上帝的意志——我们也要回击，我们也要和他摔跤，直到黎明。"这时候他试图从枕头上欠起身来，但他起不来，他以无可奈何的眼光望着朋友，仿佛要得到一个他永远都无法得到的答案。直到朋友说"那人说，你的名字不再叫雅各，要叫伦勃朗，因为你与神、人较量都得到了最后的胜利……"的时候，伦勃朗才把沾满颜料的手重新放在胸前。一代大师就这样在贫寒和被人遗忘的角落里逝世了。[1]

虽然写到大师走了，但总觉得对他的一生还没有写完，看到李春写的一段话，感到有必要摘录在这里。

他是17世纪的现实主义画家，走着一条独立的艺术道路。他遵守的原则是，我就是我。他曾说过这样的话："我是磨坊主的儿子，哥哥是个皮鞋匠，即使用世界上所有的丝绸锦缎、所有的雀毛花边加在我身上，也都一点不能改变我。"他的艺术中的"我"表现在以下几个方面。一是作品的生活化，无论画什么题材、什么人物都是从生活的角度出发；画英雄也好，画圣母也好，都是生活中的人。二是时代化和社会化。他的作品充满了时代气息和社会特色。三是非宗教化。尽管他画了许多宗教题材的作品，但是没有一件作品是宣扬宗教的，而往往是借助宗教题材来宣扬人性的善良和对美好生活的向往。他把基督的精神与人道主义融合在一起，如铜版画《基督为穷人治病》和油画《基督在厄玛》就是这样的作品。四是他的艺术具有一定的批判色彩。他和当时的社会有点不合拍。他创作了一些悲剧性的作品，这与他不幸的遭遇（特别是他的后半生）有关。他与荷兰大多数画家不同，是一位最清醒的现实主义者。他没有屈服和迎合订货者的口味和要求，一向是我行我素。在伦勃朗看来，艺术就是艺术，艺术家不应该是商人。五是他在肖像画方面有独特的贡献，不仅在艺术的技巧上，而且在人物内心的刻画上，在多样化、典型化方面都表现出独到的功夫，有点不同凡响。他的肖

---

[1]　侯文娟.伦勃朗.北京：中国人民大学出版社，2004：97—98.

像画不仅描绘了一个人，而且描绘了一个社会、一个时代，是时代与社会的一面镜子。它曲折地反映了人的命运、人的痛苦与欢乐。如那些犹太人的肖像和老妇的肖像、荷马的肖像等都包含着丰富的思想内涵。他的自画像也是如此，既有社会中的自我，又有自我中的社会……六是他在技巧和技法上的成就，也是很突出的。他善于用光来造型，不是用清晰的轮廓线，而是用明暗对比的方法造成人物的立体感，突出人物的空间位置。光线与色彩的变化十分复杂与微妙，在画面上起了统一和协调的作用。他从 40 年代起常采用色彩的厚涂法，色层高低变化无穷，于是产生出丰富的调子和独到的艺术效果。他在中后期还常采用枯笔的方法，用枯笔在色层上轻轻点缀，使亮部更亮，同时使画面得到统一的效果，看上去，画面处在一种光的颤动和照耀之中。伦勃朗的油画技法对欧洲当时及以后的画家颇有影响。[1]

是啊，大师离开这个世界的时候身边一无所有，但他却给这个世界留下了无数价值连城的财富（油画 500 多幅、版画 300 多幅、素描 1500 多幅），"伦勃朗的一生无法不叫人为之唏嘘慨叹"[2]。

（2）作品介赏

真实的课堂、成名之作——《杜尔普博士的解剖课》（1632）（图107） 这是伦勃朗的第一幅群体肖像画，也是他的成名之作。这幅画作有它特殊的创作背景。当时，公开进行尸体解剖教学是受到很大的限制的，阿姆斯特丹医生行会只有获得了政府的特许证，每年才可用一具罪

---

[1] 李春. 欧洲 17 世纪美术. 北京：中国人民大学出版社，2004：259—260.

[2] 亨德里克·威廉·房龙. 房龙讲述美术的故事. 谢伟，编译. 成都：四川美术出版社，2003：167.

犯的尸体进行解剖示范课。这不是一堂普通的尸体解剖课，之所以如此说，首先是因为杜尔普是当时著名的解剖学教授；其次，还因为这堂课是阿姆斯特丹内科医生一年一度的学术大会，具有高层次学术大会的意义。解剖课不仅行会的头领要出席，而且其课堂的规模也很大，听课的人数往往会达到一二百人。

伦勃朗的这幅画就是为医生行会所作。如此重要而大型的群体肖像画往往既要求突出它的学术性，又要求把听课的人清楚地显现在画面上，而这两点可以说伦勃朗全做到了。为了突出学术性，伦勃朗将杜尔普教授和被解剖的尸体作为画面的中心；并以强光把教授的面孔、双手及教授面前的尸体凸显在画面上；同时在画面的右下角还放着一本解剖学的书籍。根据行会的要求，听课的人物主要是行会的负责人，伦勃朗把他们集中在杜尔普教授右面的画面上，并以金字塔式的布局，避免了人物间相互遮挡，从而使每个人的面目都能在画面上占有足够的空间，同时也便于光线的安排。我们可看到，一束强光从画的正面偏左的上方射入，光线最强的地方就是尸体，然后在光线由强到弱的逐渐变化中，所有的人物都被清楚地凸显在了画面之上。在不同层次的光线中，我们看到，画面上的杜尔普教授边解剖，边讲解，其认真的目光中还带着某种思考。听课者中靠近尸体的人，有的认真地盯着教授夹起的尸体的筋腱，有的看着教授的双手，有的带有一种认真思考的表情；但也有的人目光朝向了画家，尤其处在那个金字塔顶端的人，或许由于离尸体最远，他便把注意力集中到了画家身上，甚至有点故摆姿态的做作，从而使人感到画面的写实性。除此之外，这一写实性还表现在画面的背景上。伦勃朗在以白领黑衣的对比突出人物的同时，利用强光的散开，使观者在余光下由近及远、隐隐约约地看到尸体的脚和道具，还有建筑物的墙体。

从画技上看，这幅画作，无论是构图、光线，还是人物表情的刻画等，都已显示出伦勃朗的独特风格；再加上画面上的每一个人物都清清楚楚地出现在画面上，尤其刻画的画中一个人拿着画面上人物名单的细节更深得行会负责人们的喜爱。作品一举成功。伦勃朗也名声大震。

导致画家厄运的优秀画作——《科克队长与其国民卫队开拔出巡》（1642）（图108） 前文中我们已经知道这是给伦勃朗带来了厄运的一幅画作，但它却是一幅传世的优秀作品。这幅画也被称为《夜巡》。这是因为19世纪时画面油彩受污染侵染严重，被误认为是夜景。近年来，通过对画面进行清洗，发现它表现的是白天出巡的盛典，故而恢复了原名。刘明翰先生在其主编的《欧洲文艺复兴史·艺术卷》中对这幅画作的画面内容有过详细的描述：

画面描绘了国民自卫队的队员去巡逻之前的时刻。科克队长和他的副手已经站在了队伍的最前列，集合的鼓声已响起。有的队员快速紧跟在了队长之后，也有人还在准备武器，有的人刚刚从兵营的大门里走出来。队伍的集合引来了许多看热闹的孩童。他们在人群中来回穿梭，还有小动物也在其中跑来跑去。在这里已经没有了传统的集体肖像画的意义，画中的头面人物，也变成了芸芸众生中的普通一员，肖像画变成了风俗画，突出了士兵集合前的场面。[1]

正是在这个意义上，肖像画才有了历史的内容和历史的纪念意义。这便是这幅画的成功所在，也是伦勃朗在集体肖像画上的创新所在。还值得一提的是，这幅画特别成功的一点是光线的独特运用。房龙由此总结性地评价了伦勃朗的光线的用法：

---

[1] 欧洲文艺复兴史：艺术卷.刘明翰，主编.北京：人民出版社：2008：248—249.

正午的阳光十分炫目，投射到那些军官的身上，产生了很好的光影效果，而城墙的门洞里却光线昏暗，一些人影在黑暗中游弋，成为暧昧的剪影。这种强烈的明暗关系正是他寻找的效果。伦勃朗对光线的把握到了炉火纯青的地步……他善于利用光线来强化画中的主体部分，也让暗部去弱化和消融次要的因素。这种明暗处理构成了他的情节性绘画中强烈的戏剧性色彩。有时他也将光与影的对比推到了一个极致，但从画面整体来看却显得十分和谐。后来把他的这种画法称为"伦勃朗用光法"，许多人都模仿过这位大师的用光技法，但都不得要领，显得十分拙劣。[1]

房龙还带着内心的敬佩和情感写道：

而伦勃朗天才的画笔却在这个巨大的画作中尽情挥洒。画中的人物各个神形兼备，血肉鲜活。当你站在阿姆斯特丹国立博物馆的这幅名为《夜巡》的作品前静静品味的时候，你会不由自主地被带回到那个特定的时间特定的场景中去，恍惚间会忘记了那是一幅画。你仿佛身临其境，觉得自己就是画中的人物。那只小姑娘抱着的公鸡高昂着头，好像正欲挣脱束缚，那位正在摇旗的人，好像正与你擦肩而过。这实在让人有点不可思议。[2]

然而，如此优秀的著名画作却由于当时人的传统的历史的偏见，给伦勃朗带来了无法摆脱的厄运。

---

[1]　亨德里克·威廉·房龙. 房龙讲述美术的故事. 谢伟，编译. 成都：四川美术出版社，2003：161—162.

[2]　亨德里克·威廉·房龙. 房龙讲述美术的故事. 谢伟，编译. 成都：四川美术出版社，2003：163.

记录人生的画作——《自画像》 据统计，伦勃朗的自画像有 100 多张，从 23 岁一直到生命最后的 63 岁。伦勃朗是美术史上自画像最多的艺术家。正如贡布里希所言：我们对伦勃朗要比对任何一位大师都熟悉，

> 因为他留给我们关于他生平的一份令人惊异的记录，即一系列自画像。从他年轻时候开始，那时他是一个成功的甚至是时髦的画家；一直到他孤独的老年为止，那时他的面貌就反映出破产的悲剧和一个真正伟大的不屈不挠的意志。那些肖像画组成一部独一无二的自传。[1]

图 109 的这幅《自画像》，作于 1629 年。画面上的人是 23 岁的伦勃朗，年轻、帅气且英俊，目光中充满了对成功的渴望和自信。图 110 的这幅《自画像》，作于 1669 年。画面上的人是 63 岁的伦勃朗，丧妻的悲痛、破产后的凄苦，岁月的沧桑都印在了他那深深的皱纹中。贡布里希特别描述了他作于 1658 年的《自画像》（图 111）：它

> 给我们展现出伦勃朗晚年的面貌。这不是一副漂亮的面孔，而且无疑伦勃朗根本无意隐藏自己面部的丑陋。他绝对忠实地在镜子里观察自己。正是由于这种忠实性，我们很快就不会问它漂亮不漂亮，可爱不可爱了。这是一个真实人物的面貌。它丝毫没有故作姿态的痕迹，没有虚夸的痕迹，只有一位画家的尖锐凝视的目光。他在仔细地观察自己的面貌，时时刻刻都准备着看出人类面貌的更多奥秘。[2]

---

[1] 贡布里希.艺术发展史.范景中，译.天津：天津人民美术出版社，1998：234.
[2] 贡布里希.艺术发展史.范景中，译.天津：天津人民美术出版社，1998：234.

德国篇

　　德国文艺复兴美术萌芽于 14 世纪末和 15 世纪上半叶。它首先出现在莱茵河和多瑙河一带的城市，如科隆、纽伦堡、奥格斯堡、乌尔姆等，这里经济发达，市民阶级力量壮大。许多艺术家关心生活环境和生活现象，热衷于描绘自然环境，更强调人物的造型如真实感等，表现了对新艺术的追求，如以康拉德·维茨为代表的一批艺术家。15 世纪末 16 世纪初，德国的经济有了长足的发展。纺织、采矿、造纸等行业已很发达，商业也已相当繁荣。手工工场的数量增多，资本主义生产关系的萌芽进一步发展。但经济上的分散性，使德国在总体上仍落后于英国、法国和尼德兰。而政治上的四分五裂，不但加剧了德国国内的阶级矛盾，而且更导致罗马教廷对德国剥削的加重；而教皇、主教和上层僧侣等特权阶层利用他们的职权贪婪地追求财富，追求奢侈淫逸的生活，因此德国的社会矛盾集中地表现在反对教会的斗争上。阶级矛盾和社会矛盾发展到无以复加的程度便爆发了宗教改革和伟大的农民战争。许多人文主义的画家投身于轰轰烈烈的革命斗争，以画笔做武器，创作出了不少主题鲜明、具有强烈民族色彩的作品。德国的文艺复兴美术便在宗教改革和农民战争中得到了发展，并达到了繁荣。此时，肖像画和风景画开始作为独立的画种出现，版画也达到了欧洲最高水平，德国的一大批艺术家为这个时代的德国艺术的发展做出了不朽的贡献，他们之中最著名的就是格吕内瓦尔德、丢勒和荷尔拜因。

1
充满战斗精神的画家——格吕内瓦尔德

（1）需要正名的杰出画家

马提阿斯·格吕内瓦尔德（Matthias Grunewald，1474—1528），德国现实主义绘画的先驱、色彩大师，有"灵感画家"之称，与丢勒和小汉斯·荷尔拜因一起合称为德国文艺复兴时期三颗灿烂的巨星。

关于马提阿斯·格吕内瓦尔德生平的资料极少，因而人们对他的了解极为有限。画家格吕内瓦尔德这个名字是根据 17 世纪一个名为桑德拉特的传记作家的著作《建筑、雕塑和绘画的艺术学院》中的记载而来。桑德拉特还同时描述了这个画家的一些作品。可是研究者翻阅了 16 世纪当地的文献资料，却没有找到一个叫格吕内瓦尔德的画家。显然这位传记作家的记载出了偏差。但因为格吕内瓦尔德这个称呼以讹传讹到了今天，已经叫顺了口，所以也就被人们接受了。

后来，研究者根据桑德拉特所记述的这个画家作品上的签名，发现 M.G.N，认为这应该是此画家名字的缩写。于是研究者根据当地的文献记载，发现一个叫马西斯·戈特哈特·尼特哈德（Mathis Gothardt Nithardt）的画家曾在爱沙芬堡生活过。根据这一发现，美术史学家们推测，这个叫马西斯·戈特哈特·尼特哈德的画家应该就是马提阿斯·格吕内瓦尔德。但是关于尼特哈德的生平资料也非常有限。研究者根据零星的资料，粗略推测出了他的身世和经历。关于他的出生年代就有两个，1465 年和 1475 年，这两个年代相差 10 个年头。他可能出生在维尔茨堡，并曾在莱茵河中游一带从师学画，且兼通建筑和水利工程。大约 1500 年左右，他移居到爱沙芬堡。1508—1514 年，他在美因茨大主教选帝侯的勃兰登堡的宫廷任画师。他还经常往来于爱沙芬堡、美因茨、法兰克福和哈雷等城市，其活动的范围包括美因河和莱茵河的中下游地区。根据徐沛君在《德国美术史话》的记载，在德国宗教改革和农民战争期间，格吕内瓦尔德和农民起义有某些瓜葛牵连，或是表现出同情革命运动的倾向而被大主教解职。[1] 而本内施在书中也有这样的记述：

格吕内尔瓦德肯定与他同时代的宗教过激派有来往。当农民战争席卷德国时，工匠数量占优势的多数城市都加入了革命的行列。其中之一是画家的故乡沙林根城。1526 年，格吕内瓦尔德被解除宫廷画师的职务，后来他以水利工程师的身份为哈雷新教徒的教团工作，这个教团强烈地反对大主教。1528 年，格吕内瓦尔德殁于哈雷。在他的财产目录中，有一份"煽动暴动"的文件，这是一位可靠人士为支持同情谋反罪的朋友所出具的证明。此外，我们还在他的遗产中找到一个钉死的抽屉，里面塞满了路德的著作，其中还有另外一些精神主义者和异端分子的著作，所以他才将它们小心地隐藏起来。[2]

[1] 徐沛君.德国美术史话.北京：人民美术出版社，1999：63—64.

[2] 本内施.北方文艺复兴艺术.戚印平，等，译.北京：中国美术学院出版社，2001：41.

由此可见，格吕内瓦尔德不仅与革命运动有瓜葛，而且他实际上已参加到了革命运动之中。而他作为一个画家，其作品中也充满着战斗的精神。

格吕内瓦尔德的传世画作并不多见，现已知道的他的作品主要有《嘲弄基督》（约 1504）、《基督受难》（约 1504）、《圣母像》（1517）、《圣伊拉斯谟会见莫里斯》（1521—1523）。他最著名的画作是绘制于 1513—1515 年的大型多叠式祭坛画《伊森海姆祭坛画》。除此以外，他还有不少素描画，如《吼叫的天使》、《圣三位一体》、《匍匐于地的圣彼得》和《圣多罗西》等。分析格吕内瓦尔德的画作，我们从中可体会到他内心的情感和以画笔为武器的斗争精神。可以说，他的作品就像吹响的号角，震撼着敌人，鼓舞着革命者。

例如《圣三位一体》这幅素描画，画面上，在圣光中出现了三个连体的男性头像，他们中的一个是挖眼、尖鼻、大下巴，他的目光中充满了刻薄、奸诈及时刻监视着身边一切的"警惕"；一个是肥胖得连下巴都没有的圆脑壳，他张着嘴，瞪着眼，一副贪婪之相；一个是满脸胡茬、鼻子上翘，呆滞的目光无神地望着天空，给人一种满脑空空的痴呆感。如此丑陋的三个男性的连体头像，其含义至今仍令学者们莫衷一是。有人认为，"这是在嘲弄三位一体"，"这三颗头颅虽然猥琐，但他们仍是一种精神表现，就像煽动谋反的工匠、农民和下层阶级的布道者。'精灵'出现了，号召他们起义。在 16 世纪，用三个男性形象表现三位一体往往被视为异端"。[1]这样的分析让我们感到了画中的个性内容，也看到了这幅画所具有的号召力。

再如，《吼叫的天使》，描绘了一个肥胖的头颅。他高高地昂着

[1]　本内施.北方文艺复兴艺术.戚印平，等，译.北京：中国美术学院出版社，2001：41—42.

头，脖颈和下巴堆积着赘肉，他张开大嘴发出了高声的喊叫。这喊叫似乎是在宣泄由赘肉压迫所造成的体内痛苦，又似乎是要抒发出心中的郁闷。画面尽管简单，却让我们看到了面对德国的动乱、人民的贫穷和痛苦，格吕内瓦尔德向民众所发出的战斗呼喊。

再如，《圣伊拉斯谟会见莫里斯》。它是格吕内瓦尔德完成的美因茨大主教的订单画。画面上共有四个人物。画面左边的是圣伊拉斯谟，他是一名主教，身着厚重而华丽的衣装，头顶冕饰，面目平静，似乎在认真地听取对面人物的话。站在他对面的就是勇士莫里斯。他身着铠甲，左手握着佩剑，右手伸出，面孔略显激动，目光直视伊拉斯谟，像是在与伊拉斯谟争论着什么，又像是在劝说着什么。徐沛君认为这两个人物分别代表着两个对宗教改革持不同态度的派别，即现代语境中的"鸽派"和"鹰派"。[1]伊拉斯谟为态度温和的一派。画面上，他面容平静，似乎不想与主张用强烈的手段对待宗教改革的莫里斯争论什么。格吕内瓦尔德通过两个人物面目的"平静"和"激动"的对比，形象地表明了两个派别的不同主张。同时，画面上还有两个衬托性的人物。一个是伊拉斯谟身边的人，他以一种厌恶和不解的目光看着莫里斯，另一个是莫里斯身后的紧跟者，他并没有把注意力放在莫里斯的主张上。这种画面设计更强调了当时德国民众对宗教改革的多种看法和主张。

画面的色彩也很有特色。整个画面色调沉着，黑色的背景衬托出画面上的人物。伊拉斯谟亮丽的黄色基调的服饰和莫里斯的以灰色基调为主的服饰形成了鲜明的对比，这便从色彩上强调了两个人物的不同。对比性很强的黑色与红色，使整个画面的色彩似乎显示出一种奇幻，再配上各色人物的打扮和所持的各式物件，画面呈现出一种躁动和不安，由

---

[1]　徐沛君.德国美术史话.北京：人民美术出版社，1999：68.

此暗示了宗教改革时代的社会动荡。徐沛君综合画面的内容、技法和色彩的运用后指出："但总的来看，画面还是相当通俗的，这种坦率朴素、直抒胸臆的作品反映了德国民间宗教思想的活跃，也更符合普通民众对宗教画的审美习惯。"[1]

格吕内瓦尔德最为重要的，也最能反映他的思想和画技的代表性画作则是《伊森海姆祭坛画》（1513—1515）。该画完成于宗教改革前两年，采用了传统的三叠屏式，在大祭日、礼拜日和其他日子里分别呈现着不同的景观。平日叠层合闭，呈现出外层的三幅画面：中间的画面为《基督受刑》，左边的画面为《圣塞巴斯蒂安》，右边的画面为《圣安东尼》。叠屏打开时可见四幅画面，中间的两幅画左边的为《天使报喜》，右边的为《基督诞生》；挨着《基督诞生》的为《基督复活》，挨着《天使报喜》的为《受胎告之》。从第二层的中间打开，可看到它背面的作品：中间为木雕（雕刻家尼古拉斯·哈盖纳的作品），木雕左边的画为《隐者保罗访问圣安东尼》，右边的画为《圣安东尼的诱惑》。整个三层共有 9 幅画面和一幅木雕。从各幅画的题目上可以看出，此三叠屏式三层画面的主题为从基督的诞生到复活的《圣经》故事。之所以在第一层上有一幅、第三层上有两幅关于圣安东尼的画面，是因为该祭坛画是为伊森海姆修道院医院的教堂绘制的，而这所医院为安东尼教派骑士团所创立。医院的院长是意大利人约翰·奥尔里维克和科德·科艾洛西，他们以收容、治疗病人为己任。据说该医院的医生和护士都颇有经验，可治疗当时流行的很多疑难病症。《伊森海姆祭坛画》突出地表现了格吕内瓦尔德的绘画风格和绘画思想。正像李维琨在总结这幅画的特点时说的：

---

[1]　徐沛君.德国美术史话.北京：人民美术出版社，1999：68.

格吕内瓦尔德似乎也很熟悉文艺复兴的透视法和空气处理等绘画技法，他也运用这些技法，但不是为了真实地再现，而是更多地渗进主观意念，突出自己强烈的宗教感情。不论在处理人物的激情方面，还是在对于刻画丑陋恐怖事件的专注、描绘细节的倾心与设色造型上的夸张方面……都更加明确地表现出日耳曼民族的审美特点，表现出与晚期哥特式艺术的关系，它的这些特点，对德国现代艺术家以不少启示。[1]

而本内施更从美术史的角度对格吕内瓦尔德的作品进行了评述。他认为：

由于格吕内瓦尔德与中世纪晚期美术有着非常密切的关系，所以现代批评家们往往喜欢将他视为中世纪美术的最后代表，或作为文艺复兴最伟大的画师与丢勒进行比较。这种理解并不完全正确。格吕内瓦尔德艺术中的中世纪因素，并非中世纪美术源远流长的终结，而是对以往诸世纪伟大理想主义艺术的有意回归。所以他的行为可与米开朗琪罗对马萨乔和乔托的追随相媲美……格吕内瓦尔德表现出一种新精神，即寻求伟大和崇高的精神，这也是新时代的本质之一。它丝毫不逊色于渴求现实的经验主义。格吕内瓦尔德与他同时代的伟大的、进步的、开拓性的大师们难分轩轾。[2]

下面我们便从《伊森海姆祭坛画》中的《基督受刑》与《基督复活》的具体介赏中看看格吕内瓦尔德的绘画特点。

---

[1] 李维琨.北欧文艺复兴美术.北京：中国人民大学出版社，2004：90.

[2] 本内施.北方文艺复兴艺术.戚印平，等，译.北京：中国美术学院出版社，2001：39—40.

（2）作品介赏

阴森恐怖画面中的思考——《基督受刑》（也称《基督磔刑》）（图112） 格吕内瓦尔德把基督受刑的场面安排在画面中间。整个画面的主色调为黑色，整个画面的人物就如同处在了漆黑的长夜中；但同时在幽幽光线的映照下，我们能隐约看到地上地荒凉和阴沉；隐约看到在阴冷漆黑的旷野上，被钉在十字架上的基督。他已被折磨得骨瘦如柴，浑身的累累伤口流淌着鲜血，他低垂着头，双眼已经闭上，面部因抽搐痉挛而露出极度痛苦的表情，他张着嘴，呼吸也已微弱到了极限。漆黑的深夜，钉挂着一具血淋淋的宛如尸体的十字架，营造出一种阴森恐怖的气氛，这种阴森恐怖让人想一想都觉得可怕。

环境的描绘已突出了基督牺牲的惨烈，而画面上人物的悲痛更加剧了这一惨烈：画面左下方，身着丧服的圣母已悲痛得昏厥过去，幸好有圣约翰将她抱住；此时的圣约翰也已悲痛到了极点，他一手握住圣母的手，一手搂住圣母的腰，无意识地定格在那里，身体似乎已僵直；他们旁边跪着的是身材瘦小的抹大拉的玛利亚，她号哭着，举起相握的双手祈祷着，虔诚的姿势，悲痛欲绝的表情，让人顿生怜悯。跟着画中人物的悲痛情感观看，画的右下方是施洗者约翰，他右手指着基督，左手托着《圣经》，右臂的上方有一行字："他（指基督）必兴旺，我必衰微"；施洗者约翰的脚下有一只小羊羔，它一只腿抱着约翰的十字架，仰头看着基督，基督的鲜血流入了圣杯之中。在这里，我们明白了基督惨烈牺牲的重大意义就是拯救和唤醒。可以说，它向人们宣扬了只要有真诚的信仰，世界就将会获救这一新教的思想，而这种思想在宗教改革和农民战争中已成了革命信徒最响亮的一个口号。由此我们看到了格吕内瓦尔德是如何以自己的画笔为武器参加战斗的。

细观画面，我们还能看到格吕内瓦尔德画技上的一个特点，注重人物构图比例：世俗的人物抹大拉的玛利亚的身材比例比其他所有的神性人物的身材比例小了很多，尤其把抹大拉的玛利亚放在圣约翰和圣母的前面，更显出了这一明显的比例不一；再看抹大拉的玛丽亚举起的那双小手和被钉在十字架上基督的那双大手，其比例似乎更显得失调；而这正是中世纪的传统画法。有人认为格吕内瓦尔德坚持中世纪的这一技法是为了给施洗者约翰的预言做图解。我们倒是觉得这一技法的使用是格吕内瓦尔德出于当时人们对宗教画的审美习惯，使作品更能引起人们的共鸣，从而起到号召和唤醒的作用。

冲破黑暗——《基督复活》（图 113）　　无论在色彩和光线的施用、画面的布局方面，还是在人物的动作安排和画面所要现呈出的气氛方面，这幅画都与《基督受刑》有很大的不同。《基督受刑》的整个画面都处在一种阴冷的黑暗中。与之相比，《基督复活》的画面虽也以黑色为背景，但夜空中却有着点点的繁星；再有，从色彩到光线的施用，这幅画都显示出了一种冲破黑暗的气势。

画面上，画家以不同的红色，将基督的圣光描绘成一个向上升腾的巨大的红球，基督整个上半身都处在球体中；他举起双臂，随着球体的升腾，整个身体升向天空；裹尸的白布随着基督身体的升空而飘飞起来，后又向下坠落；裹尸布的飘起和再坠落，一方面强化了基督的升腾效果，另一方面赋予了画面更深刻的宗教意义。与此同时，基督的圣光也映红了地面，将地面照得清清楚楚：棺材盖已被冲开，落到了棺材的旁边；裹尸布的飘飞告诉人们，它是基督升腾的起点；基督的复活和升空，以及巨大的红光的强射，吓坏了罗马士兵，他们中有一个已倒在地上，强光照得他睁不开眼睛，他不但把头偏向背光的方向，还举起一只手臂，企图挡住刺眼的红光；他身旁的一个也急忙背光跪在地上，缩卷着颤抖的身体，更不敢抬起头；棺材后面的一个更惊慌失措，跌在地上连滚带爬，动作十分可笑。在这里，格吕内瓦尔德通过基督升腾的巨大身躯、地上罗马士兵的猥琐和惊慌，把真理终将战胜邪恶的理念清楚地呈现在了画面之上。同时，基督向外展开的手掌中那清晰可见的被钉的伤痕也告诉人们，胜利必须以斗争和牺牲才能换得。与《基督受刑》采用的散点光线相比，该画的光线采用从上到下的聚光，这样既便于强化基督从地面升腾而起的艺术效果，又便于对地上罗马士兵的刻画。这样的聚光，再加上黑色的背景，使这幅画无论从画面形象方面还是从以宗教画面抒发革命理想方面都突出了"冲破黑暗"的主题。

2

伟大的民族画家——丢勒

（1）在修业、求学旅行中创作的画家

阿尔伯莱希特·丢勒（Albrecht Durer，1471—1528），被恩格斯称为文艺复兴时期"在思维能力、热情和性格方面，在多才多艺和学识渊博方面的巨人"，是欧洲整个文艺复兴时期的最杰出的油画家、版画家、雕刻家和建筑工程师之一，也是一位著名的艺术理论家，更是德国民族艺术新纪元的开创者、德国文艺复兴时期三颗灿烂的巨星之一。

阿尔伯莱希特·丢勒 1471 年出生在纽伦堡。他祖籍匈牙利，其先辈以饲养牲口为生，后其祖父于 1455 年迁居到当时德国繁荣的工商业中心纽伦堡。他的父亲是一名金饰匠人。丢勒从小随父学艺，在父亲的指导下，他学习过珠宝加工和铜刻方法。儿时的丢勒兴趣广泛，善于观察，也特别喜欢绘画，并且表现出了天赋。他儿时的作品中不仅有各种小昆虫、小兔子，而且有自画像。据说，他 13 岁或 14 岁时画的自画像就已很生动，令人惊叹，甚至获得了这样的评价：从画中孩子的"聪明而严肃的目光、清秀的神经质的脸孔上，从他漂亮的消瘦的手上，已经可以看得出这一

位未来的美术家高尚的风貌的特征"[1]。15岁时，他被父亲送到当地木刻家米歇尔·沃尔格穆特的作坊中当学徒。沃尔格穆特的画坊不仅生产大型的祭坛画，同时也为一些出版刊物印制木刻版画插图。丢勒在这里学习了3年，接触掌握了这一欧洲新兴起的绘画技术，从而为以后的艺术创作打下了基础。

根据当时的习俗，画家行会规定，凡满师的学徒必须到其他画室实习，以熟悉其他城市的艺术、学习技术和开阔眼界，也就是说，满师的学徒要有一个修业旅游的过程才能成获得画师的资格。按此规定，丢勒于1490—1494年开始了他的修业旅游。他首先去的地方是科尔马，那里有当时最大的铜版画家马丁·顺高尔的画坊。丢勒本打算到顺高尔的画坊参观学习一段时间，但当他到达科尔马时，顺高尔已去世好几个月了。尽管如此，可他还是留了下来，与当时主持画坊的顺高尔的兄弟们一起生活了一段时间。1492年，他又转到瑞士的巴塞尔，那里是学术和书业的中心。在巴塞尔，他以自己掌握的木刻技术为出版商凯斯勒出版的圣哲罗姆的拉丁语书信集制作了木刻插图，其中包括《塔中骑士》、《愚人之舟》等。在巴塞尔生活了一段时间后他又旅游到了斯特拉斯堡。1494年春，丢勒结束了4年的修业旅游生活，返回了纽伦堡。不久，他就和机械师兼音乐家汉斯·弗雷的女儿阿格妮丝结了婚。他还以画家和版画家的资格开设了自己的画坊。在修业旅游的这段时间里，丢勒还留给我们两幅作品，《父亲的肖像》（1490）和《自画像》（1493）。

丢勒虽有了自己的画舫，但并没有停止对艺术的探索。修业旅游返回纽伦堡后不到半年，他就又踏上了访学旅游之路。1495年他来到了意大利。正如本内施所说，丢勒到意大利的目的一方面是为了"逃避故国

---

[1]　转引自赵海江.文艺复兴时期的艺术大师.北京：中国人民大学出版社，1992：170.

鼠疫"，另一方面更是"为了拓展精神视野"。[1]这次到意大利，他访问了威尼斯和帕多瓦，临摹了画家贝利尼、曼坦那和波拉尤奥洛等人的作品，特别注重地学习了曼坦那的绘画技巧，而达·芬奇的绘画理论更是给了他很大的启发。同时，他也了解了意大利的风土人情，初次饱览了大海和港口，开阔了视野，丰富了想象力。本内施对丢勒的这次旅行有这样的评价：

> 旅行的重要性不亚于滞留在艺术中心城市。丢勒在攀登蒂罗尔州山谷时，第一次体验到崇山峻岭的魅力。世界构造的表面在宇宙韵律的巨大律动中展开，或是雪岭高耸，或而巨壑深幽。自然的景色无比壮丽，而人只是其中的孤独存在，丢勒将他的兴奋、欢乐、和忠诚倾注在他的作品中。[2]

1496 年回到纽伦堡不久所创作的《德累斯顿祭坛画》就鲜明地反映了他对大自然的感悟。同时，他也把在意大利所学到的技法和理论融到了自己一系列的作品中。回到纽伦堡，除了创作了《德累斯顿祭坛画》以外，他还创作了不少木刻和铜版画。尤其 16 世纪 90 年代末创作的《启示录》，更集中地反映了丢勒这个时期的画技、画风和创作思想，成了他最伟大的作品之一。《启示录》，取材于《新约圣经》的最后一卷。据传，此卷是基督所钟爱的弟子圣约翰被放逐于帕特莫斯岛时所作的，所以也被称为《圣约翰启示录》。丢勒的《启示录》为组画，共 15幅。其中以《圣米迦勒大战恶龙》、《巴比伦的淫妇》和《四骑士》（详见下面的"作品介赏"）最为著名。谈到这一组画的意义时，贡布里希

---

[1]　本内施.北方文艺复兴艺术.范景中，编译.北京：中国美术学院出版社，2001：18.
[2]　本内施.北方文艺复兴艺术.范景中，编译.北京：中国美术学院出版社，2001：18.

这样说道：

> 那是成功之作，世界末日的恐怖及其前夕的迹象和凶兆等等可怕的景象从来没有表现得那样生动有力。毫无疑问，丢勒的想象力和公众的兴趣孳生于对教会制度的普遍不满，这种不满情绪在中世纪末遍及德国，在丢勒和他的观众看来，那启示录事件的神秘幻想已经有些像关乎时事的大事了。因为有许多人盼望着那些预言在他们的有生之年成为现实。[1]

李维琨则像给贡布里希的话作注释一样，说《启示录》"用德国民众家喻户晓的预言世界末日的传说故事，寓寄着丢勒在宗教改革的前夜对动荡事态的箴言与警告"[2]。《启示录》一部分配有拉丁文的说明，一部分配有德文的说明，广泛刊布上市，和其他画作一起给丢勒带来了巨大的荣誉。此时，丢勒在思想上也接受了先进的人文主义思想。他开始与纽伦堡的一些具有先进思想的人物，如著名学者皮克海默、著名语言学家和宗教改革运动的活动家菲利浦·梅兰斯顿、天文学家和制图学家约翰·维奈尔等，交往密切。"他们出于抗议腐败的罗马教廷的理性认识以及其他政治原因与路德结盟"[3]的思想和行动影响了丢勒。丢勒也追随路德，宣扬他的思想，甚至想把自己的画作送给路德。他在一封信中这样写道：

> 说到愿望，如果我能会见路德博士，我想亲自为他绘制一幅肖像，

---

[1] 贡布里希. 艺术发展史. 范景中，译. 天津：天津人民美术出版社，1998：188.

[2] 李维琨. 北欧文艺复兴美术. 北京：中国人民大学出版社，2004：77—78.

[3] 本内施. 北方文艺复兴艺术. 范景中，编译. 北京：中国美术学院出版社，2001：25.

并把它镌刻在铜板上，永远纪念将我从巨大苦恼中拯救出来的这位基督。[1]

可见丢勒对路德的信任和尊敬。这使他的创作也表现出更强的个性和民族性。丢勒画作的民族性植根于他所生活的社会。

丢勒是一个思想性很强的画家，同时更是一个追求完美的、不断探索的画家。为了能把北方和南方的画技和画风相融合，从而找到他心目中的"美的标准"，1500年以后，他又开始研究古希腊、罗马的美术作品、人体比例、解剖学、建筑学等。他的研究成果表现在1500—1504年他的作品中。这些作品主要有《自画像》、《海妖》（1500），《复仇女神》（1501—1502），《亚当与夏娃》（1504），《三贤来拜》（1504）。

1505—1507年，他再次踏上了意大利的土地，访问了威尼斯、波伦那和费拉拉等城市。据说，他专门拜访了精通透视学的画家，对达·芬奇的创作思想进行了深入而详细的了解。传说他还拜访了拉斐尔，他们结下了亲密的友谊，还互相赠送了自己的《肖像画》。丢勒边学习边创作，在意大利期间也留下了自己的作品，其中最主要的有1506年创作的《念珠节》、《威尼斯妇人肖像》，1507年创作的《圣母子》等。从这些画作中可以看出丢勒在用色方面的天赋和特点。他自己在一封信中谈到《念珠节》一画的色彩时无不骄傲地说：

在彩色方面，这幅画是很好的、漂亮的，它使我博得了很多赞扬……我迫使所有那些说我版画好、而在绘画上却不会用色彩的画家哑口无言了。现在，大家都说没有看到过比这幅画再漂亮的色彩

[1] 转引自本内施.北方文艺复兴艺术.范景中，编译.北京：中国美术学院出版社，2001：25.

了。[1]

丢勒于 1507 年春从意大利回到纽伦堡。从此时到 1520 年，他的创作进入了成熟期。这个时期他的作品仍以版画为主，其著名的主要有《圣母子》（1512），《骑士、死神与魔鬼》、《书斋中的圣哲罗姆》和《忧郁》（1513—1514）等。西多罗夫在评价这些作品时说：

> 在技巧上达到了他的最高峰，他的构思从来没有这样深刻过，他的现实主义从来没有这样具体过，同时，他的形象也从来没有这样概括过。在史料学上，这一批版画一向被誉为"绝妙"之作。[2]

画作的成功使丢勒在德国的声誉大大提高。上流社会的人士，包括皇帝、诸侯和富商们，纷纷争着收购和收藏他的作品。1512 年，他被邀请入宫，成了马克西米连皇帝（1459—1519）宫廷的画师。1520 年，他前往尼德兰，为的是求得继位的查理五世对自己职位和薪俸的认可。同时，他游历了安特卫普、布鲁塞尔、马连、科隆、密得堡、布鲁日和根特等城市，所到之处，不仅受到了王公贵族的礼遇，而且还拜访了不少艺术家。他在旅游日记中详细记载了这次旅游。他一路创作和写生，完成了 100 多幅肖像画、写生画和创作草稿，收获颇丰。1521 年，他回到纽伦堡。

从 1521 年返回纽伦堡到 1528 年丢勒去世的这段时间，是他创作的高峰期。在这最后的 8 年中，他代表性的作品主要有油画《圣哲罗姆像》（1521）、《汉斯·伊荷夫像》（1524）、《四使徒》（1526）、《纽伦堡市理事会会员荷尔茨舒勒像》（1526），铜版画《阿尔布尔希特·布

---

[1] 转引自吴泽义.文艺复兴时期的美术.长春：吉林大学出版社，1986：233.

[2] 转引自赵海江.文艺复兴时期的艺术大师.北京：中国人民大学出版社，1992：172.

朗丁堡斯基像》（1523）、《维利巴尔德·皮克海默》（1524）、《伊拉斯谟像》（1526）、《菲利浦·梅兰希顿》（1526），素描画《母亲像》（1521），等等。

从丢勒学徒满期后的修业旅游开始，再到其访学和创作的旅游，可以说，旅游、学习、创作几乎成了他的一种生活和创作方式。正是在旅行、访学中，他将北方和南方的画技融合起来，发展了自己独特的画风；也正是在旅行中，他了解了社会，了解了德国的民众，这使他的作品表现出了深刻的思想性；也正是旅游中的体验和观察，才成就了他的风景画。他的这种生活和创作方式，直到他生命的最后，才终止下来。丢勒患了严重的肝病，而他的肝病据说是在完成了《四使徒》后不久感染的。1528 年 4 月 6 日，丢勒因病在纽伦堡去世，享年 58 岁。

58 年的时间，丢勒在绘画方面的成果不仅有油画、木刻画，更有铜版画。他一生至少为后人留下了 350 幅木版画、100 多幅铜版画、100 多幅素描水彩画和 60 多幅油画。可以说，他以自己的"天才创作和勤勉劳作树起了一座北欧文艺复兴美术的丰碑"[1]。从绘画的内容来看，丢勒的画包括肖像像、宗教画以及草图和习作。丢勒一生创作了上百张肖像画，包括自画像。这之中有油画、素描和铜板蚀刻版。丢勒的肖像画的第一个特征在于，他以比较夸张的手段，强化人物的性格。因此，在"欣赏他的作品时，我们不仅看到众多不同性格气质的人，而且感到描绘的人正是各种气质性格类型的典型代表"[2]。丢勒肖像画的第二个特征是，他直面对象，在观察的基础上，并不是捕捉人物的日常状态，而是用其敏感的神经捕捉人物每种习惯性伪装都被卸下来的那一刻的状态，从而使他笔下人物的精神面貌展现到了极致。第三个特征是用细致的笔触描绘

---

[1] 李维琨.北欧文艺复兴美术.北京：中国人民大学出版社，2004：87.
[2] 范冶斌.丢勒西方大师经典.合肥：安徽美术出版社，2011：11.

人物的眼睛、头发、手等表面载体，展现人物的性格和内心。第四个特征是对肖像画技法进行不同探索，仅画肖像画的工具和材料就包括银尖笔、钢笔、油刷、水彩、炭笔、粉笔，除此之外还涉及直接画法和间接画法，这使他的肖像画达到了一种返璞归真的艺术的最高境界。

丢勒宗教画的成功与他所处的时代密切相关。因为丢勒所处的15—16世纪的欧洲，绘画是教会教化不识字民众最主要的方法之一，所以宗教主题的绘画也就成了普遍的、易于理解的、为广大民众所接受的艺术形式。艺术家们不断努力用新的形式来表现宗教题材的原因在于，绘画一方面表达了艺术家本身的信仰感受；另一方面，艺术家的信仰和感受往往和广大信众相一致，绘画也可以艺术家的宗教情感影响民众。丢勒的宗教画既体现了他个人的虔诚信仰，又体现了他不断对宗教画的题材、体裁和画技的创新。这是因为他既把自己的创作过程看作良心责难和心灵创伤的解脱，也把它看作自我救赎的手段，看作他对技法不断改进和创新的力量源泉。他运用高超的画技，把"用语言无法表达的感受转化成具体的形象描绘在纸上"，把"抽象的宗教理念转化为真实可信的艺术形象"。所以，"面对作品，我们要欣赏的不仅仅是高超的技艺，还有大师不懈的努力和永不停止的探索精神"。[1]这里还特别要提到的一点就是，随着德国宗教改革的进行，丢勒更是从日常生活中捕捉灵感，将普通市民的形象也纳入宗教画的题材中，使世俗场景成为绘画艺术的重要组成部分，从而赋予了传统的宗教主题更多的现实意义。这显示出大师对艺术的执着和对宗教改革中的新思想，也就是人文主义的新思想——人性的深切关怀。所以，范治斌对丢勒的画作评价道：

[1]　范治斌.丢勒西方大师经典.合肥：安徽美术出版社，2011：12.

人性在丢勒所有的作品中具有永恒的价值，不会因为时代的变迁和欣赏口味的改变而受到影响。作品的艺术吸引力不再依赖其中宗教的象征意义，而得益于其现实的风格。最基本的元素蕴含大师对自然真切的感受和对人性的深刻探索，时至今日依然深深地感染着我们。所以，今天我们即使不明白它所描绘的内容，依然会毫无挂碍地欣赏他的作品。[1]

再看丢勒的草图和习作。一组衣褶、一个手势、一本书，甚至一件简单的生活用具，他都描绘得十分认真。也正是这些看上去简单的图形，让我们看到了丢勒的勤奋和不懈努力，看到了他成为大师的原因。

作为"丰碑"式的人物，丢勒不仅是绘画的实践者，而且是一位美术理论家。他关于美术理论的著述有：《给青年画家的粮食》《人体比例》、《测量法指南》。《给青年画家的粮食》大约写于 1513 年，该著述开宗明义地写道：

据我所知，目前在德国有很多这样的画家，虽然在艺术上很不成熟，却要创作大量的作品，因而他们急需得到行家的指点。由于人们对绘画的需求量那么大，这些画家的当务之急就是要提高他们的艺术水平。对专业一窍不通的人，工作起来肯定要比内行的人多费力气，所以，应该让画家掌握必要的知识。我很乐意把我的知识写下，传授给那些力不从心而又愿意学习的人……那些能用自己的手表现思想的画家，是真正的艺术家，我谦卑地恳求得到他们的指正，并于此致谢。欢迎所有的人听一听我所说的，看一看我所做的，希

---

[1]　范治斌.丢勒西方大师经典.合肥：安徽美术出版社，2011：13.

望我的文章对人们有所助益，而不致成为艺术的绊脚石，更不要导致读者忽视更为美好的事物。[1]

接着，丢勒指出了绘画对人类的作用和什么人可学画：

绘画艺术是为教会服务的，通过绘画把耶稣受难和其他许多富有教义的事例形象地表现出来。绘画还可以保存已故人物的容貌；借助绘画中的示意图，使人们理解了测量大地、水和星辰的方法；人类还将通过绘画了解更多的事物。要使绘画真实、动人，充满艺术的魅力，实属难事，要经过长时间的努力，使自己具有运用自如的手才行。而没有天赋的人，最好不要强求，因为灵感是由上苍所赐。[2]

在论述了美术的发展史和社会变化与美术发展的关系后，他指出了自己将要克服舆论的压力写一本著述，以及写作的意义：

凭上帝的帮助，我将写下我所知道的一切，这可能遭到很多人的鄙弃，但我并不介意。我很清楚，指责一件事比做好一件事要容易得多。我将尽可能平易清晰地表达我的意思，使那些视艺术重于金银的聪慧的学生获得助益。我再次吁请对于艺术的任何方面富有知识的人，真诚、明确地写下自己的体会，而不以为苦；为了上帝和你们自己的荣耀，不要把求知者领入歧途。[3]

---

[1]　迟柯.西方美术理论文选：古希腊至20世纪　上.南京：江苏教育出版社，2005：100—101.

[2]　迟柯.西方美术理论文选：古希腊至20世纪　上.南京：江苏教育出版社，2005：102.

[3]　迟柯.西方美术理论文选：古希腊至29世纪　上.南京：江苏教育出版社，2005：102.

接下来，丢勒具体讲述了人体比例，以及如何从众多的人体中将每个人的美集中起来，创作出一个美的人体。他认为，创作出一个美的人体，"就需要采取某一人的头部，其他人的臂、腿、手、脚，等等"。这做起来并不容易，因为即使"从两三百人中，人们也挑不出两三处值得用于创作的美点"。同时，他还谈到了应当有一个"恰如其分"的"美的标准"，这个标准应该是"普天之下认为是恰当的，我们也认为是恰当的；普天之下视之为美的，我们也视之为美的，并努力创作出同样美的东西"。他还提到"标准的美"即"和谐的美"，即使在"差异中也存在着伟大的和谐"。[1] 最后，他谦虚地说自己很平庸，"今后必将有很多讨论绘画问题和技巧的书，出现卓越的人，他们在著书教学方面将做得更加出色"。他真诚地嘱咐青年人：

> 不要因为学习而感到害羞，正确的忠告有助于我们的创作。应该征求真正懂得艺术的人的忠告，他们能够亲身证实他们的本领。当你完成了一幅自己十分满意的作品之后，把它拿给不乱作批评的人，请他们提意见。尽管他们未必理解作品中好的地方，但他们通常能指出作品中最突出的毛病。如果你觉得他们的意见诚实可靠，即可改进和提高自己。[2]

他还对年轻人说："如果我能升起火焰，你们以更高的技能继续添火，那将使知识的光辉照亮整个世界。"[3]

丢勒的《人体比例》约写作于 1523 年，在他去世的 1528 年出版。

---

[1] 迟轲.西方美术理论文选：古希腊至 20 世纪 上.南京：江苏教育出版社，2005：103.

[2] 迟轲.西方美术理论文选：古希腊至 20 世纪 上.南京：江苏教育出版社，2005：103—104.

[3] 迟轲.西方美术理论文选：古希腊至 20 世纪 上.南京：江苏教育出版社，2005：102.

在这本书中，丢勒先指出没有受过正规训练的人应如何按其书中的人体比例进行训练：

　　他首先要找一个愿意给他画的人做模特，尽可能相互熟悉，并且符合他所要求的人体比例；然后根据他的理解，尽其所能画出人体的轮廓。这种做法很有好处。如果一个人能准确地写生，画出的作品与生活中的模特儿很接近，尤其当画出的形象是美的，他的作品自然会被承认是艺术品而受到人们的赞扬。[1]

接着，他从个人的能力、技巧大师们的观察、人们应如何发挥自己的特长和在长期的训练中娴熟技艺，以及如何展现艺术的魅力等进行了论述。之后，他提到了以往艺术家们对"什么是最美的人体造型和最恰当的人体比例"的探索，以及这种探索的艰难。同时，丢勒也指出，艺术家们并没有因此而退缩。他们继续探索着如何才能画出更好看的人体问题。在这里丢勒提出：

　　第一步，把整个人物及各个肢体安排得高雅好看；然后注意细部，正确地画好人体各个部分，处理好画中的主次关系。而为了更接近正确的目的，不妨抽去一点儿美的部分。如上述，既然一个人是由很多部分组成的，每一部分又有其各自特别的性质，因而作画时就应该照顾到各个部分，不要因细部的疏忽而破坏了整体，最大限度地保留各部分的真实自然的本性，才能做到少犯错误……

---

[1]　迟柯.西方美术理论文选：古希腊至 20 世纪 上.南京：江苏教育出版社，2005：104.

丢勒提醒画家应注意要根据不同种类的人画出不同的人体，并比较了黑人和白人的体质特征，之后指出：

在同一种族中我们可以发现不同类型的人，按照不同的气质进行选择，画出各种人的形象。画一个健壮的人应该画出身体的硬度，有（犹——引者）如雄狮般的强壮。画虚弱的人，应该使其显得单薄，不能像强壮人那样粗犷。给性格温柔的人加上魁梧的身材，或赋予弱不禁风的人以硬汉子的特性，都是不合理的；至于瘦与胖的区别，则可视具体情况而定。各种不同程度的"柔弱"和"刚健"，都要与所画人物的性格协调。所有这些方面，自然的生命都向我们揭示了真理。要尊重自然，不可仅凭想象背离自然；且不要妄想你可以发明出任何超越自然的东西，这样做必将走入歧途。毫无疑问，"技艺"之果生长在沃野中，善于寻求的人方能采它。一旦得到它，你就可能少犯错误……关于处理人体比例的问题，过去的实践经验可能有很大用处。与生活的形式越接近，越会显得美好，这是真理……由此可知，除非一个人在生活中摹写了足够的原型，充实了自己的头脑（这时头脑里已不再是个人的幻想，而是通过学习研究后获得的"技艺"），否则他无法根据自己的想象创作出美丽的人体。只有经过辛勤播种、耕耘，才能获得丰硕的果实。[1]

接着，丢勒还阐述了自己对艺术家应如何在长期的摹写中积累经验的问题、如何防止畸形和创作"完美无瑕、匀称和谐"的作品问题、艺术家应如何防止单一方法和单一风格的问题、如何学习的问题和测量人

---

[1]　迟柯.西方美术理论文选：古希腊至20世纪 上.南京：江苏教育出版社，2005：106—107.

体的问题等方面的独到见解。

《测量法指南》和《筑城法》也都是丢勒探讨艺术理论的重要书籍，正是这些著作告诉我们，阿尔伯莱希特·丢勒不仅是伟大的画家，而且是伟大的艺术理论家。

（2）作品介赏

成名之作——《启示录·四骑士》（图114）　《四骑士》是丢勒的木刻组画《启示录》15幅中的一幅，也是最著名的一幅，大约完成于1498年。《圣经·启示录》的第六章中记载：约翰看到羔羊基督拿起圣书，打开无人能开封的七印书卷，它是神判的启示。羔羊基督揭开第一个印，看到一个骑士，手拿弓箭，骑着白马；揭开第二个印，看到一个骑士，手持长剑，骑着红马；揭开第三个印，看到一个骑士，手持天平，骑着黑马；揭开第四个印，看到以"死"为名的骑士，骑着灰马，手拿着三叉戟。这四个骑士代表着四种恶势力，分别为"战争"、"杀戮"、"饥饿"、"死亡"。他们奉上帝之命，要将世界四分之一的不守教道的人口全行毁灭。

在丢勒《四骑士》的画面上，我们看到，四骑士在空中天使的指挥下向着人群奔来。"战争"拉开了弓箭已开始射杀；"杀戮"挥舞着长剑，向着人群砍去；"饥饿"甩开了天平，而失去平衡的天平却又怎么能不偏不倚，保持公正呢？还有那个"死亡"骑士，手中的三叉戟还未来得及出手，他的马的马蹄已踏到了人的身上。四骑士的战马横冲直撞，似入无人之境。马蹄所到之处，无论教皇、主教、贵族、贵妇还是农民，统统遭到践踏。画面左下角有一个倒在地上的主教，正在被地狱之龙吞噬；右下角还有一个农民，边回头，边逃跑，其命运可想而知……丢勒以细腻流畅的刀法，不仅把人物的服装、武器描绘得极为写实，而且把人物在整体纵线条上向前和向后的动作，如马蹄的前奔、人物手臂的前后挥动、服饰的前后飘动等，与云和大地在横线条的向后动的趋势都刻画得栩栩如生。无论是整体纵线条上向前和向后的动作，还是横线条上云和大地的向后动的趋势，都被刻画得栩栩如生，都起到了强化四骑士前冲的动感和由他们的冲杀而所引起的整个画面的慌乱感和恐怖感。

对于这样的一幅画面，有的研究者认为，它反映了德国社会现实中，教会的强势引起的人民的不满；有的研究者则强调，它反映的是整个德国社会的全面动乱。而我们认为，从当时德国社会的现实看，阶级矛盾与德国人民反抗罗马教皇压榨的民族矛盾交织在一起，这也正是此时德国社会动乱的原因，故而，丢勒的画应是这一动乱的全面反映；当然，以《启示录》为题，也可看出他对民族矛盾的强调，这也是丢勒作为一个德国人，其民族性的表现。可以说，《启示录》是一幅艺术性和思想性都很强的作品，因而在社会中流传甚广。丢勒正是用"德国民众家喻户晓的这一宗教传说，寓寄了他在宗教改革前夜对动荡的世态的箴言和警示"，这对酝酿宗教改革的社会心理起了不小的作用。丢勒也因此画而名声大振，踏入了德国名画家的行列。

为探索而苦恼——《忧郁》（图 115 ）　此画完成于 1513—1514 年。它、《圣哲罗姆像》和《骑士、死神和魔鬼》是丢勒三幅最著名的铜版画。《忧郁》是一幅寓意深刻的哲理画。画面上的主人翁是一位身体强壮的妇女。她所处的环境非常耐人寻味。她身边胡乱堆放着各种工具和器具，地上摆放着刨子、球体，架子上放置着几何多面体，墙上架有梯子，还挂着天平和沙漏，靠近沙漏的是一个铜铃，铜铃的下方挂的是"魔方阵"。这个魔方阵是当时流行的一种数学游戏，游戏者可将上面连续的整数加以排列，配成正方形。在这个魔方阵的下面的格子中，写有 1514 的数字，这应该是该画作完成的时间。画的左上方是一片宁静的海湾，海湾的上空有一个发光体，其所发之光在空中构成了一个巨大的光弧。在一束强光的照耀下，一只奇特的蝙蝠抓着一条横标从远处飞来。横幅上的字为"忧郁"，点出了画作的名称。

在这样的既像科学家的工作室，又像手工工匠的作坊中，主人翁静静地坐在那里，低着头，左手托腮，右手拿着圆规；她的目光凝滞，似乎陷入了深深的沉思。同时，画面上还有两个有生命的东西，一个是蜷缩着身体沉睡的狗；还有一个是与女主人翁姿势相同，低头托腮，但朝向相反的天使。他木木的眼睛，与女主人的呆滞目光相得益彰。面对满屋的工具与仪器，女主人到底遇到了什么难题？这幅画又为什么名为"忧郁"呢？对此人们众说纷纭。有人根据文艺复兴时期欧洲人把"忧郁"的概念解释为，有忧郁气质的天才，这样的人会成为一个有无限创造力的人。自然，画中的女主人翁"便是'忧郁'的化身，她为建树和科学的象征所环绕。这个形象淋漓尽致地渗透着这样一种感受：人的精神世界具有漫无止境的威力。然而此刻，她正为找不到某个问题的答案而忧郁、烦闷、苦苦思索"[1]。徐沛君还提到一种最为流行的看法：

这里的工具和科学仪器代表当时的实用和知识，象征对宇宙的探索，而画中有双翅的女子是那些探索者的化身。时代需要进步，而社会的黑暗现状又阻碍进步的步伐，于是时代的先驱者就不能不为之苦恼。这幅画作于德国宗教改革前夕，多少反映了当时社会普遍存在的不满情绪。

人文主义思想的杰作——《亚当与夏娃》 在丢勒的作品中共有两

---

[1] 赵海江.文艺复兴时期的艺术大师.北京：中国人民大学出版社，1992：173—174.

幅《亚当与夏娃》，一幅为铜版画（图 116），作于 1504 年；一幅为油画（图 117）作于 1507 年。这两幅画体现出了丢勒不断探索"美的标准"的努力和成果。从这两幅画中可看到，丢勒创造性地将古典理想的人体造型、新的比例学、解剖学融于优美的线条和写实的笔法中，在宗教的题目下，歌颂了人本身，描绘了人体的自然美。

在图 116 的画面上，亚当的头与身体的比例大约为 1：9，其肩部被略微拉宽，全身的肌肉团块分明，一个高大健美、理想的年轻男子形象跃然纸上，这就是丢勒刻刀下的亚当。这个亚当的一头卷发，明显地说明其是一名德意志人。而他身边的夏娃的身体各部分的比例准确无误。她丰满的身材和亚当的健壮形成了鲜明的对比。她的古典平衡式的站姿、略略低头、垂眼、伸手从蛇口中接果实的优美中带着温柔的动作，与亚当折枝与转身的粗鲁形成了鲜明的对比。而在黝黑丛林的衬托下，夏娃的肤质光洁白皙，从而把女性的美的特征展现无遗。在这里，丢勒用了三个对比。在三个对比的相互衬托下，丢勒通过精密严谨而又奔放游移的刻刀，把亚当男性身体和夏娃女性身体自然美的特征凸显在了画面之上。另外，在这幅画中，我们也再次体会到了丢勒在追求美的同时坚持德国传统的精描细刻所表现出的艺术效果。画面背景的树木、枝条、树叶，站在枝头的小鸟，伊甸园中的各类动植物，都被刻画得极为细致、形象。

图 117 是在铜版画基础上再创作的油画。两画相比，油画中的两个人物更具有古希腊的雕塑风格，体现出丢勒对古典艺术风格的吸收和借鉴。首先，丢勒把该画设计成了屏风式，亚当和夏娃分别在一扇屏风上，占满了整幅画面。同时，两个人的动作相向，亚当拿果枝的左手和夏娃扶树枝的右手，将两幅画面连成了不可分割的整体。其次，丢勒以油画特有的色与光的运用对人物进行塑造，将两个人的美丽人体凸显在黑色的背景上。亚当身材高大，却没有了图 116 中身上的强健肌肉；而夏娃的

身材却更显匀称，其曲线流畅，肤质也更显细滑。尤其两个人物的表情，更显示出丢勒的深刻思考。亚当拿果枝的动作是以拇指和食指"捏"住，表现出他对吃禁果的谨慎，再配上他的面部表情，更显现出他内心的紧张。而夏娃以古典平衡式的姿势站着，右手轻扶树枝，左手随意从蛇的口中接过果实，以及眼睛略略斜视亚当，一个天真无邪、活泼可爱、心情坦荡与欢乐的少女形象跃然纸上。

　　无论是从人体美的刻画，还是对人物心灵的挖掘，两幅画可以说都是人文主义思想的杰作。

3
三个艺术国籍的画家——荷尔拜因

（1）画家辗转奔波的一生

汉斯·荷尔拜因（Hans Holbein，1497 或 1498—1453），德国文艺复兴时期最杰出的肖像画家和版画家。在他传奇的一生中最与众不同的是他有三个艺术国籍：出生和学艺于德国的奥格斯堡，成名于瑞士的巴塞尔，最繁荣的创作期在英国的伦敦。

汉斯·荷尔拜因于 1497（1498）年生于德国繁荣的奥格斯堡市的一个著名的绘画世家。他的父亲和叔父都是当地有名的画家，经营着当地最大的画坊。荷尔拜因与其父同名，因而往往被人们称为小汉斯·荷尔拜因，以区分其父老汉斯·荷尔拜因。小汉斯·荷尔拜因自幼从父学艺，在老汉斯的画坊中接受了良好的专业教育。老汉斯作品的人物形象鲜明，色彩协调，结构严谨，空间处理层次分明，这些特点深深影响了小荷尔拜因，尤其对老荷尔拜因观察事物细致入微的能力的继承，是小荷尔拜因成功的重要因素。

1515 年，十七八岁的小荷尔拜因离开了父亲的画坊，离开了故乡之城，与其哥哥一起到瑞士的巴塞尔闯天下、求发展。巴塞尔是当时西欧著名的学术中心，许多人文主义学者和文化活动家，其中包括著名的人文主义思想家和神学家鹿特丹的伊拉斯谟，都乔居于此。这里设有大学，印刷业相当发达。这一切都为小荷尔拜因提供了足够的发展空间。初到巴塞尔，小荷尔拜因进入当地画家汉斯·赫尔比斯托的画坊学习和工作，并开始独立完成一些小件订单，诸如书籍装帧、插图、小装饰画等。由于他本来就有良好的画工，加上工作又非常认真，所以其作品也很受委托者的喜爱。例如，1515年他制作的一件桌面装饰画，以一系列的生活场面为内容，不仅场面富有情趣，而且人物造型俱佳、生动可爱，装饰也画得古色古香。订单人非常喜欢。因此，在不太长的时间里，他在巴塞尔已小有名气。

1516年，对荷尔拜因最重要的有两件事。第一件就是与伊拉斯谟的相识。伊拉斯谟1514年来到巴塞尔，当时已是知名度最高的学者，其最著名的作品就是《愚人颂》。伊拉斯谟的朋友奥瓦斯尔德·密考纽斯存有一本伊拉斯谟的《愚人颂》。他请荷尔拜因和他的哥哥为他私藏的这本书制作插图。荷尔拜因兄弟俩于1515—1516年完成了插图的制作。据说，当时奥瓦斯尔德正在为青年们讲《愚人颂》。书中有一段这样的描述。伊拉斯谟在大街上被美女迷住了，以致一脚踏进了卖蛋女的鸡蛋框里。后来伊拉斯谟从奥瓦斯尔德那里借来了这本书，看到书中的插图，叹息道："噢！如果伊拉斯谟还这么年轻，他马上就会娶妻的。"[1] 由此，荷尔拜因结识了伊拉斯谟，并结成了莫逆之交，他还为伊拉斯谟作了不少画像。

第二件事就是，他接受了一个重要的订单，为金融家迈尔夫妇画像，为的是庆祝迈尔竞选巴塞尔市市长成功。荷尔拜因画的《迈尔像》极为成功。作为银行家的迈尔无疑是新兴资产阶级的代表人物。徐沛君描绘并评价

---

[1]　转引自本内施.北方文艺复兴艺术.范景中，编译.北京：中国美术学院出版社，2001：79.

这一画作说，画面上，迈尔

头戴一顶红帽，头发蓬松地散在两边。为了揭示迈尔内在的精神气质，荷尔拜因突出刻画他的面部特征。迈尔嘴唇紧闭，坚定的目光里流露出自信。

据说迈尔对这幅画像非常满意。这一肖像画的成功，使上层市民纷纷上门求画。荷尔拜因的名声亦随之远传。1517 年，与巴塞尔相邻的城市卢塞恩市的市长可布·格丁施坦慕名请荷尔拜因为他的官邸绘制一套大型的纪念性壁画。尽管当时荷尔拜因还没有制作整套大型壁画的经验，但这并没有难倒荷尔拜因。他勇敢地接受了订单，努力辛勤工作了一年，完成了任务。这幅壁画虽未保存下来，但可根据荷尔拜因的素描稿和临摹本及文献记载了解该作品的面貌：

这套壁画是神话题材，内容带有明确的规箴纲领性质。画家不拘绳墨地描绘了英雄业绩与生活情节相结合的众多人物场面，对一些人物形象作了现实主义的处理，使他们处于建筑物或古典装饰图案的围绕之中。[1]

壁画的成功，使荷尔拜因成了引人注目的装饰画家。可在完成了可布·格丁施坦的壁画之后，荷尔拜因没有再接手订单，而是完成了他心目中早已计划好的旅行。1518—1519 年，他踏上了访学的旅程。他游历了尼德兰、法国和意大利。他虚心地拜访了当地的学者和画家，临摹大

---

[1]　赵海江.文艺复兴时期的艺术大师.北京：中国人民大学出版社，1992：231.

师的杰作。尤其在米兰，他在亲眼看见了大师达·芬奇的作品后，进行了专心致志地研究。这次旅行使他受益匪浅，"对于他不久后成为兼收并蓄北方艺术和意大利艺术二者成就，以理性的人文主义和风格化作为个人创作主导风格的画家，是具有决定性意义的。也正是从这时起，他的艺术创作开始进入成熟期"[1]。

　　1519 年，荷尔拜因回到巴塞尔。同年，他和当地一皮货商的遗孀结了婚，成家立业。而最重要的一点是，这个来自德国的年轻画家，以他的画技和画风，以他的实力，得到了巴塞尔民众的认可，他们把他看成巴塞尔的一颗新星。荷尔拜因加入了巴塞尔画家行会，并开设了自己的画坊，订单更是源源不断。他创作出了不少优秀的画卷，如《蓬尼菲斯·安默巴哈像》（1519）、《最后的晚餐》（1520）、《鞭打基督》（1521）、《墓中的基督尸体》（1521）、《巴塞尔市政大厅壁画》（1521—1530）、《圣母子与圣徒》（1522）、三幅伊拉斯谟的肖像画（1523—1524）、《迈尔市长的圣母》（1526），1523—1526 年为《愚人颂》绘制的 80 多幅插图，1523—1526 年为路德新版《圣经》做的插图，1521—1526 年创作的木刻组画《死神的舞蹈》等。荷尔拜因的艺术成就，使他在巴塞尔的声望逐年升高。大约在 1525 年，巴塞尔市议会特别授予他"荣誉市民"的称号。

　　在这些画创作的年代，德国正处在一个大变革的时代。1517—1522 年，宗教改革运动蓬勃兴起，路德的檄文震撼了整个天主教世界。1524—1525 年的德国农民战争更极大地冲击了欧洲社会。德国农民战争失败后，德国卷入了更加复杂的宗教和政治纷争之中。同时，在瑞士苏黎世，慈温利领导的宗教改革，也把整个邦联拖入了大规模的社会政治动荡之中。这导致西欧艺术市场大大萎缩；艺术家们的收入大为缩减，生计也成了

---

[1]　赵海江.文艺复兴时期的艺术大师.北京：中国人民大学出版社，1992：231.

问题。于是很多艺术家纷纷离开巴塞尔，荷尔拜因也因此开始了他辗转奔波的生活，其创作生涯进入了他的第二个创作期伦敦——巴塞尔时期（1526—1532）。

1526年，荷尔拜因拿着伊拉斯谟的一封介绍信经安特卫普转道前往英国，在英国待了两年。期间，他受到了伊拉斯莫的朋友托马斯·莫尔的热情接待。托马斯·莫尔是英国著名的人文主义者，以空想社会主义的名作《乌托邦》为我国人民所熟知。当时，莫尔是英国国王亨利八世（1509—1547）宫廷的重臣。在莫尔的帮助下，荷尔拜因顺利进入了英国上层社会的圈子。这使他画肖像画的卓越才能得到了充分的发挥。在英国期间他完成的著名肖像画有《托马斯·莫尔爵士像》（1526）、《莫尔全家像》（1527—1528）、《抱松鼠的妇女》（1527—1528）、《克拉特采尔像》（1528）、《安娜·克莱萨克尔像》（1528）等。1528年，他结束了旅英的生活回到了巴塞尔。而此时的巴塞尔也发生了宗教改革运动，并随之掀起了破坏圣像运动，教堂中的很多艺术品被毁。回到巴塞尔的荷尔拜因感到空前压抑，同时，他的朋友伊拉斯谟也已移居法国。荷尔拜因在完成了1521年就接手的巴塞尔市政大厅壁画（1530），并创作了《妻与子》（1528—1529）和91幅《圣经》插图后，感到巴塞尔已没有什么可留恋的，便去了意大利。但意大利正处在战乱中，他又转往法国，去找伊拉斯谟。但法国的局势也并不安定，他为伊拉斯莫画了一幅《伊拉斯谟圆形像》后，便又踏上了英国的土地。他的创作生涯也随之开始了最后的阶段——第二次旅居英国的时期（1532—1542）。

但他刚到英国，重棒就当头打来。他要投奔的托马斯·莫尔，因反对亨利八世的宗教改革，而被辞去了大法官的职务，不久便要被处以死刑。为了生活，荷尔拜因以德籍画家的身份加入了侨居伦敦的德侨社。这期间他创作了不少著名的肖像画，其中最主要的作品有：1532年创作的《德国商人西斯米像》和《安特卫普首饰匠汉斯像》、1533 年创作的《法国公使摩列特和佛拉尔主教双人像》、《管理皇家猎鹰的贵族罗伯特·齐兹曼像》，还有 1534—1535 年创作的《莫莱特像》等。这些作品展示了荷尔拜因高超的画技水平，可以说，他的肖像绘画艺术已达到了炉火纯青的水平。正是靠着自己的技艺，他赢得了英国王公贵族们的青睐，并结识了英王亨利八世的宠臣托马斯·克伦威尔。于是经克伦威尔的推荐，他得到了亨利八世的赏识。1536 年，他被聘任为宫廷画师。这不仅使他的生活安定下来，而且为他提供了很好的创作条件。作为宫廷画师，他不仅要为王室成员画像，有时还要出使外国，去为那里的王室成员画像。同时，他还要负责很多诸如金银饰件、建筑装饰、家具图案的设计，盛会服装、酒杯的设计，甚至还包括武器的设计。荷尔拜因努力地工作着，以使王公贵族满意。期间他著名的肖像作品主要包括：《皇后珍·希莫像》（1536），《米兰女公爵》（1538），这是荷尔拜因为王室的婚姻出使意大利完成的，《克利夫的安妮像》（1539—1540）、《亨利八世像》（1540）。随着对英国社会的了解，他还在 1541—1542 年创作了《穷人的胜利》、《富有者的胜利》和《亨利八世授予理发师公会和外科医生公会特许状》。据说在创作这些绘画期间，他几乎没有在绘制肖像画。所以，研究者认为，这可能是荷尔拜因创作题材的一种转变，一种面向社会风貌和社会矛盾斗争的转变。凭借他的社会经历和画技水平，这种转变肯定会成功。可是他还没有来得及完成这一转变，死神就夺取了他的生命。1542 年秋，荷尔拜因死于伦敦的鼠疫，年仅 48 岁。

欧洲 16 世纪的社会局势，使他成为一位具有三个艺术国籍的艺术家。而他从巴塞尔时期（1515—1526，早期创作时期）到英国与巴塞尔时期（1526—1532，中期创时期）再到英国时期（1532—1542，晚期创作阶段）的动荡的创作经历和在这一动荡过程中创作的 50 多幅作品，大多是当时欧洲动荡的国际局势的反映。

（2）作品介赏

反映社会现实的木刻——《死神的舞蹈》（图 118） 这是荷尔拜因早期完成的一组木刻版画《死神谱》中的一部分。组画共有 41 幅画，创作于 1524—1525 年德国农民战争期间。画面是荷尔拜因根据当时社会上流行的往往把死神和实际生活联系起来的心理设计而成。在这里，荷尔拜因以人人都不可逃避死亡，宣扬了下层民众反对特权、要求平等的思想。画面上，死神奏着乐器，挥臂、挺胸、踢腿，跳着舞蹈，来到诸如皇帝、教皇、红衣主教、爵爷、贵妇等人的身边，揭露他们的丑行和贪婪，宣布他们的死亡。而死神也会穿起农民的服装，帮助贫穷的农民耕种，支持他们起义，甚至帮助他们处死暴虐的爵爷，以此赋予死神富有正义感、同情心和勇于战斗的形象。这一作品因为反映了社会现实，世俗气息浓烈，所以 1538 年于里昂出版后，立即风靡全欧洲，画中的造型一再为人们所模仿。

"奇才画家"笔下的肖像画——《托马斯·莫尔爵士像》（图 119）画像作于 1526 年。荷尔拜因刚到达英国，因伊拉斯谟的推荐信而与莫尔相识，又因莫尔的引荐得以进入英国上流社会，获得发展的机会。托马斯·莫尔是英国著名的人文主义者、空想社会主义思想家，是 16 世纪上半叶英国政府的重臣，曾为国会议员、财政副大臣、国会下院议长和大法官，后因反对英王亨利八世兼任教会首脑而被杀害。他的著名的著作是《乌托邦》。当这幅画像映入你的眼帘时，你首先感觉到的是画面清晰的色彩层次感。荷尔拜因通过具有强烈对比的绿色帷幔和红色大翻领披肩将人物凸显在画面上；同时，考虑到强烈对比的红色与绿色会很刺眼，影响人物的凸显，所以，荷尔拜因采用豆绿色和棕红色；整个服饰色彩丰富而又有层次感：棕红色的披肩、深棕色的坎肩和深红色的外衣紧袖，以及露出的白色的内衣袖边、肩上披的金链。在这些颜色的使用下，荷尔拜因又以细致的笔触，把服饰的皮毛、毛绒和天鹅绒的高档质感和华丽真实地描绘了出来。华丽服饰下的莫尔坐姿沉稳、端正，其地位的高贵和气质的文雅被刻画得恰到好处。再看荷尔拜因对面容的刻画。莫尔的面孔棱角分明，高高的鼻梁、深陷的眼窝、紧抿的嘴唇；炯炯的目光注视着前方，体现着坚强的性格和不屈的意志，以及勇敢的斗争精神。同时，由于光的运用较为柔和，莫尔的脸色显得有些苍白，目光中略带游离，双手微握手帕，这种设计又使人感到这位伟大爵士的思虑和内心的矛盾。莫尔本人看了画像后十分喜欢，称荷尔拜因为"奇才画家"。

法国篇

　　法国的文艺复兴美术兴起于 15 世纪的英法百年战争结束以后。此时法国民族主义高涨，经济发展，国家基本统一，各地经济和文化联系加强。这些都推动了文艺复兴文化和艺术的发展。在绘画方面还形成了几个不同的画派，即阿维农画派、卢瓦尔画派和枫丹白露画派。到了 16 世纪，随着政治统一的完成，法国成为西欧领土最大、人口最多的国家，其生产力得到进一步提高，工商业迅速发展，对外贸易更是活跃。新的资本主义的生产关系强烈地冲击了封建制度，法国国内的经济生活和社会生活方式发生了深刻的变化；民众向往新文化和新艺术，以及法兰西斯一世（1515—1547）对文化的奖掖政策，这些都促进了法国文艺复兴艺术发展繁荣期的到来。这个时期艺术方面的代表人物当属让·古戎。17 世纪是法国全面发展的"伟大世纪"，艺术的发展也更为繁荣，且成果丰硕，其巴洛克的艺术风格加之意大利风格，构成了这个时期法国艺术的绚丽多彩，从而使法国成为欧洲艺术的中心。这个时期在古典绘画方面最有成就的代表人物为普桑。一般说来，法国的文艺复兴美术萌芽于 15 世纪的上半叶之末；15 世纪中期以后进入早期发展阶段；16 世纪二三十年代开始发展到盛期阶段；16 世纪末开始进入"后文艺复兴"时期，并由巴洛克风格转向了新古典风格。

1

将古典融于新时代的雕刻家——让·古戎

（1）悲剧式的生涯

让·古戎（Jean Goujon，1510—1568），法国文艺复兴最著名的雕刻家之一，多才多艺，在雕塑、建筑和绘画领域都留下了不朽的作品，有16世纪法国文艺复兴"真正的代表人物"之称。

关于古戎生平的材料极少。其身世不详，关于他的出生地就有两种说法，一是诺曼底，一是巴黎。大约在1540年前后，他曾到意大利做访学旅行。在古戎生活的时代，尤其在法兰西斯一世统治时期，法兰西斯一世奖掖文化的政策，吸引了很多意大利的艺术家来到法国，如达·芬奇、安德烈·德尔·萨托等。而意大利文艺复兴艺术的辉煌成就更促使许多法国艺术家到意大利，学习和研究意大利的艺术风格。古戎到意大利正是此时法国艺术界的一种风气或者习惯使然。在意大利，古戎饱览了艺术大师们的杰作。站在一幅幅、一件件大师的作品面前，他深深地感叹。尤其米开朗琪罗的风格和雕塑家切利尼的作品给了他很大的启发，这在他早期的作品中已初露端倪，如1535年他创作的路易·德·布列赛的墓壁雕刻。陵墓为一座凯旋门式的纪念碑，古戎为陵墓设计并完成了古希腊科林斯式的圆形柱、女神雕像石柱及墓主的雕像。尤其两尊墓主的雕像最能反映古戎此时的艺术水平：一尊是墓主身披铠甲，策马飞奔，象征墓主生前的威严与荣耀；一尊为墓主的半裸体像，其凝重的表情还带有一种忧郁，隐喻死亡的悲哀与忧伤，具有一种肖像式的写实感。19 世纪著名的浪漫主义画家德拉克瓦洛曾评价说，这两件作品是古典的美与新时代的精神和文艺复兴时期的优美感融为一体的作品。据说古戎回国后，大约在 1540—1543 年曾在里昂工作过一段时间。

1543 年，古戎又来到巴黎。到巴黎时，正赶上法国的王宫迁回巴黎。此时的巴黎大兴土木，修建了不少新建筑，不仅有教堂、王室宫邸，还有不少富有的市民的邸宅。尤其在卢瓦河一带，集中地建起了阿宰勒里多府邸、舍农所府邸、布卢瓦宫、尚博宫等。这些建筑一方面保留了中世纪城堡的基本结构和城壕、角塔、突出的老虎窗等传统要素，另一方面更增加了崇檐高窗，以及上面的古典小柱、花饰和雕像的装饰。新建筑的增多，无疑为雕刻艺术的发展提供了广阔的空间。古戎刚一到巴黎，便与当时负有盛名的建筑师皮埃尔·莱斯科组成最佳搭档，他们的合作使罗浮宫成了法国盛期文艺复兴建筑的代表作。罗浮宫最初只是塞纳河畔的一座方形堡楼，最早建于 1190 年，14 世纪才由堡楼改为住宅，逐渐成为巴黎城内著名的王宫。1527 年，法兰西斯一世下令拆除了旧建筑，将其建造成一座四合院式的皇家府邸，四边盖上了楼房，中间为露天广场，其面积比原来扩大了四倍。在法王亨利二世（1547—1559）时，由建筑师皮埃尔·莱斯科完成了院落中西边南翼的楼房，由古戎完成了建筑的雕塑，其中包括复杂而细致的柱头、花边、壁龛雕像、顶阁浮雕的装饰等。尤其院落西侧内墙上，古戎刻制了多幅古希腊神话传说中的人物，还有阿基米德、欧几里得及科学女神的浮雕像。莱斯科在庭院西侧修建了一座音乐厅，古戎仿效古希腊雅典卫城厄瑞克提翁神庙的女像柱为音乐厅刻制了四尊女像柱（详见下面的"作品介赏"）。这四尊女像柱形象优美，比例和谐，成为后来许多建筑女像柱的先驱。莱斯科法国传统加古典因素的设计，古戎新颖而写实的雕塑，使罗浮宫成了一座意大利风格与法国精神完美结合的，既古典又高雅的建筑。

1544 年，两人合作完成了巴黎里内尔私邸建筑。这次合作，无论建筑还是雕塑，都被公认为达到了完美的和谐与高度的统一。其中，尤译室内窗户间墙壁上的 4 幅浮雕装饰《春》、《夏》、《秋》、《冬》最具特色，令人称道。这四尊浮雕像，被赋予了四季的特色。其中，《夏》为美丽的少女像，无论服饰还是手持的植物，都为夏季的象征。《秋》为丰收的象征，因而他头上的浮雕装饰为天平，计量的工具，他手中抓的是丰收的葡萄；《秋》为男性，其身体的块块肌肉显示着他的健康和劳动的能力，似乎在告诉人们，丰收是靠辛勤劳动获得的。《冬》的形象非常有意思，充满了想象力。他裹紧衣服，蜷缩着身体，以此逃避冬天的寒冷，形象生动而有趣。里内尔私邸的成功装饰，轰动了整个巴黎，尤其社会上层，更喜欢里尔内私宅的装饰的华奢和浪漫，古戎也因此成为法国最受欢迎的建筑装饰家。后来，虽然这一私宅几经改建和扩建，但最初的主体设计和古戎创作的浮雕一直被很好地保留至今。

1545 年，古戎为罗克塞鲁阿教堂设计了两件装饰讲经台的石浮雕，《哀悼基督》和《四使徒》，取材于《圣经》故事。这两件作品线条清晰；节奏明快，构图巧妙，装饰效果极佳。尤其《四使徒》，也称《四位传布福音者》，古戎刻刀下的四位福音的传播者形象各异，栩栩如生，反映了古戎在刻画人物形象方面的深厚功底。有的研究者认为，古戎的这两幅作品深受米开朗琪罗风格的影响。尤其《四使徒》，在对人物体态的塑造上有明显的米开朗琪罗风格的痕迹。这自然与古戎曾游学意大利有直接的关系。[1]

另外，让·古戎的雕塑作品还有在一系列室内雕像作品，这些雕像作品在 16 世纪有着显赫威名的安·迪·蒙莫兰斯将军的埃古安城堡内。雕像个个优美雅致，和整个建筑融为一体，显示出让·古戎作为建筑装饰大师的艺术水准的高超。作品中以《凯旋女神》最为著名。凯旋女神即希腊传说故事中的胜利女神，女神名为尼娅，罗马名字为维多利亚。她虽出身于与宙斯对立的提坦族，但却站在奥林匹斯一边，帮助宙斯战胜了提坦巨人。传统描绘的尼娅的形象：长着双翅，拥有惊人的速度；不但是战争胜利的象征，也是竞技体育的成功者，还是给人带来好运的神祇。她的艺术形象娇小可爱，带有翅膀；她有时停留在另一神祇的手臂上，有时会恶作剧似的调皮地从同伴的衣裳里钻出，还有时会像仙女一样在高高的天空中飞翔。古戎的作品就是借用了希腊神话传说中胜利女神的形象。她从高空之中展翅飞来，体态匀称，娇媚艳丽。清晰的线条把手握宝剑、展翅轻飞、凯旋的尼娅形象刻画得既可爱，又有英雄的力度。这一形象寓意了大将军荣耀的战绩和光荣。可见古戎设计和手法的巧妙。

在古戎的著名作品中，还有一组他于 1549 年为安尼城堡喷泉池雕刻的大理石雕像《圣安娜与鹿》，或称《狄安娜与牡鹿》。据说此作品是为法王亨利二世的情妇普瓦捷的狄安娜所作。这是一尊圆雕作品，更能体现古戎的才华和艺术特征。该作品中的狄安娜卧躺在小鹿的身边，她身材修长匀称，曲线优美，神态更是娇媚可爱；她手搂着小鹿的颈项，目光中流露出一种温柔；微微上翘的嘴唇，又露出了一种迷人的微笑。正像赵海江评论的：

---

[1]　赵海江.文艺复兴时期的艺术大师.北京：中国人民大学出版社，1992：249.

这件被认为是 16 世纪法国最优秀的雕塑作品，倾注了作者对人性的赞美与对美好的人体的赞叹，表现出了古戎的人文主义审美情趣。[1]

但也有研究者认为，该作品不是出自古戎之手，而是切利尼或其他人的作品，说法不一。

1549 年，古戎创作了另一件作品，也是他最杰出的作品，浮雕《纯情之泉》（详见下面的"作品介赏"）。除了前边讲到的那些作品外，古戎还为巴黎市政厅创作了一系列的浮雕作品，这些作品最引人注意的是，它们都取材于古希腊传说，而非《圣经》的故事，其中的代表作就是《维纳斯与丘比特》。在这些浮雕画面上，很多内容都直接反映了法国的现实生活，其中就有法国农民生活的场面。

为了纪念让·古戎，赞扬他对法国艺术发展的贡献，法国政府把他的一些作品印制成了邮票。其中有《圣路加》，1999 年法国印发的一套《传教师圣路加》邮票中的一张。《圣路加》是古戎为圣奥歇洛瓦·日耳曼教堂刻制的浮雕，古戎还为该教堂刻制了一幅《圣马可》。另外，《纯洁之泉》也发行了邮票。

除了雕塑家之外，古戎还是一位画家。他不但素描深厚功底，而且铜版画也很出色，他还曾为维特鲁维尔论文的法语译本做过插图。

从 1549 年开始，一直到 1562 年，古戎一直忙于罗浮宫的工作。但在 1562 年他离开了法国。这主要是因为，在 16 世纪的宗教改革运动中，路德教传入法国，并受到法兰西斯一世的支持。由于法兰西斯一世支持宗教政策，故 30 年代，法国又成了加尔文教的基地。加尔文教的信徒在

---

[1]　赵海江．文艺复兴时期的艺术大师．北京：中国人民大学出版社，1992：251．

法国被称为"胡格诺教派",主要是资产阶级和手工业者。后来一部分贵族和资产阶级利用加尔文教反对专制的口号反对王权,从而导致统治者对加尔文教进行镇压,并设立"火焰法庭",迫害加尔文教徒,进而导致了胡格诺教派与天主教派长达 30 年之久的宗教战争。古戎是一名虔诚的胡格诺教徒,因而遭受牵连,被迫逃离法国,去了意大利。1568 年,古戎病逝于波伦亚,一个伟大的艺术家就这样客死他乡,终年 58 岁。

(2)作品介赏

充满古典理想之美的雕塑——《纯洁之泉》(图 120) 这一作品完成于 1549 年,又称《贞女喷泉》或《宁芙喷泉》或《山泽女神》,是古戎与莱斯科合作的又一成功的典范作品,也是让·古戎一生中最杰出的浮雕作品。它是巴黎市政府为庆祝法兰西斯一世的继承人亨利二世登基而进行的美化市容工程中的一项。

喷泉的建筑部分由莱斯科设计,建筑的浮雕部分由古戎完成。喷泉由七个连环性的游廊围在中间,游廊的石壁上刻制了希腊神话人物的浮雕,有半人半鱼的海神像,有手持爱情之箭的丘比特,还有乘风破浪的爱神。其中一组有六个女神像,她们属于希腊神话中的"宁芙"女神,宁芙在希腊语中为"少女"和"新娘"之意。她们是主神宙斯的女儿,人数众多,分别居住在山林、谷地、草场、湖泊、河流、海洋、泉水之中。她们个个美丽,善良,而且长寿。所以,她们被认为是体现自然力和自然现象的女神。古戎所设计的 6 位女神像,无论从构思的精巧、人物造型的优美,还是从动作的流畅和变化的奇妙,都显示出了他雕刻技法和创作思想的高水平。古戎把每一个女神的优美形象都安排在一个长方形的框格中,以显示她们身材的修长。同时他有意拉长她们的肢体,这种夸张的手法产生了一种古典理想之美的艺术效果。她们那身几近透明的服装，飘逸多褶，与修长秀美的身躯配合得相得益彰，衬托出她们动作的婀娜多姿。她们拿水罐的动作，有的扛在肩上，有的抱在腰间，有的置于脚边，扭身转体，抬腿迈步，处处显示着青春的活力。那罐中淌出的水流，伴随着她们身体的线条、服饰的线条，更造成了一种美的旋律，水绕人而流的情，人随泉水而动的美，水戏人，人戏水。艺术家人文主义思想的境界可以说就在这自然与人的交融、相依相存中表达得淋漓尽致。无怪评论家们认为这件浮雕"最充分地表现了法国文艺复兴人文主义的特点的本质"，称它是"快乐的文艺复兴艺术"[1]。洪洋的评论更加具体：

> 这些被安排在壁柱狭窄间隔上的女性雕像具有理想化的诗意的古典美，婀娜多姿而不妖冶的体态，魅力四溢而不躁动的身躯，节奏微妙而激情不失的转折在如同涟漪的衣纹下忽隐忽现，无疑这是一组对人、对造物之美的咏叹吟唱，是一组吸收了意大利创作经验而又继承了法国文化传统浪漫因素的雕塑精品。[2]

可与希腊雕塑媲美的作品——罗浮宫的《女像柱》（图121）让·古戎的《女像柱》完成于1550—1551年，是为罗浮宫庭院西侧的音乐厅设计的，模仿古希腊雅典卫城的伊瑞克提翁神庙的女像柱刻制而成。雅典卫城是由各神庙组成的建筑群，其中包括帕特农神庙、胜利神庙、宙斯神庙、尼凯神庙、伊瑞克提翁神庙等。伊瑞克提翁神庙位于帕特农神庙的南面，传说这里是雅典女神和波塞冬海神争夺雅典保护神之位而斗智

---

[1] 俄罗斯艺术科学院美术理论与美术史研究所.文艺复兴欧洲艺术 下.平野，译.石家庄：河北教育出版社，2002：498.
[2] 洪洋.欧洲文艺复兴造型艺术.石家庄：河北教育出版社，2003：168.

的地方。神庙建于公元前 421—前 405 年，是雅典卫城中典型的爱奥尼亚式建筑，其设计精巧。它是培里克里斯重建卫城中最后完成的重要建筑。神庙的东面是传统的 6 柱门面，南面西头筑有一小敞，它的 6 根用来顶顶架厅的大理石石柱被雕刻成了少女像柱（图 122）。

　　女像柱设计精美。她们长裙束胸，轻盈飘忽，亭亭玉立，却头顶着沉重的石顶。因像柱的粗细必须以所承担的重量为准，为了不使女像柱过于粗壮而影响了身材的婀娜，设计师为每个少女像颈后保留了一缕浓厚的秀发，并在头顶上加上了花篮装饰，从而成功地解决了建筑美学上的难题。女像柱也因此驰名海内外。古戎所设计的女像柱，虽基本上采用伊瑞克提翁女像柱的式样，但与之相比，又有明显的不同，而这些不同更显示了古戎对美的科学思考。例如，像柱的柱基，古戎将原作的简单的方形改成了 5 层不同花饰的圆形，且增加了高度。这一改进，一方面与站在其上的婀娜的雕像配合得更为和谐，另一方面也更显女雕像的挺拔。再如，女像头顶的花篮，与原作相比，古戎加宽了篮筐的底层，使框边变窄，使花篮看上去有一种向上的力量，似乎可减轻对人体的压力。还有，原作女像的颈部挺起，头部微微前伸，这使重力重心都压在颈部；而古戎设计的女雕像，颈部挺起，头部微抬，面部朝前，目光平定，看上去较原作显得更为轻松；另外，女像的姿态虽都采用古典平衡式，但后者的步伐更小，更符合人顶重物的重心姿态，看上去较为舒服、美观。总之，两件作品相比，我们更可看出古戎在吸收古典艺术因素同时的创新。他的创新，更给人以美感的享受。

2
古典画派的开山之祖——普桑

（1）善学与成功创新的人生

尼古拉·普桑（Nicolas Poussin，1594—1665），法国古典画派的开山祖师，17 世纪法国最杰出的艺术家，最伟大的"学院派"和"法国艺术之父"。

尼古拉·普桑 1594 年出生在法国西部诺曼底的莱桑德利小镇。其父让·普桑是一位有着 30 年军龄而退役的贫穷士兵，退伍后经营着一块小土地。其家境不佳。作为独生子，父母对普桑寄予很大的希望，让他接受良好的教育，希望他将来成为一名律师，进入社会上层，以光宗耀祖。普桑学习很努力，但很小就爱上了绘画艺术，所以把大量的课余时间都用在了自己的喜好上。父母虽极力反对他这样做，但又无法改变儿子的志向。由于住地偏僻，普桑无师可投。一直到 1612 年，普桑 18 岁的时候，一位巡游画家康登·瓦林来到了普桑的家乡，为当地的教堂画祭坛画。普桑变成了教堂里的常客，观看瓦林绘画。瓦林也就成了他最初的老师。瓦林非常喜欢这个天资聪明而又勤奋好学的青年，并给予他很多的帮助和指导。在瓦林的启发下，普桑下定决心要到外面去，去拜名师学艺，去开阔视野。所以，在瓦林离开莱桑德利后不久，普桑便悄悄地离家出走，踏上了求学之路。

聪明的普桑知道瓦林去了巴黎，于是也跟随到了巴黎。后经过瓦林的推荐，他先后拜肖像画家费迪南·埃利亚和时尚画家乔治·拉勒曼为师。他边学习，边做老师的助理。在此期间，普桑还结识了经常来画坊的皇家美术收藏品与图书馆保管员、数学家亚历山大·库图瓦。可以说，库图瓦是普桑艺术道路上的伯乐。他使普桑看到了许多名人的画作，还允许普桑临摹了几幅拉斐尔的作品。这些作品，使普桑大饱眼福，极受鼓舞。在贝洛里写的《普桑传》中对此有这样的描写：

> 这个对素描入迷的人保存复制了大量的朱里奥·罗马诺和拉斐尔的出色的版画。普桑非常喜爱这些版画，热心地、忠实地加以临摹，从中学会素描的技巧、动作的表现、构思的技巧和这些大画家的其他优点。[1]

普桑虽在巴黎遇到了艺术上的贵人，但由于生活的窘迫，最终生病倒下，不得不回到父母身边。但他对艺术的追求并未停止，1620年，康复后的他再次来到了巴黎。可以说，此时的巴黎是普桑的福地。1621年，他结识了刚刚从布鲁塞尔来巴黎的画家菲利浦·向班尼，还在向班尼的帮助下与向班尼一起承担了卢森堡宫大厅壁画的绘制工作。正是在这次工作中，他的作品引起了人们的称赞。1622年，他又完成了热虚学院的绘画任务。1623年，他参加了耶稣会组织的描绘该会创始人的画作比赛，大获全胜。同年，他还为巴黎圣母院绘制了《圣母安眠》一画。这些都

---

[1] 德拉克洛瓦. 德拉克拉瓦论美术和美术家. 平野，译. 沈阳：辽宁美术出版社，1981：377.

扩大了他在巴黎艺术界的影响，甚至有人开始收藏他的作品。在这些收藏人中有一位从意大利来的诗人卡瓦勒·马里诺。马里诺经常来普桑的画室，也经常向普桑介绍、解读意大利优秀的文学作品，还讲述自己的诗。这无疑激发了普桑的想象力和艺术灵感，他还怀着敬仰之情为马里诺的长诗《阿多尼斯》画了插图。在马里诺的影响下，普桑决心到艺术圣地罗马去。研究者一般把他第一次到罗马之前的时间，看作他的早期创作阶段。

1624 年春，普桑踏上了去意大利的旅行，先到威尼斯，后到达罗马。初到罗马，人生地不熟，普桑一度陷入了困境。他的作品虽在法国已获得了认可，在罗马却无人问津。据说，他画的一幅先知人头像只卖了两个艾叩，一幅人物众多的战争画也只卖了 14 个艾叩。但困难更加坚定了普桑的意志和决心，他更加努力地学习。他学习古希腊罗马的雕塑、画像，研究古代建筑，描绘建筑的局部；他研究阿尔伯蒂、达·芬奇的画论，临摹拉斐尔、提香的作品；还认真学习了数学、历史、文学、解剖学、透视学、建筑学等。这不但为他艺术的发展奠定了深刻的古典知识和当代科学知识的基础，也极大地提高了他的创作思想。他把古典艺术与意大利各个画派的技法、风格融进自己的创作中，并创作了《睡着的维纳斯》（1625—1626）、《花神的庆典》（1627），逐渐形成了自己的古典主义的、多姿多彩的风格。机会从来都是属于有准备的人的。1628 年，他结识了红衣主教法西斯克·巴贝里尼，为他绘制了一些神话题材的画作，这些画作深受巴贝里尼的赞赏。后在巴贝里尼的推荐下，普桑为圣彼得大教堂制作了《圣伊拉斯谟的殉教》。该画的成功使他在罗马的名声大振。事业的成功也带来了生活上的幸福。1630 年，他与一位面包师的女儿结了婚。生活上获得了照顾，这更增强了他的事业心。然而就在此时，在与对手竞争圣路易小教堂的订单时他失败了。这件事使他看清了，当时的罗马最盛行的是上层社会所欢迎的巴洛克艺术风格。于是，他不再接受为官方制作大型画作的订单，而是把创作转向了装饰室内的小型画作上。这一转变，充分发挥了他构图精致、造型优美、色彩鲜明、画面生动并具有深邃含义的画风。随之他的创作走向了盛期。

17世纪30—40年代是普桑创作的盛期。这一时期，普桑的创作活动主要是，经常与朋友一起到罗马郊外旅游，以吸收古典文化的灵感，同时再把这一灵感带进作品的创作中。他这一阶段的主要作品有《伊奥与纳尔西斯》（1628—1630）、《阿什杜德的瘟疫》（1630）、《塔克列德与艾尔米尼亚》（1630）、《诗人的灵感》（1630—1631）、《阿卡迪亚的牧人》（1632—1635）、《海神尼普顿的凯旋》（1634）、《酒神的节日》（1636）、《掠夺萨比奴妇女》（1637—1639）、《发现摩西》（1638）等。这些作品的鲜明特点、独特视角及赏心悦目的艺术效果越来越受到人们的喜爱，普桑也终于获得了罗马艺术界的认可，并被选为圣路加画家行会的会员，甚至有人提议要他做该行会的负责人，但被他拒绝了。他专心经营自己的画坊，努力创作，并尽力避免和其他画家争订单，从而更加受到同行的尊重。他在罗马的事业可以说蒸蒸日上。

普桑在罗马的成就和荣誉很快传到了法国。所以在1638年，法国首相黎塞留在向国王建议修葺罗浮宫时，首先就想到了普桑。于是，他邀请普桑回国，做王宫的高薪首席画师，但被普桑婉言谢绝了。最终，法王路易十三（1610—1643）以命令式的邀请信，迫使普桑不得不于1640年秋回到巴黎。回到巴黎，他受到了隆重的欢迎，路易十三亲自授予他首席宫廷画师的称号，其年薪高达3000镑。路易十三还允许他住在杜勒利宫一间豪华的工作室里，并让其担任罗浮宫大画廊壁画及装饰皇室工作的总指挥。普桑的荣誉和高薪，引起了宫廷中以西蒙·符埃为代表的一群流行画家的忌妒和仇视。他们甚至不择手段地攻击和诽谤他。这使普桑倍感压抑和痛苦。他甚至有一种"像绞索套在了自己的脖子上"的感觉；[1]而宫廷专横的制度和繁杂、不适宜的工作也使他感到"疲劳和徒劳无益"[2]。他特别后悔回国，因此，他曾以各种理由多次请求辞职。1642年黎塞留逝世，普桑借口妻子生病，趁机返回了罗马。他在巴黎期间度过了难熬的18个月，除了完成罗浮宫画廊的壁画外，还为国王画了几幅宗教画，为黎塞留绘制了《火棘》。

普桑回到罗马顿感自由和轻松，直到终老也再没有回法国。普桑在40年代的画作其画风更具古典主义的因素，构图更加严谨，造型更加明快，着色更加沉着。其中，《费拉奇斯卡·克萨维耶的奇迹》、《欧达迷达斯的遗言》、《台阶上的圣母》（1648），《医治吉里丘的盲人》、《埃利埃兹尔和丽白卡》、《哺养丘比特》、《所罗门的判决》（1648—1649），组画《七种秘密》（1644—1648），《井边的利百加》（1648），《有波吕斐摩斯的风景》（1649）等都是这一时期的成功之作。进入50年代，除了1650年应朋友之情画了一幅《自画像》外，普桑多取材神话传说和宗教故事进行画作，而且越来越重视景物的描绘，使自然景致成为画面不可缺少的组成部分。风景所表现出的特别性质和艺术魅力，使普桑的作品更有了新的突破和高度的提升。在晚年，风景画更成了他创作的主题。借助大自然抒发自己的感情，寄托美好的理想成了他的绘画风格。晚年他的代表作主要有《酒神的诞生》、《赫列克里斯与卡丘斯的景色》、《比拉木斯与西斯比》、《有福基昂丧礼的风景》、《画有两个山林女神的风光》、《四季图》等。

60年代，普桑已是疾病缠身，其双手颤抖，眼睛也几乎失明。1660年他在给朋友的信中说："我没有度过一天无痛苦的日子。"但他仍然没

---

[1] 转引自李春.欧洲17世纪美术.北京：中国人民大学出版社，2004：175.
[2] 转引自赵海江.文艺复兴时期的艺术大师.北京：中国人民大学出版社，1992：386.

有离开自己的创作，正是用他那颤抖的手完成了《四季图》中的《冬》。1664 年，他的妻子去世，这更使他的身体雪上加霜。1665 年 11 月 19 日他逝世于罗马。罗马全民服丧，悼念这位异国的伟大画家。

（2）作品介赏

巴洛克与古典风格融合的典范之作——《海神尼普顿的凯旋》（图 123） 该作品创作于 1634 年，是普桑创作盛期的作品之一。画面内容取材于罗马神话。海神尼普顿即希腊神话中的波塞冬，他有鱼、海豚和水下生物组成的外形轮廓，有海马做坐骑。安菲特里特是山泽总仙女，有一天她和众仙女们在纳格索斯岛上玩耍。尼普顿对她一见钟情，像一条大鲨鱼一样猛扑上去，众仙女们四散奔逃，潜入海底。尼普顿派海豚去追找安菲特里特，游泳健将海豚速度飞快，很快追上了安菲特里特。跑得精疲力竭的安菲特里特只好骑在海豚的背上，做了尼普顿的新娘。

画面描绘的正是尼普顿娶回安菲特里特的欢乐场面：安菲特里特乘坐着海豚拉的贝壳车，尼普顿驾驭海马、带着新娘胜利归来；而海洋中的各种动物组成迎亲队伍，天上还有飞翔的天使为其庆祝。这个画面的构图为典型的巴洛克对角线方式：驾驭着马车的尼普顿和右下角的仙女构成了对角线，他们的颜色一黑一白；而左下角的马与安菲特里特左面吹着蛇形号的海怪组成了对角线，颜色也是一黑一白；而安菲特里特正处在两条对角线的交叉点上，成了画面的中心人物。画面中各色人物的投足，马匹的伸脖、耿颈，天使的飞舞姿态也都具有巴洛克风格的动感，从而恰到好处地表现了场面的热闹。同时画面的构图又有古典主义的稳定，普桑以安菲特里特为中心，与其左下方的马和右下方的人物组成了典型的三角形构图；画面中人物的形体不论性别，都具有古典主义的理想之美：

尼普顿的健壮有着米开朗琪罗的风格；安菲特里特的身躯，尤其她的同伴在她的头上舞起的那条弧形的飘带，又让我们看到了拉斐尔和提香的画风；再加上作者

> 将安菲特里特安排在画面的中心，使她成了整个迎亲队伍的焦点，而驾着马车的尼普顿则扭头深情地望着她，前景的两个人物也扭头将目光投向了安菲特里特，由此构成一条斜线，更是将巴洛克风格与古典风格结合得巧无痕迹，体现出了画家的创作天才。[1]

当我们欣赏这幅画的时候就会感到，普桑的难能可贵在于，在当时巴洛克风格流行的情况下，他对古典风格的理解和坚持。他曾在给朋友的信中提道：

> 古代样式是一种把许多事物集中到一起的合成物，在其差异之中从来就存在着某种样式的不同，借此才能被人理解，因而它们各自都有某种变化，大体上，当合成物的所有部分以适当的比例集中到一起时，就会从中产生一种力量，这力量使面对它的人们在灵魂中产生各种激情。至于它何以有这类效果，古代的先哲认为它们各自的特点是为了不同的目的；因此，他们把稳定、沉着、严峻的事物命名为"多立克式"，并且把它运用于同样稳定、严肃和充满理性的事物中去。而对于令人愉快和充满喜庆的事物，他们则运用"弗利吉亚式"样式，因为它所具有的抑扬变化，比起其他样式来更加优雅，呈现出更加微妙的面貌。[2]

---

[1] 刘明翰.欧洲文艺复兴史：艺术卷.北京：人民出版社，2008：294.

[2] 迟轲.西方美术理论文选：古希腊至20世纪 上.南京：江苏教育出版社，2005：149.

正是这种对古典样式风格的深刻的理解，使他把巴洛克风格与古典风格融合、"集中到一起"，使作品"呈现出更加微妙的面貌"。

哲理思考之作——《阿卡迪亚的牧人》（图 124）　该作品创作于1638—1639 年，是普桑盛期最著名的杰作。阿卡迪亚是古希腊神话传说中的世外桃源，是人们向往的安宁、幸福、欢乐的理想国度。但即使在这一欢乐的国度，人们同样摆脱不了生与死的自然规律。普桑的这幅画正是对这一自然规律的解读。贡布里希向我们讲述这幅画作时说：

> 它展现的是阳光明媚的南方宁静风景。一些漂亮的青年男子跟一个美丽、高贵的少女围拢在一个巨大的石墓周围。他们是牧民，因为我们看到他们戴有花环，拿着牧杖。一位牧民已经跪下来试图去辨认墓碑上的刻辞，另外一位牧民指着刻辞，看着那位美丽的牧羊女，牧羊女跟她对面的同伴一样，安静而忧郁地站在那里。刻辞是拉丁文，写着 ET IN ARCADIA　EGO（甚至在阿卡迪亚也有我），意思是：我，死神，连阿卡迪亚这个牧歌中的梦幻之乡也在我的统治之下。我们现在就明白站在两边凝视着坟墓的那两个人物为什么是那么一副畏惧和沉思的奇妙姿态，而我们更为赞赏的是阅读刻辞的那两个人物动作之间的呼应之美。布局似乎相当简单，但那简单是来自渊博的艺术知识。只有这样的知识才能唤起这一恬静、安谧的怀旧景象，死亡在这里已经失去了恐怖性。[1]

是呀，这里没有了恐怖性，这正是普桑要告诉人们的。连阿卡迪亚这样的世外桃源都免不了死神的光临，足见人世无常、沧桑万变乃是一

---

[1]　贡布里希.艺术发展史.范景中，译.天津：天津美术出版社，1998：220.

个永恒的真理。这便是普桑该画的深刻哲理。

同时还要指出的是，普桑以古典主义的均衡构图，人物体态犹如古希腊雕像般的从容庄重，以及画面人物的红衣蓝衫，山野林木、岚烟云天，将整个画面渲染得宁静优雅，使其充满了牧歌式的抒情气氛。这幅作于30年代的画作就已经展现出了普桑对风景画创作的巨大潜力。

西班牙篇

　　15 世纪中叶，西班牙经过了长期的反抗外族入侵的斗争，终于获得独立，并于 1479 年走上了政治统一的道路。这本应为政治、经济和文化的发展提供先决条件，但封建王权一味对外扩张，掠夺殖民地，为封建贵族谋利益，致使国家的经济发展缓慢；同时，天主教的强大，尤其宗教裁判所活动的猖獗，阻碍了人文主义思想在西班牙的传播；西班牙文艺复兴的特点由此形成，即文艺复兴美术兴起于边缘城市；宫廷和宗教色彩浓厚；表现出激烈的矛盾和冲突；文艺复兴的美术在没有得到充分发展的情况下，更多地表现为文艺复兴后期的样式主义风格。

1

融各国绘画风格于一身的大画家——格列柯

（1）学习旅游与旅游学习的生涯

埃尔·格列柯（EI Greco，1541—1614），西班牙著名的画家，有"画圣"之美誉，被称为西班牙绘画的开拓者。

埃尔·格列柯于 1541 年出生在希腊克里特岛芳旦里村的一个笃信基督教的中产阶级家庭。他的原名为多米尼克·提托克波洛斯。他到西班牙后，西班牙人叫他埃尔·格列柯，格列柯三个字的原意为"希腊人"。格列柯年轻时期的克里特岛在艺术上仍然是中世纪拜占庭艺术风格占统治地位。据说，年轻时期的格列柯曾跟当地的一些圣像画师学过艺，因而受到很深的拜占庭艺术风格的影响。那时，意大利的人文主义思想已传到克里特岛。格列柯经商的哥哥曼努索经常往来于克里特岛与威尼斯之间，为格列柯带回不少意大利风格画作的复制版画，格列柯都非常喜欢。因而年轻时期的格列柯受到了希腊、拜占庭和意大利不同文化的熏陶，这使他的绘画也显示出与当地画家不同的风格，使他成了当地小有名气的画家。这个时期他的画作主要有《圣路加画圣母像》（1560—1567）、《三王朝圣》（1565—1567）、《圣母睡眠中升天》（1567 年前）和折叠式祭坛画《耶稣受难四场景图》（1567），包括《基督为门徒们洗脚》、《基督在果菜园里祈祷》、《基督钉上十字架》和《基督在比拉多前》。

在创作实践中，格列柯越来越不满足于克里特岛半手工艺性的绘画方式，带着强烈的求学愿望，于1567年踏上了意大利的土地，首先来到威尼斯。当时的威尼斯已是意大利文化艺术的重要中心，聚集着威尼斯画派的提香、丁托列托和委罗奈斯、巴萨诺等大师们。据说，格列柯是提香的学生，提香的画风对他有很深的影响，其画作与老师的很相像，有些画作甚至很难分清究竟是出自老师之手还是出自他之手。同时，他还经常到丁托列托的画坊，丁托列托构图的宏大场面对他极有吸引力。在大师们的影响下，格列柯的画技有了很大的提高。尤其人文主义思想对他的影响，更加提高了他创作的思想性。他在威尼斯的作品主要有《最后的晚餐》（1568—1569）、《东方三王朝圣》（1567—1570）和《三折式祭坛画》（1569）。这一祭坛画打开时正面从左到右的画作分别是《牧羊人到马槽朝拜圣婴》、《耶稣为教徒士兵加冕》、《基督受洗》；背面的三幅画按从左到右的顺序为《圣母领报》、《圣西奈山一景》和《上帝、亚当和夏娃》。从格列柯在威尼斯完成的画作看，虽然时间不长，但他的画技却有了明显的变化。初到威尼斯时的"一些作品的水平仍保持有大部分拜占庭的风格"[1]但已经可以看出格列柯在努力地吸收着威尼斯的因素。何政广在分析这个时期格列柯的画作时说：

> 《最后晚餐》和《三折式祭坛画》给人的第一印象是，一位画家用拜占庭风格起笔并初步试图用意大利风格，如在人物面容的描绘和衣服褶皱的手法等方面。而《最后晚餐》和《东方三王朝圣》

---

[1] 何政广.格列柯：西班牙的画圣.石家庄：河北教育出版社，2003：17.

有几个共同的地方，除了衣服华丽的色调外，明显地表现在衣褶的流畅，如圣母的衣着和门徒们的袍子，更独特的是人物面貌的相似。当时年轻的格列柯必定参考了几位威尼斯大师，提香、巴萨诺和丁托列托，同一主题"最后晚餐"的画作，如几何透视、空间布局、戏剧的气氛、桌上餐具用品及放置位置、布幔和耶稣头上成十字形的光环等。[1]

在威尼斯的创作，可以说，已开始了格列克艺术的一个新的时期。

1570 年，格列柯离开威尼斯。据说他之所以离开，是因为在威尼斯没有达到他所期望的成就。他又来到了意大利的艺术重镇罗马。格列柯在罗马生活了 6 年（1570—1576），他努力从米开朗琪罗和拉斐尔的画作中汲取营养，甚至有了一种将威尼斯画派的色彩与米开朗琪罗式的人体结合起来的伟大志向。同时，他还接触到了当时著名的一些样式主义的画家，其中柯勒乔对格列柯的影响最大。格列柯作品中的透视法的构图、人物激烈的扭动，以及绚丽色彩的运用，都可见到柯勒乔画风的痕迹。在罗马，他靠着柯勒乔朋友的推荐，有机会认识了枢机主教艾列卓·法尼西欧，并住进了法尼西欧的官邸，同时还负责了枢机主教在卡佩拉罗拉建造宫邸的装饰工作。在此期间，格列柯还创作了一些宗教画和风俗画，其中的主要作品有《寓言》、《吹炭火点蜡烛的男孩》（1570—1576），《罗伦纳枢机主教查尔·德·盖斯像》（1572），《文森佐·安纳斯塔吉肖像》（1576），《圣三位一体》（1577—1578），《小孩子看月亮》（1576）等。除了这些新创作的作品以外，格列柯还着手重复处理了在克里特岛和威尼斯时期的作品，如《基督让瞎子复明》、《牧羊人到马槽朝拜圣婴》

---

[1] 何政广.格列柯：西班牙的画圣.石家庄：河北教育出版社，2003：18—19.

和《净化神殿》等。这些作品，不仅具有浓浓的生活情趣，而且也显示了格列柯此时极高的画技水平。例如，《吹炭火点蜡烛的男孩》，画面中的男孩撅起双唇吹风，微微低头，眼皮向下，眼睛盯着双手中拿着的蜡烛和碳棒，认真而专注，样子十分可爱；而吹亮的炭火映红了男孩的脸，拿蜡烛的手和衣领，衣扣也清晰可见；而随着亮度的由强到弱，男孩也逐渐凸显在了黑色的背景之上。光的变化极为自然，显示了此时格列柯高超的写实风格和用光技巧。也正因为如此，格列柯在罗马赢得了盛名。

1577 年，格列柯离开了罗马来到了西班牙。关于格列柯离开罗马的原因，其传记的作者曼齐尼提到过一个情节。有一天画家们正在谈论米开朗琪罗的伟大之作《最后审判》，格列柯的话语让画家们大出意料。他说如果把这幅画翻倒在地，他可以搞出另一幅更好、更加体面的画，而不亚于米氏的壁画。吃惊之余，画家们也疏远了他，这自然也影响了他在罗马的声誉，于是他便离开罗马去了西班牙。

格列柯来到西班牙，最初他的理想之地是首都马德里。他希望能在宫廷中获得一个位置，并借助于为马德里郊外著名的埃斯科里宫修道院的装饰，使自己立足。但冷遇使他的希望落空，他不得不再寻出路，而转到了西班牙的另一个大城市托勒多。托勒多原是西班牙的首都，1561年腓力二世（1556—1598）将首都从托勒多迁到马德里，所以这里仍然保持着繁荣，宗教生活、文学和艺术等各个方面也都相当活跃。尤其作为曾经的首都，这里仍居住着很多没落的贵族和一些知识分子，他们成了格列柯艺术的知音。赵海江认为，他们欢迎格列柯的原因在于，这些没落的贵族反对任何改革，坚持中世纪的宗教主义；而知识分子则对中世纪文化理想和神秘主义的学说感兴趣，喜欢带有拜占庭艺术因素的格列柯的绘画；同时，怀才不遇的格列柯与他们在思想上有共鸣。[1]这里自然也就成了最适于格列柯艺术发展之地。他在托勒多生活了近40年。在此，他获得了相当的认同感、友谊和各个不同领域的赞助人及雇主。例如，有一位公爵为他提供了一处玫瑰丛生、喷水不绝的幽居住宅；他还与不少哲学家、文学家和艺术家交往密切；这使格列柯像贵族一样生活在上层人中间。其生活也很富有。据说他用餐时甚至要有乐师助兴。如同他的好友诗人霍尔坦修·帕鲁维西诺所写的诗句那样，"克里特岛给（格列柯）生命和画笔，托勒多这个第二故乡使他永生"[2]。当然，格列柯在托勒多之所以获得如此的殊荣，最重要的还是因为他在绘画上的成就。来托勒多之初，他就获得了几项委托工作，其中最著名的是圣多明各教堂绘制的6幅主祭坛的《圣容》（1577—1578），还有《圣母向洛伦佐显灵》（1578—1580）和《穿皮衣的妇人》（1577—1578）等。

格列柯在托勒多的成功，终于引起了王宫的注意。1579年腓力二世突然来到托勒多，拜访了格列柯，并委托他为埃斯科里修道院绘制一幅《崇拜基督》（又称《腓力二世之梦》）的画。完成后的这幅画，深受腓力二世的赞赏，并被挂在了埃斯科里修道院的圣拉弗来蒂礼拜堂。第二年，腓力二世再次订购格列柯的画作《圣莫里茨的殉教》（详见下面的"作品介赏"）。国王的赏识，使西班牙贵族也纷纷向格列柯发出订单。例如，1586年格列柯就接到了托勒多红衣主教的《奥尔加斯伯爵下葬》（详见下面的"作品介赏"）一画的订单。除此外，16世纪末和17世纪初格列柯的作品还有《圣家族》（1590—1595）、《童贞女》（1594—1597）、《受胎告之》（1597—1600）、《宁尼奥·德·海瓦尔像》（1601），还有《揭开第五印》和《托勒多风景》（1610—1614）等。

[1]　赵海江.文艺复兴时期的艺术大师.北京：中国人民大学出版社，1992：318.
[2]　转引自何政广.格列柯：西班牙的画圣.石家庄：河北教育出版社，2003：71.

格列柯从克里特岛到威尼斯，再从威尼斯到罗马，又从罗马到西班牙的马德里，最后从马德里到托勒多的旅居式创作生涯使他把希腊、拜占庭、意大利各画派艺术特征都综合地融成了自己的艺术特色：描绘人物的技巧熟练而敏感、动势；并以明暗的对比衬托出人物的轮廓，在赋予人物身躯异常细长的特点下表现出很强的主观感，这一特点在格列柯西班牙的创作中表现得尤为突出。他的作品以独特的艺术思维和独特的表现手法，反映了16世纪没落动荡的西班牙社会，表现了当时西班牙没落贵族的矛盾和苦闷的心情。这种反映现实社会的作品深受西班牙人民的喜爱。因此，他们把格列柯这个"希腊人"看成自己国家的"画圣"。1614年4月7日，格列柯在托勒多逝世，托勒多全城的居民为他举行了隆重的葬礼。他的遗体被安葬在托勒多圣·巴塞罗缪教区大教堂。他的碑文上写着：在这个坚硬美观的石棺里埋葬了一支神笔，它运用轻柔的笔触，曾给木刻以灵魂，给画布以生命。[1]

（2）作品介赏

混合画风的典型之作——《圣莫里茨的殉葬》（图125） 此画是腓力二世向格列柯订购的第二幅大画，创作于1581—1584年。画面内容为，古罗马军队的一名将军莫里茨坚决不放弃对基督教的信仰，拒绝屠杀基督教徒而被罗马皇帝处死的故事。画面人物众多，但很清楚地分为前、中、后三景，这连续的三景为连环发生的故事情节。前景也是主场景，武装披挂的将军莫里茨和士兵们在一起。他正在劝说他们要坚守对耶稣的忠诚，拒绝执行屠杀基督徒的命令。只见他手指着上天说："我们有武器在手上，

---

[1]　转引自赵海江.文艺复兴时期的艺术大师.北京：中国人民大学出版社，1992：322.

但我们不抵抗,我们宁愿牺牲性命而不愿屠杀生灵。我们是君主的士兵,这是千真万确的事实,但同时我们也是上帝的仆人。"[1]对莫里茨的决定,士兵们有的表示支持;有的坚决赞同;有的直视着他,做好了跟随他的准备;还有的相互靠在一起,互相鼓励着去为上帝而献身。后景为画面故事的第二个情节,即"等待殉教"。在莫里茨的劝说和引导下,众多的士兵挥舞着旗帜,秩序井然地排着队伍,准备着为信仰而牺牲。中景为"殉教现场"。莫里茨站在已被砍了头的士兵尸体面前。面对牺牲,他异常平静,伸出双手,接受祈祷……整个场面英勇而惨烈。一群天使赶到现场,他们奏着音乐,拿着桂冠和棕榈叶,准备为殉教者加冕。整个画面虽人物众多,但因为采用了三个连续的场景,非但不显混乱和拥挤,却异常鲜明地突出了主题。该画画技的混合特征也异常明显。例如,在人物体形的描绘上,有着米开朗琪罗的式样;空中飞行的天使,带有拉斐尔的某些特色;在色彩的运用上有提香感;在人物造型上又带着一种怪异,身体被拉长,腿细而短,与被拉长的上身一起显得不很和谐,而腿发达的肌肉与上身的强壮却又减弱了这种不和谐,而增加了某种匀称感;场景的描绘和天使翻飞的动感和前景上人物的姿态,使整个画面产生了一种神秘而强烈的宗教感。或许正是这种混合式的画风,使整个画面在抓住观者目光的同时,更引起了强烈的宗教感情的共鸣。该画也被认为是格列柯混合画风的典型之作。

奇特构思的画面——《奥尔加斯伯爵下葬》(图 126) 该画是依红衣主教之邀,为托勒多城的圣多米教堂绘制的,完成于 1586 年。该画的内容是有关教堂捐赠人奥尔加斯伯爵的传说。传说在 200 多年前,奥尔加斯伯爵去世时,两个圣者奥古斯丁和圣斯提芬突然降临,并亲自把伯

---

[1] 转引自何政广.格列柯:西班牙的画圣.石家庄:河北教育出版社,2003:104.

爵的遗体送入墓室。此画的最大特点就是它奇特的构思。刘明翰在其主编的《欧洲文艺复兴史·艺术卷》中对此画作了较详细的介绍，摘录如下。

　　整幅画分为三层，以现实与幻想的结合表达了作品的主题。画面的最下层，是在神甫的主持下，两个圣者小心而缓慢地将伯爵的遗体放入石棺，两位圣者的服饰被刻画得极为细致，颜色鲜艳，尤其奥古斯丁那顶大帽子，与神甫服饰的白色和遗体的黑色形成了鲜明的对照，幻想中的人和现实中的人物把人们由现实引向了传说。中间一层人物有与伯爵同时代的古人——那个青衣包裹身体的修士及与画家同时代的许多名人、群众，而且这些人多是以真人为模特的肖像画，如前景上在斯提芬身边的儿童就是画家8岁的儿子，位于斯提芬头上的就是画家自己。对眼前的奇迹他们的表情不一，有的大惊，有的急忙朗读经文，有的闭眼祈祷，于是人的各色真实心理被融进了人们的幻想之中。而前景中主持丧礼的神甫，不仅把第一和第二层连为了整体，而且他抬头仰望的姿态又把人们的视线引向了最高一层——天界。天界占据了整个画面的1/2，它是宗教情感的最后归宿。画面上，伯爵的灵魂升入了天空，受到诸神的欢迎。在这幅画作中，格列柯把他的画风发展到了极致：如由于人物身体的拉长，所以画家为与之相配合，把人物的脸变成了鸭蛋形，这最明显地反映了样式主义人物造型的特色。但由于画家绘画人物性格的深厚功底，他笔下的各色人物都很有表现力且感人至深。再如画面的着色，以金色、黄色、白色和灰色组成了一个阴冷的色调，烘托了画面沉着、庄严和肃穆的气氛。此外，画家在构图的协调、对比、呼应方面也极注意，使整幅画丰富多彩又融为一体。从画面上看，第一层和第二层即世间，面对伯爵的逝世，通过人的表情、色彩的

烘托，主要强调了一种沉闷与凝重的气氛；而上层的天界，无论是
沸腾的天使，还是张开双臂的基督，还是圣母和众神，其姿态都给
人极强的运动感。为了使整个画幅协调，作者以动中有静、静中带
动为原则，给下层左下角面部表情较为死板的儿童设计了活泼的动
作，他伸出左手指着斯提芬法衣大袖上的金圈玫瑰图案，而右手食
指也随左手的动作，不自觉地伸了出来；斯提芬歪头看着孩子的动作，
也使沉闷的气氛中增加了几分生气。在天界中，在激烈的动态感中，
圣母的姿势却又相对沉稳，这不仅符合圣母的身份，也使激烈的气
氛得到了某种缓解。除此以外，作者还在上下层之间，画了一个身
着黄衣、把伯爵灵魂迎奉上天的天使，再加上抬头望天的神甫，整
个画面便有了浑然一体之感，幻想和现实也由此统一纳入了画家的
艺术宇宙中……[1]

---

[1]　刘明翰.欧洲文艺复兴史：艺术卷.北京：人民出版社，2008：304—305.

2
十七世纪西班牙最伟大的画家——委拉斯开兹

（1）不断的求学之路

迭戈·委拉斯开兹（Diego de Silva Velazguez，1599—1660）是文艺复兴晚期西班牙最杰出的画家，是 17 世纪西班牙最伟大的画家。他的画作被称为"西方绘画的百科全书"。

迭戈·委拉斯开兹 1599 年 6 月出生于西班牙南部塞维利亚的一个破落的贵族家庭。17 世纪的塞维利亚是西班牙的商业、政治、文化和艺术的中心。西班牙的民族文化、文学和绘画在这里都得到了蓬勃的发展。一些人文主义的画家，如卡拉瓦乔等人的著名作品在这里很有市场，这或许对小委拉斯开兹很有影响。他很小就酷爱绘画，因而他的父亲在他 10 岁左右时就送他到具有"品格之美"的现实主义画家老埃雷拉的画坊学画画；后又送他到当时著名的画家、理论家兼教育家帕切科门下学习。帕切科的画室被称为"有教养的塞维利亚人的科学院"。帕切科在这里讲授和介绍意大利文艺复兴盛期的著名艺术家和他们的代表作，同时也宣传人文主义的艺术思想。委拉斯开兹在帕契柯的画室学习了 6 年，不但从老师那里学到了绘画技法和技巧、艺术知识，而且更重要的是学到了老师的人生经验和品格修养的准则。而且帕切科的画室经常有学者聚会，他们经常讨论一些话题，如如何表达绘画诗意的境界，如何表现画中的等级，如何表现光亮的表面等，这些讨论无疑使委拉斯开兹深受影响、大开眼界。由于委拉斯开兹勤奋努力，他很快就能独立承担订单，所以1617年学徒期一满，他就获得了画师的称号，成了画家行会的成员，也由此开始了他的专业创作生涯。1618年，委拉斯开兹与帕切科的女儿胡安娜结婚。幸福的生活和岳父对他的喜爱、支持和帮助，很快就成就了他的事业。这段时期，他大约创作了20多幅作品。这可看作他早期的作品。这些作品集中在两方面的内容上：一是对静物的描绘，一是表现下层人物的生活。这和当时塞维利亚的创作思想和创作环境密切相关。

17世纪，塞维利亚流行静物画，这是因为一些画家认为要成为一个好画家，就必须要能抓住简单、纯粹的景物神韵，将这些没有生命的东西诠释得栩栩如生；同时，在17世纪初画界还流行一种"波德格涅斯风格"，这是由于受流浪汉文学的影响，一些画家把目光转向了社会的下层，出现了一批反映下层劳动人民生活的画作。这些画作被一些古典主义理论家以嘲弄的口吻称为"波德格涅斯风格"。因为这种风格很类似于意大利卡拉瓦乔的样式主义风格，所以有人称其为西班牙的卡拉瓦乔主义。委拉斯开兹在塞维利亚的早期创作就具有这样的风格。研究者把委拉斯开兹1617—1622年在塞维利亚的创作生活称为塞维利亚时期。这个时期他描绘了很多下层劳动者的生活。他经常与一些流浪汉、老妇、小贩、儿童接近，观察他们的行动，了解他们的生活和心理。所以，他笔下的人物不仅形象真实生动，其内心世界也极为丰富。同时，他也有一些宗教画和肖像画，如1617年的《三位乐师》，1618年的《桌边的三男子》、《围桌的农夫》和《煎鸡蛋的老妇》，1618—1620年创作的《圣约翰在派特摩斯》、《圣托马斯》、《圣保罗》、《唐·克里斯多·提·瑞伯拉》、

《修女荷洛妮玛·拉·芬提》、《厨房帮佣》、《塞维利亚的卖水者》和 1622 年创作的《桌边的两位男子》、《唐·路易斯·亚克提》等。画作的成功，尤其画面人物的逼真，"没有人可以像他一样"[1]，使他在塞维利亚画界已有相当的名气。

1623 年，委拉斯开兹"充满渴望之心，想看看爱斯哥利亚大教堂里的典藏品"[2]。他以多方面的学习、更加丰富自己的目的，离开了维塞利亚，来到了马德里。由于恩师帕切科的鼓励和推荐，委拉斯开兹受到了当时西班牙的权臣孔德·都克·奥利瓦雷斯的邀请，来到了首都。奥利瓦雷斯是委拉斯开兹的同乡，那时任西班牙宫廷的宰相，爱好艺术，早年曾与帕切科和委拉斯开兹有过交往。在奥利瓦雷斯的帮助下，委拉斯开兹很快就进入了王宫。有研究者把他入宫直到逝世的创作分了三个阶段：1623—1629 年，1631—1649 年和 1651—1660 年。从这三个阶段的作品看，"每个阶段都可以感受到画家绘画风格的演变"[3]。

据说，委拉斯开兹进宫不久，就为年轻的腓力四世（1621—1665）画了一幅骑马像，这幅画像深得国王的喜爱。于是国王下令今后只有委拉斯开兹才有为国王画像的资格，这引起了一些宫廷画师的不满和嫉妒，其中以加尔杜乔为甚。他认为委拉斯开兹出身低贱，指责他的画技拙劣、只会画人头像，嘲笑他的作品。委拉斯开兹反驳道："这位先生对我过奖了，因为他应该明白，没有一个人能够真正地描绘人头。"加尔杜乔甚至号召画家们反对委拉斯开兹进宫，反对他把"波德格涅斯风格"带进宫廷。此后不久，为了庆祝驱逐摩里斯科人的胜利，宫廷举行了一次《摩里斯科人的被逐》的绘画竞赛，结果委拉斯开兹大获全胜。可惜，委拉

---

[1]　何政广.委拉斯开兹：画家中的画家.石家庄：河北教育出版社，2003：74.

[2]　转引自何政广.委拉斯开兹：画家中的画家.石家庄：河北教育出版社，2003：74.

[3]　何政广.委拉斯开兹：画家中的画家.石家庄：河北教育出版社，2003：98.

斯开兹的参赛作品没能保留下来。但这次的胜利不仅使委拉斯开兹巩固了自己在宫廷中的地位，而且"波德格涅斯风格"也被带入了西班牙的宫廷，从而有力地回击了保守的古典主义的画家，推动了西班牙现实主义艺术的发展。这一阶段他的画作主要有：《腓力四世画像》（1623—1624）、《奥利瓦雷斯公爵》（1625—1626）、《妇女的肖像》（1625）、《基督与基督精神》（1626—1628）、《年轻的朝臣》（1626—1628）等。

1628年，佛兰德斯的大名鼎鼎的画家鲁本斯以外交家的身份出使西班牙。国王派委拉斯开兹作大使接待和陪同。委拉斯开兹向鲁本斯介绍了西班牙宫中的艺术藏品，目睹了大师为国王画像的过程和大师对拉斐尔画作的临摹。年轻的委拉斯开兹还与大师进行了艺术上的交流和切磋。这使委拉斯开兹受益匪浅。就在这一年，他创作的《酒神的胜利》获得了极大的成功。同时，鲁本斯还鼓励他去意大利，说他在那里定会有极大的收获。于是1629年，在他多次去意大利旅行和学习的申请要求之下，国王最终批准了。

在意大利，他从热那亚经米兰到达威尼斯，他从提香和丁托列托的画作中吸取了丰富的艺术营养。后他又经波伦亚到达罗马和那不勒斯。在罗马，他停留了一年，受到拉斐尔、米开朗琪罗艺术的熏陶。在梵蒂冈宫里，他专心研究古典的雕塑和绘画作品；在美第奇公馆里，他用心模仿各派的画作，并把各种艺术营养综合地融入自己的画作中。在意大利，他创作了两幅与以往画风不同的画作《火神的冶铁厂》和《带给雅各的约瑟的血衣》。回国时，他还带回了一些威尼斯大师提香、巴塞诺等人的作品。

1631年，委拉斯开兹从意大利返回马德里宫廷。从归国到1649年第二次去意大利的20年间他共创作了20多幅画，这段时期可以说，是他创作的高产期。此时他的画风，在彩色上更加明亮，其最具代表性的作品就是《战胜不雷达》（1634—1635）。画面背景中的大片蓝色、白色和蓝绿色，画面人物服饰的白色、黄色、绿色和土黄色，还有战旗的白底绿格，都显示出了委拉斯开兹用色的大手笔。他的肖像画技巧也更加成熟。在对宫廷人物的描绘中，如《腓力四世骑马像》（1630—1640）和《巴塔萨·卡洛斯王子骑马像》（1634），他从不美化，"其结果必然是把这些上层人物的内心空虚和庸俗浅薄不加掩饰地表现了出来"[1]。而他为自己的亲朋好友画的肖像，如《持扇妇人》（1635）、《蒙塔涅斯像》（1636）、《缝衣的女人》（1648）等，则"用笔流畅，形象真实亲切"[2]。他为不同劳动者作画像，这些画像不但保持着"波德涅格涅斯风格"，"而且有了新的发展，尤其在表现人物的心理状态方面，比他早期的作品显得更加深刻"[3]，如40年代初的作品《伊索》和《迈尼普斯》，以及1647年创作的《科林·扎斯特尔·胡安·卡拉巴扎斯像》等。除了上面提到的，委拉斯开兹这一时期的画作还有《巴塔特·卡洛斯王子和侏儒玩伴》（1631）、《十字基督》（1632）、《女预言家》（1644—1648）、《玛利亚·泰瑞莎》（1648）等。

　　1647年，委拉斯开兹被任命为宫廷总监、宫廷会计，并负责王宫装饰的任务。1649年，他以"寻找更好的装饰品"为由，再次成行意大利。据说，他在热那亚下船后先到威尼斯，购买了委罗奈斯和丁托列托的作品；之后再经那不勒斯到达罗马。再次到罗马，他很兴奋，也很忙碌。他一方面要采购艺术品；一方面要拜见艺术大师，如普桑、哥多纳、雕刻大师阿尔加迪、贝尼尼等人，与他们交流心得，切磋技艺，吸取创作经验；既要去拜见第一次来罗马时认识的朋友们；又要接待那些求画

[1]　李春.欧洲17世纪美术.北京：中国人民大学出版社，2004：124.

[2]　李春.欧洲17世纪美术.北京：中国人民大学出版社，2004：126.

[3]　李春.欧洲17世纪美术.北京：中国人民大学出版社，2004：127.

者。这次在罗马期间，他创作了《教皇英诺森十世像》（1650），这幅作品被誉为 17 世纪欧洲绘画中最杰出的现实主义作品；同年创作的《胡安·德·巴列哈》在 1650 年罗马万圣祠举办的绘画展上被评定为最优秀的作品；此外，他 1650 年在罗马的作品还有《照镜的维纳斯》、《教皇的理发师》、《潘费力红衣主教》等。

1651 年，委拉斯开兹回到马德里，开始了他的晚期创作。这一阶段他的艺术更臻完美，尽管很少有时间进行创作。虽然他要完成很多的任务，管理宫廷中众多的事物，但他还是抓紧时间创作出了最优秀的画作，其中最著名的就是《宫女》（1656）和《纺织女》（1657）。

晚年，委拉斯开兹接受了操办一位公主与法国联姻的事宜，被派往法国西部边境的野鸡岛。繁忙的工作使他积劳成疾。1660 年，他回到宫中，操办庆祝宴会，因过度劳累而病逝。他的画作和品格赢得了人们的敬仰。西班牙人民称他的画作是"真理的典范"，称他本人是"真正的画家"。

（2）作品介赏

"波德格涅斯风格"的佳作——《塞维利亚的卖水者》（图 127）

这幅作品完成于 1620 年，是委拉斯开兹早期的画作。这幅画的内容选材于 16—17 世纪西班牙的社会生活。在这两个世纪里以卖水为生者很普遍，他们的形象也经常出现在文学作品当中，就像流浪汉一样。委拉斯开兹的这幅画作是一幅"波德格涅斯风格"的作品。作品的画面采用了强烈的明暗对比和细部刻画，将以卖水为生的老人凸显在画面上。

老人面容憔悴，一脸皱纹，衣衫褴褛，那把圆形的大陶壶，那只带釉的水罐的表面，在透明的玻璃杯上闪动着的光线，这一切画得是那样令人信服，我们觉得不妨去摸一摸这些东西。站在这幅画面前，谁也不想问一问画上画的这些事物美不美，也不想问一问画上画的场面重要不重要。甚至连色彩本身也并不完全美，画面以棕色、灰色、微绿的色彩为主调。然而整体联结在一起却是那么瑰丽和谐，只要在它面前稍作停留，这幅画就留在记忆中难以忘怀。[1]

是啊，看陶土的质地和粗劣的做工，那简陋的盛水罐的确谈不上美，正如他的破衣服一样，委拉斯开兹想告诉人们，这是一个贫穷的、饱经风霜的老人，其社会地位为平民。虽然如此，但他挺直的身板和真诚的表情，使他没有一点一般小贩的卑微，有的是性格的坚强和对顾客的诚恳。盛水罐的简陋和为顾客装水的玻璃杯的质地的对比，既是对他真诚之心的注解，也说明其买卖做得精明。

西班牙宫廷生活的画卷——《宫女》（图128） 该画作完成于1565年，是委拉斯开兹晚年的作品。作为宫廷画家，委拉斯开兹为王族画了不少肖像画，但同时他也为宫廷中的下层画肖像画，如下等差役、侏儒、仆人等。除此以外，委拉斯开兹还创作了一些宫廷生活的画作，《宫女》也称《宫中侍女》，便是其中最典型的一幅。

该画以一个情节展开：在一个高大的画室中（据说这个画室就是委拉斯开兹在宫中的画室），画师委拉斯开兹正站在画板前为国王和王后画肖像，突然小公主带着侍女来到了画室，于是小公主就变成了委拉斯开兹创作的中心。画作无论是构图的布局、光的运用，还是人物的动作、表情，都围着小公主而展开。画面上的小公主，身着法式长裙，天真活泼；其姿态和神情傲慢中还带着一种与人赌气的感觉，似乎在埋怨为什

---

[1] 贡布里希.艺术发展史.范景中，译.天津：天津人民美术出版社，1998：226—227.

么不叫她来画画。小公主右边有一个侍女，从衣着打扮上看，她应该是王后身边的侍女。她跪在小公主面前，并送上一杯茶，从动作和姿态看，她正在耐心地劝哄公主。而小公主左边的女孩，坐在高椅上；其衣着打扮，尤其手腕上的装饰同小公主手腕上的装饰相同；由此推测，她应该是小公主的姐姐，从表情上看，她对妹妹的表现很不满意，甚至很生气。大公主身边安排了一个无论是身材还是面容都带有典型的侏儒特征的侍女。从她撇嘴和瞪目的表情看，她应该是大公主的宫娥。她依仗大公主的势力，似乎也染上了对小公主的不满。而她身边那个与小公主年龄相仿的小女孩，应该是小公主的玩伴。她一脚踏在画前景的那只大黄狗身上，而大黄狗似乎已经习惯了这一恶作剧，并没有感觉，仍安静地卧在那里。大公主身后还有两个人，一个是国王的听令官，似乎永远一个姿势地站在那里；他身边的修女低头抬手，好像在与他交谈着什么。还有一个人远远地站在门口，他两只脚分别踏在两级台阶上，手扶门框，似乎追随小公主而来，但其身份又不允许他进入画室，只好等在那里。再就是画家自己，他拿着画笔站在那里，对小公主的到来并不在意，或许他对此事已习以为常。从表情、目光来看，他的思绪仍在如何画好国王和王后的像上面。国王和王后就在小公主的对面，这是画家身后左侧镜子里的人像告诉观者的。

通过不同人物的不同姿态和表情，以及其在画面上不同位置的安排，委拉斯开兹多层次地将宫中一幅日常生活的画面栩栩如生地展现了出来。所以，朱龙华先生评价此画说：它"既是风俗画又是肖像画，又是人物画，但严格说来它又不是这些画中的任何一种，它是更高的综合"[1]。

再有，这幅画光线运用得非常有特色：

---

[1]　朱龙华.委拉斯开兹.上海：上海人民美术出版社，1962：23.

整个画面的光源有三处，右面墙上的大窗户、大门和前景画板的方向，这种交叉的光线不仅以强光强调了主要人物，而且其画面的人物也在不同的强光和弱光下清楚地展示出来，于是光在画家的笔下由强到弱，由弱到强地流动了起来，画面上的人物也随着流动的光而活动着，整个画面给人一种舞台剧之感。[1]

对于委拉斯开兹的画风，评论家们认为，它不仅包括从文艺复兴到巴洛克的精华，而且预示着未来绘画向印象主义的发展。他的画作也因此被赋予了"西方绘画的百科全书"之称。

---

[1] 刘明翰.欧洲文艺复兴史：艺术卷.北京：人民出版社，2008：313.

后记

　　书稿终于完成了。在这里，我必须真诚地感谢我的老师朱龙华先生对这本书所付出的心血。从书稿的大纲、人物和作品的选定，到初稿的修改，都渗透着老师对我的指导，渗透着老师对学生的那份责任心；同时，老师的渊博知识及其对学术的严谨态度，也深深地影响着我，足够我享用一生。我为有这样一位可敬、可爱的老师而庆幸，而骄傲。朱老师，在这本书即将出版之际，让我再次深深地给您鞠上一躬，感谢您多年来关爱和支持我！

　　同时，我还要感谢主编刘明翰先生多年来对我的信任、帮助和支持；感谢王钦仁老师和刁娜老师对本书的支持，尤其感谢刁娜为本书寻找适合出版的图片所付出的辛苦。

王素色

2015 年 6 月

参考书目

1. 昂纳，弗莱明.世界艺术史.范迪安，主编.海口：南方出版社，2002.

2. 迟轲.西方美术理论文选：古希腊到20世纪 上册.南京：江苏教育出版社，2005.

3. 德拉克洛瓦.德拉克洛瓦论美术和美术家.平野，译.沈阳：辽宁美术出版社，1981.

4. 杜兰.世界文明史：文艺复兴 上册.台北：幼狮文化公司，译.北京：东方出版社，1999.

5. 杜兰.世界文明史：信仰时代 下册.台北：幼狮文化公司，译.北京：东方出版社，1999.

6. 房龙.房龙讲述美术的故事.谢伟，编译.成都：四川美术出版社，2003.

7. 弗莱明，马里安.艺术与观念：古典时期—文艺复兴.宋协立，译.北京：北京大学出版社，
   2008.

8. 贡布里希.艺术发展史.范景中，译.天津：天津人民美术出版社，1998.

9. 洪洋.欧洲文艺复兴造型艺术.石家庄：河北教育出版社，2003.

10. 库蒂翁.佛兰德与荷兰绘画.啸声，译.上海：上海人民美术出版社，1994.

11. 李维琨.北欧文艺复兴美术.北京：中国人民大学出版社，2004.

12. 刘明翰.欧洲文艺复兴史：艺术卷.北京：人民出版社，2008.

13. 帕雷提，拉德克.意大利文艺复兴时期的艺术.朱旋，译.桂林：广西师范大学出版社，
    2005.

14. 斯佩泽尔，福斯卡.欧洲绘画史.路曦，等，译.桂林：广西师范大学出版社，2002.

15. 瓦萨里.意大利艺苑名人传：辉煌的复兴.徐波，等，译.武汉：湖北美术出版社，长江
    文艺出版社，2003.

16. 瓦萨里.意大利艺苑名人传：巨人时代 上下册.刘耀春，徐波，等，译.武汉：湖北美
    术出版社，长江文艺出版社，2003.

17. 瓦萨里.意大利艺苑名人传：中世纪的反叛.刘耀春，译.武汉：湖北美术出版社，长江
    文艺出版社，2003.

18. 徐庆平.意大利文艺复兴美术.北京：中国人民大学出版社，2004.

19. 约翰逊.时代的印记：文艺复兴三百年.谭钟瑜，译.合肥：安徽人民出版社，2013.

20. 赵海江.文艺复兴时期的艺术大师.北京：中国人民大学出版社，1992.

21. 朱伯雄.世界美术史：第六卷.济南：山东美术出版社，1990.

22. 朱龙华.世界艺术历程.南京：浙江摄影出版社，1999.

（京）新登字083号

图书在版编目（CIP）数据

文艺复兴时代著名美术家及其名作 / 王素色著. —北京：中国
青年出版社，2015.8
（欧洲文艺复兴时代名家名作丛书 / 刘明翰主编）
ISBN 978-7-5153-3501-8

Ⅰ.①文… Ⅱ.①王… Ⅲ.①美术家—生平事迹—欧洲—中世纪
Ⅳ.①K835.057.2

中国版本图书馆CIP数据核字（2015）第167533号

责任编辑：王钦仁　刁　娜
书籍设计：瞿中华

出版发行：中国青年出版社
社址：北京东四十二条21号
邮政编码：100708
网址：www.cyp.com.cn
编辑部电话：（010）57350507
门市部电话：（010）57350370
印刷：三河市京兰印务有限公司
经销：新华书店
开本：700×1000　1/16
印张：38
字数：427千字
版次：2015年8月北京第1版
印次：2015年8月河北第1次印刷
定价：69.00元